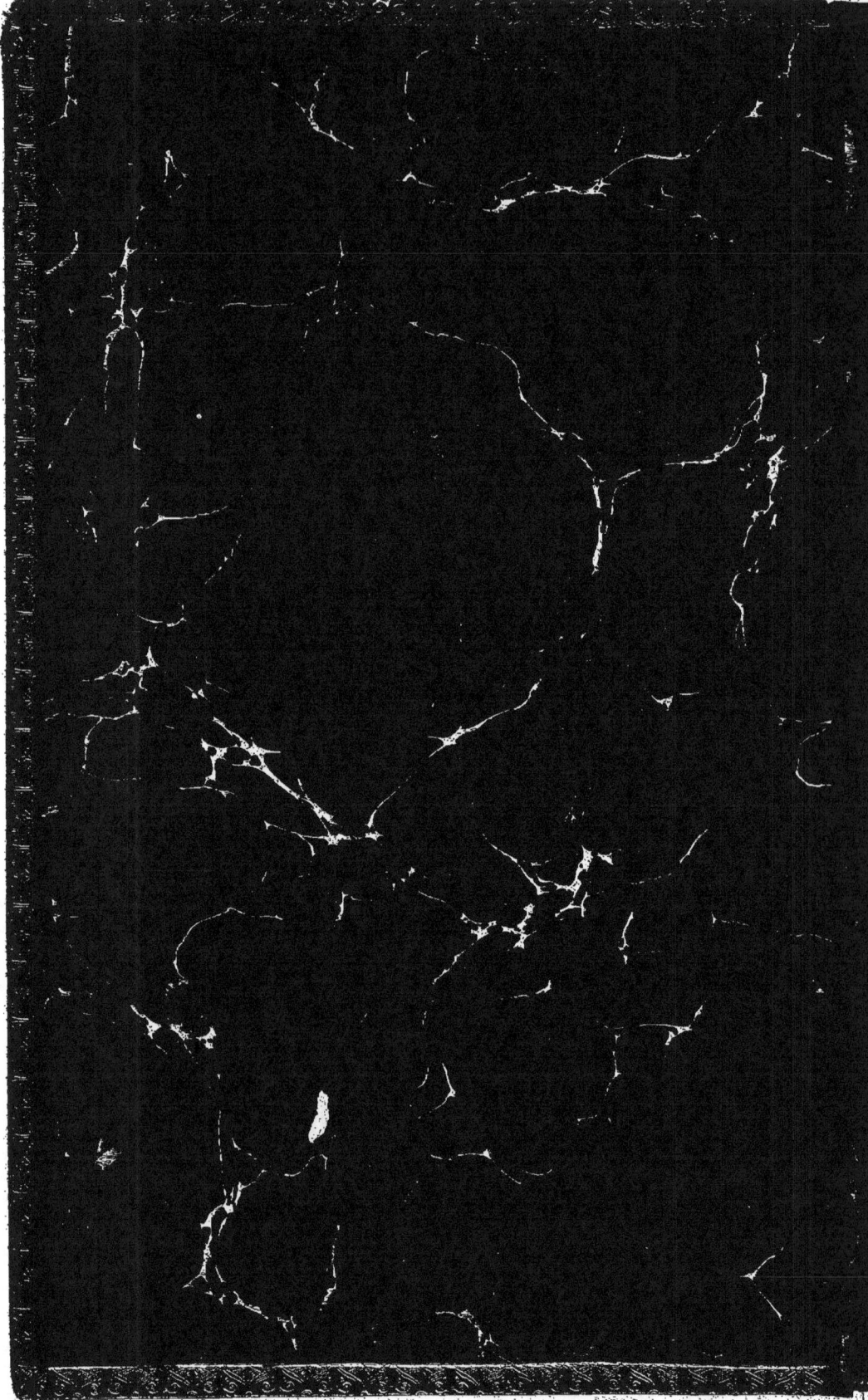

P.x
6

VOYAGES
DANS
L'INTÉRIEUR DU BRÉSIL.
SECONDE PARTIE.

On trouve à la même Librairie.

La première partie des Voyages de M. de S. Hilaire dans l'intérieur du Brésil, contenant les *provinces* de Rio de Janeiro et de Minas Geraes ; 2 vol. in-8°, 15 fr.

A. PIHAN DE LA FOREST,
Imprimeur de la cour de cassation,
rue des Noyers, n° 57.

VOYAGE

DANS

LE DISTRICT DES DIAMANS

ET SUR LE LITTORAL

DU BRÉSIL,

Suivi de notes sur quelques plantes caractéristiques

ET D'UN PRÉCIS DE L'HISTOIRE DES RÉVOLUTIONS DE L'EMPIRE
BRÉSILIEN, DEPUIS LE COMMENCEMENT DU RÈGNE DE JEAN VI
JUSQU'A L'ABDICATION DE D. PEDRO.

PAR AUGUSTE DE SAINT-HILAIRE,

Chevalier de la Légion-d'Honneur, membre de l'Académie royale des Sciences de l'Institut de France, des Sociétés philomatique de Paris, et Linnéenne de Londres, des Académies de Lisbonne, Genève, Rio de Janeiro, etc.

TOME PREMIER.

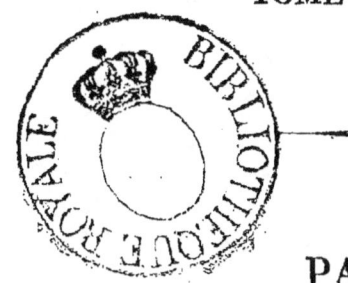

PARIS,

LIBRAIRIE - GIDE,

RUE SAINT-MARC, N° 23.

1833.

PRÉFACE

L'INDULGENCE avec laquelle on a bien voulu accueillir ma première Relation m'encourage à faire paraître la seconde. Je ne m'y écarte point du plan que j'ai deja suivi, et je continue à regarder surtout comme mon premier devoir de ne m'écarter jamais de la plus scrupuleuse exactitude.

En décrivant les lieux que j'ai visités, je me transporte toujours au temps de mon voyage, et je fais abstraction des évènemens qui se sont passés depuis. Ils ont pu amener des changemens notables dans quelques villes de la côte dont je ne parle point, telles que Rio de Janeiro, Fernambouc et Bahia; mais la population de l'intérieur et celle des parties du littoral situées entre les grandes villes est trop peu considérable, les lumières y sont trop peu répandues pour que l'état des choses s'y soit modifié d'une manière très sensible.

Au reste, pour rattacher l'époque où j'ai parcouru le Brésil à celle où j'écris, j'ai cru devoir terminer ma Relation par le précis historique des évènemens qui ont eu lieu depuis l'arrivée du roi Jean VI en Amérique jusqu'à l'abdication de l'Empereur D. Pedro. Je n'ai point voulu publier ce morceau sans l'avoir soumis aux témoins oculaires les plus éclairés et les plus impartiaux : leur suffrage est un garant de l'exactitude avec laquelle j'ai présenté les faits.

Je vais actuellement m'occuper sans relâche à rédiger ma troisième Relation, qui fera connaître des pays sur lesquels on n'a pour ainsi dire rien publié, tels que la partie orientale de la province de Minas Geraes, les montagnes où prennent naissance le fameux S. Francisco et le Rio dos Tocantins, les déserts de Goyaz, les délicieux Campos Geraes, les environs de Curitiba, la côte qui s'étend depuis Paranagua jusqu'à Sainte Catherine, une grande partie de la province de Rio Grande, les Missions de l'Uruguay et enfin les pics d'Ibitipoca, do Papagaio, da Juruoca, etc. Heureux si mes travaux peuvent ne point être inutiles aux sciences auxquelles j'ai consacré mon entière existence !

TABLE DES MATIÈRES

CONTENUES

DANS LE PREMIER ET LE SECOND VOLUME.

A.

Abildgaardia baeothryon, cypéracée, I, 389.
Académie des arts, I, 283.
Administration diamantine, sa composition en 1817, I, 5 et suiv.; dépenses faites pour elle, 17; ses dettes, 18.
Administrateurs particuliers, I, 8, 13.
Affranchissemens, I, 260, 282.
Affonsea juglandifolia, Légumineuse, I, 385; description du genre, 386.
Agá, hameau, II, 207.
Agregados, I, 286.
Agriculture, progrès qu'on pourrait lui faire faire à Tijuco, I, 48; inconvéniens de celle des Brésiliens, 99, 113, 153, 225; celle des envir. de R. de Janeiro, 309; l'agriculture dans la prov. d'Esp. Santo, II, 247 et suiv.; celle du Brésil est empruntée des Indiens, 271.
Aldea dos R. Magos, voy. *Almeida*.
Aldea Velha, hameau, II, 300, 301, 351.
Alisma ranunculoïdes, II, 100, 432.

Almeida, ville, II, 280-298.
Alternanthera prælonga, II, 409; — *maritima*, 437; — *paronichyoides*, 439; descript. du genre, 442.
Amaranthacées, leurs caractères, II, 410.
Andrade (*Sitio do*), maison, II, 99, 102.
Andromeda revoluta, II, 43, 407.
Angelo Pessanha (l'abbé), bienfaiteur des Indiens Goitacazes, II, 118.
Anna de Sá, habitation, I, 173, 174.
Anona palustris, voy. *Araticúm*.
Anotis Salzmanni, Rubiacée identique avec l'*Hedyotis uniflora*, I, 394 et suiv.
Anse da Praia do Pontal, II, 50 et suiv.; — *da Prainha*, 52, 61; — *da Praia do Forno*, 53, 61; — *da Praia do Anjo*, *ib.*; celle dite *Bahia Formosa*, 63, 93; — *du Concha*, 87; — *da Ferradura*, 93; — *de Pero*, *ib.*
Antiquités américaines, I, 73.
Antonio d'Arrabida (le Père), instituteur de D. Pedro, II, 384.
Antonio Gomes de Abreu e Frei-

tas (le capitaine), I, 117, 222, 125.

Antonio Lopes, habitation, et son propriétaire, I, 135.

Antonio Martins, cultivateur, II, 323, 327, 342.

Antonio Pires da Silva Pontes Leme, gouverneur de la prov. d'E. Santo, II, 176, 307, 308, 317.

Antropophagie, II, 193, 194, 197 et suiv.

Araponga, voy. *Ferrador*.

Araruáma, paroisse, I, 353.—*Id.*, lac, I, 302, 347, 351 et suiv.; II, 28, 40.

Araucaria brasiliensis, I, 245, 272.

Arbres fruitiers, influence du climat de l'Amér. sur ceux d'Europe, I, 53; ces derniers réussissent dans les lieux élevés, 179, 180, 222; on les cultive avec succès à S. João del Rei, 255.

Areticum (ou *araticú*), anones, I, 344.

Aroeira, arbre, I, 337, 343; II, 102, 303.

Asplenium pedicularifolium, I, 380.

Assolemens, II, 126, 250.

Auberges, I, 250.

B.

Baglioni, distillateur, II, 155.

Bambous, où ils croissent, II, 275.

Bananiers, ils réussissent mal dans les lieux élevés, I, 52, 96, 267; esp. cultivées dans les Mines et à Rio de Janeiro, 266.

Baptêmes, I, 177.

Barra do Furado, embouchure du R. do Forno et du R. de Bragança réunis, II, 105, 142.

Barreto, hameau situé sur la côte, II, 94; voy. aussi *Casa do Barreto*.

Barra Seca, sucrerie, II, 158; *id.*, déchargeoir du lac Iuparanán, 343.

Barros, chirurgien, I, 76.

Barroso (fazenda de), habitation, I, 268.

Benevente, voy. *Villa Nova de Benevente*.

Bestiaux, 34, 96, 174, 181, 182, 183, 222, 328; II, 59, 99, 111, 127, 143.

Betencourtia rhynchosioïdes, Légumineuse, I, 138, 376; descript. du genre, 377.

Bicame, sorte de canal, I, 65.

Bichos de pé (*puces pénétrantes*), I, 228; II, 101.

Bilhetes d'extração, papier monnaie, I, 18.

Blancs (hommes), leur proportion dans la population de la prov. des Mines, I, 237; ceux d'une partie de la comarca de S. João d'El Rei, 276; des campagnes qui s'étendent depuis R. de Janeiro jusqu'à Saquaréma, 331; de Saquaréma, 338, 344; du Cabo Frio, I, 45.

Boassica, habitation, II, 81.

Boa Vista, habitation dans la prov. des Mines, I, 123, 124.—*Id.*, poste militaire dans la prov. d'E. Santo, II, 167, 194.

Bocagea, Annonée; — *alba*, II, 412; — *viridis*, *ib.*

Bois, deux espèces du D. des Diamans, I, 38; celles propres à faire des lanchas, II, 48; les Indiens sont habiles à scier le bois, II, 21; il fait le principal commerce de S. João da Barra; *ib.* de Macahé, 88; prix des bois, *ib.*; comment les Brésiliens exploitent leurs bois, 89; le bois de Brésil proprement dit, 91; bois qu'on emploie dans le district des C. Goitacazes pour les pipes d'eau-de-vie et les caisses de sucre, 131; disette de bois dans les C. Goitacazes, 132; on ne coupe les bois que dans le décours, 248; ceux qu'on emploie pour faire les guitares, 305.

Bom Jardim, habitation, II, 328, 329.

TABLE DES MATIÈRES.

Bom Jesus de Matosinhos, village, I, 246.
Boquerão (détroit) *do Engenho*, I, 335; — *do Jurao, ib.*; — *de S. José, ib.*; — *do Nordeste*, II, 54, 61; — *de Leste, ib., ib.*; — *do Sul, ib., ib.*
Borbas, chaumière, I, 83.
Borreria, Rubiacée, *pratensis*, I, 383; — *nervosa, ib.*
Botocudos, Indiens, ils exercent des ravages sur le littoral, II, 199, 219; comparaison d'eux et des Français, 233; ils se montrent du côté de Linhares, 304, 324; ils ne doivent plus inspirer de crainte à ceux qui naviguent sur le R. Doce, 319, 327; Marlière conclut la paix entre ceux des bords de cette rivière et les Brésiliens, 337 et suiv.; perfidie d'un Brésilien envers les Botocudos, 347; ils exercent des ravages sur les bords du R. da Aldea Velha, 352; cruauté et haine des Brésiliens envers eux, 368-370.
Broussonetia tinctoria, voy. *Tatajiba*.
Bugres, nom donné aux Indiens sauvages, II, 369.

C.

Cabessú, lieu, I, 310, 312, 313.
Cabiunas, habitation, II, 94.
Cabo Frio, ville, II, 29-50.
Cachoeira, village, I, 183, 194.
Cachoeira da Viuva, cascade, I, 286.
Caeté, ville, I, 130 et suiv.
Camapuán, taverne, I, 226, 229; voy. aussi *Cabapuana*.
Camboa, partie du lac d'Araruáma, II, 31, 39, 40.
Campos ou pâturages, leurs incendies, I, 35; ceux des environs de Congonhas da Serra, 97; de la Serra da Lapa, 102 et suiv.; du Morro do Marmeleiro, 168; des envir. de Cocho d'Agua, 172; des envir. d'Anna de Sá, 176; des envir. de Congonhas do Campo, 193, 197, 206, 219; du pays situé entre S. José et Barbacena, 267; où finit la région des *campos*, 275.
Campos dos Goitacazes, tableau de ce district, II, 104-140; rivalité de ses habitans et de ceux d'E. Santo, 181; une partie des revenus des C. Goitacazes sert à payer les dépenses de cette prov., 186.
Campos ou *S. Salvador dos Campos Goitacazes*, ville, 119, 120, 121, 155.
Campos Novos, habitation, II, 66.
Campos do Riacho, hameau, II, 304, 346.
Canaux, II, 175, 228.
Canne à sucre, les parties hautes de la pr. de Minas ne lui conviennent point, I, 96, 106, 203; culture de cette pl. dans les C. Goitacazes, II, 126, 129; les terres d'Itapémirim sont favorables à la canne, 203; celles de Guarápari ne le sont pas, 224.
Canto do Pontal, partie du C. Frio, II, 51, 52, 60.
Cap Frio, II, 32, 50 et suiv.
Capim gordura (*Melinis minutiflora* ou *Tristegis glutinosa*), Graminée, sa limite septentrionale, I, 35; de quelle manière il végète dans les lieux élevés, 97; il éloigne les autres plantes, 124; il engraisse et affaiblit le bétail, 174; il n'est pas naturel à la prov. des Mines, 220; sa limite occidentale, 272; il ne succède généralement point aux capoeiras sur la route de Barbacena au Parahyba, 274; on en trouve des pieds isolés près de Rio de Janeiro, 310.
Capitão Mór, habitation, I, 347.
Capitães do Mato, I, 212.
Capoeiras, étym. de ce mot, II, 360.
Caraipé, hameau, II, 279.
Carandaí, hameau, I, 219, 221, 231.

TOME I.

TABLE DES MATIÈRES.

Carex Brasiliensis, I, 98, 369; — *riparia*, 370.

Casa do Barreto, habitation, I, 96, 99.

Casa Branca, village, I, 173, 176, 177.

Cascalho, mélange de sable et de cailloux où se trouvent les diamans, I, 26; celui du Corrego Novo et du Rio Pardo, 29; celui de Linguiça et de Matamata, 66, 70; comment on lave le cascalho, 67, 68; canaux destinés à laver celui qui est pauvre, 69.

Cassebeeria pinnata, I, 379; reflex. sur le genre, 380.

Cata, ce que c'est, I, 65.

Catalepsie, I, 142 et suiv.

Catinga, étym. de ce mot, II, 360.

Cauim, boisson, II, 355.

Ceri, hameau, II, 198, 200.

Céréales, froment, seigle, orge, I, 32, 48, 96, 99, 104, 265.

Chætostema, réflex. sur ce genre de Mélastomées, I, 374.

Chapeaux de coton, I, 91.

Chapada, village, I, 31 et 32.

Chars à bœufs, I, 254; II, 149.

Chaux, celle qu'on fait avec la pierre calcaire, II, 59; avec des coquilles, I, 344; II, 59, 301, 350.

Chevaux, II, 128, 143, 265.

Chinois, comparaison de ce peuple avec les Américains, I, 362.

Chou, sa culture, II, 264.

Clergé, services qu'il pourrait rendre, I, 243; II; 188.

Cipó d'imbé, Aroïde, I, 91, 107.

Climat, son influence sur notre espèce, I, 332; II, 78.

Cocaes, village, I, 114 et suiv.

Coccocypselum nummularifolium, Rubiacée, I, 337, 388.

Cocho d'Agua, habitation, I, 171, 174.

Cognassiers, I, 51, 54, 179.

Collegio, habitation, II, 124, 150 et suiv.

Cochons, II, 127, 266.

Confitures de coings, I, 179.

Congonha, voy. *Mate*.

Congonhas do Campo, village, I, 200 et suiv., 218, 223; — *de Sabará, id.*, 95; — *da Serra, id.*, 95.

Constitution brésilienne, II, 386 et suiv.

Contrebandiers de diamans, I, 21, 23, 24; — *de bois de Brésil*, II, 91.

Convolvulus brasiliensis, II, 196, 206, 442.

Coroados, peuplade d'Indiens, II, 112, 115 et suiv., 199.

Corrego Novo, ruisseau, I, 29, 30.

Cortiça, voy. *Liège*.

Côte du Brésil, on n'y trouve pas de véritable route, I, 298; descript. de la partie de la côte située entre le C. Frio et le Cap S. Thomé, II, 63; *id.* de la partie située entre Rio de J. et Macahé, 92.

Cotoniers et *coton*, dans la comarca de S. João d'el Rei, I, 227, 252; au Cabo Frio, II, 51; dans la prov. d'E. Santo, 250, 251 et suiv.; au Brésil en général, 254.

Couto, habitation, I, 111.

Couto, médecin, I, 77.

Crevettes, II, 48.

Cuphea flava, II, 43, 408; réflex. sur le genre, 409.

Curral da Boa Vista, chaumière, II, 144.

Cuyabá, village, I, 151.

Cyperus cespitosus, I, 390.

D.

Declieuxia, Rubiacées, — *muscosa*, I, 72, 365; — *juniperina*, 366.

Denrées, prix de celles de Tijuco, I, 49; des environs de R. de J., 312; de Mata, 327; de Saquaréma, 345; d'Araruáma, 355; de S. Pedro, II, 24; du Cabo Frio, 49; de S. João da Barra, 76; de Benevente, 219; d'Aldea Velha, 301.

TABLE DES MATIÈRES.

Deittes, celles de l'administrat. diamantine, I, 18.
Diamans, I, 1-27, 29, 36, 65-71.
District des Diamans, sa situation, I, 2; ses forces militaires, 15; quantité de diamans qu'il fournit, 16; ses limites du côté de V. do Principe, 84.
Divisions militaires, celles de la prov. d'E. Santo, 187, 330.
Domingos Affonso, habitation, I, 111 et suiv.
Domingos Alvares Pessanha, bienfaiteur des Ind. Goitacazes, II, 117.
Domingos Pinto (le sargento mór), I, 128.
Duas Pontes, taverne, I, 111.

E.

Eaux, celles qu'on boit sur la côte et en particulier au Cabo Frio, II, 43; celles de Macahé, 91.
Echinolœna scabra, I, 219, 221, 383; réflex. sur le genre, 384.
Emphase, goût des Brésiliens pour elle, I, 166.
Encerca, digue, I, 70, 71.
Eriocaulon, pl. communes sur la langue de terre de Saquaréma, I, 337; *E. rufulum*, 391; *E. nigro-niveum*, 392; on trouve les *E.* avec les Xyris, II, 96; *E. Maximiliani*, 206, 443; *E. Bongardii*, 444.
Ermites, I, 139 et suiv.
Erva de S. Caetano (Momordica senegalensis), Cucurbitacée, II, 251.
Eschwege (von), lieut.-colonel, I, 185, 190, 198, 206 et suiv.
Espirito Santo, tableau de cette prov., II, 169-191; détails sur la culture de ses terres, 247 et suiv.; les transports s'y font par mer, 265.
Espirito Santo (baie d'), son aspect, II, 230; l'auteur la traverse, 235; elle n'est point l'embouchure d'un fleuve, 236; descript. de cette baie, 237 et suiv.; quels bâtimens peuvent y entrer, 245.
Eugenia Brasiliensis, voy. *Grumichameira*.
Eugenia Michelii, voy. *Pitangueira*.
Evêchés, trop grands, I, 242; II, 188.
Evolvulus rufus, I, 138, 377.

F.

Faria (*fazenda de*), habitation, I, 267, 270.
Feijão da Praia, voy. *Sophora*.
Feitores, ce que sont ces employés dans le D. des Diamans, I, 9, 12, 13; ils font souvent la contrebande, 22; comment ils exercent leur surveillance, 68.
Femmes, celles de Saquaréma, I, 338; le peu de politesse de celles des environs de R. de Janeiro, 349; celles de la Praia do Anjo, II, 57; toilette et laideur de celles d'une partie du littoral, 77; celles des environs de S. Bento dans les C. Goitacazes, 148; celles de la prov. d'E. Santo, 189, 191, 323.
Fer, I, 116, 137, 206 et suiv.
Fernando Dias Paes Leme, il forme trois établissemens sur le territoire de Sabará, I, 154; l'auteur lui dédie un genre, 381.
Ferrador ou *Araponga* (*Casmarynchos nudicollis*), oiseau, I, 107; II, 64, 326.
Filets, I, 342; II, 48.
Filisberto Caldeira Brant (*marquis de Barbacena*), ministre d'état, II, 393.
Firmiano (le Botocudo), I, 119, 209 et suiv.; II, 25, 344 et suiv.; 357.
Fiscal, magistrat, I, 6, 8, 14.
Fleurs, temps où elles paraissent, I, 89, 110; elles sont rares dans les bois vierges, 107, 280.
Forêts vierges, celles qu'on voit entre Tijuco et V. do Principe,

I, 85; celles d'Ocubas, 107 et 108; des envir. de Congonhas do Campo, 241; de la route de Barbacena au Parahybuna, 275; du Parahyba et du Parahybuna, 278, 279; de Campos Novos, II, 69; comment on exploite les forêts, 88; celles de Barra Seca, 160; du Rio Doce, 324; du Brésil en général, 327.

Fourmis, moyen pour les empêcher de monter sur les arbres, I, 162; leurs ravages, II, 180; on les mange dans plusieurs parties du Brésil, 181; elles font beaucoup de mal aux environs de Guarápari, 227; *id.* près Vianna, 367.

Francisco Alberto Rubim, gouverneur de la prov. d'E. Santo, II, 173, 177, 333, 359.

Francisco Coelho (le capit.), II, 201.

Francisco Gomes, favori de l'emp. D. Pedro, II, 324.

Francisco de Lima, rôle qu'il joue lors de l'abdication de D. Pedro, II, 399.

Francisco Pinto, capitão mór de V. da Victoria, II, 233, 247 et suiv.

Francisco Leandro Pires de Tijuco, I, 76.

Francisco Rodrigues Ribeiro de Avellar, curé de V. do Principe, I, 85.

Freguezia da Serra ou *Freguezia de N. Sra. da Conceição da Serra*, paroisse, II, 273.

Fucus, II, 82, 303, 423, 436, 447.

G.

Gardenia Richardii, II, 305, 450; réflexion sur le genre, 451.

Garimpar, sens de ce mot, I, 84.

Garimpeiros, contrebandiers, I, 21, 84.

Gaylussacia pseudo-vaccinium, Ericacée, II, 43, 406.

Genlisea, Lentibulariée, caract. du genre, II, 428; — *aurea*, 429; *minor*, 430; — *filiformis*, 430; — *pygmea*, 431; — *violacea*, 432.

Gentios, nom donné aux Indiens sauvages, II, 369.

Germaine, son histoire, I, 142 et suiv.

Gesneria rupicola, I, 138, 378.

Goitacazes, peuplade indienne, II, 111 et suiv.

Gomide, médecin, son ouvrage sur une catalepsie, I, 144, 146.

Gravatá, Broméliées, I, 321.

Grumichameira (*Eugenia Brasiliensis*), arbre fruitier, I, 255.

Guabá Grande, taverne, I, 358; II, 43.

Guarápari, ville, II, 222 et suiv.

Guitares, celles que font les Indiens, II, 305.

Gurgulho, ce que c'est, I, 72.

Guriris (*Ailagoptera pumila*), palmier, II, 51, 197, 305.

H.

Hedyotis uniflora, Rubiacée, I, 393; — *muscosa*, 396; — *thesiifolia*, 397; — obs. sur le genre, 394, 395.

Henriques Brandão, habitation, I, 169.

Histoire, du Dist. des diamans, I, 2 et suiv. — de Tijuco, 39; — de Caeté, 130 et suiv.; — de Sabará, 154 et suiv.; — des forges de Prata, 206; de S. João d'El Rei, 239, et suiv.; — de la cult. de l'indigo, 355; — de la civilis. des Indiens, II, 1 et suiv.; — de S. Pedro, 8; — du C. Frio, 32 et suiv.; — de Macahé, 83; — des Camp. Goitacazes, 111 et suiv.; — du Collegio, 151; — de Muribéca, 165; — de la prov. du S. Esprit, 169 et suiv.; — d'Itapémirim, 201; — de Benevente, 214; — de Guarápari, 222; — de la culture du riz, du coton, du manioc, 253, 255,

263 ; — d'Almeida, 280 ; — de la navig. du R. Doce, 315 ; — de Linhares, 329, 331 ; — de la civilis. des Botocudos du R. Doce, 337 ; — de Comboios, 347 ; — de Piriquiassú, 252 ; — de Vianna, 361 ; — de Villa Velha, 372 ; — de N. Sra da Penha, 373.

Huîtres, II, 78.
Huîtrières, voy. *Ostreiras*.

I.

Ilex Paraguariensis, voy. *Mate*.
Ilha, île du cap Frio, II, 54, 58, 61 ; — de S. Anna, 87, 91 ; — das Andorinhas, 196 ; — do Boi, 230, 237 ; —de Duarte de Lemos, 238, 240 ; — dos Papagaios, 51 ; — dos Porcos, 53, 61.
Ilheos, habitans des Açores, ils peuplent Vianna, II, 363, et suiv.
Indiens, antiquités qu'on leur attribue, I, 73 ; ils acquièrent des défauts en fréquentant les blancs, 120 ; leur imprévoyance, I, 217 ; II, 22, 358 ; comparaison d'eux et des Mongoles, 362 et suiv. ; hist. de leur civilisation, II, 1 et suiv. ; leur langue, II, 292 ; ceux de S. Pedro, *ib.* et suiv. ; on peut tirer de la prononciation des Indiens un des caractères de leur race, 20 ; cette race sera bientôt détruite, 22 ; les Ind. d'E. Santo civilisés par les Jésuites, 171 ; ceux de la côte font une milice à part, 187 ; ceux dits antropophages, 194, 198 ; ceux de Benevente, 216 ; les Ind. ont enseigné beaucoup de choses aux Brés. - Portugais, 271, 272 ; ceux d'Almeida, 280 et suiv., 357, 358 ; les Ind. du littoral pêcheurs et scieurs de long, 290 ; caract. de ces I., 292 ; ce qu'ils disent de leur nom de Tupis, 292, 343, ceux d'Ald. Velha font des guitares, 305 ; les I. civilisés conservent plusieurs habitudes de la vie sauvage, 322 ; pacification des I. du R. Doce, 337 ; ceux de Piriquiassù, 354 ; la langue des I. n'a rien de poétique, 366 ; cruautés et haine des Brés. - Portugais envers les I. sauvages, 368, 376 ; colliers et inst. de musique de ces derniers, 368 ; sobriquets qu'on leur donne, 369.

Indigotiers, I, 355.
Inhumations, I, 177.
Insectes, temps où ils paraissent, I, 111 ; II, 325.
Instruction publique, I, 129.
Intendant des diamans, I, 5, 7, 14.
Iraruáma, voy. *Araruáma*.
Itajurú de S. Barbara, hameau, I, 116.
Itapémirim, ville, II, 200 et suiv.
Itinéraire, de Sabará à V. Rica, I, 166 ; de S. João d'El Rei à Barbacena, 268 ; d'Ubá au Porto do Pilar, 284 ; de Praia Grande à Saquaréma, 302 ; de Saquaréma au Cabo Frio, 347 ; du C. Frio au district des Campos Goitacazes, II, 64 ; de la frontière des Campos Goitacazes à la ville de Campos, 143 ; de Campos à la frontière de la prov. de R. Janeiro, 156 ; de Muribéca à la baie d'E. Santo, 194 ; de V. da Victoria au R. Doce, 269.

J.

Jardins ceux de Tijuco, I, 42 ; celui de l'intendance à Sabará, 162 ; celui d'Henriques Brandão, 170 ; comment on entoure ceux des environs de S. João d'El Rei, 223.
Jean VI, roi, il arrive au Brésil, II, 379 ; son caractère, 380 ; il retourne en Portugal, 382.
Jésuites, ils civilisent les Indiens, II, 3, 171 ; ils fondent S. Pedro, 8 ; leur administrat. dans cet aldea, 11 ; Macahé leur doit son origine, 84 ; leur habit. d'Andrade, 102 ; ils contribuent à la conquête des

C. Goitacazes, 115; leur habitat. du Collegio, 151; *id.* de Muribéca, 165; tort que leur expulsion cause à la prov. d'E. Santo, 174, 175; ils fondent Benevente, 215; *id.* Guarápari, 222; ils creusent un canal, 175, 228; anecdote sur les objets qu'ils laissèrent lors de leur expulsion, 243; ils fondent Almeida, 280; leur administration dans cette ville, 282.

João do Campo, ce qu'on entend par ces mots, I, 275.

João Felippe Calmon, propriétaire, II, 328, 332 et suiv.

João José de Abreu (le capitaine), I, 124.

João Vieira de Godoy Alvaro Leme (le capitaine), I, 123.

José de Anchieta, jésuite, il travaille à la civilisation des Indiens, II, 3, 215, 222.

José Bonifacio de Andrada, il est exilé par D. Pedro I, II, 386; il est nommé gouverneur de D. Pedro II, 400.

José Caetano da Silva Coutinho, évêque de R. de Janeiro, II, 329.

José Henriques, voy. *Rancho de José Henriques*.

José Paulo Dias Jorge de Tijuco, I, 77.

José Texeira, Juiz de fòra, I, 166.

Jucutacoára, montagne et habitation, II, 230, 232, 238.

Junte des Diamans, I, 7.

Juquiá sorte de nasse, II, 145.

L.

Lacs, celui dit simplement *Lagoa* près Congonhas do Campo, I, 196; celui qui avoisine le village de Lagoa Dourada, 230; ceux qui bordent la côte près de R. de Janeiro, 301; celui de *Saquaréma*, 302, 329, 330, 334 et suiv.; d'Araruama, 351 et suiv., II, 28, 29, 31, 37, 40; de *Sica* ou *Boassica*, 81; de *Carapiboi*, 98; ceux d'eau salée guérissent les bestiaux malades, 99; ceux qu'on trouve entre Paulista et Andrade, *ib.*; celui appelé *Lagoa Feia*, 141, 149; ceux de *S. Bento*, 148; celui de *Juparanán*, 334 et suiv.; autre lac de *Juparanán*, 343.

Lagoa Dourada, village, I, 227, 230.

Lanchas, sorte d'embarcations, I, 352, 354; II, 45, 47.

Lavages de diamans, I, 67, 68; — d'*or* à Bandeirinha, 74; nombre des lavages d'or de la prov. de Minas, 163; lavage d'Henriques Brandão, 170.

Lavradio (le marquis de), voy. *Luiz de Almeida Portugal Soares*.

Leandro do Sacramento, prof. de botanique, I, 296; II, 277.

Liège (faux), I, 150.

Linhares (*S. Cruz de Linhares*), village, II, 329 et suiv.

Lindsæa botryehioides, I, 379; — *genkofolia*, *ib.*

Lingoa geral ou *tupi*, langue des Ind. de la côte, ses avantages, II, 11; les I. de S. Pedro la parlent avec de légères altérations, 20; comparaison de cette langue avec les dialectes de S. Pedro et d'Almeida, 293; elle était fort répandue, 297.

Linguiça, service de diamans, I, 62, 63, 70.

Luiz de Almeida Portugal Soares, marq. de Lavradio, viceroi de R. de Janeiro, I, 355; II, 89, 121, 255.

Lune (la), son influence, II, 248.

Lychnophora, I, 31, 35, 81.

M.

Macacú, ville, I, 326.

Macahé ou *S. João de Macahé*, ville, I, 83 et suiv.

Maïs, ce qu'il rend à Tapera, I, 90; il réussit mal à Barreto, 99; ce qu'il rend à Ocubas, 106; on

TABLE DES MATIÈRES.

emploie l'axe de ses épis en guise de bouchons, 150; on fait deux récoltes de cette céréale par année auprès de R. de J., 309; quel usage on en fait dans les environs de cette ville, 327; son origine, II, 444.

Mamalucos, métis de blancs et d'Indiens, II, 18.

Mandanha, service de diamans, I, 74.

Mangliers, II, 281.

Manguinhos, habitation, II, 162.

Manioc, la farine tirée de cette pl. est en usage sur la côte, I, 327; à Campos on alterne la culture du sucre avec celle du manioc, II, 126; les terres de Benevente sont favorables au manioc, 218; sa culture près de V. da Victoria, 249, 258; comment on fait la farine de cette pl., 260; le manioc épuise les terres, 262; les cochons détruisent ce végétal, 266; on le cultive avec succès à Linhares, 330; boisson qu'on fait avec ses racines, 355.

Manoel Ferreira da Camara Betencourt e Sá, intendant des diamans, I, 5, 6, 13, 32, 33, 38, 41, 52, 53, 75, 76, 78, 182, 190.

Manoel de Nobrega, jésuite, il travaille à la civilisation des Indiens, II, 3.

Manoel Vieira de Albuquerque Tovar, gouverneur de la prov. d'E. Santo, II, 173, 177, 245, 331.

Marcos da Costa, habitation, 286, 288.

Marcetia-cespitosa, Melastomée, I, 105, 375; — réflex. sur le genre, 376; — *tenuifolia*, II, 76, 416.

Mariages, I, 177.

Maricá, ville, I, 312.

Marlière (Guido Thomas), directeur des Indiens, II, 156; ce qu'il écrit à l'auteur sur ceux d'E. Santo, 183; il conclut la paix entre les Botocudos et les Brésiliens, 337; ce qu'il écrit à l'auteur sur le chemin d'E. Santo à Minas, 363.

Marquet (dom) supérieur de Pontlevoy, I, 187.

Martim Affonso de Souza, il introduit la canne à sucre au Brésil, I, 309, II, 170; l'auteur lui dédie un genre de plantes, 386.

Mata, canton et venda, I, 326, 327, 328.

Matamata, serv. de diamans, I, 64.

Matarina, hameau, I, 352, 353.

Mate ou *Congonha* (Ilex Paraguariensis), explication sur ce végétal I, 273.

Matilde da Camara, femme de l'intendant des diamans, I, 39, 57.

Meinipi, hameau, II, 221.

Melastomées, réflex. sur les genres de cette famille, I, 374, 376.

Mendicité, I, 57, 260.

Mestre Alve, voy. *Serra*.

Métis de blancs et d'Indiens, I, 345; II, 18, 23, 220.

Microlicia juniperina, Melastomée, I, 104, 373; réflex. sur le genre, 374.

Milho Verde, village, I, 83, 84.

Mineurs, leur caractère, I, 128, 225.

Momordica senegalensis, voy. *Erva de S. Caetano*.

Montlevade, François, I, 119.

Morgado, habitation, II, 124.

Morro do Frade, montagne, II, 86; autre du même nom, 201.

Morro Grande, habitation, I, 128; — id. Montagne, 129.

Morro do Marmeleiro, I, 168.

Moutons, I, 134, 222, 328.

Mulets, I, 313; II, 128, 265.

Mundeo, piège, II, 279.

Muribéca, habitation, II, 165.

Murucuia, nom d'un genre de plantes défiguré par les botanistes, I, 313.

Mutiria speciosa, I, 334, 386; — *coccinea*, 386; — *campanulata*, 387.

N.

Nattes, I, 339.
Naturalistes, destructions auxquelles ils se livrent, II, 65.
Nègres, ceux employés à l'extraction des diamans, I, 10, 11, 12, 13, 20, 21, 23, 24, 44, 58, 68; manteaux dont les nègres se servent pour se garantir de la pluie, 189, nègres fugitifs, 213; nègres affranchis, 260, 282; ce que les vendas sont pour les nègres, 327; de quelle manière sont traités ceux des C. Goitacazes, II, 137; comment M. Baglioni dirigeait les siens, 155; ceux de Barrá Seca, 158; ceux du C. Mór Francisco Pinto, 248.
Négresses, I, 112; II, 137, 248, 258.
Noël (fêtes de), I, 124, 276.
Noms de famille, I, 77.
Nosso S. Bom Jesus de Matosinhos, église, I, 201, 203.
Nymphœa lineata, II, 425; — *albo-viridis*, 426.

O.

Officiers de l'administration diamantine, I, 7.
Oignons, II, 204.
Oldenlandia, genre identique avec l'*Hedyotis*, I, 395.
Or, il se trouve avec les diamans, I, 26; celui de Tijuco, 38; de Bandeirinha, 72; de Cocaes, 115; de Boa Vista près Brumado, 124; de S. João do Morro Grande, 127; moyens pour extraire ce métal du minerai de fer, 130, 151; les mines d'or les plus anciennes de M. Geraes, 150; la disparition de l'or dans cette prov. entraîne celle de la population, 152; l'or de Sabará, 157, 163!; d'Henriques Brandão, 170; souvent on ne tire pas l'or de la terre, faute de fonds, 173; plan relatif aux mines d'or, 190; l'or de Congonhas do Campo, 202; moyen pris pour empêcher la contrebande de l'or, II, 361.
Orangers, on en plante beaucoup auprès de R. de Janeiro, I, 306; haies qu'on fait avec l'oranger, 330.
Oratoires, II, 159.
Ordres religieux, II, 68.
Osbeckia maritima, II, 417.
Ostreiras, huîtrières, II, 350 et suiv.

P.

Padre Manoel, habitation, I, 323 et suiv.
Paesia viscosa, fougère, I, 381; descript. du genre, *ib.*
Panicum campestre, I, 219, 384.
Parahyba do Sul ou *S. Thomé* (capitainerie), II, 70, 120.
Paraty, sucrerie, I, 357.
Passagem, hameau, II, 32, 39, 47.
Paulista (Sitio do), habit., II, 98.
Paulo Barbosa, propriétaire, I, 169.
Pêche (la) aux poissons, I, 301, 342; 354; II, 21, 47, 55, 59, 145, 350, 372; aux crevettes, II, 48.
Pêchers, I, 53, 222.
D. Pedro I, emp. du B., décret rendu contre lui par les cortès de Lisb., II, 384; son éducation, *ib.*; son caractère, 385; il est proclamé emp., 386; il donne une charte, *ib.*; difficultés qu'il rencontre dans le choix de ses ministres, 389; ce qu'il fait pour les sciences, 390; il s'entoure de favoris, 392; confiance qu'il accorde à Filisberto Caldeira Brant, 393; son mariage, *ib.*; il chasse Filisberto, 394; il fait un voyage à Minas, 396 et suiv.; il revient à Rio de J., 398; il abdique, 400; il quitte le Brésil, 401.
D. Pedro II, emp. du Brésil, il est proclamé, II, 400; intérêt

TABLE DES MATIÈRES.

que les Brésiliens ont à s'attacher à lui, 402.

Pedestres, soldats d'un ordre inférieur, I, 15; II, 186, 304, 306, 344.

Penha ou *N. Sra da Penha*, hameau dans la prov. de Minas, I, 135; — montagne et couvent dans la prov. d'E. Santo, II, 228, 372.

Perama hirsuta, Rubiacée, II, 77, 419; — *hispida*, 421; obs. sur le genre, *ib.*

Pero-Cão, habitation, II, 225.

Philoxerus, Amaranthacée; — *vermicularis*, II, 436; — *portulacoïdes*, *ib.*

Pilar, village, I, 293.

Pinheiro, m. de campagne, I, 33 et suiv.

Pires (*Sitio do*), chaumière, II, 99, 100, 110.

Piriquiassú ou *Destacamento*, village, II, 352 et suiv.

Pitangueira (*Eugenia Michelii*), Myrtée, I, 303, 337; II, 42, 102, 161.

Poisson, prix de celui qu'on fait sécher à Saquaréma, I, 342; manière de le faire sécher, II, 56; les espèces du C. Frio, *ib.*; comment on prend le poisson dans les C. Goitacazes, 145; *id.* dans le R. da Aldea Velha, 350.

Polypodium trichomanes, I, 378.

Pompeo ou *S. Antonio de Pompeo*, village, I, 152.

Pombal (*le marquis de*), ses ordonnances sur l'exploit. des diamans, I, 4; ses réglem. sur les Indiens, II, 6.

Ponta (pointe, petit promontoire) *Negra*, I, 334; II, 93; — *do Morro de Nazareth*, I, 340; II, 93; — *Grossa*, I, 351; — *de Cachira*, — *do Baixo*, — *do Chiqueiro*, — *da Costa*, — *da Perina*, — *de Massambaba*, — *do Fula*, 359; — *de Costão*, I, 31, 32; — *do Porco*, 53; —*de Leste*, *ib.*; — *dos Buzios*, 92; — *de João Fer-*

nandes, *ib.*; — *da Fruta*, 226; — *de Pirahé*, 237; — *dos Faxos*, 270.

Ports de la baie de Rio de J., I, 306.

Porto das Caixas, I, 324, 328.

Porto Real, hameau, I, 245, 246.

Portugais-Européens, ce que sont ceux qui s'établissent au Brésil, I, 258, 259; II, 78; leur conduite dans les C. Goitacazes, 135.

Praia do Anjo, plage qui fait partie du C. Frio, II, 53 et suiv.

Praia Grande, ville, 300, 306.

Praia do Pontal, plage voisine du Cap Frio, II, 51.

Prata, forges, I, 206 et suiv.

Preslea, Borraginée, — *linifolia*, II, 162, 433; — *stenostachya*, 434; caract. du genre, *ib.*

Puces pénétrantes, voy. *Bichos de pé.*

Punaises, II, 101.

Puris, peuplade ind., II, 199.

Q.

Quartel dos Comboios, poste militaire, II, 346 et suiv.

Quartel da Regencia, poste milit., II, 306.

Quartel do Riacho, poste milit., II, 303.

Queriqueri (*Vanellus Cayennensis*), oiseau, II, 144.

Quilombos, retraites des nègres fugitifs, II, 213.

R.

Ranchos, ce que c'est, I, 270; le peu de soin qu'on en prend, 285; il n'en existe pas sur le littoral, 314.

Rancho de José Henriques, I, 177, 178.

Rancho de Marçal, habit., I, 231.

Redondo, village, I, 224.

Régiment de Minas, I, 33, 244.

TABLE DES MATIÈRES.

Remirea maritima, II, 305, 453.

Restingas, langues de terre, celle du lac de Saquaréma, I, 336 et suiv.; du lac d'Araruáma, 352; II, 37, 41.

Riacho, rivière, II, 304, 346.

Riberão do Inferno, ruisseau, I, 63, 65, 70.

Rio (fleuve, rivière, ruisseau) *da Aldea Velha*, II, 300, 349; — *Arabiri*, 230, 239; — *de Benevente*, 211, 218; — *de Bragança* ou *da Laranjeira*, 142; — *Cabapuana* ou *Camapuana*, 105, 167, 218, 219; — *Caraipé*, 271; — *dos Comboios*, 346; — *das Congonhas*, I, 199, 200, 201; — *da Costa*, II, 273; — *do Curralinho*, I, 61, 62; — *Doce*, 101; II, 269, 307, 309 et suiv., 315 et suiv., 319, 321-328, 337; — *do Forno*, 141; — *Furado*, 85, 105, 142; — *de Francisco Leite*, I, 351, 353; — *Guárapari*, II, 223, 225; — *Guaxindiba*, I, 310; — *d'Itapémirim*, II, 202, 205; — *Jecú*, 227; — *Jiquitinhonha*, I, 74; II, 321, 322, 324; — *da Lagoa*, 304; — *Macahé*, 84, 86, 94; — *das Mortes*, I, 235, 240, 245, 264, 265, 267, 268; — *d'Ouro Fino*, 149, 150; — *das Ostras*, II, 77; — *Parahyba*, I, 280, 286; II, 106-111, 157; — *Parahybuna*, I, 278; II, 107; — *Parapéba*, I, 174, 224, 235; — *Pardo*, 28, 29; — *Percicaba*, 101, 126; II, 313, 338; — *Pero-Cão*, 225, 226; — *do Pilar*, I, 290, 291, 292; — *Piriquiassú*, II, 300, 349; — *Piriquimerim*, ib.; — *Piuna*, II, 209; — *Pinheiro*, I, 36; — *dos Reis Magos*, II, 281, 287, 299; — *de Sabará*, I, 150, 152, 159; — *de S. Antonio*, 199, 201; — *de S. Barbara*, 116, 124, 126; II, 312; — *de S. Francisco*, fleuve, I, 29, 101, 150, 219, 225, 234, 235; — *id*, ruisseau, 41, 61; — *de S. João*, II, 70, 71, 74, 85. — *de*

S. Maria, 237, 239, 362; — *das Velhas*, I, 150, 167, 168, 171, 172, 173, 176; — *Una*, dans la prov. des Mines, 113; — *id*., près le Cap Frio, II, 92; — *id*., dans la prov. du S. Esprit, 226.

Rio Grande, canton, I, 236.

Rio d'Itajurú, partie du lac d'Araruáma, II, 29, 37, 39, 48.

Rio de Janeiro, sa position, I, 294; séjour qu'y fait l'auteur, 295 et suiv.; l'auteur y retourne après son voyage sur la côte, 377.

Rio das Mortes (comarca do), voy. *S. João d'El Rei* (comarca de).

Rio das Pedras, village, I, 172.

Rio das Velhas (comarca do), voy. *Sabará* (comarca de).

Riz, on ne peut le planter dans tous les terrains marécageux, II, 66; s'il est possible de le planter dans toutes les parties des C. Goitacazes, 128; on le cultive près d'Itapémirim, 203; détails sur sa culture, 255 et suiv.

Roça da Viuva, habitation, I, 222, 228, 229.

Rodrigo Coutinho, comte de *Linhares*, ministre d'état, II, 331, 380.

Roue à chapelet, I, 65, 70.

S.

Sabará (comarca de) ou *du Rio das Velhas*, sa civilisation, I, 128; Cacté fait partie de cette comarca, 132; ses limites et ses divisions, 158; ses lavages d'or, 163.

Sabará, ville, I, 154-166.

Saccharum Sapé, voy. *Sapé*.

Salicorne, II, 39, 405.

Salines, I, 359, 360.

S. Agostinho, voy. *Vianna*.

S. Amaro, hameau, II, 146.

S. Antonio do Rio acima, village, I, 171.

S. Bartholomeu, village, I, 168, 179, 184.

S. Bento, habitat., II, 124, 147.

S. Jacintho, habitat., II, 66.

S. Gonçalo, village, I, 307.

TABLE DES MATIÈRES.

S. João da Barra, village, II, 70 et suiv., 99.
S. João do Morro Grande, village, I, 115, 127.
S. João d'El Rei (*comarca* de ou du *Rio das Mortes*), son coton, I, 227; tableau de cette comarca, 233-243; caractère de ses habitans, 256, 263, 269; celui des blancs en particulier, 276.
S. João d'El Rei, ville, 240-261.
S. João da Praia, ville, II, 70, 105, 108, 120.
S. José, ville, I, 263 et suiv.
S. Luzia, village, I, 164.
S. Pedro dos Indios, aldea, I, 361; II, 8 et suiv., 43.
S. Rita, village, I, 171.
Santinhos (*Sitio do*), chaumière, II, 227, 233, 237, 371.
Sapé (*Saccharum Sapé*) Graminée, I, 97, 358, 368.
Saquarema, lac, I, 302, 329, 330, 334 et suiv. — *id.*, paroisse, 338 et suiv.
Sassuhy, village, I, 225.
Scœvola Plumierii, II, 412.
Schenus therebintifolius, voy. *Aroeira*.
Schizœa trilateralis, II, 162, 435; caract. du genre, 435.
Scirpus decipiens, II, 424; — *lacustris*, 425; — *littoralis, ib.*
Scleria, Cypéracées, — *tristis*, I, 370; — *albo-nigra*, 371.
Sel, indispensable au bétail, I, 175, 181; on en donne aux moutons, 223; celui du Portugal seul permis autrefois, 360; celui du C. Frio, *ib.*; celui d'Una, II, 226.
Sertões, sens de ce mot, II, 160.
Serpens, comment on guérit leurs morsures, II, 266.
Serra de *S. Antonio*, I, 94; *da Lapa*, 100 et suiv.; *de Cocaes*, 113; *da Piedade*, 135 et suiv.; *dos Cristaes*, 158; *da Tabatinga, ib*; *de Capanema*, 126, 180; *de Villa Rica*, 184; *d'Itacolumi de Villa Rica*, 186; *d'Itacolumi de Mariana*, 187; *de S. José*, 219, 231, 263; *da Viuva*, 286; *da Boa Vista*, 289; de *S. João*, II, 71; de *Macacú*, 74; *de Macahé*, 86; *da Bocaina*, 106; *do Pico*, 167; *d'Itapémirim*, 206, 311; de *Mestre Alve*, 230, 274; de *Juparanan*, 327; de *Taquatiba*, 352, 353; *d'Aracandiba*, 353.
Serviçe (*Serviço*), ce qu'on entend par ce mot dans le D. des diamans, I, 9; celui du Rio Pardo, 28; de Curralinho, 61; de Linguiça, 62, 63, 70; de Matamata; 64; de Mandanha, 74; de Vao, 83, 84; de Milho Verde, 84.
Siphilis, commune à Minas, I, 51; manière de la guérir, 77.
Sophora littoralis, II, 80, 102, 161, 168, 303, 422.
Spermacoce polygonifolia, I, 176, 381; — *ferruginea*, 382; — *longifolia*, 383. — *gentianoïdes, ib.* — *Poaya, ib.*
Sucre, quantité qu'exportent les C. Goitacazes, II, 130; les diverses qualités qu'on distingue dans ce district, 131; bois employés dans les C. Goitacazes pour les caisses où l'on met le sucre, *ib.*
Sucreries celle de Domingos Affonso, I, 112; aspect des sucreries des environs de Rio de J., 324; celle de Capitão Mór, 348 et suiv.; nombre de celles des C. Goitacazes, II, 130; celle de S. Bento, 147; du Collegio, 151; aspect des sucreries du C. Goitacases, 157; celle de Barra Seca, 158; de Muribéca, 165; celles d'Itapérim, 203.
Sumacas, embarcations, I, 352.
Sucupira, chaumière, I, 282.
Système colonial, ses résultats, II, 378, 379, 387, 395; il est détruit à l'arrivée de Jean VI, à R. de J., 379.

T.

Tapanhuacanga, village, I, 87, 88.
Taquarassú, hameau, I, 292.
Tatajiba (*Broussonetia tinctoria*), bois propre à la teinture, II, 301.

Tabóa, plante, II, 100.
Tapera, village, I, 90 et suiv.
Teixeira, médec. à Tijuco, I, 77.
Température, celle de Tijuco, 50; influence de la température sur la végétation, 51.
Thomaz Antonio de Villanova e Portugal, ministre d'état, I, 190; II, 381.
Ticúm, palmiers, I, 342.
Tijuco, chef-lieu du D. des diamans, I, 38 et suiv.
Travessadores, commissionnaires marchands, II, 49.
Troupe (tropa), ce qu'on entend par ce mot dans le D. des diamans, I, 8; celle des nègres condamnés, 20.
Tupis, nom des Indiens de la côte, II, 292, 343.
Tupi, langue, voy. *Lingoa geral*.

U.

Ubá, habitation, I, 283.
Utricularia tricolor, II, 76, 416; *olygorperma*, 427; — *vulgaris*, ib.; obs. sur le genre, 419.

V.

Vaches, voy. *Bestiaux*.
Vadios ou vagabonds, I, 191; II, 339.
Vanellus Cayennensis, voy. *Queriqueri*.
Vao, service de diamans, I, 83, 84.
Végétation, les principales variétés observées par l'auteur I, 31, 81, 84, 88, 93, 94, 96, 97 et suiv., 102, 107, 108, 136-139, 167, 168, 172, 176, 193, 197, 206, 219 et suiv., 267, 269, 278, 279, 291, 336, 356, 357; II, 41, 51, 52, 69, 76, 80, 96, 99, 102, 161, 163, 196, 206 et suiv., 303, 305, 322, 324, 326, 327, 334; influence de la température sur la végétation, 1, 51, et suiv.; causes des différences que la vég. présente dans la prov. de Minas, I, 198, 221; les pl. aquatiques établissent des rapports entre la vég. de l'Europe et celle de l'Amérique, II, 100.
Vendas, les propriétaires en établissent sur le bord des routes, I, 112; celles des environs de R. de Janeiro, 314.
Veranico, petit été, I, 51, 189, 196.
Vernonia, pseudo-myrtus, I, 94, 367; — *rufo-grisea*, II, 305, 453.
Vicente Pires, de Tijuco, I, 77.
Vianna ou *S. Agostinho*, ville, II, 361 et suiv.
Vigne, I, 100, 164.
Villa Nova, voy. *Almeida*.
Villa Nova de Benevente ou *Benevente*, ville, II, 162, 212 et suiv.
Villa Rica, ville, I, 185.
Villa Velha, ville, II, 170, 371.
Villa da Victoria, ville, II, 170, 239 et suiv.
Villarsia, communis, II, 76, 413; — *microphylla*, 413; — *Humboldtiana*, 414; — *platiphylla*, 415; carac. du genre, 413; observ. sur le genre, 415; il doit être supprimé, 416.
Virgularia alpestris, Personée, I, 104, 374.
Visconde da Seca (*fazenda do*), habitation, II, 124, 154.
Visites aux étrangers, I, 38; II, 46.

X.

Xyris brevifolia, I, 390; les *Xyris* se trouvent avec les Eriocaulon, II, 96.

FIN DE LA TABLE DES MATIÈRES.

SECOND VOYAGE

DANS

L'INTÉRIEUR DU BRÉSIL.

CHAPITRE PREMIER.

HISTOIRE DU DISTRICT DES DIAMANS. — SON ADMINISTRATION.

Tableau abrégé du District des diamans. — Son histoire. — Son administration en 1817. — L'intendant des diamans et ses attributions. — L'*ouvidor* ou *fiscal*. — Les officiers de l'administration diamantine. — La junte royale des diamans. — Les administrateurs particuliers. — Les *feitores*. — Ce qu'on entend par *serviços*. — Quels nègres sont employés à l'extraction des diamans; comment on les nourrit; ils préfèrent l'extraction des diamans aux travaux de la maison de leurs maîtres; de quelle manière on les châtie; récompenses qu'on accorde aux nègres qui trouvent des diamans de quelque valeur. — Usages que l'on suit en remettant les diamans d'abord à la junte et ensuite au gouvernement. — Des forces militaires du District des diamans. — Détachement de cavalerie. Compagnies de *pedestres*. — Quelle quantité de diamans fournit le District. — Dépenses de l'administration diamantine. — Dettes de cette administration; papier-monnaie. — Mesures prises pour empêcher les vols de diamans. — Habileté des nègres pour dérober ces pierres. Anecdote. — *Garimpeiros*. — Contrebandiers proprement dits; leurs ruses; leur manière de trafiquer avec les nègres; leurs bénéfices. — Diamans des diverses parties du Brésil. — Du gisement des diamans; *cascalho*.

Soumis à une administration particulière, fermé non-seulement aux étrangers, mais encore aux nationaux, le District des diamans forme en quelque sorte un État séparé au milieu du vaste empire du Brésil. Ce district, l'un des plus élevés de la province des Mines, est une enclave de la *comarca* du Serro do Frio; il fait partie de la grande chaîne occidentale, et comprend un espace à peu près circulaire d'environ douze lieues de circonférence. Des rocs sourcilleux, de hautes montagnes, des terrains sablonneux et stériles arrosés par un grand nombre de ruisseaux, les sites les plus romantiques, une végétation aussi curieuse qu'elle est variée, voilà ce que présente en général le District des diamans, et c'est dans ces lieux sauvages que la nature s'était plu à cacher la précieuse pierre qui est devenue pour le Portugal la source de tant de richesses.

Bernardo[1] Fonseca Lobo fut le premier qui découvrit des diamans dans le Serro do Frio, et il n'eut d'autre récompense que le titre de *capitão mór* de Villa do Principe avec la propriété de l'office de notaire dans la même ville. On ignora d'abord la véritable nature des diamans qu'avait trouvés Lobo; on se plaisait à voir briller ces jolies pierres, et l'on s'en servait en guise de jetons pour marquer au jeu. Cependant un certain *ouvidor* qui avait habité les Indes orientales reconnut que les pierres brillantes du Serro do Frio n'étaient autre chose que des diamans; il en réunit secrètement un grand nombre, et partit pour le Portugal. On ignore en quelle année se fit cette

---

[1] Bernardino, suivant Southey.

importante découverte; cependant on sait que le gouverneur D. Lourenço de Almeida, ayant adressé à la cour quelques cailloux transparens, disait, dans une lettre du 22 juillet 1729, qu'il les considérait comme des diamans; l'on sait encore qu'on lui répondit qu'il ne s'était point trompé dans ses conjectures, et l'on ajoutait que, depuis quelques années, il avait déja été fait deux envois de pierres semblables de Minas à Lisbonne.

Par un décret du 8 février 1730, les diamans furent déclarés propriété royale. On permit à tout le monde de s'occuper de leur recherche; mais chaque nègre employé à ce travail fut soumis à une capitation; il fut défendu de faire passer les diamans en Europe sur d'autres navires que ceux du roi, et l'on décida que pour le fret de chaque pierre, on exigerait un pour cent de sa valeur. La capitation qui d'abord avait été fixée à 5 mille reis (31 f. 25 c.) [1], fut portée ensuite jusqu'à 40 mille, et l'on donna même au gouverneur de la province, le comte das Galveas, le pouvoir de la faire monter à 50 mille (312 f. 50 c.), s'il le jugeait convenable. Un tel mode d'impôt était évidemment injuste; car, dans une recherche aussi aventureuse que

---

[1] Pizarro dit que la première capitation date du 18 mars 1732. Sur ce point, il est d'accord avec Southey; et il est inconcevable que, dans son propre ouvrage, il ait laissé imprimer, sans aucune observation, un mémoire où l'on avance que cette même capitation remonte au 22 avril 1722, époque à laquelle les diamans n'étaient probablement pas encore découverts.

celle des diamans, les produits ne sont pas nécessairement proportionnés au nombre de bras que l'on emploie. Ce ne fut cependant pas un tel motif qui détermina le gouvernement à renoncer à la capitation et à suivre un autre système pour la recherche des diamans; dans le cours de deux années, leur prix avait diminué de plus des trois quarts : l'on jugea nécessaire de prendre des mesures pour mettre des bornes à l'extraction.

En 1735[1], elle fut mise en ferme pour la somme annuelle de 138 *contos de reis* (862,500 f.); mais on imposa aux fermiers la condition de ne pas employer plus de 600 nègres, et jusqu'en l'année 1772, le bail fut renouvelé six fois.

Cependant, le gouvernement ayant reconnu que l'extraction des diamans par fermiers avait été trop souvent accompagnée de fraudes et d'abus, résolut de faire exploiter pour son propre compte les terres diamantines. De nouveaux règlemens furent rendus : Pombal était alors ministre; ces règlemens portèrent, dit Southey, l'empreinte de son caractère. On isola en quelque sorte le District des diamans du reste de l'univers; situé dans un pays gouverné par un pouvoir absolu, ce district fut soumis à un despotisme plus absolu encore; les liens sociaux furent rompus

[1] Cette date est empruntée à Pizarro, et comme elle coïncide passablement avec les récits de Southey, elle me semble plus exacte que celle de 1740 qui se trouve dans le mémoire de Luiz Beltrão de Gouvea de Almeida, imprimé dans les *Memorias historicas*.

ou du moins affaiblis : tout fut sacrifié au dessein d'assurer à la couronne la propriété exclusive des diamans[1].

L'excessive rigidité de plusieurs des règlemens les a fait tomber en désuétude. Je puis citer pour exemple ceux qui mettaient des bornes étroites à la population du District, et qui limitaient le nombre des marchands; celui qui condamnait à la confiscation ou aux galères un nègre trouvé avec un *almocafre*[2] et une sebile; celui enfin qui défendait de creuser les fondemens d'une maison à moins qu'un huissier et trois *feitores* ne fussent témoins de ce travail. La forme de l'administration des diamans a aussi éprouvé des modifications à différentes époques. Je vais la faire connaître telle qu'elle était en 1817, sans m'occuper des changemens qui peuvent avoir eu lieu depuis cette époque.

Le principal administrateur du District est l'*intendant des diamans*, qui réunit à ce titre celui d'*intendant-général des mines*, créé pour M. Manoel Ferreira da Camara Betencourt e Sá[3].

Le pouvoir de l'intendant est à peu près absolu. Il règle à son gré tout ce qui concerne le travail des mines de diamans, change ou suspend les employés, permet ou interdit l'entrée du District[4], prend les mesures qu'il

---

[1] Voy. South. *Hist. of Braz.* III.
[2] Outil de mineur décrit dans ma *première Relation*, vol. I, p. 244.
[3] Voy. ma *première Relation*, vol. II, p. 16.
[4] Les gouverneurs de la province eux-mêmes ne pouvaient entrer dans le district sans sa permission.

juge convenable pour empêcher la contrebande, dispose de la force militaire, etc. L'autorité de l'intendant ne se borne pas à ce qui concerne les diamans; il est encore chargé de la police dans l'intérieur de son district; il est tout à la fois administrateur et juge, et il faut qu'en cette dernière qualité, il ait étudié la jurisprudence. Pour des valeurs qui n'excèdent pas 100 mille reis, il peut rendre ses arrêts sans audience et sans appel [1]; quant aux délits criminels très graves, tels que l'assassinat, il est seulement chargé de faire l'instruction des procès qui y sont relatifs, et ensuite il envoie les accusés à Villa Rica. Les fonctions de l'intendant considéré comme juge proprement dit ne s'étendent pas au-delà de son district; mais c'est lui qui doit connaître des délits relatifs à la contrebande des diamans commis dans toute la province des Mines et même dans le reste de l'empire. Les appointemens des intendans sont de 8,000 cruzades, et, à cette somme, on avait ajouté 2,000 cruzades pour M. da Camara, afin de l'indemniser des frais de voyage qu'il était obligé de faire comme directeur des forges royales de Gaspar Soares [2].

Après l'intendant, celui qui tient la première place dans le district est l'*ouvidor* ou *fiscal* dont l'emploi est principalement judiciaire, qui fait en quelque sorte les fonctions du ministère public, et est chargé de

---

[1] Le législateur, craignant sans doute l'adresse des avocats et l'influence que leur donne le talent de la parole, leur a interdit l'entrée du District des diamans.

[2] Voy. ma *première Relation*, vol. I, p. 299.

surveiller dans l'administration les intérêts du gouvernement. Les appointemens du *fiscal* s'élèvent à deux *contos de reis* (12,500 f.)

Voici quels sont ensuite les *officiers* de l'administration diamantine (*officiaes da contadoria*). A leur tête se trouvent deux trésoriers (*caixas*) qui reçoivent chacun 4,000 crusades. Après les trésoriers, vient le teneur de livres (*guarda-livros*) dont les appointemens s'élèvent à 1,040,000 reis (6,500 f.), et ensuite il y a sept commis ou écrivains (*escrivães*) qui touchent chacun 320,000 reis (2,000 f.).

Il existait peu d'années avant mon voyage un administrateur-général (*administrador geral*)[1] chargé, sous l'intendant, de la direction et de la surveillance générale des travaux relatifs à l'extraction des diamans. Cette place a été supprimée, et c'est aujourd'hui (1817) le second trésorier qui remplit les fonctions d'administrateur-général.

Il n'y a point, comme le dit Mawe [a] de *garde-clé* du trésor où sont déposés les diamans. Le trésor a trois clés : l'une reste entre les mains de l'intendant, la seconde entre celles du premier trésorier, et c'est le premier commis ou écrivain qui est chargé de la troisième.

L'intendant préside un conseil qu'on appelle la junte royale des diamans (*junta real dos diamantes*), et il l'assemble quand il le juge à propos. Outre le

---

[1] L'*administrador geral* était aussi *inspector geral*.
[a] *Travels in the interior of Brazil.*

président, la junte se compose de quatre membres, le *fiscal*, les deux trésoriers, et le teneur de livres. La junte a aussi un secrétaire (*escrivão da junta*); mais celui-ci n'a pas voix dans le conseil [1].

La conduite immédiate des travaux relatifs à l'extraction des diamans est confiée à des employés appelés *administrateurs particuliers* dont le nombre varie suivant les besoins du service, et qui n'étaient que huit à l'époque de mon voyage. Chaque administrateur particulier est à la tête d'un certain nombre de nègres dont la réunion forme ce qu'on appelle une troupe (*tropa*). Le nombre des esclaves qui composent une troupe n'est point fixé à 200, comme l'avance M. Mawe [2]; mais il peut varier selon les circonstances et les besoins du moment. Les appointemens que touchent les administrateurs s'élèvent à 200 mille reis (1250 f.)

Outre les séances ordinaires de cette junte dont j'ai parlé plus haut, il se fait chaque année une assemblée générale où se trouvent tous les administrateurs particuliers et dans laquelle ils donnent leur vote. C'est cette assemblée qui détermine où seront placées,

---

[1] On a imprimé en Allemagne que *l'inspecteur-général* et *un teneur de livres*, *escrivão dos diamantes*, faisaient partie de la junte. Il est rigoureusement possible que la place d'inspecteur-général ait été rétablie depuis mon voyage; mais le teneur de livres a le titre de *guarda-livros* et non celui d'*escrivão*. Les *escrivães* sont des employés du second ordre qui n'entrent point dans la junte.

[2] *Travels*, etc., p. 225.

l'année suivante, les différentes troupes de nègres et de quelle manière doivent se faire les travaux. Si, dans le courant de l'année, il devient nécessaire de modifier quelqu'une des résolutions prises dans l'assemblée générale, la junte en décide en séance ordinaire.

Sous les administrateurs particuliers, sont des *feitores*,[1] qui font exécuter les ordres de ceux-ci, et qui surveillent les nègres. Entre les *feitores* et les administrateurs particuliers, il existe encore un emploi intermédiaire, celui des *cabeças* qui sont des administrateurs en sous-ordre chargés spécialement de la surveillance des *feitores*, et qui, en cas de besoin, remplacent les administrateurs. Les *feitores* ont cent mille reis (625 f.) d'appointemens, et sont obligés de se nourrir.[2]

On appelle services (*serviços*) les lieux où l'on extrait des diamans et où l'on a établi une troupe. Chaque service a un garde-magasin et un meûnier qui ont le même rang que les *feitores*, et sont payés à peu près de même. Aux différens services sont attachés un ou plusieurs maîtres charpentiers, un ou plusieurs maîtres serruriers, etc., qui ont également le rang de *feitores* et ont sous eux des esclaves.

---

[1] Le nom de *feitor* se donne en général dans les habitations rurales à celui qui remplace le maître, communique les ordres de ce dernier et fait travailler les esclaves. Peut-être ce mot pourrait-il se traduire par celui de *gérant*.

[2] On voit donc que l'on s'est trompé, lorsqu'en Allemagne on a attribué 300,000 reis (2,000 fr.) aux simples *feitores*.

D'après les règlemens, chaque troupe devrait avoir un chapelain; mais comme l'administration trop endettée cherche à réduire, autant qu'il lui est possible, le nombre des employés, on ne donne plus qu'un chapelain à deux troupes qui travaillent au même service; et, lors de mon voyage, il n'y avait que six de ces ecclésiastiques pour les huit troupes. Chacun d'eux jouissait de 160,000 reis (1,000 f.) d'appointemens.

Il n'y eut jamais, comme le prétend M. Mawe, un chirurgien pour chaque troupe de nègres[1]. Lorsque le gouvernement supprima la ferme des diamans, il acheta des fermiers les esclaves qu'ils employaient. Il existait alors pour les malades un hôpital auquel étaient attachés un chirurgien et un médecin (*medico de partido*); mais à présent que les nègres employés par l'administration ne sont plus sa propriété, elle n'a aucun besoin d'entretenir un hospice ni de salarier des médecins.

Tous les esclaves occupés dans les divers services appartiennent à des particuliers qui les louent à l'administration. Il a été un temps où leur nombre allait jusqu'à trois mille; mais l'administration très endettée, s'est vu forcée de les réduire à mille. Dans l'origine, on les payait mille deux cents reis (7 f. 50 c.) par semaine. Cette somme a d'abord été réduite à 900 reis (5 f. 62), puis à 675 (3 f. 75 c.). Ce sont les propriétaires des nègres qui les habillent et qui les font traiter

---

[1] *Travels in the interior of Brazil*, p. 225.

en cas de maladie ; c'est l'administration qui les nourrit et qui leur fournit les outils nécessaires pour leurs travaux [1].

Chaque semaine, on donne aux nègres pour leur nourriture, un quart d'*alqueire de fubá*[2], une certaine quantité de haricots, un peu de sel ; et à ces vivres, on ajoute un morceau de tabac en corde. Quand les haricots manquent, on les remplace par de la viande. Les nègres mangent trois fois par jour, le matin, à midi et le soir. Comme on leur accorde très peu de temps pendant la journée, ils sont obligés de faire cuire chaque soir leurs alimens pour le lendemain, et quelquefois ils n'ont d'autre combustible que des herbes desséchées.

L'obligation où sont les esclaves d'avoir continuellement les jambes dans l'eau pendant la saison du lavage, et leur nourriture peu fortifiante, presque toujours froide ou mal cuite, les exposent à des maladies de langueur, résultat de la débilité du tube intestinal. Souvent en outre ils courent le risque d'être écrasés par des rocs qui se détachent, ou ensevelis sous des

---

[1] Les employés de l'administration ont le droit de placer un certain nombre de nègres parmi ceux qui sont employés à l'extraction des diamans. Chaque administrateur particulier peut, par exemple, en placer vingt.

[2] Le *fubá* est la véritable farine de maïs telle qu'elle sort du moulin. C'est avec le *fubá* qu'on fait l'espèce de polenta appellée *angú*. La *farinha* est le maïs mis en pâte à l'aide de la *manjola*, torréfié ensuite et mis en poudre assez fine. (Voy. mon *Voyage dans les prov. de Rio de Janeiro et des Mines*, vol. I, p. 235.)

terres éboulées. Leur travail est pénible et continuel. Toujours sous les yeux des *feitores*, ils ne peuvent dérober à leurs surveillans un instant de repos. Cependant presque tous préfèrent l'extraction des diamans au service de leur maître. L'argent qu'ils se procurent en volant des diamans, et l'espérance qu'ils ont d'être affranchis, s'ils en trouvent d'une certaine grosseur, sont sans doute les causes principales de cette préférence; mais il en est d'autres encore. Réunis en très grand nombre, ces infortunés s'égayent dans leurs travaux; ils chantent en chœur les cantiques de leur patrie, et tandis que dans la maison de leur maître, ils sont soumis à tous ses caprices, ici ils obéissent à une règle fixe, et lorsqu'ils s'y conforment, ils n'ont point à craindre les châtimens.

Les *feitores* portent ordinairement un grand bâton terminé par une lanière de cuir, et peuvent s'en servir pour châtier sur-le-champ un nègre qui a manqué à son devoir. Quand la faute est grave, la punition est plus sévère. Alors on attache le coupable sur une échelle, et deux de ses compagnons lui appliquent sur les fesses des coups de *bacalháo*, fouet composé de cinq tresses de cuir. Les *feitores* n'ont pas la permission de faire donner à un nègre des coups de cette espèce de fouet; ce sont les administrateurs particuliers qui seuls peuvent infliger un châtiment aussi grave. Les règlemens ne permettent pas de donner plus de cinquante coups de *bacalháo*; mais souvent on en applique davantage.

Lorsqu'un nègre trouve un diamant du poids d'un

oitava[1], l'administration fait estimer l'heureux esclave, le paie à son maître, l'habille et lui donne la liberté. Ses camarades le couronnent, le fêtent et le portent en triomphe sur leurs épaules. Il a le droit de conserver sa place dans l'administration des diamans, et chaque semaine, il reçoit les 600 reis qu'auparavant l'on payait à son maître. Lorsque le diamant trouvé n'est que de trois quarts d'*oitava*, on donne également la liberté au nègre; mais il est obligé de travailler encore un certain temps pour l'administration. C'est M. da Camara qui a ajouté ces dispositions au règlement. Dans le courant de 1816, on avait affranchi trois nègres; mais depuis le commencement de 1817 jusqu'au mois d'octobre de la même année, il n'y en avait pas encore eu d'affranchi. Pour les diamans qui ne pèsent pas trois-quarts d'*oitava* jusqu'à ceux de deux *vintens* inclusivement, les nègres reçoivent seulement de petites récompenses qui vont en augmentant de valeur en raison de la pesanteur du diamant. C'est un couteau, un chapeau, un gilet, etc.

Lorsqu'un nègre a trouvé un diamant, il le montre au *feitor*, en le tenant entre le pouce et l'index, et écartant les autres doigts; puis il va le déposer dans la sebile suspendue au hangar sous lequel se fait l'opération du lavage. A la fin de la journée, les *feitores* vont ensemble remettre la gamelle à l'administrateur particulier: Celui-ci prend le compte des diamans qui ont été trouvés; il en fait inscrire le nombre et le

---

[1] L'*oitava*, suivant M. de Freycinet, vaut 3 grames 6.

poids par un *feitor* qu'on nomme *listario*, et ensuite il les met dans une bourse qu'il doit toujours porter sur lui. A la fin de chaque mois ou à des époques plus rapprochées, si la junte le juge convenable, les diamans sont remis au trésor, et chaque administrateur particulier envoie ceux de son *service* par un ou deux *feitores* accompagnés de quelques nègres[1]. Les trésoriers vérifient le nombre des diamans qui leur sont apportés; ils les repèsent, et ils les inscrivent sur un livre avec l'indication de leur poids, le nom du *service* où on les a trouvés et la date de l'envoi. Les diamans sont ensuite déposés dans le trésor. Chaque année, on expédie pour Rio de Janeiro ceux qui ont été réunis dans le courant de l'année précédente, et voici ce qui se pratique à cet égard. On a douze tamis percés de trous dont la grandeur va en diminuant depuis le premier tamis jusqu'au dernier, et l'on passe successivement tous les diamans à travers ces tamis. Les plus gros diamans restent sur le tamis percé des trous les plus larges, et ainsi de suite jusqu'aux plus petits qui tombent sur le tamis le plus fin. De cette manière on a douze lots de diamans que l'on enveloppe de papier et que l'on met ensuite dans des sacs. On dépose ces sacs dans une caisse sur laquelle l'intendant, le *fiscal*

---

[1] Des savans ont écrit que les administrateurs se rendaient une fois par semaine à Tijuco pour remettre les diamans à la junte. S'il en était ainsi en mai ou juin 1818, époque à laquelle les mêmes savans parcouraient le District des diamans, il faudrait supposer qu'entre le mois d'octobre et celui de juin, il y a eu des changemens dans les règlemens.

et le premier trésorier mettent leur cachet. La caisse part accompagnée d'un employé choisi par l'intendant, de deux soldats du régiment de cavalerie de la province, et de quatre hommes à pied (*pedestres*). Arrivée à Villa Rica, elle est présentée au général qui, sans l'ouvrir, y appose également son cachet; et lorsque cette formalité est remplie, le convoi se remet en marche pour la capitale.

La force militaire à la disposition de l'intendant et de l'administration se compose de deux compagnies d'hommes à pied dits *pedestres*, et d'un détachement du régiment de la province qui se monte à 50 hommes, y compris les officiers.

Le détachement de cavalerie est commandé par un capitaine. Vingt hommes environ sont cantonnés sur les frontières du District des diamans, pour s'opposer à la contrebande, pour visiter les voyageurs qui sortent du district, pour arrêter ceux qui chercheraient à s'y introduire sans la permission de l'intendant, etc. Le reste du détachement est caserné habituellement à Tijuco et employé à faire des patrouilles, à accompagner les caisses, etc.

Les deux compagnies d'hommes à pied ou *pedestres* sont composées chacune de 30 hommes, tous mulâtres ou nègres libres. Chaque compagnie est commandée par un *capitão mór* qui est également un homme de couleur. Les *pedestres* reçoivent chaque année 76,800 reis (480 f.) sur lesquels ils sont obligés de se nourrir, de s'habiller et de s'acheter un fusil et un sabre. C'est le gouvernement qui leur fournit la poudre et le plomb, et, en outre, on leur accorde une indemnité, quand on les envoie à Rio de Janeiro. Chaque compagnie porte un uniforme qui lui est propre. L'une des deux est destinée surtout à aider dans leur service les soldats du détachement; on la nomme *compagnie de l'intendance (companhia da intendencia)*. L'autre appelée *companhia da extração*, dépend plus immédiatement des trésoriers et de l'administration, et est spécialement chargée de porter les ordres de celle-ci et ceux de l'intendant. Les *pedestres* doivent rechercher et arrêter les contrebandiers, et empêcher que l'on ne porte de l'eau-de-vie aux nègres employés à l'extraction des diamans. Les règlemens défendent la vente de l'eau-de-vie dans les *services* pour empêcher entre les travailleurs et les marchands une connivence favorable à la contrebande, et l'eau-de-vie arrêtée par les *pedestres,* est confisquée à leur profit.

Depuis dix ans, de 1807 à 1817, le District des diamans a fourni, année moyenne, dix-huit mille karats [1]. Si les notes que je possède sont exactes, les diamans du Brésil auraient été engagés pendant plusieurs années pour l'acquittement des sommes que le gouvernement aurait empruntées en Hollande, afin de satisfaire à des demandes de numéraire faites par l'empereur Napoléon; ils auraient été envoyés annuellement, mais sans être taillés, à la maison Hoppe et compagnie d'Amsterdam; les plus gros seuls auraient

---

[1] Selon M. Verdier, cité par M. de Freycinet, le karat portugais est de 3 o/o moins fort que le karat français.

été réservés pour le roi; la maison Hoppe aurait tenu compte des autres sur le pied de 7,200 reis (45 f.) le karat, et, taillés, ces mêmes diamans se seraient revendus en Angleterre pour environ 25 à 30,000 reis (156 à 197 f.); mais enfin les engagemens contractés auraient cessé en 1817, et alors le roi Jean VI serait rentré dans tous ses droits.

Le gouvernement a payé jusqu'à un million de cruzades, pour les dépenses de l'extraction et de l'administration des diamans; mais actuellement (1817) il n'accorde plus que 300,000 cruzades, et c'est ce qu'on appelle l'*assistance* (*assistencia*)[1]. Cette somme est prise sur les revenus de la province, et envoyée par semestre à la junte diamantine par celle du trésor royal de Villa Rica (*junta da fazenda real*). Il est à remarquer que le produit du *quint* prélevé sur l'or en poudre qui se fond dans les quatre intendances (Voy. ma 1re *Rel.*, I), ne fait guère aujourd'hui que compenser la dépense des diamans. A son arrivée à Tijuco, l'*assistance* est déposée dans le trésor; la junte en fait usage pour payer les appointemens des employés, les journées des nègres, les diverses dépenses du service; et, chaque année, l'on envoie un compte courant au ministère. Les appointemens de l'intendant, du fiscal, de l'huissier de l'intendance, de l'écrivain de la junte et de la compagnie de *pedestres*, appelée *companhia da intendencia*, ne sont point compris dans l'*assistance*; ils

---

[1] Je présume que ce mot a toujours été en usage pour désigner la subvention, quelle qu'en ait été l'importance.

sont payés séparément par la junte royale de Villa Rica, mais pris également sur les revenus de la province.

Pendant long-temps l'administration a payé les journées des nègres et les vivres achetés pour les nourrir en billets dits d'*extraction royale* (*bilhetes d'extração real*). Ces billets faits à la main, portent le nom des créanciers auxquels ils ont été fournis, et sont signés par l'intendant, par un des trésoriers, par le teneur de livres et par l'employé chargé de leur enregistrement. L'époque du paiement n'y est point indiquée; il y est dit seulement qu'ils seront payés à qui les présentera; mais dans l'origine, ils étaient, au bout d'un an, échangés contre de l'or. Cependant l'administration s'étant trouvée endettée par différentes circonstances; par l'envoi qui fut fait au souverain de la moitié de *l'assistance*, lorsqu'à son arrivée au Brésil, il demanda l'argent qui se trouvait dans les caisses; par la hausse très considérable que les vivres éprouvèrent en 1814; par un retard de six mois que la junte de Villa Rica met depuis long-temps dans les paiemens de *l'assistance*; par l'établissement des forges du Morro de Gaspar Soares dont le gouvernement a ordonné que l'administration diamantine fit toutes les dépenses; enfin peut-être par la facilité avec laquelle les administrations, comme les particuliers, dépensent, lorsqu'il ne faut pas débourser de numéraire; l'administration, dis-je, s'étant trouvée endettée, les billets cessèrent d'être payés aux échéances. Néanmoins ils avaient cours dans le public avec une perte d'environ 25 pour cent; mais en 1817, la junte du trésor royal déclara qu'ils ne seraient plus reçus pour les impositions, et ils tombèrent dans un discrédit total, ce qui fit beaucoup murmurer les propriétaires dont plusieurs ont une grande quantité de ces billets entre les mains. Le gouvernement a entièrement refusé de concourir au paiement de la dette, et c'est, pour l'acquitter, que l'administration des diamans s'est vue contrainte de diminuer le nombre des nègres distribués dans les différens services, et de réduire au taux que j'ai indiqué les appointemens des employés, autrefois beaucoup plus considérables.

Comme l'on a cessé d'émettre des billets, le compte de ceux qui louent des esclaves à l'administration devait, lors de mon voyage, se régler tous les six mois, ainsi que cela s'était déjà fait jadis, et le montant du compte devait ensuite être payé en argent. Quand un marchand ou un cultivateur fournit des vivres, l'employé chargé de les recevoir lui donne un bon (*lembrança*), et, d'après les nouveaux arrangemens, chaque bon devait être également payé en numéraire après un terme de six mois.

On a vu que le système d'administration, introduit dans le District des diamans, avait pour but d'assurer au roi la possession exclusive de ces précieuses pierres. A cet effet tout a été combiné avec la sagacité la plus merveilleuse; on est entré dans les moindres détails; toutes les chances de larcin ont été prévues, et l'on a pris des mesures pour dérouter les voleurs les plus adroits. Je me contenterai de citer ici un exemple.

Lorsqu'un nègre est soupçonné d'avoir dérobé un diamant, on le met en prison; on lui fait avaler trois pierres; et on ne lui donne la liberté qu'après s'être assuré qu'il a rendu les trois cailloux, sans qu'aucun diamant ait été découvert.

On ne s'est pas contenté de prévenir les vols par les précautions les plus minutieuses; on a voulu encore opposer aux tentations la crainte de châtimens très graves. Un homme libre qui a été convaincu d'avoir fait la contrebande est envoyé pour dix ans à Angola sur la côte d'Afrique, et condamné à la perte de ses biens que l'on confisque au profit de l'État. D'après les ordonnances, tout esclave voleur de diamans devrait aussi être confisqué; mais ce règlement inique ne s'exécute point aujourd'hui. L'esclave qui a volé des diamans est d'abord fouetté; ensuite il est mis aux fers pour un temps plus ou moins considérable, suivant la valeur du vol; pendant ce temps, l'on n'accorde aucune rétribution pour le travail du nègre, et si le maître n'est plus, comme autrefois, privé entièrement de sa propriété, on le punit encore néanmoins d'une faute qu'il n'a pas commise et qu'il ne pouvait empêcher [1]. Les esclaves condamnés aux fers forment une troupe séparée que l'on traite plus sévèrement que les autres, et que l'on emploie à des travaux plus rudes.

---

[1] Il n'est pas impossible sans doute que des nègres aient volé pour leurs maîtres; mais on sent qu'ils doivent le faire beaucoup plus souvent pour leur propre compte.

C'est en vain cependant qu'on a rendu des lois pénales ; c'est en vain qu'on a multiplié les mesures préventives. La cupidité et l'adresse se jouent de toutes les craintes, et triomphent de tous les obstacles. Lorsque les diamans étaient moins difficiles à extraire et plus abondans, il existait une espèce de contrebandiers qui, ordinairement réunis en troupes, se répandaient dans les lieux où ces précieuses pierres se trouvaient avec le plus d'abondance, et ils les cherchaient eux-mêmes. Quelques-uns d'entre eux, placés en sentinelle dans un endroit élevé, avertissaient les autres de l'approche des soldats, et la bande se retirait aussitôt dans les montagnes les plus escarpées. C'est là ce qui fit donner à ces hommes aventureux le nom de *grimpeiros* (grimpeurs), d'où s'est formé par corruption le mot de *garimpeiros* qui est resté. Depuis que les diamans sont devenus plus rares, et qu'il faut des travaux considérables pour les tirer du sein de la terre, à peine quelques nègres fugitifs vont en chercher encore sur le bord des ruisseaux. Mais s'il n'existe plus de *garimpeiros* [1], il y aura sans doute toujours des contrebandiers proprement dits (*contrabandistas*), ceux qui trafiquent des diamans volés par les esclaves dans les différens *services*.

Les nègres ont pour ce genre de larcin une subtilité qu'envieraient nos filous les mieux exercés. Les

---

[1] C'est à tort que de savans auteurs ont parlé des *garimpeiros* comme s'il y en avait encore, les confondant sans doute avec les *contrabandistas*.

nouveaux venus reçoivent des leçons des anciens, et bientôt ils deviennent aussi habiles qu'eux. Un des prédécesseurs de M. da Camara se plaignait de ce que les vols de diamans étaient extrêmement multipliés, et il accusait ses administrateurs de manquer de vigilance. Ceux-ci lui assurèrent que la surveillance la plus active ne pouvait empêcher les esclaves de dérober des diamans. L'intendant, voulant alors faire l'expérience de l'habileté des nègres, envoya chercher celui qui passait pour le voleur le plus adroit; il plaça lui-même une petite pierre au milieu d'un amas de sable et de cailloux dans un de ces canaux où se font les lavages [1], et il promit à l'esclave de lui donner la liberté, s'il pouvait enlever la pierre assez habilement pour ne pas être aperçu dans son larcin. Le nègre se mit à laver le sable à la manière accoutumée, pendant que l'intendant fixait sur lui des regards attentifs. Au bout de quelques instans, le magistrat demanda à l'esclave où était la pierre. Si l'on peut compter sur la parole des blancs, dit ce dernier, je suis libre; et, tirant la pierre de sa bouche, il la montra à l'intendant.

Tandis que les esclaves, pendant l'opération du lavage, dérobent les diamans, les *feitores* ne mettent guère moins d'ardeur à en faire la contrebande, et il est d'autant plus facile à ces derniers de se livrer à ce commerce illicite, qu'ils peuvent faire entrer leurs propres nègres dans les *services* où ils sont employés

---

[1] Voy. plus bas p. 67 et suiv.

eux-mêmes. On sent que les esclaves n'auraient même jamais songé à voler des diamans, sans l'appât qui leur est sans cesse offert par leurs supérieurs ou par les contrebandiers proprement dits. Des hommes aventureux profitent de la nuit pour se rendre aux différens *services* par des chemins détournés, souvent presque inaccessibles. Ils ont dans les troupes *(tropas)* des nègres affidés qui, moyennant une rétribution, leur amènent ceux de leurs camarades qui ont quelques ventes à faire. Les diamans sont pesés, et les nègres en reçoivent la valeur sur le pied de 15 fr. le *vintem*. Souvent le contrebandier n'aurait pas le temps de s'éloigner du *service* la nuit même où il y est arrivé; alors il est recueilli dans une des cases à nègres, il y reste caché pendant la journée, et il s'en retourne la nuit suivante. Le contrebandier qui s'est hasardé à aller acheter des diamans dans les *services*, trouve principalement le débit de ces pierres chez les boutiquiers de Tijuco et de Villa do Principe. Souvent aussi des marchands viennent de Rio de Janeiro avec des étoffes, de la mercerie et d'autres objets, afin d'avoir un prétexte plausible pour séjourner à Villa do Principe; mais leur but véritable est d'acheter des diamans. A Tijuco, le contrebandier ne revend que sur le pied de 20 fr. les petits diamans qu'il a été acheter directement des nègres; mais à Villa do Principe, on lui donne déjà 25 fr. de ces pierres, parce qu'il n'a pu sortir du District sans courir de plus grands risques. Comme les nègres vendent indistinctement au poid tous les diamans qu'ils dérobent, sans faire aucune différence pour la grosseur, c'est sur ceux qui ont le plus de volume que le contrebandier fait ses principaux bénéfices. Souvent, au reste, il arrive que le contrebandier novice est trompé dans ce commerce par les esclaves. Ceux-ci usent de petits morceaux de cristal; ils leur font prendre la forme que les diamans ont coutume d'affecter, et ils leur donnent la couleur du diamant brut en les roulant parmi des grains de plomb. Mais, si l'ignorant peut être trompé par des diamans faux, l'homme exercé les distingue sans peine; non-seulement en frappant dessus, mais encore en les frottant les uns contre les autres, ou en les mettant dans sa bouche, et les poussant contre ses dents, pour s'assurer s'ils rendent ce son argentin que font entendre, ainsi éprouvés, les diamans véritables.

Si, malgré les règlemens sévères qui ont été rendus, si malgré les efforts que l'on répète chaque jour, on ne peut parvenir à empêcher la contrebande, il est faux cependant qu'elle soit aussi générale à Tijuco que Mawe l'a prétendu [1]; il est faux que les diamans y circulent dans le commerce comme le numéraire; il est faux surtout qu'il se soit jamais vendu, avec cette pierre, des indulgences pieuses destinées à dissiper les scrupules des acheteurs. J'ai passé un mois dans le District, et personne ne m'a proposé d'acheter un diamant, personne même ne m'en a montré un seul.

[1] Voy. *Travels in the interior of Brazil*, p. 252.

Le gouvernement ne fait exploiter que les environs de Tijuco, parce que c'est là qu'il existe le plus de diamans ; mais il s'en trouve encore en différentes parties de la province des Mines : telles que la *Serra de S. Antonio* ou *do Grão Mogol*, les rivières appelées *Abaeté*, *Andaia*, *do Sono*, *da Prata*, *S. Antonio*, *Quebra-Anzoes*, *Paranahyba*, *S. Marcos*, *Santa Fé*, près S. Romão [1], *Borrachudo*, *Paracatú*, etc. [2] Il en existe à Mato Grosso, à Cuyaba, dans le *Rio Claro*, rivière de la province de Goyaz; enfin dans celle de *Tibagy* près *Fortaleza*, habitation située vers l'extrémité des *Campos Geraes*. Partout, comme à Tijuco, il est défendu aux particuliers de se livrer à la recherche des diamans; mais dans des contrées aussi éloignées, aussi vastes et qui renferment une population aussi faible que Goyaz, Cuyaba, Mato Grosso, il est impossible d'arrêter la contrebande, et l'on souffre ce qu'on ne saurait empêcher [3].

On ne trouve plus les diamans dans leur matrice primitive, et cette matrice elle-même ne s'est retrou-

---

[1] Dans ma *première Relation*, j'avais, comme Pizarro, écrit, *S. Rumão*; mais je crois devoir renoncer à cette orthographe. Le nom dont il s'agit ne peut venir que de *Sanctus Romanus*, et je trouve *S. Romão*, non-seulement dans Cazal et Eschwege, mais encore dans mes propres notes.

[2] Spix et Mart. *Reise*, p. 442. — Eschw. *Neue Welt.*, I, p. 127.

[3] On trouvera dans la relation de mon troisième voyage des détails curieux sur la manière ostensible dont se fait la contrebande des diamans du Rio Claro. J'y parlerai aussi de ceux des environs de Fortaleza, dans la province de S. Paul.

vée nulle part. Sans doute d'une consistance très molle, elle aura été entièrement délayée par les eaux, et les diamans, détachés d'elle, auront été entraînés avec des cailloux dans le lit des ruisseaux. Ces cailloux roulés mêlés avec les diamans, sont ce qu'on appelle le *cascalho* [1]. Souvent le lit des ruisseaux a changé de place, et de là vient que le *cascalho* ne se trouve pas uniquement dans leur lit actuel. Il existe quelques signes de la présence des diamans; cependant ces signes sont en général peu certains, et, pour s'assurer si une rivière ou un terrain contient des diamans, il faut avoir recours à des recherches, à des essais de lavages. Presque toujours il y a de l'or dans le *cascalho* qui fournit les diamans, et, plus il s'en rencontre, plus les diamans sont nombreux. Dans les ruisseaux dont le *cascalho* a déjà été lavé, il n'est pas rare de retrouver au bout de quelque temps de nouveaux diamans amenés encore par les eaux, mais ils sont en petit nombre [2].

L'exploitation des terres diamantines devient chaque jour plus difficile. Tandis qu'elle était entre les mains des fermiers, ils ont fait des recherches dans les terrains et les ruisseaux les plus riches, dans ceux qui présentaient le moins de difficulté; comme les mineurs des environs de Villa Rica, ils ont encombré le

[1] Je ne crois pas avoir besoin de dire qu'il ne faut pas, avec M. Mawe, écrire *cascalao*.

[2] Les minéralogistes trouveront des détails scientifiques sur l'histoire naturelle des diamans du Brésil dans les écrits de MM. d'Eschwege, Spix et Martius.

lit des ruisseaux du résidu des lavages, et, pour trouver le *cascalho*, il faut souvent aujourd'hui enlever une couche épaisse de sable et de rochers. Le détail de mes courses dans les différens *services* fera connaître les pénibles travaux auxquels on est souvent obligé de se livrer aujourd'hui.

CHAPITRE II.

ENCORE LES DIAMANS.— DIVERS SERVIÇOS.— TIJUCO. —OBSERVATIONS SUR L'ACCLIMATATION DES ARBRES FRUITIERS.

Service des diamans du *Rio Pardo*; établissemens dont il se compose; ruisseaux exploités par les nègres de ce *service*. — Etablissement du *Corrego Novo*; maisons des nègres qu'on y emploie. — Village de *Chapada*; occupations de ses habitans; poste militaire. — Maison de campagne de *Pinheiro*; excursions dans les montagnes. — Arrivée à Tijuco. — Visite des principaux habitans; usage à cet égard.— Fondation de Tijuco; nom et titre de ce village; sa position; ses rues; ses maisons; ses jardins; ses églises; maisons religieuses; hôpital et réflexions sur le peu de durée des établissemens utiles dans la province des Mines; hôtel de l'administration et intendance; fontaines; boutiques et commerce; vivres et marché; stérilité des alentours. — Position géographique de Tijuco; climat; maladies les plus communes. — Plantes européennes cultivées à Tijuco; quelle est la saison la plus favorable à la culture des légumes; influence qu'a eue le climat de l'Amérique sur les arbres fruitiers de l'Europe. — Caractère des habitans de Tijuco. — Mendicité. — De quelle manière les habitans de Tijuco font valoir leurs capitaux. — Commerce des nègres.

On a vu dans ma *première Relation* qu'en quittant le Désert, je montai la Serra de Curmatahy, pour entrer dans le District des diamans, et qu'après avoir passé une nuit très pénible, couché sur un rocher, j'arrivai le 22 septembre 1817 au *serviço dos diamantes do Rio Pardo*.

Le *service* du Rio Pardo fut établi vers 1807, et se compose de deux troupes (*tropas*), l'une placée sur les bords d'un ruisseau qu'on appelle *Corrego Novo* (ruisseau neuf), l'autre sur ceux d'un ruisseau voisin nommé *Rio Pardo* (rivière brune). Le premier se réunit au second, et celui-ci divise ses eaux entre deux petites rivières, le *Cipó* (liane) et le *Paraúna*[1] qui ont leur confluent dans le S. Francisco. Il paraît que le Corrego Novo et le Rio Pardo ont fourni beaucoup de diamans; et l'on n'a aucune peine à extraire ceux qui existent encore aujourd'hui dans ces petites rivières, car le *cascalho* se montre à la surface même de leur lit. Ce n'est pas seulement au reste au fond des deux ruisseaux que l'on trouve des diamans; on tire aussi du *cascalho* des pentes ou *gupiaras* qui s'étendent sur leurs bords. Ici le *cascalho* n'a qu'une palme d'épaisseur, et au-dessous de lui, on rencontre un de ces lits de pierres dures qu'on appelle *piçarra*, comme dans les mines d'or[2].

Je fis halte au premier établissement que je rencontrai, celui du Corrego Novo. Les deux troupes qui composent l'ensemble du *service* avaient été réunies momentanément à celle d'un *service* placé ailleurs; mais je fus reçu par un *feitor* qu'une maladie avait empêché de s'absenter et qui me combla de politesses.

Les maisons de la troupe du Corrego Novo, au

---

[1] Des mots indiens *para* mer et *una* noir.
[2] *Derber Gestein körniger Quarzschieffer* : telle est la définition que MM. Spix et Martius donnent du *piçarra*.

nombre de vingt-deux, forment par leur réunion un petit hameau qui s'élève en pente douce au-dessus du ruisseau. Elles sont rangées autour d'une place régulière et carrée. Toutes sont construites en terre, et couvertes en chaume; elles n'ont que le rez-de-chaussée, et les toits, bien différens de ceux qu'on voit généralement ailleurs, sont beaucoup plus élevés que les murailles qui les soutiennent. Les cases à nègres, plus petites que les maisons des surveillans, n'ont pas de fenêtres, et une seule est occupée par plusieurs esclaves. Les demeures des *feitores* ont des croisées; elles sont blanchies, et plusieurs d'entre elles possèdent de petits jardins où je vis des pêchers chargés de fleurs. Deux *feitores* logent dans la même maison, et chacun a deux pièces et une cuisine. Quant à l'administrateur, il occupe une maison toute entière, et ce fut celle où je logeai pendant mon séjour à Corrego Novo.

Ayant appris que l'intendant habitait alors une petite maison qu'il avait fait bâtir dans la partie la plus montagneuse du District (serra), ce fut là que je résolus de me rendre. Bientôt après avoir quitté l'établissement de Corrego Novo, je passai par celui du Rio Pardo. Au milieu des maisons qui composent ce dernier, est une petite chapelle couverte en chaume. Ces maisons, plus nombreuses que celles du Corrego Novo, leur sont d'ailleurs absolument semblables; mais on n'a observé dans leur disposition aucune espèce de régularité.

Entre Corrego Novo et le village de *Chapada* qui

en est éloigné de deux lieues, on ne cesse point de voyager dans les montagnes. Le terrain est inégal, presque continuellement aride, et des masses de rochers nus s'élèvent çà et là. Tantôt le sol produit uniquement des herbes et des sous-arbrisseaux ; tantôt la végétation devient un peu plus vigoureuse, et ce sont des *Lychnophora*, des Myrtées et d'autres arbustes qui couvrent la terre. Les feuilles des arbrisseaux sont en général petites et d'une couleur foncée. Les Mélastomées à petit feuillage, si rares dans le Sertão, se trouvent ici en abondance, et présentent, comme dans toutes les montagnes, un grand nombre d'espèces.

Le village de Chapada où je fis halte, est situé sur un mamelon écrasé qu'environnent à quelque distance d'autres mamelons formés par des rochers nus. Tout autour de Chapada, le terrain est sec, aride, et la pierre, ainsi que le sable blanc, se montre de toute part parmi des Graminées et d'autres herbes extrêmement peu nombreuses. Une trentaine de misérables chaumières bâties à peu près sans ordre composent tout le village. Leurs toits ont, comme ceux de Rio Pardo, une arrête presque droite. On est obligé de les construire de la sorte et de leur donner plus d'élévation qu'on ne fait ailleurs, parce que l'herbe dont on les couvre, étant molle et fine, laisserait passer les eaux pluviales, si la pente était plus inclinée.

Les ruisseaux qui coulent à Chapada ont donné autrefois beaucoup de diamans ; mais comme la plupart n'en fournissent plus aujourd'hui, l'intendant a permis qu'on y cherchât de l'or ; et c'est cette occupation qui fait vivre les habitans du village. Ces hommes, tous mulâtres, évaluent à quatre *vintens* des Mines (96 c.), l'or qu'ils peuvent ramasser dans un jour ; mais, quand ils n'avoueraient pas tout leur gain, leur pauvreté montre suffisamment qu'il n'est pas considérable. On ne voit autour du village aucune trace de culture. Cependant comme ce pays élevé n'est pas extrêmement chaud, je suis persuadé que le seigle réussirait parfaitement dans certains terrains. Mais, il faut le dire, la recherche de l'or convient mieux que l'agriculture à la paresse des habitans des cantons aurifères.

Ce n'est pas seulement aux mulâtres de Chapada qu'il a été permis de chercher de l'or dans les lieux qui font partie de la *démarcation diamantine*. M. da Camara, forcé de renvoyer un grand nombre d'esclaves et de *feitores*, afin de pouvoir acquitter la dette de l'administration, a donné à divers particuliers la permission d'extraire l'or de plusieurs ruisseaux où il n'existe plus de diamans[1]. Les habitans de Tijuco ont coutume d'employer leurs capitaux à acheter des nègres qu'ils louent ensuite à l'administration, et ils auraient été ruinés, si l'on avait continué à défendre comme autrefois l'extraction de l'or dans toute l'étendue du District.

[1] Si quelquefois encore il se présente des diamans dans les lavages d'or du District, ils doivent être remis à l'administration. (Voy. Spix et Mart. *Reis*. I, p. 444.)

On a placé à Chapada un détachement de cavalerie tiré du régiment des Mines et commandé par un caporal. Ce poste est chargé d'inspecter les voyageurs et d'empêcher la contrebande des diamans. Je fus reçu par le caporal pour lequel j'avais une lettre de recommandation; il me logea, il me nourrit moi ainsi que mes gens; et les militaires du poste eurent pour moi toute sorte d'égards. En général, sous le rapport de la politesse, on ne saurait trop faire l'éloge des soldats du régiment de Minas. Toutes les fois que je me suis rencontré avec quelques-uns d'eux, je leur ai trouvé des manières extrêmement honnêtes et tout-à-fait différentes de cette rusticité grossière qui caractérise trop souvent le soldat européen [1].

Conduit par un guide que me donna le caporal du poste de Chapada [2], je traversai des chemins affreux au milieu des rochers, et, après avoir fait deux lieues, j'arrivai, lorsqu'on sortait de table, à *Pinheiro* la maison de campagne de l'intendant.

On ne pouvait choisir une retraite plus solitaire. La maison du maître qui n'est qu'une simple chaumière, a été bâtie dans un fond, au pied d'un rocher. Devant elle l'horizon est borné par des montagnes très rapprochées qui se développent à peu près cir-

---

[1] Voy. ce que j'ai déja écrit à ce sujet dans ma *première Relation*, vol. I, p. 381.

[2] Je n'ai pas besoin de dire qu'il faut se donner de garde de confondre le village de Chapada, dont je parle ici, avec l'importante paroisse de Chapada dans les Minas Novas. (Voy. ma *première Relation*, vol. II, p. 81.

culairement, et où le roc entièrement découvert et d'un gris foncé se montre de toute part. Le terrain que ces montagnes comprennent entre elles est inégal ; il présente un vaste pâturage, et est traversé par un ruisseau où il existe des diamans. Dans la partie la plus voisine de l'habitation, d'énormes rochers s'élèvent près du ruisseau. Enfin, vis-à-vis la demeure du propriétaire, au-dessous de ces montagnes qui bornent l'horizon, l'œil se repose sur un groupe de maisonnettes entremêlées d'arbres au milieu desquels des bananiers se font remarquer par l'élégance de leur port. On trouve dans les montagnes d'Europe des paysages qui se composent d'élémens à peu près semblables ; mais celui-ci offre un aspect particulier qu'il m'est impossible de rendre, et qui tient sans doute à la teinte des rochers, à leur position et à la nature des végétaux.

L'intendant élevait à Pinheiro beaucoup de bêtes à cornes, non-seulement comme un objet d'amusement, mais encore pour faire sur elles d'utiles expériences. Son bétail était fort beau ; cependant, comme partout ailleurs, les vaches avaient des mamelles très petites et donnaient peu de lait. M. da Camara essayait aussi de cultiver autour de sa maison des légumes et quelques grains ; mais il était extrêmement contrarié par l'aridité du sol et par la sécheresse.

Le lendemain de mon arrivée à Pinheiro, je fis à cheval avec l'intendant une course de deux ou trois lieues, dans les montagnes qui environnent son habitation ; mais je n'eus pas le plaisir de voir des fleurs :

tout était desséché. Là où le rocher ne se montre pas à découvert, je trouvai sur les sommets les plus élevés, des pâturages herbeux; dans les parties plus basses, des *carrasquenos*; de grands bois, dans les enfoncemens et dans les vallées; enfin sur les côtes pierreuses, des arbrisseaux épars et particulièrement des *Lychnophora* [1]. On a détruit plusieurs bois, afin d'y faire des plantations, et, comme aux environs de Villa do Principe, la grande fougère et le *capim gordura* (*Tristegis glutinosa* ou mieux *Melinis glutinosa*), ont pris la place que des arbres occupèrent autrefois. Je n'avais point vu ces plantes dans le Sertão ni dans les Minas Novas; mais ici le *capim gordura* se trouve déjà en deçà de la limite septentrionale que j'ai indiquée pour cette plante (env. le 17° 40' de lat.[2]); et la grande fougère qui ordinairement le précède dans l'ordre des végétations successives doit avoir, je pense, la même limite que lui.

En revenant à la demeure de l'intendant, je passai pour la première fois devant des pâturages où l'on venait de mettre le feu [3]. Une flamme d'une couleur aurore foncée s'étendait d'une touffe de gazon à l'autre, les dévorait toutes avec une excessive rapidité et for-

---

[1] On a vu, dans la *Relation* déjà publiée, que les singulières composées appelées *Lychnophora* affectionnent en général les côtes pierreuses. J'ai fait connaître aussi les bois nains auxquels on donne le nom de *carrasquenos*.

[2] Voy. ma *première Relation*, vol. II, p. 292.

[3] Voy. ma *première Relation*, vol. II, p. 276, 405, 433, 454.

mait des espèces de bouquets étincelans dispersés à de petits intervalles; ce qui explique la ressemblance qu'ont avec nos illuminations ces incendies vus à de grandes distances.

Dans une autre excursion, nous suivîmes les bords de la rivière de *Pinheiro* dont la largeur est peu considérable. L'extrême chaleur m'empêcha le matin de jouir des beautés de la campagne; mais le soir, lorsque nous revînmes à la maison, il faisait beaucoup moins chaud, et je pus admirer à mon aise les paysages qui successivement s'offrirent à mes regards. Dans un endroit où l'intendant et le reste de la société, bravant le soleil des tropiques, s'étaient arrêtés pour pêcher de petits poissons, le Pinheiro coule entre des montagnes sur lesquelles la pierre se montre à nu parmi les arbres et les arbustes; d'énormes rocs s'élèvent du milieu des eaux, minés par elles dans tous les sens, et, vers le confluent, la rivière semble arrêtée dans son cours par une hauteur très escarpée. En quittant ce lieu solitaire, nous marchâmes dans un sentier étroit entre le Pinheiro et un fossé profond entièrement à sec. Ce fossé avait reçu les eaux de la rivière à une époque où elle était exploitée par les chercheurs de diamans; il est élevé de 50 palmes au-dessus du Pinheiro; mais on avait forcé celui-ci à y entrer, en le retenant par une forte digue, et, du lit desséché, l'on avait pu sans peine extraire le *cascalho*, afin de le laver ensuite. Ce n'est pas seulement au reste pour le Pinheiro que l'on a suivi cette méthode; on l'a employée pour beaucoup d'autres ruisseaux, et, comme on le verra par la suite, on la pratique encore tous les jours. Les bois qui croissent au milieu des rochers des deux côtés de la rivière, sont loin de former, comme les forêts vierges, des masses épaisses de verdure. Ici, les arbres isolés laissent distinguer leur feuillage, et l'on ne peut s'empêcher d'admirer l'élégance de celui de certaines légumineuses. Cependant à mesure que nous avancions, les grands végétaux devenaient plus rares, et des troncs desséchés d'une couleur grisâtre se montraient plus souvent au milieu des arbres couverts de feuilles. Bientôt l'aspect du pays devint plus sauvage encore ; d'énormes rochers grisâtres et complètement dépouillés de verdure se présentaient devant nous; la rivière avait disparu à nos regards, et nous entendions seulement le murmure de ses eaux. Mais il n'est point de lieux que les travaux de l'homme même les plus faibles n'aient la puissance de vivifier et d'embellir. Nous descendîmes dans une gorge large et profonde, et là un contraste charmant s'offrit à nos regards : d'un côté la rivière coulait en mugissant au pied des montagnes incultes; de l'autre des bananiers, des orangers qui s'élevaient sur un terrain en pente environnaient une petite maison, et des *Agave* aux immenses panicules formaient un vaste enclos autour de cette humble demeure. Divers paysages passèrent encore sous nos yeux, et enfin nous nous retrouvâmes à l'habitation de Pinheiro.

Pendant le séjour que j'y fis, j'eus occasion de voir deux arbres qui croissent en général dans le District des diamans, et qui sont extrêmement utiles pour le pays. L'un qu'on appelle le *monjolo* est une Légumineuse, si j'en puis juger pas son feuillage; l'autre qui porte le nom de *pereira da serra* (le poirier de la montagne) n'était point en fleurs, lorsque je l'observai, et je ne pus reconnaître à quelle famille il appartient. Tous les deux, à cause de la dureté de leur bois, s'emploient dans la construction des maisons et dans celle de tous les ouvrages qui servent à l'extraction des diamans.

Nous quittâmes Pinheiro le 29 septembre 1817; et, après avoir traversé un pays montagneux où les rochers se montrent de toute part au milieu d'une végétation très maigre, nous passâmes un ruisseau d'où l'on tire de l'or, et sur les bords duquel on avait construit quelques chaumières pour des nègres mineurs. En général, il existe de l'or en plus ou moins grande quantité dans tous les environs de Tijuco. Là, ce métal se trouve principalement dans le lit des ruisseaux et sur les pentes voisines; il paraît qu'il ne se rencontre en filons que dans un petit nombre d'endroits, et encore ces filons ont-ils peu d'étendue.

Ayant fait deux lieues, nous arrivâmes enfin au chef-lieu du District des diamans. Comme on faisait alors des réparations à l'hôtel de l'intendance, M. da Camara avait été obligé de se retirer dans une maison qui suffisait à peine à sa famille; il me logea donc dans un bâtiment qui autrefois était habité par les intendans du District, mais j'allais prendre tous mes repas chez lui, et, pendant mon séjour à Tijuco, il ne cessa de me combler d'honnêtetés. C'était madame

Matilde da Camara, femme d'un ton excellent, qui faisait elle-même les honneurs de sa maison. Elle et ses filles ne se cachaient point; elles mangeaient avec nous, et, se conformant aux usages de l'Europe, elles admettaient les hommes dans leur société.

Le lendemain de mon arrivée à Tijuco, je reçus la visite des personnes les plus distinguées du pays, et je ne tardai pas à les aller voir à mon tour. L'usage veut que lorsqu'un étranger connu s'arrête dans quelque ville, les principaux habitans s'empressent de le visiter; et c'est ce qui m'était arrivé précédemment à Villa Rica, Villa do Principe et dans plusieurs villages. Cette coutume, fondée sur un sentiment de bienveillance, a pour le voyageur l'avantage de lui faire connaître, dès les premiers momens de son arrivée, les hommes qui peuvent le plus facilement lui rendre des services; mais, lorsque je suis parti du Brésil, les habitans de plusieurs villes avaient déja, si je ne me trompe, renoncé à l'usage dont il s'agit, offensés par la négligence ou le grossier dédain de quelques étrangers qui n'avaient point répondu à leurs avances. C'est ainsi qu'à l'arrivée du roi Jean VI, la mauvaise conduite des Portugais d'Europe rendit le peuple de Rio de Janeiro moins hospitalier qu'il ne l'avait été jusqu'alors.

Il paraît que les plus anciens habitans de Tijuco furent des aventuriers paulistes qui, ayant trouvé beaucoup d'or dans ce canton, s'y fixèrent vers le commencement du siècle dernier. Un des premiers endroits où ils firent des découvertes fut un très petit ruisseau qui coule sur le morne où l'on voit aujourd'hui le village. Les bords de ce ruisseau étaient marécageux, et c'est là ce qui fit donner au nouvel établissement le nom de *Tijuco*[1], qui signifie boue dans la langue des Indiens. Les terrains qui avoisinent le ruisseau se sont consolidés, mais le nom de Tijuco est resté au chef-lieu du District des diamans.

On ne donne pas à Tijuco d'autre titre que celui d'*arraial* [2]; cependant la population de ce *village*, puisque c'est ainsi qu'on l'appelle, s'élève à environ 6000 âmes, et le nombre de ses maisons à environ 800. Probablement, pour empêcher le clergé de prendre trop d'importance dans le District des diamans[3], on n'avait pas même voulu ériger Tijuco en chef-lieu de paroisse, et, lors de mon voyage, ce n'était encore qu'une humble succursale qui dépendait de Villa do Principe [4].

---

[1] Southey et d'autres étrangers ont écrit *Tejuco*; mais j'ai cru devoir d'autant plus me conformer à la manière d'écrire de deux géographes nationaux, Pizarro et Cazal, que le véritable mot de la *lingoa geral* est *Tyjuca*.

[2] J'ai expliqué le sens de ce mot dans ma *première Relation*.

[3] De savans voyageurs disent que, pour paralyser l'influence des ecclésiastiques dans le District des diamans, Pombal avait défendu d'y former un diocèse, et qu'en conséquence Tijuco appartient à l'évêché de Villa do Principe. Le mot diocèse a sans doute été mis, dans ce passage, pour celui de paroisse; car il n'y a point d'évêché à Villa do Principe, et cette ville fait partie, comme on le sait, du diocèse de Marianna.

[4] En 1819, Tijuco est devenu chef-lieu de paroisse. Piz.

AU BRÉSIL.

Avant même d'arriver à ce beau village, le voyageur en prend une idée favorable, en voyant les chemins qui y aboutissent. Jusqu'à une certaine distance, la plupart d'entre eux ont été réparés depuis quelques années (écrit en 1817) par les soins de l'intendant et au moyen d'offrandes volontaires. Je n'en avais vu d'aussi beaux dans aucune partie de la province.

Tijuco est bâti sur le penchant d'un morne, dont le sommet a été profondément creusé par les mineurs. Au bas de ce morne, coule dans une vallée assez étroite, un ruisseau qui porte le nom de *Rio de S. Francisco*. De l'autre côté de la vallée, des hauteurs extrêmement arides font face au village, et présentent de toute part des rochers d'un gris obscur, au milieu desquels croît un gazon dont la couleur différait peu, lors de mon voyage, de celle des rochers eux-mêmes. La verdure des jardins du village contraste, comme je le dirai bientôt, avec ces teintes sombres ; et, soit en arrivant de Pinheiro, soit en se rendant au *Serviço do Curralinho*, on découvre un palmier, qui, planté dans l'un des jardins, domine toutes les maisons, et forme au-dessus d'elles une couronne élégante.

Les rues de Tijuco sont assez larges, très propres, mais assez mal pavées : presque toutes vont en pente ; ce qui est une suite nécessaire de la manière dont la ville est située. Les maisons bâties les unes en terre et en bois, les autres avec des *adobes*[1], sont cou-

---

[1] Espèce de briques dont j'ai déjà parlé dans ma *première Relation*, vol. II, p. 77.

vertes en tuiles, blanches en dehors et généralement bien entretenues. Le tour des portes et des fenêtres est peint de différentes couleurs, suivant le goût des propriétaires, et, dans beaucoup de maisons, les croisées ont des carreaux de vître. Les jalousies qui rendent si tristes les maisons de Villarica, sont beaucoup plus rares à Tijuco, et les toits n'y forment point de longues avances au-delà des murailles. Quand j'allai faire mes visites d'adieux, j'eus l'occasion d'entrer dans les principales maisons de Tijuco, et elles me parurent d'une propreté extrême. Les murailles des pièces où l'on me reçut étaient blanchies, les lambris et le tour des plafonds peints en façon de marbre. Quant aux meubles, il n'y en avait partout qu'un petit nombre, et ce n'étaient en général que des tabourets couverts d'un cuir écru, des chaises à grands dos, des bancs et des tables.

Les jardins sont très nombreux, et chaque maison a, pour ainsi dire, le sien. On y voit des orangers, des bananiers, des pêchers, des *jabuticabeiras* [1], quelques figuiers, un petit nombre de pins (*Araucaria brasiliensis*), et quelques cognassiers. On y cultive aussi des choux, des laitues, la chicorée, la pomme de terre, quelques herbages et des fleurs, parmi lesquelles l'œillet est l'espèce favorite. Les jardins de Tijuco me parurent généralement mieux soignés que ceux que j'avais vus ailleurs; cependant ils ne sont pas disposés avec plus d'ordre et de symétrie. Quoi qu'il en

---

[1] J'ai déja parlé ailleurs de cet arbre fruitier.

soit, des points de vue très agréables résultent de ce mélange de jardins et de maisons groupés diversement, et disposés sur un plan incliné. De plusieurs maisons, l'on découvre non-seulement celles qui s'étendent plus bas sur le penchant du morne, mais encore le fond de la vallée et les hauteurs qui s'élèvent en face de la ville; et l'on ne saurait décrire l'effet charmant que produit, dans le paysage, le contraste de la verdure si fraîche des jardins, avec la couleur du toit des habitations, et plus encore avec les teintes grisâtres et austères du vallon et des montagnes environnantes.

Quoique le chef-lieu du District des diamans n'ait été long-temps qu'une succursale, on y compte pourtant sept églises principales et deux chapelles. Tous ces édifices sont petits; mais ornés avec goût, et d'une extrême propreté. Au-dessus de la porte des églises est une tribune où se placent les musiciens, quand on célèbre des messes solennelles. Plusieurs églises ont un petit buffet d'orgue fait dans le village même; et il en est aussi qui possèdent de fort beaux ornemens et sont très riches en argenterie. Les plus jolies sont celles de *S. Antonio*, de *S. Francisco*, et *do Carmo*. Excepté la première qui est la succursale, toutes les autres ont été bâties par des confréries; elles sont entretenues par celles-ci, et pour la plupart, elles ont un chapelain qui reçoit des confrères le salaire dont il jouit. Quant à la succursale, elle était, lors de mon voyage, desservie par un prêtre qui recevait une somme fixe du curé de Villa do Principe;

et ce dernier avait un fondé de pouvoir à qui chaque fidèle remettait la rétribution que l'on a coutume de payer pour la pâque. Les nègres de la côte d'Afrique ont une église, celle de Notre-Dame-du-Rosaire, les nègres créoles en ont une autre, et les mulâtres ont aussi la leur. Celle des nègres africains n'est pas la moins belle; ils célèbrent leur fête patronale avec beaucoup de solennité, et tous les confrères qui sont fort nombreux, se donnent beaucoup de peine pour amasser chacun 600 reis par année, et les offrir à leur église. Une vierge noire se voit sur le maître autel de Notre-Dame-du-Rosaire, et l'on a placé des saints nègres sur les autels latéraux. Ce sont des blancs qui administrent les biens de l'église du Rosaire, et ils ont soin de reprendre en gros, disait un homme d'esprit, ce que les nègres leur ont volé en détail.

Comme les couvens sont défendus dans toute la province, il ne saurait y en avoir à Tijuco; cependant il y existe une maison de recluses [1] qui élèvent de jeunes filles, et une autre de frères du tiers ordre de saint François chargés de recevoir les aumônes que les fidèles consacrent à l'entretien du S. Sépulcre. A l'époque de mon voyage, on ne comptait que deux frères dans cette dernière maison.

Vers 1787, un ermite, ayant excité la charité des fidèles, réunit des aumônes assez abondantes pour fonder un hôpital. Il acheta une maison dans un lieu très aéré, et l'établissement fut bientôt pourvu des

---

[1] *Mém. hist.*, VIII, p. 2da, 154.

choses nécessaires. L'ermite faisait des quêtes; il échauffait le zèle des habitans, et l'hospice se soutint aussi long-temps que son fondateur resta à Tijuco. Mais cet homme utile, ayant essuyé quelques désagrémens de la part des autorités, se retira; les aumônes devinrent moins abondantes, et l'hôpital fut abandonné. Il est plus difficile ici qu'en Europe de fonder des établissemens de bienfaisance capables de subsister long-temps. Soutenus par des dons journaliers, de tels établissemens doivent être fort précaires. Et quelle est ici la nature de fonds qui promette quelque solidité? Les esclaves ont une courte existence. En Europe les propriétés foncières sont considérées à juste titre comme les mieux assurées : elles ne le sont nullement dans le pays des Mines. Chez un peuple presque nomade, des maisons ont bientôt perdu leur valeur; et le malheureux système d'agriculture qui s'est introduit à Minas Geraes détruit promptement les *fazendas*[1] situées dans la partie la moins déserte de cette contrée. D'ailleurs les *fazendas* ne produisent que rarement entre les mains des gérans *(feitores)*, peu jaloux de remplir leurs devoirs; et d'un autre côté où trouver des hommes qui veuillent prendre des terres à bail, lorsqu'on a la possibilité de se fixer sans rétribution sur le terrain d'autrui, et qu'on devient à si peu de frais propriétaire soi-même?

Il existe à Tijuco plusieurs bâtimens publics, tels

---

[1] Les *fazendas* sont, comme je l'ai dit dans ma *première Relation*, des domaines ruraux de quelque importance.

que la caserne, la prison, l'hôtel de l'administration (*contadoria*), celui de l'intendance; mais ces bâtimens n'offrent rien de bien remarquable.

L'hôtel de l'administration, dont la façade est régulière, peut avoir 50 à 55 pas de longueur. C'est là que travaillent les employés, et qu'est déposé le trésor; le premier trésorier y a son logement, et la junte tient ses séances dans une des salles.

Autrefois les intendans demeuraient dans l'intérieur du village; mais l'intendance actuelle est située au dehors. C'est une maison grande et très commode, bâtie sur une hauteur, et d'où l'on découvre une partie de Tijuco, la vallée qui s'étend au-dessous du village, et les rochers qui font face à ce dernier. L'hôtel de l'intendance a peut-être la plus belle galerie (*varanda*) qui existe dans toute la province. De cet hôtel dépend aussi un vaste enclos où l'on a planté quelques allées d'orangers et de *jabuticabeiras*. Le sol de ce jardin avait été autrefois travaillé par des mineurs, et, dépouillé de terre végétale, il était devenu d'une extrême stérilité; mais l'intendant actuel le fertilise, en y faisant transporter journellement les immondices du village.

Les eaux que l'on boit à Tijuco sont excellentes; elles sont fournies par de petites sources qui prennent naissance sur la montagne même où le village est bâti. Il existe des fontaines dans un grand nombre de maisons, et en outre trois fontaines publiques qui sont absolument sans aucun ornement. On a aussi amené à Tijuco une partie des eaux d'un ruisseau qui coule au nord du village, et qu'on appelle *Rio das Pedras* (le ruisseau des pierres); mais, comme ces eaux ne sont pas d'une bonne qualité, on ne s'en sert que pour laver le linge et arroser les jardins.

On compte à Tijuco plusieurs places publiques; mais elles sont petites, irrégulières, et ne méritent guères que le nom de carrefour.

Les boutiques de ce village sont garnies de toute sorte d'étoffes; on y trouve aussi des chapeaux, de la mercerie, de la quincaillerie, des fayences, de la verrerie et même une foule de petits objets de luxe, qu'on est étonné de pouvoir se procurer à une aussi grande distance des ports de mer. Ces marchandises sont presque toutes de fabrique anglaise (en 1817), et elles se vendent en général à des prix très modérés, eu égard aux distances et à la difficulté des transports. Bahia fournit quelques articles; mais comme cette ville est à environ 240 lieues de Tijuco, que la route offre peu de commodités aux voyageurs, et que l'eau même y manque en certains endroits, c'est avec Rio de Janeiro que les marchands de Tijuco entretiennent leurs relations commerciales les plus importantes. On compte 134 lieues de ce beau village à la capitale du Brésil, et, si le chemin est bien plus difficile que celui de Bahia, du moins l'on y trouve des *ranchos* à des distances beaucoup plus rapprochées. En échange des marchandises que Tijuco reçoit des ports, ce village fournit une partie du numéraire que le gouvernement y répand chaque année pour les honoraires des employés, l'or que l'on retire des minières du voisinage, et les diamans qui passent en contrebande.

Les alentours de Tijuco présentent un sol aride, et ne produisent pas même les denrées nécessaires pour la subsistance des habitans. Cependant il est très vraisemblable que, si l'on adoptait dans cette contrée, un système d'agriculture mieux raisonné, qu'on introduisît l'usage des prairies artificielles, qu'on eût un plus grand nombre de bestiaux, qu'on les fit parquer sur les terres destinées à être ensemencées, enfin qu'on se servit de la charrue, on pourrait cultiver, dans plusieurs parties du District, le seigle, les haricots, d'autres menus grains et peut-être même l'orge. Mais tant que l'on s'obstinera à suivre les pratiques aujourd'hui usitées dans toute la province, on ne tirera aucun parti du terrain des environs de Tijuco.

Les vivres qui sont consommés, tant par les habitans eux-mêmes que par les nègres employés à la recherche des diamans, viennent de dix, quinze, vingt et vingt-cinq lieues, principalement de Rio Vermelho, Penha, Arassuahy, etc., surtout de Passanha[1]; et l'on peut dire avec vérité que c'est l'existence de Tijuco et par conséquent l'extraction des diamans qui entretiennent une légère aisance parmi les cultivateurs de ces différens villages.

Sans cesse on voit arriver à Tijuco des caravanes de mulets chargés de marchandises et de vivres. Il y a dans le village trois auberges où descendent les mu-

---

[1] J'ai parlé de ces villages dans ma *première Relation*.

letiers; mais les grains, la farine de maïs, les racines, ne peuvent se vendre que dans l'une d'elles située sur la place de l'intendance. Le devant de cette auberge forme une galerie où se débitent les denrées dont il s'agit, et qui peut être considérée comme une sorte de marché. C'est même le seul qui existe dans toute la province. Certaines maisons ont été également assignées pour la vente du lard et de la viande sèche.

L'éloignement où se trouve Tijuco des lieux qui l'approvisionnent et l'aridité de ses alentours, y rendent les denrées nécessaires à la vie généralement plus chères que dans toutes les autres parties de la province. Ainsi la farine de manioc s'y vendait à la fin de septembre 1817, 750 reis (4 f. 68 c.), l'*alqueire*; le maïs, 600 reis (3 f. 75 c.); le riz, 1800 (11 f. 24 c.); le lard, 8 pataques (16 f.), l'arrobe; les haricots, 900 reis (5 f. 62 c.) l'*alqueire*, et un poulet, 150 reis (environ 95 c.). Comme le voisinage de Tijuco n'offre qu'un pays découvert où croissent tout au plus des arbrisseaux, le bois n'est pas, dans ce village, moins cher que les vivres, et lors de mon voyage, il fallait payer un *vintem* des Mines (près de 20 c.), pour un fagot très petit. Les fourrages sont encore plus chers que le bois. Aux alentours de la ville il n'existe en général que des pâturages très maigres, et l'on est obligé de tirer de fort loin l'herbe dont on nourrit les chevaux et les mulets. Ce sont des nègres qui vont la chercher, et qui la vendent pour le compte de leurs maîtres. Ils en forment des bottes longues de plus de 7 à 8 palmes qu'ils apportent à la ville sur leurs épaules, et l'on paie (fin de septembre 1817), 150 reis (environ 95 c.), une charge de deux bottes, à peine suffisante pour la nourriture d'un mulet pendant un jour. Aussi plusieurs habitans qui veulent avoir toute l'année des mulets ou des chevaux à l'écurie, cultivent-ils dans leur jardin quelques espèces de Graminées vivaces qui, dans les terrains bien fumés, donnent jusqu'à cinq coupes [1].

Tijuco se trouve situé par le 18° 14′ 3″ lat. S.[2], et est élevé, suivant les observations de M. d'Eschwege, de 3715 p. au-dessus du niveau de la mer. L'air qu'on y respire est extrêmement pur ; la température y est douce, mais très variable. Pendant les mois d'octobre et de novembre, qui sont ordinairement les plus chauds de l'année, le thermomètre monte quelquefois jusqu'à 80 degrés de Fahrenheit (26, 66 cent.), et le terme moyen est de 70 à 72 d. (21,11 à 22, 22 cent.). Durant ces deux mois, les orages sont très fréquens, et toujours amenés par les vents du nord. Vers le milieu de janvier, on a ordinairement une quinzaine de jours de beau temps et d'une chaleur

---

[1] De ce nombre est le *capim da colonia* (*Panicum maximum*, Var. β. Mart. et Nees *Agrost.* 166), qui ne m'a point paru naturel au pays, et dont les tiges rameuses et hautes de trois à quatre pieds viennent en touffe. — Je ne voudrais pas assurer que parmi les Graminées cultivées à Tijuco comme fourrage, il n'y en eut pas d'annuelles ; cependant je soupçonne qu'on n'en cultive que de vivaces.

[2] Cette position a été déterminée par les mathématiciens portugais cités dans le *Brasilien Neue Welt*. Pizarro indique 18° 6′.

assez forte; et l'on donne à ce court intervalle le nom de petit été (*veranico*). Le mois de juin est le moins chaud de l'année, et, pendant ce mois, le thermomètre descend souvent à 44 d. Fahr.

La chaleur modérée qu'il fait à Tijuco y rend assez rares la lèpre et l'éléphantiasis, tandis que l'inconstance de la température y multiplie les rhumes et les catarres. D'autres affections morbides sont communes dans le District des diamans; mais ce n'est point au climat qu'il faut les attribuer : elles doivent leur origine à des habitudes et des vices inhérens aux mœurs du pays. Ainsi à Tijuco, comme dans toutes les parties de la province, l'hydropisie, fréquente chez les gens de couleur, est le résultat de leur passion pour l'eau-de-vie de sucre. L'usage prématuré des plaisirs de l'amour, et une vie trop sédentaire sont les principales causes des maladies nerveuses, qui, assez souvent, affligent les hommes libres. Enfin, le grand nombre de maladies vénériennes qui règnent ici comme dans le reste du Brésil, s'explique assez par le libertinage auquel toutes les classes de la société se livrent avec si peu de retenue.

Le climat tempéré du chef-lieu des diamans convient assez bien aux productions de l'Europe, et plusieurs plantes de nos contrées, telles que l'*Urtica dioica* L., et le *Verbascum blattaria* L., dont les semences auront sans doute été apportées avec celles des divers légumes, se sont, pour ainsi dire, naturalisées dans les rues de Tijuco. Les pêchers, les figuiers, les cognassiers, rapportent de bons fruits dans les jardins de ce village; mais en revanche les bananiers, amis de la chaleur, y réussissent assez mal, et ont généralement des tiges moins vigoureuses qu'ailleurs. Le *capim d'Angola* (*Panicum spectabile* Mart. et Nees) [1], ne donne jamais de graines à Tijuco, tandis qu'il fructifie régulièrement à *Rio Manso*, qui n'est qu'à quelques lieues, mais dont l'élévation est beaucoup moindre. La température de Tijuco, plus basse que celle de Rio Manso, explique assez bien cette différence; et c'est probablement la même cause qui fait qu'on peut cultiver le chou pommé à Tijuco, tandis qu'il ne réussit déja plus à Rio Manso. Cependant si le climat du chef-lieu des diamans est trop tempéré pour que le *capim d'Angola* y rapporte des semences, d'un autre côté il paraît vraisemblable que c'est une raison tout opposée qui empêche le trèfle et la luzerne de fructifier à Tijuco. Ces Légumineuses ont été plusieurs fois semées par M. da Camara; elles ont poussé, et n'ont point produit de graines. Sans doute ici les causes du développement des parties herbacées sont si puissantes qu'elles nuisent à la formation des semences. Les pommes de terre multiplient à peu près également bien à Tijuco, plantées dans toutes les saisons de l'année. On y cultive l'asperge comme dans d'autres parties de la province; mais c'est uniquement à cause de l'élégance de son feuillage et pour la mêler dans les bouquets.

[1] Peut-être ne serait-il pas inutile de faire de nouvelles recherches pour s'assurer si plusieurs espèces ne seraient pas cultivées sous le nom de *capim d'Angola*.

Suivant ce que m'a dit M. da Camara, le temps de la sécheresse est le plus favorable pour les légumes d'Europe, pourvu cependant qu'on ait soin de les entretenir par des arrosemens; mais, ajoutait le même observateur, on a beau arroser les plantes du pays, on ne parvient point à accélérer les progrès de leur végétation. Il est facile d'expliquer cette différence qui d'abord pourrait sembler bizarre. Pendant la sécheresse, les légumes d'Europe trouvent une température analogue à celle de leur pays natal; ils ne doivent pas monter en graine aussi facilement que durant la saison des chaleurs, et les arrosemens suppléent à l'humidité, qui seule leur manque pour les faire végéter. Au contraire, si les plantes indigènes ne poussent point au temps sec, quoiqu'on se donne la peine de les arroser, c'est que leur végétation est arrêtée par un froid relatif bien plus que par le manque d'eau. A la vérité, dans la partie des Minas Novas, située au-delà de Villa do Fanado, j'ai constamment trouvé en juin et en juillet de la verdure sur le bord des eaux, tandis qu'ailleurs tout était desséché; mais il faut se rappeler que la température du pays assez bas des *catingas* est bien différente de celle de Tijuco, et que sans avoir froid, je pouvais dans ce pays coucher au moins de juin sous une galerie ouverte, ce qui ne m'eut pas été possible à la même époque dans le District des diamans [1].

A Tijuco, les pêchers perdent entièrement leurs

---

[1] Voy. ma *première Relation*, II, p. 113 et suiv.

feuilles pendant le mois de septembre; ils fleurissent immédiatement après; et ensuite ils se couvrent d'un feuillage nouveau. Les pommiers, les poiriers, les cognassiers, renouvellent leurs feuilles et fleurissent à la même époque que les pêchers; mais ils ne restent, m'a-t-on dit, jamais entièrement dépouillés. Cette différence paraît d'abord assez singulière; cependant elle s'explique facilement par celle qui existe entre les bourgeons du pêcher et ceux des pommiers, poiriers, etc., etc. Chez le pêcher en effet, les bourgeons à fleurs, distincts de ceux à feuilles, paraissent avant ces derniers; et, dans les cognassiers et les pommiers, au contraire, les bourgeons contiennent en même temps des feuilles et des fleurs. L'ancien feuillage tombe, et, immédiatement après, des bourgeons se développent dans toutes ces espèces; mais ceux des pêchers ne donnent que des fleurs, et par conséquent ces arbres doivent quelque temps rester sans feuilles, tandis que les bourgeons des cognassiers, des poiriers, etc., qui produisent à la fois des feuilles et des fleurs, ne permettent pas que ces dernières espèces soient jamais sans quelque verdure.

On voit par ce qui précède, que l'année entière est la durée de la foliation de nos arbres fruitiers, et qu'une circonstance étrangère à l'essence de leur végétation, réduit seule cette foliation à six mois. On voit de plus qu'en passant dans un autre hémisphère, ces mêmes arbres ont changé les phases de leur vie végétale, et ont adopté, si je puis m'exprimer ainsi, les habitudes des espèces indigènes. Je ne saurais dire si ce changement s'est opéré tout d'un coup, ou s'il a été amené par la suite des temps [1]; mais, ce qui est fort remarquable, c'est que dans l'hémisphère austral, nos arbres fruitiers ont modelé la série des phénomènes de leur végétation sur le cours du soleil comme ils faisaient dans le nôtre, et que l'époque de leur floraison est déterminée dans les deux hémisphères, par le retour du soleil vers le tropique le plus voisin. Je ne saurais, je l'avoue, rendre compte d'un changement si extraordinaire; mais s'il n'avait eu lieu, nos arbres, dans les seules parties du Brésil, où je crois qu'ils puissent réussir, n'auraient pas obtenu pour la maturation de leurs fruits ce degré de chaleur qui leur est nécessaire. Ce qui est du moins certain, c'est qu'on n'aurait connu les pêches, etc., ni dans la province de Rio Grande, ni dans le pays élevé des diamans, ni dans la province Cisplatine [2].

Ce ne sont pas seulement au reste les arbres fruitiers d'Europe, dont la végétation annuelle a pris un autre cours dans l'Amérique méridionale. Les plantes d'agrément cultivées dans nos jardins et transportées à Tijuco, telles que les œillets, le bouton d'or, la scabieuse, la rose d'inde, le souci, la reine-marguerite, le pied-d'alouette, la pensée, fleurissent

---

[1] Des observations manuscrites, dont j'ai pris connaissance après avoir écrit ce qui précède et qui sont dues à M. de Gestas, tendent à prouver que le changement dont il s'agit ici s'est fait d'une manière brusque.

[2] Ailleurs je donnerai à tout ce que je dis dans cet article des développemens indispensables.

principalement dans les mois d'octobre et de novembre, et il paraît qu'en changeant les phases de leur existence, les différentes espèces ont continué à mettre à peu près le même intervalle entre les époques respectives de leur floraison; car c'est en septembre que fleurit l'anémone et en août que fleurit la violette [1].

J'aurais mal rempli ma tâche si, après avoir fait connaître la situation du chef-lieu du District des diamans, son climat, ses édifices publiques, je ne disais quelque chose de ceux qui habitent ce beau village. Dans toute la province des Mines, j'avais rencontré des hommes de mœurs douces, pleins de bienveillance et d'hospitalité : les habitans de Tijuco ne possèdent pas ces qualités à un degré moindre, et, dans les premières classes de la société, elles sont encore relevées par une politesse sans affectation, et par le ton de la bonne compagnie. J'ai trouvé à Tijuco plus d'instruction que dans tout le reste du Brésil, plus de goût pour la littérature, et un désir plus vif de s'instruire. Plusieurs jeunes gens (1818), pleins d'une noble émulation, y ont appris le français, sans avoir de maîtres; ils connaissent nos meilleurs auteurs, et quelques-uns mêmes, en s'exerçant beaucoup entre eux, sont parvenus à parler notre langue d'une manière intelligible avec le seul secours d'une grammaire très imparfaite. Les habitans de Tijuco excellent assez

[1] On sent que, pour les plantes annuelles, c'est l'époque des semis qui doit déterminer celle de la floraison; mais le choix de cette époque est nécessairement aujourd'hui le résultat de l'expérience.

généralement dans l'art de tracer les lettres, et peuvent sous ce rapport rivaliser avec les Anglais les plus habiles. Autant que j'en puis juger, ils ne sont pas non plus moins bons musiciens que les autres habitans de la province, et une messe en musique à laquelle j'assistai dans l'église de S. Antonio, ne me parut point inférieure à celle que j'avais entendue quelques mois auparavant à Villa do Principe[1]. Peu de temps avant mon départ, je priai madame Mathilde da Camara d'accepter un cachet à musique. Bientôt après l'intendant me donna un concert, et l'on y joua de fort jolies variantes sur l'air du cachet.

D'après ce que j'ai dit des ressources de Tijuco, on ne doit pas s'étonner si j'ajoute qu'il y règne un air d'aisance que je n'avais remarqué dans aucune partie de la province. Les maisons sont entretenues avec soin; les blancs sont généralement bien mis, et les femmes blanches que j'ai eu occasion de voir ne l'étaient pas moins bien. Mais il faut le dire, les habitans de Tijuco ne s'écartent point de ce caractère d'imprévoyance qui malheureusement distingue tant de Brésiliens; ils dépensent à mesure qu'ils reçoivent, et souvent les employés de l'administration diamantine meurent endettés, quoique leurs appointemens soient fort considérables.

Il est faux cependant qu'il y ait à Tijuco, comme le prétend John Mawe[2], plus de pauvres que partout

---

[1] Voy. ma première Relation, vol. I, p. 347.
[2] Travels in the interior of Brazil, 229.

ailleurs, et l'on peut même dire qu'on y rencontre des individus couverts de haillons, plus rarement qu'à Villa Rica et Villa do Principe. Les hommes de notre race trouvent moyen d'être employés dans l'extraction des diamans comme *feitores*, ou dans les boutiques comme commis, et les gens de couleur exercent les différens métiers. Un garçon charpentier ou maçon, par exemple, gagne par jour 300 reis (environ 1 f. 98 c.) avec la nourriture, et les maîtres 600 reis (environ 3 f. 86 c.).

La première chose à laquelle songe un ouvrier à Tijuco, lorsqu'il a su amasser quelque argent, c'est à acheter un esclave; et telle est la honte attachée à certains travaux que, pour peindre la plus grande pauvreté, on dit d'un homme libre qu'il n'a personne pour lui aller chercher une cruche d'eau ou un fagot de bois.

L'achat des nègres est aussi pour un grand nombre d'habitans de Tijuco, un moyen facile de faire valoir leurs fonds : ils louent à l'administration diamantine les esclaves dont ils sont devenus propriétaires, et, par ce moyen, ils retirent de leur capital un intérêt, d'environ 16 pour cent; mais de cette manière, ils placent leur argent à fond perdu, et ne laissent rien à ceux qui viennent après eux.

C'est principalement de Bahia que se tirent les esclaves qui se vendent à Tijuco et dans les environs. On les achète moins cher à Rio de Janeiro, et la distance n'est pas aussi grande; mais on a observé qu'il en mourait un nombre moins considérable dans le chemin de Bahia qui traverse de vastes plaines très chaudes, que dans celui de Rio de Janeiro qui étant montagneux, ombragé, frais et humide, doit être plus contraire à la santé des nègres nouvellement arrivés de la côte d'Afrique.

CHAPITRE III.

EXCURSIONS DANS LES ENVIRONS DE TIJUCO. — NOUVEAUX DÉTAILS SUR LES DIAMANS. — ACCIDENT ARRIVÉ A L'AUTEUR.

Aspect de Tijuco du côté du midi. — *Service* de *Curralinho*. — Morne de *Linguiça*. — *Service* du même nom. — *Service* de *Matamata*. — Ce que c'est qu'un *bicame*. — Divisions du travail de l'extraction des diamans suivant les saisons de l'année. — Description des hangars sous lesquels se fait l'opération du lavage des diamans. — Détails sur cette opération. — Retour au *service* de Linguiça. — Détails sur ce *service*; roue à chapelet. — Promenade à *Bandeirinha*. — L'auteur part pour les forges de Bom Fim. — Restes d'antiquités indiennes. — Accident arrivé à l'auteur. — On le transporte à Tijuco. — Intérêt que lui témoignent les habitans de ce village. — Opinion des médecins du District des diamans sur les remèdes qu'emploient les cultivateurs pour la guérison des maladies vénériennes. — Caractère de M. da Camara, intendant des diamans.

Je profitai de mon séjour à Tijuco pour aller visiter différens *serviços*.

Accompagné par le fils de l'intendant et par un jeune homme pour lequel ce magistrat avait beaucoup d'amitié, je suivis, au sortir du village, un chemin très beau dû aux soins de M. da Camara. De ce côté, qui est celui du midi, Tijuco offre un aspect plus agréable encore que du côté du septentrion. La plupart des maisons du village se montrent les unes au-dessus des autres, entremêlées de jardins et de pâturages artificiels, et le palmier dont j'ai déja parlé, couronne tout cet ensemble.

Le pays élevé que nous traversâmes bientôt est inégal. D'abord on ne voit guère qu'un sable blanc parsemé de rochers, et les arbres qui croissent çà et là ont peu de vigueur. Cependant le sol devient par degrés moins aride, et les arbrisseaux, plus rapprochés les uns des autres, finissent par former des *carrascos* dont la végétation extrêmement variée produit un effet agréable. On ne trouve point ici la mimose (*Mimosa dumetorum*, Aug. de St. Hil.) qui caractérise les *carrascos* des plateaux argilleux de Minas Novas : ce sont les Myrtées qui dominent; mais malheureusement, à l'époque de mon passage, la sécheresse était extrême, et je ne trouvai qu'un petit nombre de plantes en fleurs.

Ayant marché pendant quelque temps, nous traversâmes le Rio de S. Francisco, qui, réuni à quelques autres petits ruisseaux, prend le nom de *Juntajunta*. Enfin, après avoir passé devant une habitation assez importante, nous arrivâmes à un *service de diamans*, qu'on appelle *serviço do Curralinho*[1], parce qu'autrefois il y avait dans ce lieu un parc de bestiaux. Les maisons des nègres et des *feitores*, semblables à

---

[1] J'ai expliqué ce que signifie le mot *curral* dans ma *première Relation*, vol. II, p. 319.

celles du Rio Pardo, sont construites sans ordre, sur le bord d'un ruisseau qui porte aussi le nom de *Curralinho*. Ce ruisseau ne fournit plus de diamans; mais on en trouve encore hors de son lit, à peu de distance de ses bords. Il n'y avait personne au Curralinho, lorsque nous y passâmes; les nègres de ce service avaient été envoyés à ceux de *Linguiça* et de *Matamata*.

Après avoir quitté le Curralinho, nous montâmes quelques instans par une pente douce, et bientôt nous nous trouvâmes au-dessus d'une gorge profonde. Le morne sur lequel nous étions alors porte le nom de *Linguiça* (saucisse), qu'il communique au *service* situé au-dessus de lui. Des mornes élevés et inégaux, composés de rochers nus d'une couleur grisâtre, dessinent les contours de la gorge que nous avions devant nous. Le roc qui se présentait sur la gauche, se termine par une croupe large et arrondie; les autres ont des formes beaucoup plus heurtées. Cependant pour parvenir au fond de la gorge, nous entrâmes dans un ravin très escarpé, qui suit le penchant du morne de Linguiça et décrit de longs détours. A droite et à gauche, nous avions des rochers à pic, parmi lesquels croissent à peine quelques arbrisseaux; et, un peu au-dessus de la partie la plus basse de la gorge, nous apercevions les maisons des nègres et des *feitorés*, qui, de loin, nous paraissaient toutes bâties sur une sorte de plateau.

Descendant toujours, nous arrivâmes enfin au *service*, et je reconnus alors que les maisons qui le composent ne sont point construites sur le même plan;

mais que plusieurs d'entre elles s'élèvent au milieu des rochers, placées chacune sur une petite plate-forme séparée. Les cases qui depuis long-temps appartiennent au *service*, sont bâties en terre et couvertes en chaume ; celles au contraire qui avaient été tout récemment construites pour les travailleurs appelés momentanément à Linguiça, n'étaient pour la plupart que des espèces de huttes faites avec des feuilles de palmiers. Du lieu où se trouvent situées les maisons du *service*, nous découvrions le fond de la vallée. Là, aucune végétation, aucune verdure ; de tous côtés, d'immenses rochers taillés à pic encadrent une vallée étroite, et semblent la séparer du reste de l'univers. Les bouleversemens et le désordre produits par les travaux nécessaires pour l'extraction des diamans, ajoutaient encore à ce que ces lieux ont d'âpre et de sauvage. Au fond de la vallée coule un ruisseau appelé *le Torrent de l'Enfer* (*Ribeirão do Inferno*) ; son lit avait été mis à sec, et l'on avait forcé ses eaux à s'écouler dans un canal artificiel, fort élevé au-dessus de leur lit véritable ; des quartiers de roches que les travailleurs avaient détachés avec effort étaient épars çà et là ; enfin, de tous côtés, l'on voyait des monceaux de terres et des amas de *cascalho*. Cependant un grand nombre de nègres qui allaient et venaient avec promptitude et chantaient avec gaîté, répandaient de la vie dans ces tristes montagnes qui, si elles n'eussent recelé des trésors, auraient à peine été fréquentées par quelques animaux sauvages.

Comme il était tard, nous ne nous arrêtâmes point

au *service* de *Linguiça*, où nous devions retourner le lendemain, et nous nous dirigeâmes vers celui de *Matamata* (Tue-tue [1]), en suivant dans la vallée un chemin parallèle au Ribeirão do Inferno et un peu élevé au-dessus de son lit. A droite et à gauche, ce chemin est bordé d'arbustes dont le feuillage, d'un vert agréable, contraste avec la couleur grise des rochers voisins. Nous marchâmes peu de temps, et nous arrivâmes à une espèce de petite plaine entourée de tous les côtés par d'immenses rocs nus et à pic. C'est là que sont les maisons du *service* de Matamata, bâties sans ordre, et encore sur le même modèle que celles de Rio Pardo.

Nous fûmes reçus par l'administrateur qui nous traita avec les plus grands égards. Il était presque nuit, lorsque nous parvînmes à Matamata, et nous ne pûmes visiter le *service* avant le lendemain. Toute la journée, la chaleur avait été excessive, et elle s'était fait sentir bien davantage encore dans cette vallée profonde où les rochers nus réfléchissaient de toutes parts les rayons du soleil.

A la pointe du jour, je fus réveillé par le bruit du tambour qui chaque matin appelle les nègres à l'ouvrage. Les *troupes* qui avaient travaillé momentanément à Matamata, allaient retourner aux différens *services* auxquels elles étaient attachées. Quand je me

---

[1] Lorsque l'on découvrit des diamans dans cet endroit, le peuple s'y précipita en foule; des rixes s'engagèrent, et de là vient, dit-on, le nom de *Matamata*. Spix et Mart. *Reis.* I, p. 452.

leyai, les nègres et les *feitores* se mettaient en marche, et tout avait autour de nous un air d'activité auquel on n'est point accoutumé dans ce pays.

Nous allâmes voir d'abord le lieu d'où l'on avait cette année-là tiré le *cascalho*, et qui se trouvait à peu de distance de l'espèce de plaine où sont bâties les chaumières du *service*. Au milieu du lit du ruisseau qui est encore ici le Ribeirão do Inferno, on avait fait une large digue pour arrêter les eaux dans leur cours, et pour les détourner de leur lit ordinaire. Comme les rochers dont le ruisseau est bordé ne permettaient pas de lui creuser, dans le terrain même, un lit artificiel, il avait fallu recourir à un autre moyen. Un canal incliné, construit avec des planches, avait été élevé sur des pilotis au bord de la petite rivière; il avait quatre cents pâlmes de longueur, et on lui en avait donné douze de large sur à peu près autant de hauteur. C'est ce canal qui recevait le ruisseau tout entier, et qui le reportait dans son lit naturel, au-delà de l'espace où l'on avait extrait le *cascalho*, pendant le temps de la sécheresse. Une roue à chapelet, mise en mouvement par les eaux ainsi encaissées, enlevait celles qui, filtrant à travers les terres, s'amassaient dans la partie du ruisseau que l'on avait voulu laisser à sec; et par conséquent rien ne gênait les travailleurs.

Le genre de canal artificiel que je viens de décrire porte dans le pays le nom de *bicame*, et l'endroit d'où le *cascalho* a été tiré celui de *cata*. Les *bicames* sont toujours construits avec des planches; celles du canal de Matamata, calfatées avec l'étoupe de l'arbre appelé *imbirassú*, ne laissaient pas échapper entre elles une seule goutte d'eau. Lorsqu'à la fin de la sécheresse, on détruit un *bicame*, on a grand soin d'en réserver les planches pour l'année qui doit suivre; car la rareté du bois dans ce canton ne permet pas de le prodiguer.

Lorsque nous visitâmes Matamata, on venait d'achever l'extraction du *cascalho*, composé, comme à Linguiça, d'un mélange de sable et de cailloux; le canal et la digue allaient être détruits, et le ruisseau rendu à son lit ordinaire. En attendant, les nègres du *service* étaient occupés à charger dans de grandes sébiles le *cascalho* qui venait d'être tiré du Ribeirão do Inferno, et ils le transportaient dans un lieu plus voisin de celui où le lavage devait se faire.

En général le travail de l'exploitation des diamans dans les ruisseaux se fait en deux temps, et à deux époques différentes. Pendant la saison de la sécheresse où les eaux doivent naturellement être moins abondantes, et où l'on s'en rend maître plus facilement, on enlève le *cascalho* du lit des rivières; on le met en monceaux, et ensuite on consacre la saison des pluies à le laver et à y chercher les diamans qu'il peut renfermer. Il est, comme je l'ai dit, des *services* où le *cascalho* ne se tire plus du lit des ruisseaux déjà épuisés, mais où on l'extrait des terrains environnans. Ce travail plus facile peut se faire indifféremment dans toutes les saisons. Souvent donc, pour extraire une plus grande quantité de *cascalho* des ruisseaux qui en ont encore, on réunit aux *troupes* habituellement postées sur le bord de ces ruisseaux, celles qui ne tirent le *cascalho* que de la terre, et, à l'approche de la saison des pluies, on renvoie ces dernières troupes à leur travail accoutumé. C'est ce qui venait d'arriver à celles que nous avions vu partir de Matamata.

Après avoir quitté les lieux que j'ai décrits tout-à-l'heure, nous nous rendîmes à l'endroit où le *cascalho* devait être lavé. Ce travail se fait sous des hangars longs de 48 à 50 palmes, dont le toit couvert en chaume, descend plus bas d'un côté que de l'autre. Du côté où ce toit se prolonge le plus se trouvent les canaux destinés à l'opération du lavage. Chacun d'eux se compose de trois planches dont l'une horizontale forme le fond et les deux autres les côtés. Sous chaque hangar, sont vingt-quatre canaux placés les uns à côté des autres, et une même planche sert tout à la fois à deux canaux différens. Ces canaux sont légèrement inclinés; chacun d'eux a deux palmes de large à sa partie la plus haute, et va en s'élargissant un peu depuis cette partie jusqu'à l'extrémité inférieure. Un conduit en bois où l'eau coule sans cesse se trouve placé perpendiculairement à l'extrémité supérieure des vingt-quatre canaux, et il est assez rapproché d'eux pour que l'un de ses côtés ferme cette même extrémité. L'eau passe par un trou, du conduit dans chaque canal, et, à l'aide d'un bondon, on ferme cette ouverture quand on le juge convenable. Il est nécessaire, pour les lavages de l'or, que l'eau soit abondante;

mais, pour ceux des diamans, il suffit qu'elle soit limpide, et qu'elle permette de découvrir ces précieuses pierres au milieu des cailloux.

Je n'ai point vu l'opération du lavage; mais voici ce qui m'en a été dit par les hommes qui la connaissaient le mieux. Un nègre, placé dans chaque canal, le corps courbé, une jambe en avant, remue le *cascalho* avec son *alavanca*[1]. L'eau qui s'échappe du conduit délaye la terre mêlée aux cailloux, et l'entraîne avec elle. L'esclave enlève avec la main les pierres les plus grosses, et, lorsque le *cascalho* a été bien lavé, on y cherche les diamans. Pendant cette opération, les *feitores* sont assis sur des sièges élevés, placés sous le hangar en avant des canaux, et ils ne cessent jamais d'avoir les yeux fixés sur les travailleurs. Un *feitor* est chargé de surveiller huit nègres, et ainsi il y a trois de ces employés pour chaque lavage; mais lorsque le *cascalho* est très riche, on admet un *feitor* de plus. Si quelqu'un, pendant le travail, adresse la parole à l'un de ces rigides surveillans, celui-ci peut répondre, mais sans détourner la tête. Le *feitor* que l'ennui d'une telle vigilance porterait au sommeil, serait bientôt congédié. Au milieu du hangar où se fait le lavage est suspendue, comme je l'ai déja dit[2], une grande sébile ou *batea*, et lorsqu'un nègre trouve un diamant, il le montre au *feitor*, puis il va le dé-

---

[1] Instrument de mineur que j'ai déja fait connaître dans ma *première Relation*. Voy. vol, I, p. 244.

[2] Voy. plus haut p. 13.

poser dans la sébile. A l'un des poteaux qui soutiennent le hangar, est fixée une planche étroite et horizontale qui supporte une boîte ronde où l'on met du tabac, et le nègre qui a trouvé un diamant va se régaler d'une prise. Le travail du lavage porte les ouvriers au sommeil; mais quand les *feitores* voient que les esclaves s'endorment, ils leur donnent l'ordre d'aller prendre du tabac. Comme les nègres, s'ils restaient toujours dans les mêmes canaux, pourraient, pendant le lavage, cacher un diamant au milieu des cailloux, pour le voler ensuite, on les oblige à passer de temps en temps d'un canal dans un autre; en outre on leur fait battre la main droite contre la main gauche; à la fin du travail, on leur passe les doigts dans la bouche et on les soumet à une visite scrupuleuse. Les nègres n'ont d'autre vêtement, dans le travail du lavage, qu'un morceau de toile de coton attaché autour de leurs reins; quelquefois cependant, lorsque le froid se fait sentir, on leur permet de porter un gilet; mais il faut qu'il n'ait ni poches ni doublure.

Quand j'eus visité le hangar où se fait l'opération du lavage, on me fit voir un canal séparé, beaucoup plus large que ceux que j'ai déjà décrits, et où l'eau coule avec plus d'abondance. Voici quel en est l'usage. Lorsque le *cascalho* est pauvre, on commence par le porter dans ce canal; les terres s'y délayent avec plus de promptitude que dans les petits canaux que j'ai fait connaître, et l'on se sert de ces derniers pour achever l'opération.

Après avoir pris congé de l'administrateur du *ser-*

vice de Matamata, qui avait répondu à toutes mes questions avec une extrême complaisance, nous retournâmes au *service* de *Linguiça* où nous n'avions pu nous arrêter la veille.

Le lit du Ribeirão do Inferno y avait été mis à sec de la même manière qu'à Matamata; mais, comme il y avait ici assez de place entre les rochers et le ruisseau, pour creuser à ce dernier un lit artificiel, on n'avait pas été obligé de construire un *bicame* avec des planches, ainsi que cela s'était pratiqué à Matamata. Cependant on s'était vu dans la nécessité de former une digue (*encerca*) assez haute pour élever les eaux de cinquante palmes au-dessus de leur lit ordinaire. Le *cascalho* avait deux à trois palmes d'épaisseur, et, comme la partie du ruisseau qui avait été exploitée pendant la saison sèche de 1817, s'était trouvée embarrassée par des rochers, on avait été obligé cette année-là de se livrer à des travaux considérables. Les amas de *cascalho* que je vis tant à Linguiça qu'à Matamata présentaient un mélange de sable et de cailloux roulés.

Pour vider les eaux qui, filtrant à travers la terre, n'auraient pas tardé à remplir la *cata*, on avait employé à Linguiça, comme à Matamata, une roue à chapelet. La machine était placée sur le bord du lit artificiel, parallèlement à lui et au-dessus de la *cata*. Une grande roue était mise en mouvement par un filet d'eau qui venait d'en haut; l'axe prolongé de cette roue en traversait une autre beaucoup plus petite, et, à mesure que tournait cette dernière, on voyait le chapelet se dérouler sur elle. Celui-ci présentait une chaîne dont chaque chaînon était traversé par une petite planche carrée, large d'environ trois ou quatre pouces. Le chapelet passait dans un conduit en bois qui, formé de quatre planches, s'étendait obliquement depuis la *cata* jusqu'à la machine. La moitié du chapelet glissait à l'extérieur sur le dessus du conduit, et l'autre moitié dans le conduit même. Tandis que tournait la roue, les planches du chapelet, passant du dehors du conduit dans son intérieur, entraient dans l'eau ramassée au fond de la *cata*, entraînaient cette eau avec elles, et lui faisaient remonter tout le conduit à l'extrémité duquel elle s'échappait.

Les digues dont j'ai parlé plus haut, et qui ne devaient pas subsister au-delà du temps de la sécheresse, étaient composées simplement de couches alternatives de feuilles et de terre. Mais, quand une digue doit avoir une plus longue durée, on la construit avec des pièces de bois enfoncées obliquement dans les rochers, et soutenues elles-mêmes par d'autres pièces de bois placées en arcs-boutans.

Pendant que j'étais à Tijuco, j'allai visiter un lavage d'or qui appartenait à M. Venancio, le jeune homme qui m'avait accompagné à Matamata. Ce lavage, situé à trois lieues de la ville, porte le nom de *Bandeirinha*, et, pour y arriver, nous ne sortîmes point des montagnes. Entre Tijuco et Bandeirinha, le terrain est aride et sablonneux, et n'offre que des *campos* composés de plantes herbacées. Malgré l'extrême sécheresse, je trouvai en fleurs une trentaine d'espèces que je ne possédais point encore. C'étaient, entre autres, deux ou trois jolies Melastomées, deux Ericacés, l'*Ionidium lanatum* ASH., plusieurs *Polygala*, enfin le charmant *Declieuxia muscosa* Aug. de S. Hil.[1] qui ressemble à une mousse par ses petites feuilles et par ses tiges étalées sur la terre.

Le lavage de Bandeirinha, établi sur le bord d'un ruisseau appelé *Corrego d'Ouro*, était du genre de ceux qu'on appelle *lavra de gupiara*[2]. Le *gurgulho*[3] s'y rencontre presque à fleur de terre sur des pentes peu inclinées; il n'est point composé de cailloux roulés; mais l'or s'y trouve mêlé parmi des morceaux de pierres brisées qui ont conservé leurs angles. Ceci prouve que dans quelque bouleversement, le précieux métal aura été apporté d'une distance peu considérable; la pierre qui lui servait de gisement aura été mise en morceaux; mais les débris n'auront pas été entraînés assez long-temps pour s'arrondir, comme les cailloux roulés[4]. C'est là au reste, il est facile de le sentir, ce qui doit être généralement arrivé pour les *lavras de gupiara*.

---

[1] Voy. la note A à la fin du volume.

[2] Voy. ma *première Relation*, vol. I, p. 252.

[3] On appelle *gurgulho* les débris de roche encore anguleux, au milieu desquels on trouve l'or dans les *lavras de gupiara*. Le *gurgulho* ne me paraît en un mot être autre chose que le *cascalho* des *gupiaras*.

[4] MM. Spix et Martius disent qu'à Bandeirinha, l'or se trouve aussi renfermé dans la gangue quartzeuse.

AU BRÉSIL.

Il y avait déja assez long-temps que j'étais à Tijuco, lorsque je partis pour les forges de Bom Fim, afin d'aller rendre au capitaine Manoel José Alvares Pereira les malles qu'il m'avait prêtées à l'époque où je m'étais mis en route pour visiter le Sertão. L'intendant voulut m'accompagner jusqu'à une certaine distance du village. Nous traversâmes d'abord la vallée qui s'étend au pied de Tijuco, et nous montâmes sur la colline opposée. Au bord du chemin, M. da Camara me fit remarquer sur un rocher incliné et dont la surface est assez lisse, des traits grossiers faits avec une couleur rouge. Ces traits représentent des figures d'oiseaux, les uns isolés et les autres groupés d'une manière bizare. Les plus anciens habitans de Tijuco se souviennent d'avoir vu ces dessins, et tout le monde les attribue aux Indiens qui occupaient le pays avant que les Portugais vinssent s'y établir. Ce sont là les seuls restes d'antiquités américaines que j'aie aperçus pendant le cours de mes longs voyages.

Le terrain qui borde la route est d'abord sablonneux et aride; mais ensuite la végétation devient plus belle qu'elle n'avait été auprès de Tijuco. Je me mis alors à cueillir des fleurs, et je laissai aller en avant le *tocador* João Moreira [1] qui conduisait les mulets chargés de mon bagage. Bientôt cependant mon portefeuille de plantes effraya le cheval que je montais, et je tombai au milieu des rochers. La chute fut violente; mon sang coulait de tous les côtés, et mon œil

---

[1] Voy. ma *première Relation*, vol. I, p. 261.

gauche surtout fut fort maltraité. Étant déjà à deux lieues et demie de Tijuco, et seulement à une lieue de Rio Manso[1] (la rivière paisible), je pris la résolution de me rendre à ce dernier village, et, après m'être lavé la figure dans un ruisseau, je me mis à marcher. A peu de distance de l'endroit où j'étais tombé, je retrouvai mon cheval qui avait été attaché à un arbre par quelque passant honnête. Je ressentais alors une violente douleur d'estomac, suite de la commotion que j'avais éprouvée; je m'assis et m'endormis à l'instant même. M'étant réveillé, je pris la bride de mon cheval, et je recommençai à marcher. Au bout de peu de temps, les forces me manquèrent; je fus obligé de me rasseoir, et je m'endormis encore. Cependant deux nègres qui passèrent m'aidèrent à monter à cheval, et l'un d'eux me conduisit jusqu'à Rio Manso.

Avant ce village, à l'endroit appelé *Mandanha* ou *Mendanha*, se trouve un *service* qui autrefois a fourni beaucoup de diamans, et qui est établi sur le bord du Jiquitinhonha[2]. J'étais trop incommodé, quand je passai dans ces lieux, pour pouvoir les décrire; mais j'admirai le chemin qui conduit de Tijuco à Man-

---

[1] Et non *Rio Manzo*, comme l'ont écrit certains voyageurs.

[2] C'est ce *service* que M. Mawe a fait connaître sous le nom erroné de *Mandanga* (*Trav.*, p. 220). Il ne faut pas non plus écrire *Mentanha*, comme on l'a fait en Allemagne. C'est inutilement au reste que j'ai cherché l'étymologie de Mandanha.

danha, et qui a presque toujours été creusé dans le rocher. Ce chemin est dû aux soins de M. da Camara, et fait beaucoup d'honneur à sa haute intelligence.

J'avais été recommandé par MM. Pires à leur oncle, M. Julião, qui est un des principaux propriétaires de Rio Manso. Il me reçut parfaitement, et il eut de moi tous les soins imaginables. Le lendemain, j'aurais été incapable de me remettre en route; ayant perdu beaucoup de sang, je me trouvais d'une faiblesse extrême; ma tête était enflée; je ne pouvais ouvrir l'œil ni rapprocher les deux mâchoires, et j'éprouvais beaucoup de difficulté à parler et à avaler. On m'engageait à me faire saigner, mais j'avais de la peine à m'y décider, moins par la crainte de la saignée que par celle de l'homme qui devait me la faire. Néanmoins, me trouvant fort affaissé, je me décidai à me laisser tirer du sang, et non-seulement je ne fus point estropié, mais encore j'éprouvai beaucoup de soulagement.

Le surlendemain de ma chute, je partis pour Tijuco, couché dans un hamac. Suivant l'usage du pays, il était suspendu par ses deux extrémités à un bâton très fort, et chaque bout du bâton était porté par un nègre. Comme deux porteurs n'eussent pu faire seuls les cinq lieues que l'on compte de Rio Manso à Tijuco, M. Julião m'avait donné cinq de ses esclaves qui se relevaient tour à tour. Ces bonnes gens, pour rendre leur marche plus facile, s'accompagnaient de leurs chants, comme c'est la coutume des Africains, et ils ne soupçonnaient pas sans doute que cette musique achevait de fatiguer ma tête déja trop affaiblie.

A mon arrivée à Tijuco, je trouvai les principaux habitans du village réunis à la maison où je logeais, et j'en reçus les marques d'intérêt les plus touchantes. Elles continuèrent pendant tout le temps que je fus incommodé, et jamais je ne parlerai de Tijuco sans un sentiment profond de reconnaissance. La population entière prit part à l'accident que j'avais éprouvé; des personnes mêmes que je n'avais pas encore vues venaient demander de mes nouvelles à mon muletier, et lui témoignaient leur satisfaction, quand elles apprenaient qu'on avait beaucoup exagéré les suites de ma chute.

Je fus soigné par M. Barros, le meilleur chirurgien de Tijuco, et je ne saurais trop faire l'éloge des attentions qu'il eut pour moi, de son amabilité et des connaissances qu'il possédait [1]. Chaque jour, je recevais la visite de l'intendant qui avait la bonté de pourvoir à tous mes besoins. M. Francisco Leandro Pires fit exprès le voyage de Bom Fim à Tijuco, pour m'exprimer ses regrets et ceux du capitaine Manoel José Alvares Pereira. Souvent aussi je recevais la visite des frères de M. Leandro, et jamais je n'ou-

---

[1] Depuis mon départ de Tijuco, j'ai reçu de M. Barros quelques plantes usuelles accompagnées de notes intéressantes. J'ai malheureusement appris depuis que cet homme utile avait terminé sa carrière.

blierai les momens agréables que j'ai passés avec M. Vicente Pires, jeune homme moins recommandable encore par ses heureuses dispositions, que par les soins touchans qu'il prodiguait à son vieux père; je n'oublierai pas non plus les marques d'amitié que je reçus de M. José Paulo Dias Jorge (Pires)[1], homme instruit, poète aimable, dont les entretiens contribuèrent beaucoup à me faire connaître le pays que j'habitais.

Je vis aussi, pendant que j'étais malade, les deux médecins qui alors exerçaient à Tijuco l'art de guérir. L'un des deux, le docteur Couto, avait parcouru toute l'Europe, et possédait des connaissances étendues. L'autre, M. Teixeira, sans avoir autant voyagé, avait étudié beaucoup, et acquis une grande expérience. Je leur demandai ce qu'ils pensaient des végétaux assez nombreux auxquels les colons de Minas attribuent la propriété de guérir radicalement les maladies vénériennes, et qui presque toujours sont de violens purgatifs; je fis la même question au chirurgien Barros, et tous les trois s'accordèrent à me répondre que les remèdes antisiphilitiques des cultivateurs ne produisaient d'autre résultat que de déguiser la maladie et de lui donner un cours différent,

---

[1] On voit ici une preuve du peu de fixité qu'ont les noms de famille chez les Brésiliens. Le fils aîné de M. Pires ne s'appelait point Pires, mais Dias Jorge. Un de mes amis me disait de son fils, âgé d'environ vingt ans, que ce jeune homme n'avait point encore choisi de nom de famille.

sans la détruire. Quelque grave que soit l'autorité des hommes habiles que je viens de citer, il me semble cependant nécessaire qu'elle soit confirmée par de nouvelles observations; car j'ai vu beaucoup de gens qui m'ont assuré qu'ils avaient été guéris de la siphilis sans recourir au mercure; ils jouissaient d'une santé parfaite, et leurs enfans m'ont toujours paru être également sains.

Lorsque je fus à peu près rétabli, je songeai à me remettre en voyage, et ce ne fut pas sans une vive émotion que je fis mes adieux à l'intendant et à sa famille. Pendant mon séjour dans le District des diamans, j'avais reçu d'eux toutes les politesses imaginables; tant que j'avais été malade, ils m'avaient fait soigner comme je l'eusse été dans la maison paternelle, et ils n'avaient cessé de me donner des marques d'intérêt et d'amitié.

M. da Camara avait, comme je l'ai déjà dit ailleurs [1], voyagé pendant huit ans, dans les principales parties de l'Europe; il avait des connaissances étendues et des idées saines sur la politique et l'administration; il se distinguait par une probité trop rare parmi les Mineiros, et peu d'hommes pouvaient être aussi utiles que lui à sa belle patrie. La justice était rendue par M. da Camara d'une manière paternelle; il ne laissait aucune affaire traîner en longueur; autant qu'il lui était possible, il écartait de vaines formalités, et il cherchait à concilier les parties et à leur

[1] Voy. ma *première Relation*, vol. II, p. 16.

épargner des frais. Il vivait au milieu des employés et des principaux habitans de Tijuco comme parmi ses égaux. Les gens du peuple l'aimaient, et, trop éloignés de lui pour envier ses places et son rang, ils s'accordaient tous à faire son éloge.

CHAPITRE IV.

VOYAGE DE TIJUCO AU MORRO DE GASPAR SOARES PAR LA SERRA DA LAPA.

L'auteur quitte Tijuco. — Aspect du District des diamans. — *As Borbas*. — *Service* de *Vao*. — Village de *Milho Verde*. Service du même nom. Mode d'extraire les diamans appelé *garimpar*. — Aspect du pays qui s'étend depuis Milho Verde jusqu'à Villa do Principe. — Arrivée à Villa do Principe et départ de cette ville. — Changement produit par les pluies dans la végétation. — L'auteur passe une seconde fois par Tapanhuacanga. — Il se décide à voyager dans la grande chaîne de Minas Geraes. — Village de *Tapera*. Ses habitans fabriquent des toiles de coton. La manière dont ils font les chapeaux. — Village de *Congonhas da Serra*. — Pâturages des environs de Congonhas. — Un *Carex* ; souvenirs de la patrie. — L'habitation de *Barreto*. Culture des céréales et de la vigne dans les montagnes. — Description de la *Serra da Lapa*. — *Fazenda* d'*Ocubas*. — Forêts vierges. — Un bois d'*andaiás*.

Je quittai Tijuco le 30 octobre 1817, et, traversant le village dans la direction du nord au sud, je jouis encore une fois de cette vue charmante que j'avais déja admirée, en me rendant à Matamata. Alors elle était plus agréable encore; les pluies avaient commencé, et les jardins qui s'étendent sur le penchant du morne où le village est bâti, s'étaient parés d'une verdure nouvelle.

AU BRÉSIL.

Dans un espace de cinq lieues[1], depuis Tijuco jusqu'à *Milho Verde* inclusivement, on parcourt un pays extrêmement montagneux, où l'on n'aperçoit aucune trace de culture. Des rochers d'une teinte grise se montrent de toute part, et donnent au paysage un aspect âpre et sauvage. Partout surgissent des sources, et souvent l'on entend le bruit des eaux qui s'échappent à travers les rochers. La végétation change plusieurs fois, suivant l'élévation et la nature du sol; mais nulle part on ne voit de grandes forêts. Dans les fonds s'élèvent des arbrisseaux de trois à quatre pieds, généralement droits et assez rapprochés les uns des autres; ceux qui caractérisent les *carrascos* des hautes montagnes. En quelques endroits où le sol est argilleux et presque plane, je revis des arbres rabougris et écartés comme ceux des *taboleiros* du Sertão; mais leur tronc était plus grêle et un peu plus élancé. Au-delà *d'As Borbas*, sur plusieurs pentes couvertes de pierres, je trouvai en grande abondance une espèce à petites feuilles du genre *Lychnophora* Mart. (Vulg. *candeia*), genre qui, dans les montagnes, caractérise les côtes pierreuses. Enfin, dans les lieux les plus élevés, dans ceux où domine soit le sable, soit la pierre, se montrent des herbes entremêlées de sous-arbrisseaux, et, parmi ces derniers, sont épars des arbustes de différentes grandeurs. Les pluies avaient communiqué au feuillage des plantes une agréable teinte, et les ga-

---

[1] Six lieues et demie, suivant Pizarro.

zons produisaient quelquefois un très joli effet au milieu des rochers [1].

Si j'excepte quelques maisons de campagne très voisines de Tijuco, nous ne rencontrâmes, depuis ce village jusqu'au lieu appelé Borbas, qu'une misérable maison près de laquelle était un pauvre *rancho* ou hangar [2]. Lorsque j'arrivai à cette maison, le muletier Silva y avait déja déchargé une partie de mes effets; cependant, comme on m'avait dit qu'un peu plus loin je trouverais un meilleur gîte, je fis recharger mes mulets; mais je vis bientôt que l'on m'avait donné de faux renseignemens. Le *rancho* que l'on m'avait indiqué était beaucoup plus éloigné que je ne pensais, et, avant d'y parvenir, je fus surpris par la nuit. Je n'avais rien mangé depuis neuf heures du matin; ma faiblesse était extrême, et je ne pouvais plus me soutenir sur mon mulet. Je mis pied à terre, et je me couchai sur l'herbe, décidé à ne pas aller plus loin. Je me ressentais encore des suites de ma chute; j'étais d'ailleurs vivement affecté par des tracasseries que me faisait essuyer l'un de mes gens, et je tombai dans le

---

[1] Quelques écrivains, appartenant à plusieurs nations étrangères, ont essayé de peindre l'aspect général des beautés de la nature dans le District des diamans. Si l'on s'étonne de trouver mes descriptions un peu différentes des leurs, qu'on veuille bien se rappeler que j'ai cru devoir bannir de cet ouvrage les tableaux romanesques et les morceaux d'effet, pour m'en tenir strictement à esquisser d'un manière fidèle les objets qui se sont successivement présentés à mes regards.

[2] Voy. ma *première Relation*, vol. I, p. 64.

plus cruel découragement. Cependant mon muletier qui était resté par derrière, arriva; il me décida à remonter à cheval, et, à peu de distance du lieu où je m'étais arrêté, nous trouvâmes une petite chaumière habitée par des nègres. Un prêtre qui se rendait de Villa do Principe à Tijuco, était déja couché sur des planches, à côté d'un feu allumé au milieu de la chambre; je fis arranger mes couvertures sur un cuir de l'autre côté du feu, et des voyageurs arrivés après moi se distribuèrent le reste de la chambre. Il était trop tard pour pouvoir rien faire cuire; cependant je repris un peu de force, en mangeant quelques morceaux de biscuits, et, avant de me coucher, j'eus encore le courage d'écrire mon journal.

Il était fort tard, quand je partis le lendemain, et, comme un de mes chevaux était extrêmement fatigué, je n'allai que jusqu'à Milho Verde, petit village situé à une lieue et demie de Borbas, cette pauvre chaumière où j'avais passé la nuit.

Auprès du ruisseau appelé *Rio das Pedras*, à l'endroit que l'on nomme *Vao* (gué), je vis dans le chemin les maisons qui appartiennent à un *service* de diamans.

Le village de Milho Verde (maïs vert), est situé dans un pays aride qui n'admettrait aucun genre de culture, et il se compose d'une douzaine de maisons et d'une église[1]. C'est là qu'est établi le détachement

---

[1] Il paraît que depuis mon passage à Milho Verde, l'église de ce village est devenue une dépendance de la nouvelle paroisse

de soldats chargés de visiter les voyageurs qui se rendent de Tijuco à Villa do Principe. Je présentai au cadet qui commandait le détachement, le passeport que je tenais de la secrétairerie d'état; il me témoigna toute sorte d'égards, et mes effets ne furent point visités.

Quoiqu'une garde ait été placée à Milho Verde, il ne faut pourtant pas croire que ce village forme la limite du District des diamans. Le territoire de ce District s'étend un peu plus loin, jusqu'au lieu appelé *Cabeça do Bernardo* (la tête de Bernard).

Il existe à Milho Verde un *service* qui, comme celui de Vao, a fourni autrefois beaucoup de diamans. Aujourd'hui l'on ne fait de travail régulier ni dans l'un ni dans l'autre; mais quelquefois on y envoye des nègres pour tâcher de découvrir les diamans qui ont échappé à des recherches plus anciennes. Ce genre de travail s'appelle *garimpar*, parce que c'était à des recherches également irrégulières que se livraient jadis cette classe de contrebandiers que l'on a appelés, comme je l'ai dit, *garimpeiros*.

En quittant Milho Verde, on aperçoit d'abord des montagnes semblables à celles que l'on a eues sous les yeux depuis la capitale du District des diamans. Cependant il est évident que, considéré dans son ensemble, le chemin descend beaucoup plus qu'il ne

---

de *S. Gonçalo do Rio Preto* (A esta parochia ficarão pertencendo as Capellas de N. Sra dos Prazeres do Milho Verde.... e de N. Sra da Abbadia. *Mém. hist.*, VIII, p. 141.)

monte. Au lieu appelé *Tres Barras* (les trois confluens), le terrain qui, depuis Tijuco, avait été constamment sablonneux, devient argilleux et rougeâtre. Alors la végétation change, et les grandes fougères qui naissent de toute part, montrent que ces lieux furent jadis couverts de forêts. Cependant les sables reparaissent bientôt, et, avec eux, les plantes auxquelles ils donnent ordinairement naissance, des *Eriocaulon*, des Melastomées à petites feuilles, etc. Plus près de Villa do Principe, la terre redevient rouge et argilleuse; les vallées sont plus profondes, et ce fut alors que je rentrai entièrement dans la *région des forêts*, d'où j'étais sorti en m'éloignant des bords du Jiquitinhonha et du pays des Indiens sauvages. Depuis plusieurs mois, je n'avais presque jamais eu sous les yeux que des rochers grisâtres ou des herbes brûlées par l'ardeur du soleil. On se figurera facilement le plaisir que je dus éprouver, en revoyant des fougères en arbre, en retrouvant une belle verdure, de l'ombre et de la fraîcheur. Mais ce fut avec une satisfaction bien plus grande encore que j'aperçus Villa do Principe. Je n'étais plus qu'à cent vingt-trois lieues de Rio de Janeiro; j'allais me retrouver sur une route qui y conduit, dans un lieu que je connaissais déja, où j'avais été parfaitement reçu, et où j'avais des amis. Il me semblait que tout-à-coup j'avais franchi une immense portion de l'intervalle qui me séparait de la France.

Je fus parfaitement accueilli par l'excellent curé de Villa do Principe, M. Francisco Rodrigues Ribeiro, de Avellar, et je restai encore une dixaine de jours chez lui, occupé à emballer mes collections. Alors la saison des pluies était décidément commencée. Pendant le temps que je demeurai à Villa do Principe, il ne se passa pas un seul jour sans eau; cependant je me décidai à partir (12 novembre 1817). Malgré la pluie, l'excellent curé m'accompagna pendant quelque temps. Mon cœur était serré, quand je lui fis mes adieux. Il m'avait comblé de marques d'amitié; j'avais été reçu deux fois dans sa maison; j'y avais retrouvé la santé, aurais-je pu lui dire sans être ému, nous ne nous reverrons jamais!

Durant les derniers mois de mon voyage, une chaleur insupportable et une extrême sécheresse m'avaient causé une irritation nerveuse qui ne pouvait guère embellir à mes yeux les objets dont j'étais entouré. Il n'en fut pas ainsi quand je quittai Villa do Principe. La douce fraîcheur qui s'était répandue dans l'atmosphère me plongea bientôt dans un calme délicieux, et je pus me livrer à mon aise à la contemplation de la nature. Je ne me lassais point d'admirer la beauté de la verdure des *campos* artificiels : l'œil ne se reposa jamais sur une teinte plus agréable.

Cependant les pluies avaient beaucoup gâté le chemin; la terre rouge et argilleuse était devenue extrêmement glissante, et mes mulets avaient de la peine à se tenir sur la pente des mornes. Je craignais peu pour moi-même l'eau réellement chaude qui, dans ce pays, tombe du ciel; mais je la redoutais pour mes collections. J'étais loin de prévoir les chagrins cruels qu'elles devaient me causer un jour.

Le chemin que je suivis en quittant Villa do Principe, fut celui par lequel j'y étais arrivé quelques mois auparavant. Au-delà des *campos* artificiels qui environnent cette ville, je traversai un pays coupé de bouquets de bois et de pâturages; je passai devant la misérable auberge d'Ouro Fino, où j'avais été malade pendant quelques jours; enfin la vue d'une chapelle bâtie sur la pente d'un morne, à l'extrémité du village de Tapanhuacanga, m'avertit que j'approchais de ce village, et bientôt en effet je le découvris tout entier. J'ai décrit ailleurs sa position charmante [1]; lorsque j'y repassai, la beauté que les pluies avaient rendue à la verdure des mornes environnans, prêtait au paysage un charme de plus.

L'intendant des diamans m'avait engagé à ne point suivre la route que je connaissais déja, et qui s'étend à l'orient de la grande chaîne [2], mais à passer sur cette partie de la chaîne elle-même, que l'on appelle *Serra da Lapa* (montagne de la grotte), et qui a une élévation très grande. Je suivis ce conseil.

En sortant de Tapanhuacanga, pour me rendre d'abord à *Tapera*, je traversai la vallée qui s'étend au-dessous du premier de ces villages, et, monté sur le morne opposé, je jouis d'une fort belle vue. Je découvrais le village tout entier, ramassé au

---

[1] Voy. ma *première Relation*, vol. I, p. 314.
[2] Voy. ma *première Relation*, vol. I, p. 314.

pied d'un morne élevé, dont le sommet est couvert de bois, et dont la pente assez rapide offre un tapis du plus beau vert. L'église est le premier bâtiment que l'on voit au pied de la montagne; les maisons, entremêlées de bananiers, se groupent immédiatement au-dessous de l'église, dans une ellipse alongée; plus bas, s'étend le vallon, et de tous les côtés l'on aperçoit des mornes revêtus en partie de bois vierges et en partie de verts pâturages.

Le pays qui s'étend de Tapanhuacanga à Tapera présente cet aspect qui caractérise généralement les pays de bois vierges. Ce sont des vallées étroites et profondes, et des mornes dont les pentes sont fort raides; cependant la végétation n'a point une continuelle uniformité.

Après avoir traversé pendant quelques instans un bouquet de bois peu élevé, je me trouvai tout à coup sur un terrain découvert, comme si le bois eût été planté de main d'hommes, dans des limites certaines. Une nature de terrain différente produit ce changement. Dans la partie boisée, le sol est argileux, mêlé de sable et de quelques cailloux; dans la partie découverte, on voit au contraire une terre noire mélangée de beaucoup de sable, et des rochers arrondis se montrent çà et là, à fleur de terre. Là, croissent des Graminées, entremêlées de sous-arbrisseaux, ainsi que le petit palmier de montagne que j'avais vu, pour la première fois, dans la Serra de N. S. Mãi dos homens. Cette végétation est celle que j'avais observée plusieurs mois auparavant en deux ou trois endroits différens, entre Tocoropa et Tapanhuacanga.

Tout le pays que je parcourus jusqu'à environ une lieue et demie de Tapera, offre encore une alternative de bois vierges et de terrains découverts, hérissés çà et là de rochers; mais, dans les environs du village, le sol devient plus argileux, et l'on n'aperçoit que des bois; cependant ils n'ont pas une très grande vigueur, ce qui est dû sans doute à ce que le sable est mêlé à la terre, dans une proportion assez forte. Je vis, au milieu de ces forêts, des plantations assez nombreuses de maïs, Graminée qui alors (13 novembre) pouvait avoir un ou deux pieds de hauteur.

Il paraît que, dans les pays de bois vierges, cette époque est moins que jamais le temps des fleurs [1]. La végétation doit naturellement se rallentir pendant le temps de la sécheresse, et, avant que les arbres fleurissent, il faut que leurs jets aient acquis une certaine longueur. Entre Villa do Principe et Tapanhuacanga, je n'avais vu des fleurs que sur un *Cassia* et une ou deux Myrtées; j'en vis encore moins dans les parties boisées du chemin de Tapanhuacanga à Tapera; et dans les *campos*, où l'on trouve ordinairement un plus grand nombre d'espèces fleuries, je crois que je n'en aperçus pas plus d'une demi-douzaine, encore fut-ce constamment sur le bord des petites sources qui sont

[1] Je n'ai pas besoin de dire que je ne parle ici que de la province des Mines où la saison des pluies et celle de la sécheresse ont des limites à peu près certaines.

communes dans les mornes que je parcourais alors[1].

Tapera, dépendance de la paroisse de la Conception [2], est situé dans une large vallée, bornée par des collines couvertes les unes de bois vierges et les autres de Graminées. Autour du village, la vallée n'offre que les traces des travaux des mineurs. Une seule rue, à l'extrémité de laquelle est l'église, forme tout le village. Les maisons qui la composent sont au nombre de soixante-dix; presque toutes sont couvertes en tuiles et assez jolies, mais plusieurs d'entre elles ont été abandonnées ou sont en très mauvais état.

Ceux qui les premiers s'établirent à Tapera étaient des mineurs; ils tirèrent du sol l'or le plus facile à extraire, et se retirèrent ensuite. Aujourd'hui il n'y a point aux environs de ce village de minières un peu importantes, et à peine quelques habitans envoient-ils deux ou trois nègres glaner dans les ruisseaux voisins.

Ce n'est pas non plus l'agriculture qui fait vivre la population actuelle de Tapera. Les terres des environs sont trop sablonneuses pour être bonnes; le maïs n'y rend guère plus de cent à cent cinquante pour un, et la canne à sucre, dont on avait essayé, restait si petite, que l'on s'est vu forcé d'en abandonner la culture. D'ailleurs aucune grande route ne mène à Tapera; ainsi, ce village serait bientôt entièrement dé-

[1] Auprès des sources qui surgissent dans les lieux découverts des pays de bois vierges, j'avais toujours trouvé jusqu'alors plusieurs jolies espèces de Sauvagesiées.
[2] Voy. ma *première Relation*, vol. I, p. 310.

AU BRÉSIL.

sert, s'il n'était en possession d'un genre d'industrie qui pourra y maintenir des habitans.

Presque tout le monde y fabrique des toiles de coton, des couvertures de lit, et même des nappes et des serviettes. Ces divers tissus se vendent dans le pays, ou s'expédient pour Rio de Janeiro. Les couvertures présentent des carreaux bleus ou rouges, disposés de différentes manières. Pour teindre le coton en bleu, on emploie l'indigo que l'on fixe avec l'urine. Quant à la teinture rouge, que l'on ne sait malheureusement point fixer, elle se tire d'un arbre des bois vierges qu'on nomme *araribá*, ou des racines d'une espèce de garance appelée *herva de rato* ou bien *ruivinha* (*Rubia noxia* Aug. S. Hil. *Pl. rem.* 209.)

On fait encore à Tapera un grand nombre de chapeaux de coton, que l'on vend deux *patacas* (4 fr.); et qui se portent dans le pays même, dans les villages environnans, et jusque dans le Sertão. Voici de quelle manière ils se fabriquent. Pour former la carcasse du chapeau, on emploie l'espèce de liane appelée *cipó d'imbé*, qui n'est autre chose que la racine d'une Aroïde parasite, que j'ai décrite ailleurs[1], et qui végète à une grande élévation, autour des arbres des forêts. Cette racine, extrêmement longue, est très flexible et d'une consistance molle. Comme l'osier, on la fend dans sa longueur en plusieurs portions dont on arrondit la pointe avec un couteau; l'on a un morceau de fer appelé *fieira*, qui est percé de quel-

---

[1] Voy. ma *première Relation*, vol. I, p. 13 et 399.

ques trous ronds de différentes grandeurs; on passe la pointe des morceaux d'*imbé* à travers un ou plusieurs des trous, suivant la grosseur que l'on désire donner aux portions de liane; on tire le bout de celles-ci en dehors de la filière, et la liane, en passant par les trous, s'arrondit dans toute sa longueur. Quand elle est ainsi préparée, on l'entoure de coton; puis on forme le chapeau, en mettant la liane en spirale et en la cousant, comme l'on fait pour les chapeaux de paille. On passe ensuite une carde par dessus le chapeau, et, de cette manière, on lui donne une peluche qui masque les coutures des spirales. Quelquefois on laisse à ces chapeaux leur blancheur naturelle; plus souvent on les teint en noir. Pour obtenir cette dernière couleur, on fait simplement bouillir dans l'eau les feuilles d'une plante qui croît dans les lieux humides. Quand ils sont teints, les chapeaux que je viens de décrire imitent très bien ceux à poils; mais ils sont fort lourds, et ils s'imbibent d'eau très facilement.

Les habitans de Tapera tirent de Passanha et même de Minas Novas une partie du coton qu'ils mettent en œuvre. Ils plantent aussi le cotonier; mais les terres de leur pays, quoique assez sablonneuses, présentent en même temps un mélange d'argile trop considérable pour être à beaucoup près aussi propres à à ce genre de culture que les *catingas* de l'Arassuahy [1].

Je profitai de mon séjour à Tapera pour herboriser au milieu des anciennes minières de la vallée où

[1] Voy. ma *première Relation*, vol. II, p. 98 et suiv.

est situé ce village, mais je ne trouvai aucune plante nouvelle. En général, dans les minières des pays de bois vierges où il reste peu d'humus végétal, on ne voit guère qu'une espèce de *Saccharum*[1] extrêmement commune dans les *campos* artificiels, la Composée nommée *herva do vigario* (l'herbe du curé), et quelques autres plantes vulgaires.

Le pays que je traversai, en quittant Tapera, pour me rendre à *Congonhas*, présente, pendant environ une lieue et demie, des mornes où s'élevaient autrefois des forêts vierges, mais où l'on ne voit plus aujourd'hui que quelques bouquets de bois maigres et d'immenses espaces couverts les uns d'un *Saccharum* à tige raide [2], d'autres de *capim gordura*, et d'autres de fougères. Au lieu de la verdure si fraîche des pâturages de Villa do Principe, la végétation de ces montagnes ne laisse plus apercevoir que des teintes d'un vert grisâtre. Cette différence tient à ce que les herbes de Villa do Principe sont sans cesse broutées par les bêtes à cornes, tandis qu'ici où ne paissent point les bestiaux, les plantes conservent leurs anciennes tiges qui, mêlées parmi les nouvelles, diminuent la beauté de la verdure.

Il ne faut pas croire au reste que tous ces mornes dépouillés de leur parure ancienne doivent cette perte

---

[1] Je me conforme ici au texte même de mon journal ; mais je pense que j'ai voulu parler de l'*Anatherum bicorne*, Palis., plante qui caractérise généralement les minières abandonnées.

[2] Probablement encore l'*Anatherum bicorne*.

à la culture. Il est arrivé ici la même chose que dans une foule d'endroits où il y a eu des minières. Ceux qui les ont exploitées ont voulu mettre le pays à découvert, et, pour parvenir à ce but, ils ont incendié les forêts.

A environ une lieue et demie de Tapera, nous montâmes une très haute montagne qu'on appelle *Serra de S. Antonio.* Elle se termine par un vaste plateau ondulé dont le sol se compose d'un mélange de sable blanc et de terre noire au milieu duquel le rocher nu se montre çà et là. Comme tous ceux où le terrain et l'élévation sont à peu près les mêmes, ce plateau ne donne naissance qu'à des herbes et des sous-arbrisseaux. Parmi les herbes, les plus communes sont deux Cypéracées, dont l'une a ses fleurs garnies d'un involucre blanc, tandis que l'autre qui est beaucoup plus grande, et qui généralement caractérise des lieux semblables, a des feuilles glauques et des fleurs polygames. Quant aux arbrisseaux qui croissent le plus abondamment sur le plateau de la Serra de S. Antonio, ce sont une Composée (*Vernonia pseudo-myrtus* N.)[1], des Mélastomées à petites feuilles, enfin un *Vellozia*, dont les tiges s'élèvent quelquefois jusqu'à huit pieds, et dont les feuilles, d'un vert gai, n'ont point la raideur de celles de plusieurs autres espèces du même genre[2].

---

[1] Voy. la note B à la fin du volume.
[2] Les débris des feuilles anciennes forment évidemment la spirale sur la tige.

Le chemin de Congonhas m'avait été mal indiqué; je fis deux lieues de plus qu'il ne fallait, et je me serais beaucoup écarté de ma route, si elle ne m'avait été enseignée par un nègre que j'eus le bonheur de rencontrer. Le temps était affreux; un vent désagréable se faisait sentir, et j'arrivai à Congonhas mouillé, gelant de froid et très fatigué.

Un voyageur, en parlant d'un autre lieu qui porte aussi le nom de Congonhas, fait dériver ce nom des mots indiens *caa*, bois, et *cunha*, femme (femme des bois). Je ne sais si l'on ne trouvera pas une telle étymologie bien forcée; mais ce qu'il y a de certain, c'est que, par le nom de *congonhas*, on désigne dans les Mines l'arbre fameux dont les feuilles fournissent aux habitans du Paraguay la boisson qu'ils appellent *mate* (*Ilex Paraguariensis*, ASH.). Quoi qu'il en soit, le village de Congonhas, éloigné de quatre lieues de Tapera et de neuf lieues de la Conception, est une dépendance de cette paroisse [1], et l'on devrait le désigner toujours par le nom de *Congonhas du Serra*, pour empêcher de le confondre avec l'endroit appelé *Congonhas do Campo*, voisin de Villa Rica, et avec *Congonhas de Sabará*.

Le village de Congonhas da Serra est situé sur le penchant d'une colline, et se compose de soixante et quelques maisons. Il n'existe point d'or dans ses alentours, ou du moins l'on n'en a pas encore trouvé : ce qui soutient les habitans de ce village, c'est le pas-

---

[1] Piz. *Mém. hist.*, VIII, p. 2da, 139.

sage des caravanes qui se rendent de Sabará et surtout de S. Luzia à Tijuco.

Le pays montagneux où est situé Congonhas est un des plus élevés de la province. Les pluies y sont beaucoup plus communes qu'à la Conception, Villa do Principe, et en général au pied de la chaîne. Il y tombe ordinairement une sorte de brouillard composé de goutelettes très fines, et même, pendant la saison de la sécheresse, il n'est pas rare qu'il pleuve ici plusieurs jours de suite. Chaque année, au mois de juin, il gèle régulièrement dans ce canton, et l'on ne peut par conséquent y cultiver la canne à sucre. La tige du bananier pousse, quand la saison du froid est passée; mais la gelée de l'année suivante la fait périr, et ainsi ce végétal ne donne jamais de fruits. On assure qu'en revanche les oranges de Congonhas da Serra sont excellentes. Les terres du voisinage contiennent généralement beaucoup de sable; cependant le blé, le seigle et l'orge ont réussi parfaitement toutes les fois que l'on a essayé de les planter; mais les habitans ont trop de paresse pour s'appliquer à ce genre de culture, qui exige plus de soins que celle du maïs. Ils possèdent quelques bestiaux; mais ils pourraient, ce me semble, en élever bien davantage; car leur hameau est presque uniquement entouré de pâtures, et, dans un pays montagneux et élevé comme celui-ci, on obtiendrait certainement un excellent laitage.

Après avoir quitté Congonhas da Serra, je me contentai de faire une lieue, et j'allai coucher à l'endroit appelé *Casa do Barreto*, du nom de son propriétaire.

Le pays que je parcourus pour m'y rendre, et les campagnes que j'apercevais au loin, n'offrent guère aujourd'hui que des pâturages et quelques bouquets de bois vierges assez maigres. Toute cette contrée fut jadis couverte de forêts, comme celle que l'on traverse entre Tapera et Congonhas; mais ici ce ne sont point les chercheurs d'or, ce sont les cultivateurs qui ont détruit les bois. Comme la terre est mauvaise, et que souvent il y pousse des fougères dès les premières années où l'on y plante, il a fallu peu de temps pour métamorphoser le pays et le mettre en pâturage. Les *campos* que je traversai entre Congonhas da Serra et Casa do Barreto diffèrent beaucoup des pâturages artificiels [1] que l'on voit entre S. Miguel de Mato dentro et Villa do Principe. Les Graminées y dominent encore; mais, au milieu d'elles, il croît un nombre d'autres plantes beaucoup plus considérable. J'ai déja fait observer ailleurs qu'il paraissait en être généralement ainsi des *campos* artificiels qui se forment dans les lieux très élevés [2]. Le *capim gordura* et le *sapé* [3] semblent ne plus avoir dans ces lieux autant de force qu'au pied des montagnes, et ne pouvoir aussi facilement repousser loin d'eux les autres végétaux. Au reste, je serais tenté d'attribuer cette différence moins à une élévation plus grande, qu'à la qualité moins bonne du

---

[1] Je ne crois pas avoir besoin de répéter que j'entends par là ceux qui succèdent naturellement à l'incendie des forêts.
[2] Voy. ma *première Relation*, vol. I, p. 309.
[3] Voy. la note C à la fin du volume.

terrain, et, ce qui tend à le prouver, c'est qu'entre Congonhas et Casa do Barreto, le sol, d'un rouge noirâtre, est mêlé de beaucoup de sable.

Sur les bords fangeux d'un ruisseau, non loin de Congonhas, je trouvai le premier *Carex* (*Carex Brasiliensis*, N.[1]), que j'eusse vu au Brésil, et je remarquai que la gaîne de ses feuilles se déchirait en réseau, comme celle de plusieurs espèces européennes. En apercevant un arbre des îles de l'Océan pacifique, le jeune Potaveri, transporté sous nos climats, s'écria jadis avec attendrissement : Oh, c'est Otaïti ! Bonpland, dans ses voyages, découvrit un *Typha*, et cette plante obscure réveilla en lui les souvenirs si doux de l'enfance et de la patrie. Le *Carex* de Congonhas fit naître dans mon ame de semblables émotions; il me rappela les nombreuses espèces du même genre que j'avais cueillies en France, et étudiées avec tant de soin; il me rappela les charmes de l'amitié et les bords rians du Loiret, si différens des austères solitudes que je parcourais alors. Cet humble *Carex* je ne l'aurais pas changé pour les Mélastomées les plus élégantes, pour les *Epidendrum* aux panicules dorées, pour les Casses aux longues grappes, et toute la pompe de la végétation équinoxiale.

Lorsque l'intendant des diamans allait de Tijuco aux forges royales de Gaspar Soares, il ne passait point par Villa do Principe et par la Conception. Sans doute pour arriver plus promptement, et peut-

---

[1] Voy. la note D à la fin du volume.

être aussi pour éviter de fastidieux honneurs, il suivait par les montagnes la route de S. Luzia jusqu'à Congonhas; il couchait chez Barreto, et, à peu de distance de la maison de cet homme, il avait fait faire un chemin qui, traversant la Serra da Lapa, aboutissait aux forges. C'était ce chemin que je devais suivre.

Muni de la recommandation de M. da Camara, je me présentai chez Barreto, qui n'était qu'un pauvre cultivateur, et qui pourtant me reçut de la manière la plus cordiale.

L'habitation de Barreto était autrefois une *fazenda* importante; mais toutes les terres qui en dépendent ont été successivement cultivées, et elles n'offrent plus que des pâturages dont on ne peut guère tirer parti que pour l'éducation du bétail, du moins en s'obstinant à suivre le système d'agriculture adopté par les Brésiliens. Les cendres trop peu abondantes des Graminées ne fourniraient pas un engrais assez abondant, et d'ailleurs, repoussant dans ce canton humide avec une grande promptitude, les mauvaises herbes étoufferaient bientôt les jeunes pieds de maïs. Que l'on admette l'usage de la charrue et des engrais, tout ne tardera pas à changer de face; et, au lieu d'une herbe stérile, ce pays élevé et peu sec produira avec abondance le seigle, et probablement l'orge, ainsi que d'autres menus grains des climats tempérés. Barreto me fit voir un champ de très beau seigle qui me prouva combien le pays est favorable à cette céréale. Les semailles avaient été faites au mois de juin, et on était alors au moment de récolter (17 novembre 1817).

Je vis aussi chez Barreto un berceau de vigne superbe qui, chaque année, fournit assez de raisins à ce cultivateur, pour qu'il puisse faire du vin. Je goûtai du vinaigre qui avait été fabriqué avec ce vin, et je le trouvai très fort. Barreto taillait sa vigne en septembre; elle était en fleurs lors de mon passage, et les raisins ont coutume d'être mûrs au mois de février. A cette époque, les feuilles commencent à tomber; il n'y en a plus au mois de juin, et la plante reste dépouillée jusqu'au mois de septembre. On voit qu'au milieu de ces montagnes froides et élevées, la vigne suit dans sa végétation, à peu près le même ordre qu'en Europe, et que par conséquent on ne saurait en obtenir des fruits deux fois l'année, comme cela a lieu dans des cantons plus chauds, tels que le Sertão, Sabará et Goyaz [1].

Guidé par Barreto, je traversai pendant quelque temps, tantôt des bois assez maigres, tantôt des pâturages artificiels [2]; et enfin je commençai à monter la Serra da Lapa (montagne de la grotte). Je ne saurais dire précisément quelles limites on assigne de tous les côtés à cette portion de la chaîne occidentale; mais, vers Gaspar Soares, je ne doute pas qu'elle ne finisse, lorsqu'après avoir fait plusieurs lieues,

---

[1] Voy. ce qui a été dit à ce sujet dans ma *première Relation*; voy. aussi plus bas le chap. VI.

[2] J'ai expliqué ce qu'il faut entendre par ces mots, quand il s'agit de la végétation brésilienne.

on descend d'une manière sensible pour se rendre à la *fazenda* d'*Ocubas*. Quoi qu'il en soit, la Serra da Lapa, l'un des points les plus élevés de la chaîne, est un diviseur d'eau important. Aucune rivière très considérable n'y prend naissance; mais c'est là qu'est la source d'un grand nombre de ruisseaux dont les uns qui coulent vers l'ouest, tels que le *Cipó*, se jettent médiatement ou immédiatement dans le Rio de S. Francisco, et dont les autres, descendant vers l'est, tel que le ruisseau d'*Ocubas*, portent leurs eaux au Rio Doce [1]. De temps en temps, j'essuyai dans la Serra da Lapa une pluie fine qui, quoique nous fussions alors au mois de novembre, était accompagnée d'un vent très froid. Puisqu'il gèle chaque année aux environs de Congonhas, j'ai à peine besoin de dire que dans les montagnes da Lapa, la gelée se fait constamment sentir pendant le cours du mois de juin. C'est le vent d'ouest qui, m'a-t-on dit, amène la gelée, et c'est encore lui qui accompagne les grandes pluies dans la saison des eaux. Par les vents d'est, on a ordinairement des pluies fines, comme celles qui tombaient lors de mon voyage. Dans une partie de la Serra, j'observai que le sol se composait d'un mélange variable de terre noire et de sable blanc, et je ne doute point que toute la montagne ne présente un mélange semblable. Depuis le moment où j'eus

[1] Cazal dit que le Rio Percicaba a ses sources dans la Serra da Lapa. Comme on ne m'a point parlé du Percicaba quand je voyageais sur ces montagnes, il est vraisemblable que cette rivière n'a pas le même nom dans toute son étendue.

monté sur la Serra jusqu'à celui où je commençai à descendre d'une manière sensible, je traversai plusieurs plateaux parfaitement distincts, mais qui tous sont également couverts de pâturages herbeux. C'est une végétation de même nature que j'avais déja observée sur les plateaux de toutes les hautes montagnes où j'avais herborisé jusqu'alors, la Serra de N. S. Mãi dos Homens, celles de Penha et de Curmatahy, le Serro do Frio près Bandeirinha, enfin la Serra de S. Antonio près Congonhas; je crois me souvenir aussi que plus tard j'ai trouvé des pâturages semblables sur les sommets planes des *Serras da Canastra, dos Pyreneos* [1], *Ibitipóca, do Papagaio,* et par conséquent je pense que l'on peut, sans risquer de se tromper, considérer ce genre de végétation comme appartenant généralement aux plateaux des montagnes les plus élevées du Brésil. Les cerfs appelés *veados campeiros* (*Cervus campestris* des naturalistes), ainsi que ces gallinacées d'un goût agréable, que les chasseurs connaissent sous les noms de *perdizes* et *cadornas* [2], sont communes dans la Serra da Lapa, et je ne doute point que ces animaux ne se trouvent également en abondance dans les serras que j'ai citées plus haut, dans celles du moins où le gibier n'a pas encore été détruit.

Le premier plateau sur lequel je me trouvai, après

---

[1] Peut-être vaut-il mieux, avec Pizarro, écrire *Perineos.*
[2] MM. Spix et Martius rapportent aux *cadornas* les *Tinamus major* et *minor* (Reis. I, p. 446).

avoir monté la Serra da Lapa, est ondulé, vaste et entouré de petites élévations où le rocher se montre à découvert. Dans certaines parties, le sol est très marécageux, et la plante qui domine est une Cypéracée assez grande, dont les feuilles présentent un caractère remarquable, celui d'être disposées sur trois rangs longitudinaux. Ailleurs le terrain, moins humide et moins sablonneux, donne naissance à une herbe fine qui me rappela les montagnes d'Auvergne. Tous ces pâturages ont une teinte grisâtre, qui, jointe à la couleur sombre des rochers, rend le paysage triste et austère; et des bouquets de bois (*capões*) que l'on voit çà et là dans les enfoncemens, jettent seuls un peu de variété dans ces lieux sauvages [1].

Ce ne fut point le jour où j'avais monté sur la Serra da Lapa que je descendis de cette montagne. Je passai la nuit dans une maison que l'intendant a fait construire pour y coucher, lorsqu'il se rend aux forges de Gaspar Soares. Cette maison, appelée *Rancho do Meio da Serra* (l'asile du milieu de la montagne), n'offre absolument aucune commodité. C'est un grand bâtiment sans fenêtre, entouré à l'intérieur de lits ou canapés rustiques (*girdos*) [2], et où la fumée, n'ayant d'autre issue que la porte, m'incommodait extrêmement pendant que je travaillais. En l'absence de l'intendant, le *rancho* est gardé par les enfans d'un

---

[1] Voy. la note E à la fin du volume.
[2] J'en ai donné la description dans ma *première Relation*, vol. I, p. 396.

cultivateur du voisinage, qui plante du maïs dans les *capões*, et qui probablement obtiendrait les succès les plus heureux, s'il semait du seigle dans les pacages les moins humides de la montagne.

Le Rancho do Meio da Serra est situé dans un fond. En le quittant, on monte sur un nouveau plateau. Celui-ci, peu humide, est entouré par des élévations inégales, où le rocher se montre à nu, et sa végétation ne diffère pas de celle que j'avais observée la veille, avant de descendre au Rancho do Meio da Serra. Une herbe fine et assez serrée compose l'ensemble de cette végétation, et les plantes qui croissent avec le plus d'abondance au milieu de cette herbe, sont une Radiée à fleurs jaunes et à tiges ascendantes, plusieurs espèces de Rubiacées, la Melastomée, que j'appelle *Microlicia juniperina*[1]; enfin, la Cypéracée à involucre blanc que j'avais déja trouvée sur la Serra de S. Antonio.

Après avoir quitté le plateau dont je viens de parler, je passai sur un autre plus élevé, qui n'est dominé par aucune hauteur, et dont le sol est humide et marécageux. Ce dernier plateau est sans doute le point culminant de la Serra, et ne doit guère être élevé de moins de 5,500 à 6,000 pieds au-dessus du niveau de la mer. Plusieurs Cypéracées y croissent en abondance. Les autres plantes qui y dominent encore sont le *Virgularia alpestris*, Mart.[2], et une Mélas-

---

[1] Voy. la note F à la fin du volume.
[2] Voy. la note G à la fin du volume.

tomée (*Marcetia cespitosa* N. [1]), que j'avais également trouvée la veille dans des endroits humides.

Un troisième plateau également humide, d'où l'on découvre plusieurs bouquets de bois, succède à celui que je viens de décrire, et m'offrit la même végétation. Après celui-ci, on commence à descendre.

A des hauteurs toujours moindres, je traversai trois petites plaines qui sont entourées de rochers, et où naissent les mêmes plantes que sur le plateau qu'on traverse en quittant le Rancho do Meio da Serra.

Au-delà de ces plaines, on ne cesse plus de descendre; alors la végétation change entièrement, et l'on trouve presque sans interruption des bois dont la plupart sont des *capoeiras* ou des *capoeirões* [2]; enfin l'on arrive au ruisseau d'Ocubas; il faut le traverser à gué, et l'on dit qu'à la suite des pluies, il devient souvent très grand et fort difficile à passer.

Je fis halte à la *fazenda* d'Ocubas [3], dont la situation est assez pittoresque. Cette *fazenda* a été bâtie à mi-côte sur un morne qui s'élève au-dessus du ruisseau du même nom. En face de l'habitation, on voit, sur la rive droite du ruisseau, d'autres mornes revêtus d'arbres sombres qui forment un amphithéâtre. Plus loin, des hauteurs dominent les mornes dont je

---

[1] Voy. la note H à la fin du volume.

[2] J'ai expliqué dans ma *première Relation* ce que sont ces deux sortes de bois.

[3] Je n'ai trouvé ce mot nulle part. Il serait possible que ce fut un nom d'homme, et qu'il fallût écrire *fazenda do Cubas*, *rio do Cubas*.

viens de parler, et, moins rapprochés, les arbres qui les couvrent présentent une teinte différente de celle des végétaux plus voisins. Sur le côté de la *fazenda*, est une montagne vers le milieu de laquelle s'étend une crête de rochers grisâtres, mais qui n'offre, dans la partie la moins éloignée de l'habitation, qu'une pelouse dont la verdure extrêmement fraîche contraste agréablement avec la couleur foncée des bois vierges des autres mornes.

Je me présentai à Ocubas, sous les auspices de l'intendant, et ne pouvais manquer d'être bien reçu; mais l'hospitalité est telle dans ce pays, que, sans cette recommandation, j'aurais encore été, j'en suis sûr, accueilli avec politesse. On me donna une petite chambre qui ouvrait sur le dehors. En général, c'est dans une pièce séparée du reste de l'habitation qu'on place l'étranger; de cette manière, on lui ôte l'occasion de passer par l'intérieur des bâtimens, et il ne peut apercevoir les femmes.

La *fazenda* d'Ocubas n'a pas soixante ans d'ancienneté (en 1817); et, comme tant d'autres, elle tombe déja en décadence. Au reste, les terres qui en dépendent sont loin d'être bonnes. Le maïs n'y donne pas plus d'un épi, et n'y rend que cent pour un. Quant à la canne à sucre, elle réussit assez bien à Ocubas, et cela prouve combien j'avais descendu dans le courant de la journée; car j'étais parti le matin d'un point qui doit être fort élevé au-dessus de celui où la canne peut commencer à donner des produits.

Peu d'instans après avoir quitté Ocubas, j'entrai

dans des bois vierges d'une végétation assez vigoureuse. Le chemin était extrêmement étroit, et une foule d'arbres différens par leur feuillage formaient au-dessus de ma tête une voûte impénétrable aux rayons du soleil. Des lianes serpentaient entre les grands végétaux, et se mariaient à leurs branches, tandis que les racines de l'Aroïde, appelée *cipó d'imbé*[1], tombaient sur ma tête comme des fils à plomb. Dans le silence de la forêt, le *ferrador (casmarynchos nudicollis)*, que je n'avais pas entendu depuis plusieurs mois, faisait retentir l'air de ses chants graves, et imitait avec une singulière exactitude le bruit que fait le maréchal en se servant tour à tour de la lime et du marteau. Toutes les fois que j'avais traversé des bois vierges, après avoir pendant quelque temps parcouru des pays découverts, j'avais éprouvé un sentiment profond d'admiration. C'est là que la nature déploie toute sa magnificence; c'est là qu'elle semble se jouer dans la variété de ses œuvres; et, je dois le dire avec amertume, ces magnifiques forêts ont été mille fois détruites sans aucune nécessité!

Comme cela m'était arrivé trop souvent lorsque j'avais parcouru des bois vierges, je ne vis aucune plante en fleurs dans ceux qui avoisinent Ocubas. Pour fleurir, les végétaux ont besoin d'air et de lumière, et c'est là ce qui fait qu'en général, on trouve si peu de fleurs au milieu des forêts [2].

---

[1] Voy. ma *première Relation*, vol. I, p. 13 et 399.
[2] Voy. *première Relation*, vol. I, p. 15.

Vers un endroit appelé *Mata Cavallos* (tue les chevaux), un morne élevé se présente en face du chemin. Son flanc est couvert de bois vierges, et il se termine par un rocher à pic, aplati au sommet. On dirait une large forteresse construite sur la montagne, pour empêcher le voyageur de poursuivre sa route.

Un peu plus loin, le terrain devient pierreux; sur la pente des mornes, on voit une grande quantité d'*andaiás* [1], et il existe de grands espaces où il ne croît pas d'autres arbres. Ces palmiers qui, étant isolés, produisent un si bel effet dans le paysage, paraissent tristes et monotones, lorsqu'ils sont réunis en grand nombre. J'avais déja fait une observation semblable sur un bois de *Cecropia* que j'avais vu entre Ubá et Pao Grande, et il doit en être de même de toutes les espèces dont le port est très caractérisé. Quoique vivant en société, les arbres de nos forêts, nos chênes, nos hêtres, nos bouleaux, n'offrent point une telle monotonie, parce qu'ils n'ont pas des formes aussi prononcées, et que leurs branchages peuvent se marier de cent manières différentes; mais les formes si singulières, si remarquables des *andaiás*, des *guariróbas*, des *borit́ys*, des *Cecropia*, sont, à de légères nuances près, éternellement les mêmes, et, dans une forêt d'*andaiás*, on croirait voir le même individu répété mille fois.

[1] Voy. ma *première Relation*, vol. I, p. 103.

CHAPITRE V.

ROUTE DE MORRO DE GASPAR SOARES A ITAJURÚ DE S. MIGUEL PAR LE VILLAGE DE COCAES. — SÉJOUR A ITAJURÚ.

L'auteur se dirige vers Itajurú de S. Miguel de Mato dentro. — Pays situé entre Itambé et *Cocaes*. *Fazenda* de *Couto* ; gynécée. *Venda* de *Duas Pontes*. *Fazenda* de *Domingos Affonso* ; son moulin à sucre. *Ponte do Machado*. — Le village de Cocaes. Paysage charmant. Mines d'or et de fer de Cocaes. — Pays situé entre Cocaes et Itajurú de S. Miguel. — Arrivée à Itajurú. Contrariétés. Deux visites. L'Indien Firmiano.

Après avoir fait trois lieues depuis Ocubas, j'arrivai, le 19 novembre 1817, au village de Gaspar Soares[1], et j'en partis bientôt pour me rendre à Itajurú de S. Miguel, chez mon excellent ami, M. Antonio Gomes de Abreu[2]. Comme à mon premier passage, je fis halte au *rancho* de Ponte Alta et au village d'Itambé; mais je ne trouvai presque aucune plante dans les lieux où, au mois de mars précédent, j'en

---

[1] Ce village a été décrit dans ma *première Relation*, vol. I, p. 299.
[2] Voy. ma *première Relation*, vol. I, p. 208, 214. 227.

avais recueilli un si grand nombre. Ceci achève de prouver qu'en général, les premières pluies ne suffisent pas pour faire fleurir les végétaux. Dans les Mines, la sécheresse de l'hiver suspend ou ralentit la végétation ; pour reprendre l'activité qu'elle avait perdue, elle a besoin des chaleurs de l'été, accompagnées de pluies ; il faut que les rameaux s'allongent avant de fleurir, et par conséquent le plus grand nombre de plantes ne peut donner des fleurs qu'à la fin de la saison des eaux et au commencement des sécheresses, vers les mois de février, mars, avril et mai.

Pour me rendre d'Itajurú à Itambé, j'avais passé, à mon premier voyage, par la succursale d'Itabira de Mato dentro. Ne voulant pas revenir par un pays que je connaissais déja, je continuai à suivre, au-delà d'Itambé, la route royale qui, toujours à l'est de la grande chaîne, va de Marianna à Villa do Principe, et je ne quittai cette route qu'entre le village de Cocaes et celui de Catas Altas [1]. Tout le pays que je parcourus, dans un espace d'à peu près dix lieues, entre Itambé et Cocaes, est couvert de montagnes. Autrefois ce canton présentait des forêts immenses ; on les brûla pour pouvoir ensemencer la terre [2], et, à leur place, l'on ne voit plus aujourd'hui que de grandes fougères, du *capim gordura* et des *capoeiras*, au mi-

---

[1] Catas Altas a été décrit dans ma *première Relation*, vol. I, p. 188.

[2] Voy. ce que j'ai écrit dans ma *première Relation*, vol. I, p. 193, sur le système d'agriculture adopté par les Brésiliens.

lieu desquelles il existe fort peu de terrains en culture.

A la suite des premières pluies, étant encore à Tijuco, j'avais vu quelques insectes; mais lorsque je me dirigeai d'Itambé sur Itajurú, c'est-à-dire à la fin de novembre, ces animaux étaient déja devenus très-nombreux. Les insectes suivent le cours de la végétation; ils disparaissent lorsqu'elle se rallentit, et on les trouve en grande quantité dans la saison où la nature sort de son repos, celle de la chaleur et des pluies.

Entre Itambé et *Duas Pontes*, qui en est à quatre lieues, il n'existe qu'un petit nombre de maisons, et la seule *fazenda* un peu importante que j'aperçus dans cet espace, est celle de *Couto*. J'y remarquai une petite cour entourée de murs très élevés, sur laquelle donnait un bâtiment séparé du reste de l'habitation. La cour et le bâtiment étaient destinés pour les femmes esclaves, et chaque soir, le maître de la *fazenda* avait soin de renfermer ses négresses dans cette espèce de gynécée. Quelques propriétaires scrupuleux en usent ainsi, afin de mettre leurs esclaves femelles à l'abri des poursuites des hommes.

Duas Pontes[1], où je fis halte le jour que je quittai Itambé, est une grande *venda* qui dépend de la *fazenda* de *Domingos Affonso*, l'une des plus importantes de ce canton. J'ai déja dit ailleurs que plusieurs proprié-

---

[1] Il ne faut pas écrire *Dós Pontes*, ainsi que l'on a cru devoir le faire en Allemagne.

taires établissaient ainsi des *vendas* sur le bord des routes, pour pouvoir vendre leur maïs plus facilement et à meilleur compte. Celle de Duas Pontes a été bâtie dans une petite plaine qu'environnent des collines et où passe la rivière de *Tangui*[1]. Cette *venda* a reçu le nom qu'elle porte, parce qu'effectivement il faut passer un pont pour y arriver, et repasser sur un autre pont pour en sortir : le premier a été construit sur la rivière de Tangui, et le second sur celle de *Macuco*, qui se jette dans le Tangui, non loin de la *venda*. Le sol des alentours présente une glaise rougeâtre, mélangée d'un peu de sable; il est fertile, et propre à tous les genres de culture.

A peu de distance de Duas Pontes, on trouve, à droite du chemin, la belle *fazenda* de Domingos Affonso. Je m'y présentai, en témoignant le désir de voir la sucrerie; on me reçut parfaitement, et l'on me conduisit au moulin qui, me dit-on, pouvait moudre chaque jour vingt-quatre charriots de canne. De tous les moulins que j'avais vus dans la province de Minas, c'était le seul dont les cylindres fussent revêtus de lames de fer, et je ne pus m'empêcher d'admirer l'élégance de ses roues. A en juger seulement par la grandeur des bâtimens qui la composent, la *fazenda* de Domingos Affonso serait une des plus importantes de la province, et les apparences ne sont point trom-

---

[1] Pour l'orthographe de ce mot, je me conforme à la prononciation qui m'a paru usitée dans le pays; mais je soupçonne qu'il serait mieux d'écrire *Tangue*, comme ont fait MM. Spix et Martius.

peuses. D'immenses plantations de cannes dépendent de cette habitation; on y emploie cent trente esclaves, et, plusieurs fois par mois, il part de Domingos Affonso pour la ville de Sabará, des troupes de mulets chargés de sucre et d'eau-de-vie.

De Duas Pontes, j'allai coucher à une petite maison qui en est à trois lieues et demie, et qu'on appelle *Ponte do Machado*. Le propriétaire de cette maisonnette me dit qu'autrefois les terres des alentours étaient fort productives. Plusieurs mineurs voisins de Cocaes et Santa Barbara avaient dans ce canton des *fazendas* d'où il tiraient des vivres pour leurs esclaves; mais, quelque fertile que soit un terrain, il s'épuise bientôt quand on lui demande toujours sans lui donner jamais; et c'est ce qui est arrivé aux environs de Ponte do Machado, comme dans une foule d'autres endroits. Le maïs ne rend plus à Ponte do Machado que cent pour un; la canne n'y donne du sucre qu'une seule année, et l'on n'y peut tirer partie de la seconde coupe de cette dernière Graminée que pour la distillation.

Entre Ponte do Machado et le village de Cocaes, qui n'en est éloigné que de deux lieues, on découvre les montagnes que l'on appelle *Serra de Cocaes*, et, en arrivant au village, on passe et l'on repasse plusieurs fois le ruisseau d'*Una*[1].

---

[1] *Una* ou *pixúna*, dans la *lingua geral*, signifie noir, nom que la rivière dont il s'agit doit à la couleur du terrain sur lequel coulent ses eaux.

Depuis long-temps je n'avais joui d'une vue aussi agréable que celle que m'offrit le village de Cocaes, lorsque j'étais sur les montagnes opposées. Il est bâti tout à la fois sur le sommet et sur le flanc d'une colline qui s'élève au pied de la Serra. Celle-ci, se développant derrière le village, forme une sorte d'hémicycle qui présente de grands espaces couverts de sombres forêts, d'autres simplement revêtus de gazon, et çà et là des rochers nus d'une couleur noirâtre. Sur la droite, l'on aperçoit dans des enfoncemens deux grandes minières où la terre se montre dépouillée de végétation, et autour desquelles sont éparses un grand nombre de cases à nègres. La colline où le village est situé, se termine par une large plateforme sur le devant de laquelle on a bâti l'église. Autour de celle-ci, l'on a planté des palmiers dont la tige élancée et le léger feuillage contrastent d'une manière frappante avec les formes des arbres serrés et touffus de la Serra, tandis que la blancheur des murailles de l'église fait ressortir la sombre verdure de ces mêmes arbres. Les maisons qui s'étendent sur le flanc de la colline, petites et basses, sont séparées les unes des autres par des groupes tellement pressés de bananiers, de caffeyers et d'orangers, que nulle part ils ne laissent apercevoir le sol. Tout autour de la colline la terre a été déchirée dans tous les sens par les mineurs, et ils ont également bouleversé les bords du ruisseau d'Una qui roule sur un lit noirâtre ses eaux salies par l'argile rouge qu'on y délaye pour laver l'or. L'ensemble de ce paysage a un caractère particulier; rien n'y rappelle l'Europe; les teintes de la montagne, les arbres serrés qui la couvrent, les minières que l'on aperçoit, les palmiers qui environnent l'église, la forme des maisons contre lesquelles se pressent les bananiers et les orangers; tout est brésilien jusqu'à la couleur des eaux de l'Una.

Je me promenai dans le village dont l'intérieur n'offre rien de remarquable. Ainsi que je l'ai dit, les maisons sont petites; elles ne tombent pas encore en ruines, comme celles de tant d'autres villages des contrées aurifères; mais en général elles n'annoncent pas non plus une grande aisance.

Cocaes[1], succursale de la paroisse de *S. João do Morro Grande*, qui en est éloigné de deux lieues, et ressortit du *termo* de Caeté, doit son existence à quelques minières qui ont donné beaucoup d'or, mais qui aujourd'hui n'en fournissent plus avec autant d'abondance[2]. Ces mines appartiennent à une seule famille, de laquelle dépendent à peu près tout le village et le pays environnant. Les chefs de cette famille viennent d'établir (écrit en 1817), des forges sur le bord du ruisseau d'Una; ils vendent une partie

---

[1] J'ai demandé ailleurs si *Cocaes* ne viendrait pas de *cocão*, nom d'une sorte de bois propre aux charpentes (*Voy.* ma *première Relation*, vol. I, p. 444). Il est plus vraisemblable que ce mot est tout simplement le pluriel de *cocal* qui, suivant l'auteur de la *Corographia brazilica*, signifie au Brésil un endroit planté de cocotiers.

[2] L'or de ce pays est, suivant MM. Spix et Martius, à 22 1/2 k.

du fer qu'ils fondent dans leur établissement, et, avec le reste, ils fabriquent les instrumens nécessaires pour l'exploitation de leurs mines. On dit que le fer de Cocaes est d'une très bonne qualité; ainsi, lorsque l'or sera entièrement épuisé dans les alentours, les forges nouvellement établies pourront sans doute encore contribuer à faire subsister le village.

Ce fut au-delà de Cocaes que je quittai la grande route de Villa do Principe à Villa Rica, pour prendre le chemin de Santa Quiteria, et d'Itajurú de S. Miguel de Mato dentro.

Je continuai à traverser un pays autrefois couvert de forêts vierges. Des bouquets de bois se montrent encore çà et là, surtout sur les hauteurs; mais, de tous les côtés, l'on voit d'immenses terrains qui ne produisent plus que du *capim gordura*.

Arrivé près du Rio de Santa Barbara, je le côtoyai jusqu'au village du même nom [1]. Les deux bords de la rivière ont été bouleversés par les mineurs; on en a retiré beaucoup d'or; mais on a fini par épuiser presque entièrement le métal précieux, et le hameau d'*Itajurú de Santa Barbara* qui précède le village de Santa Barbara, est aujourd'hui à peu près abandonné. Dans ce hameau dont les maisons sont très écartées les unes des autres, et bâties à peu de distance de la rivière, il en est une qui par sa grandeur excita mon attention, et que l'on pourrait comparer à l'un de nos châteaux. De cette maison qui appartenait à la famille

---

[1] Voy. ma *première Relation*, vol. I, p. 216.

du capitaine Pires, du village d'Itabira [1], dépendait autrefois une minière importante ; cette minière a cessé de fournir de l'or, et la maison est à présent très négligée.

Après avoir fait deux lieues et demie, je m'arrêtai à la belle habitation de S. Quiteria où je fus aussi bien reçu que la première fois par le colonel Antonio Thomaz de Figueiredo Neves [2].

Pour me rendre de S. Quiteria à l'habitation d'Itajurú de S. Miguel de Mato dentro, je suivis le chemin par lequel j'avais déja passé, en allant visiter la Serra da Caraça. Jamais peut-être je n'avais eu une aussi grande impatience d'arriver. J'espérais trouver à Itajurú des nouvelles de l'Europe, et j'allais revoir mon excellent ami, le respectable Antonio Gomes de Abreu e Freitas, celui des Brésiliens qui m'avait inspiré le plus de confiance et d'attachement.

Le capitaine Gomes m'accueillit avec beaucoup d'amitié, mais il n'avait reçu pour moi aucune lettre de France, et au chagrin que j'éprouvai, en perdant ainsi mes espérances les plus douces, vinrent se joindre encore plusieurs contrariétés. Le caractère du pauvre Prégent s'altérait de plus en plus ; Silva et le *tocador* João Moreira, de retour dans leur pays, voulurent enfin mettre un terme à leurs voyages, et, pendant très long-temps, le capitaine Gomes chercha inutilement deux hommes qui consentissent à con-

---

[1] Voy. ma *première Relation*, vol. I, p. 269.
[2] Voy. ma *première Relation*, vol. I, p. 216.

duire mes mulets. Comme la végétation des environs d'Itajurú est peu variée, aucune découverte ne me dédommageait du retard que j'essuyais; je craignais de finir par être à charge à mon excellent hôte, et la vie sédentaire que j'étais forcé de mener ajoutait encore au malaise que je n'avais cessé d'éprouver depuis ma chute.

Cependant deux visites que nous reçûmes pendant mon séjour à Itajurú, firent à mes souffrances une agréable diversion. Fidèle à sa promesse, le capitaine Pires d'Itabira vint passer quelques jours chez M. Gomes, et me fit jouir encore de sa conversation aussi agréable qu'instructive.

L'autre visite était moins attendue. Je sortais un soir de la cour de l'habitation, lorsque je vis entrer un homme qui me demanda si j'étais le fils du capitaine Antonio Gomes; lui ayant répondu que non, je lui montrai le logement du maître de la *fazenda*, et je continuai mon chemin. Cependant l'accoutrement de ce voyageur, sa physionomie, son air dégagé, la vivacité de ses mouvemens m'avaient frappé; après quelques instans de réflexion, je ne doutai point que ce ne fût un Français, et je revins sur mes pas. Un domestique étranger se trouvait alors à la porte de la cour, c'était celui du voyageur; il était difficile de se méprendre sur la nation à laquelle il appartenait; je lui adressai la parole dans ma langue, et sa réponse me prouva qu'en le prenant pour un Français, je ne m'étais point trompé dans mes conjectures. Je m'empressai d'aller rejoindre son maître, et j'éprouvai un très grand plaisir, en embrassant, si loin de mon pays, un compatriote également recommandable par son instruction et par son caractère. Le voyageur qui venait d'arriver à Itajurú était M. de MONTLE-VADE, ingénieur des mines, ancien élève de l'École Polythecnique, qui, au Brésil depuis peu de temps, avait quitté Rio de Janeiro, pour parcourir la province de Minas Geraes. Il s'était lié, avant son départ, avec M. Antonio Ildefonso Gomes, et ce jeune homme lui avait donné une lettre de recommandation pour les habitans d'Itajurú. M. de Montlevade s'est fixé dans le pays des Mines; il y a établi des forges, et pourra rendre des services importans à la belle contrée qui est devenue pour lui une seconde patrie.

Tandis que je gémissais de ne pouvoir quitter Itajurú, le Botocudo Firmiano [1] aurait voulu y rester toujours. Ce jeune homme continuait à être gai et très content. J'avais craint de le rendre malheureux, en le tirant de ses forêts; mais jusqu'alors cette crainte ne s'était point réalisée. Étranger à tous nos rapports, Firmiano n'était tourmenté ni par la cupidité, ni par l'ambition; ses désirs ne s'étendaient pas au-delà des premiers besoins de la vie, et je pouvais les satisfaire tous, presque aussitôt qu'il les avait formés. Heureux du présent et tout entier à son imprévoyance, il ne considérait l'avenir que comme la continuation du bonheur dont il jouissait. Il montrait de l'intelligence,

[1] On trouvera l'histoire de Firmiano dans le second volume de ma *première Relation*.

ne refusait plus de travailler, et avait même beaucoup de zèle pour tout ce qui concernait le service des bêtes de somme. Il se rappelait parfaitement les lieux où nous avions passé, et s'il en avait oublié quelques-uns, c'étaient ceux où on ne l'avait pas aussi bien reçu qu'ailleurs. N'ayant jamais été maltraité, n'ayant pas même été gêné sans raison, il avait conservé toutes ses graces sauvages, et, comme il était toujours gai, on lui témoignait partout de la bienveillance. Le capitaine Antonio Gomes et toute sa famille l'aimaient beaucoup; les dames l'admettaient dans l'intérieur de la maison, et il les amusait par sa bonne humeur et par sa naïveté. Il s'attachait à ceux qui lui faisaient du bien, et, reconnaissant des bontés que l'on avait pour lui à Itajurú, il disait un jour: *Je reste ici, je ne veux plus aller en France, mon cœur ne pourrait pas.* Mais, il faut le confesser, les Indiens finissent toujours par acquérir quelques défauts, en se rapprochant des hommes de notre race. Pour rester tel qu'il était alors, il aurait fallu que Firmiano ne nous eût jamais quittés, moi ou mon domestique. Quand ce dernier vint à mourir, le pauvre sauvage eut trop souvent sous les yeux de détestables exemples; il était naturellement imitateur; il se gâta et il ne fut plus aussi heureux.

CHAPITRE V.

DÉPART D'ITAJURÚ. — LA VILLE DE CAETÉ. — LA SERRA DA PIEDADE ET LA SŒUR GERMAINE.

L'auteur quitte Itajurú. — Description générale du pays situé entre Itajurú et Sabará. — Habitation de *Boa Vista*; fêtes de Noël. — L'auteur se sépare du capitaine Antonio Gomes de Abreu e Freitas. — Le Rio de Santa Barbara. — Le village de *S. João do Morro Grande*. — Une croix. — Quelques mots sur le caractère des mineurs. — L'habitation de *Morro Grande*. — La ville de Caeté; son nom; son histoire; ses rues et ses maisons; son église. — Bêtes à laine. — Hameau de *Nossa Senhora da Penha*. — Habitation d'*Antonio Lopes*; son propriétaire. — La *Serra da Piedade*; sa végétation; vue dont on jouit à son sommet; la chapelle qu'on a bâtie sur cette montagne; ses ermites et ce que sont en général ceux de la province des Mines; une grotte. Histoire et maladie de la sœur Germaine. — Faux-liège. — Un orage. — Village de *Cuyabú*. — Village de *Pompeo*. — Arrivée à Sabará. — Réflexions sur les inconvéniens de l'exploitation des mines et ceux du système d'agriculture en usage parmi les Brésiliens.

Il y avait plus d'un mois que j'étais à Itajurú, lorsqu'ayant enfin trouvé un muletier, je me remis en route. Ne voulant pas retourner à Villa Rica par le chemin que j'avais déja suivi, je fis un long détour, et je passai par les villes de Caeté et de Sabará, en me dirigeant à peu près vers l'ouest quart nord-ouest. Je suivis d'abord le côté oriental de la grande Cordillère; puis, ayant traversé cette chaîne dans le voisinage de Caeté, je me trouvai, pour la troisième fois, sur le côté occidental. Le pays que je parcourus dans un espace d'environ vingt *legoas* jusqu'à la ville de Sabará, est extrêmement montagneux, et a fourni une prodigieuse quantité d'or : on y voit peu de culture, et presque partout, le *capim gordura* a pris la place des forêts primitives. Ce pays n'a rien de la brillante monotonie du Désert. La hauteur des montagnes, la profondeur des vallées, les excavations irrégulières faites par les mineurs, les formes majestueuses des grands végétaux et leur sombre verdure communiquent aux paysages une austérité qu'adoucit à peine l'azur resplendissant du ciel des tropiques.

Comme en quittant Itajurú, je devais aller coucher chez le frère du capitaine Antonio Gomes de Abreu e Freitas, ce dernier et ses deux fils, João et Gomes, voulurent m'accompagner. L'instant n'était point encore venu où je devais me séparer de ces excellens amis; cependant je sentais mes yeux se remplir de larmes, lorsque regardant derrière moi, j'apercevais encore cette habitation d'Itajurú où j'avais trouvé deux fois l'hospitalité la plus aimable et la plus touchante.

A peu près jusqu'à S. Barbara, nous suivîmes le chemin que je connaissais déja, et qui va de ce village à Itajurú et à S. Miguel. Lorsque nous eûmes quitté ce chemin, la Serra da Caraça[1] se présenta bientôt à nous dans toute sa majesté. D'ailleurs nous n'apercevions que des minières abandonnées, de vastes *campos* de *capim gordura* et des bouquets de bois, faibles restes des forêts primitives.

Il était déja fort tard, quand nous étions partis d'Itajurú; à une lieue de *Boa Vista*, l'habitation où nous devions nous rendre, nous fûmes surpris par une nuit profonde, et nous nous égarâmes. Le bon capitaine Antonio Gomes était désespéré de cette mésaventure; mais son chagrin n'avait que moi pour objet. Nous fûmes enfin assez heureux pour apercevoir, au milieu des ténèbres, quelqu'un qui voulut bien nous servir de guide, et qui nous conduisit jusqu'à la maison de M. João Vieira de Godoy Alvaro Leme, l'un des parens du capitaine. Ce propriétaire, homme d'une cinquantaine d'années, paraissait gai et jovial, et, ce qui est rare dans ce pays, il avait les yeux bleus et une chevelure blonde. Il descendait d'une de ces familles de Paulistes, qui ont fait tant de découvertes dans l'intérieur du Brésil; animé du même esprit que ses ancêtres, il avait bravé plusieurs fois les nombreux dangers qui accompagnent la navigation du Rio Doce, et je lui dois, sur cette rivière, des renseignemens dont je ferai usage par la suite.

M. João Vieira nous donna une lanterne et un nouveau guide. Après nous être remis en route, nous des-

---

[1] J'ai fait connaître cette montagne dans ma *première Relation*.

cendîmes bientôt un morne extrêmement rapide ; la lanterne ne donnait qu'une faible lumière ; nos mulets, comme entraînés par la pente de la montagne, semblaient nous précipiter dans quelque abîme, et nous gardions un profond silence. Cependant nous arrivâmes sans accident à l'habitation de Boa Vista, et je fus parfaitement reçu par le capitaine João José de Abreu.

La visite du capitaine Antonio Gomes devait être d'autant plus agréable à son frère, que nous étions au temps de Noël, et cette époque est pour les Brésiliens celle de la réunion des familles. Les enfans, établis loin de leurs parens, vont alors les visiter, et, après une longue séparation, l'on célèbre par des banquets le plaisir de se revoir.

La maison du capitaine João José est située presque sur le bord du Rio de S. Barbara. Tous les mornes qui entourent cette maison et ceux qui lui font face sont couverts de *capim gordura*. Je fis une herborisation dans le voisinage de la rivière; mais je ne trouvai rien : le *capim gordura* est, comme je l'ai dit, un ambitieux qui n'admet point de partage. Ici, comme ailleurs, les bords du Rio de S. Barbara ont été bouleversés par les mineurs; mais on a presque entièrement négligé les mornes voisins dont l'exploitation était plus difficile, et qui assez vraisemblablement renferment beaucoup d'or. Je pourrais citer une mine que possédait le capitaine João José de Abreu, au milieu des hauteurs qui entouraient sa maison ; elle n'avait pas encore été exploitée ou elle l'avait été à peine, et cependant elle promettait, disait-on, autant de richesses que les montagnes d'Itabira [1].

M. João José m'offrit de garder chez lui les malles dont je n'avais pas un besoin journalier, ainsi que les mulets qui en étaient porteurs, et de me renvoyer directement à Villa Rica cette partie de ma caravane. J'acceptai la proposition du capitaine avec d'autant plus de reconnaissance, que plusieurs de mes bêtes de somme étaient fatiguées, et qu'il fallait chaque jour un temps considérable pour charger les collections nombreuses que j'avais formées, depuis un an, dans la province des Mines.

Je quittai la *fazenda* de Boa Vista le 2 janvier 1818. Le capitaine Antonio Gomes, son frère et leurs enfans m'accompagnèrent jusqu'au village de *S. João do Morro Grande* (S. Jean de la grande montagne). Lorsqu'il fallut nous séparer, le capitaine fondait en larmes, et ses enfans paraissaient vivement émus. Je partageais bien toute la sensibilité de ces excellens amis, et l'idée de ne plus les revoir me paraissait insupportable. Quand je me trouvai seul, je ne pus m'empêcher de maudire les voyages qui semblent ne nous procurer l'avantage de connaître des hommes recommandables que pour nous forcer à nous en séparer bientôt; de noirs pressentimens qui se sont, hélas! trop bien vérifiés, vinrent se mêler à mes regrets, et je tombai dans une profonde mélancolie; cependant les distractions du voyage dissipèrent peu à peu ma

---

[1] Voy. ma *première Relation*, vol. I, p. 271 et suiv.

tristesse, et j'arrivai résigné, au lieu où je devais faire halte.

Peu après avoir quitté Boa Vista, nous passâmes le Rio de S. Barbara dont les eaux sont rougeâtres, comme toutes celles qui servent au lavage de l'or. Cette rivière prend sa source dans la grande Cordillère à l'endroit appellé *Capanéma*[1], éloigné de six lieues de l'habitation de Boa Vista; elle change plusieurs fois de nom, reçoit, au village de Barra, le Rio Caeté, et se jette dans le Percicaba, bien au-dessous de S. Miguel.

Entre Boa Visita et S. João do Morro Grande, je vis de temps en temps des maisons et des champs de maïs. Lorsqu'arrivant de Rio de Janeiro, j'avais traversé, pour la première fois, cette partie de la province, elle m'avait paru déserte; mais depuis que j'avais parcouru le Sertão, je la trouvais extrêmement peuplée. Les mêmes objets paraissent différens au voyageur,

---

[1] Ce n'est point *Campanéma*, comme on l'a cru en Allemagne. Capanéma me paraît venir des mots guaranis *caá*, montagne et *panemá*, espèce d'arbre qui produit des fleurs jaunes (l'arbre de montagne qui donne des fleurs jaunes). Je ne connais point au reste l'arbre dont il s'agit, et je doute fort que ce nom ait été donné à la même plante dans les Mines et au Paraguay. Un homme fort instruit que j'ai rencontré dans les Missions de l'Uruguay, et auquel je dois de précieux renseignemens sur les étymologies indiennes, m'a dit que les Espagnols-Américains donnaient le nom de *retama* au *panemá* des Guaranis; mais *retama*, en espagnol, signifie genêt, et ce nom aura certainement été appliqué en Amérique à une ou plusieurs plantes fort différentes des genêts d'Europe.

suivant la nature de ceux avec lesquels il les compare. Après un long séjour au Cap-de-Bonne-Espérance, Sparmann prit enfin une idée exacte de cette contrée, et, si des voyageurs en ont fait des descriptions si magnifiques, c'est, selon le même écrivain, parce qu'auparavant ils n'avaient eu sous les yeux, pendant bien long-temps, que les cieux et la mer [1].

Le village de S. João do Morro Grande où je me séparai du capitaine Gomes, est le chef lieu d'une paroisse dont la population s'élève à 5,420 individus, et qui comprend cinq succursales [2]. S. João est situé par le 19° 57′ lat. [3] sur les bords de la rivière de Caeté, au pied des mornes qui la dominent. On trouvait autrefois beaucoup d'or dans le voisinage de cette rivière ; des mineurs accoururent, et bâtirent le village de S. João ; mais les mines s'épuisèrent bientôt ; le village a eu le même sort que tant d'autres, et aujourd'hui il est entièrement abandonné. Il n'a point perdu cependant toute son ancienne splendeur ; car il lui reste encore une des plus belles églises que j'aie vues dans la province des Mines.

Presque aussitôt après avoir traversé S. João do Morro Grande, je passai devant une croix dont je ne puis m'empêcher de dire quelques mots. Un homme voyageant dans ce pays, crut voir les ames du purgatoire qui voltigeaient autour de son cheval, sous la

---

[1] *Voyage au cap de Bonne-Espérance.*
[2] Piz, *Mém. hist.*, VIII, p. 112.
[3] Loc. cit.

forme de colombes, et lui demandaient des prières. En mémoire de cette apparition, il fit élever la croix dont je viens de parler, et au pied de cette croix, l'on a eu soin de graver l'histoire qu'on vient de lire.

Pour me rendre de S. João à la *fazenda do Morro Grande* où je fis halte, je côtoyai toujours la rivière de Caeté. Partout ses bords ont été creusés par les mineurs; on en a retiré beaucoup d'or; mais aujourd'hui ils n'en fournissent plus. Les mineurs se sont dispersés, et le pays n'offre à présent que l'image d'un triste abandon. Des conduits qui amenaient l'eau dans les minières sont à demi détruits, et de distance à autre, l'on voit des maisons désertes et qui tombent en ruines. Comme je l'ai déjà dit, les établissemens du mineur ne sauraient être durables. Sa mine est-elle épuisée, il faut qu'il aille chercher fortune ailleurs; presque toujours sans prévoyance, la tête remplie d'espérances vaines, il ne ménage rien pour l'avenir, et trop souvent il termine dans la misère, une vie commencée dans l'opulence.

La *fazenda* do Morro Grande appartenait au *sargento mór* Domingos Pinto que j'avais déja vu à Itajurú, et qui m'accueillit parfaitement. C'était un homme bien élevé, dont les manières étaient extrêmement honnêtes. En général la *comarca* de Sabará est la partie de la province où jusqu'alors j'avais trouvé le plus de blancs, et en même temps les hommes les plus polis et les plus éclairés [1]. A l'époque où

---

[1] Il y a probablement un nombre de blancs plus consi-

l'opulence régnait dans cette contrée, les parens envoyaient quelques-uns de leurs fils à l'université de Coïmbre, afin de les mettre en état d'occuper des places; et si ces derniers n'ont pu à leur tour faire pour leurs enfans les sacrifices que l'on avait faits pour eux-mêmes, ils étaient en état du moins de communiquer quelques lumières à leur famille. Comme je l'ai dit ailleurs [1], le séminaire de Marianna qui avait été fondé par quelques mineurs riches, a aussi été fort utile à tout ce pays; mais à l'époque de mon voyage, il n'y avait plus pour l'éducation d'autres ressources que les maîtres d'école proprement dits, quelques professeurs de grammaire latine payés par le gouvernement, mais entièrement isolés, et enfin un professeur royal de philosophie qui résidait à Villa Rica.

En quittant la *fazenda* du *sargento mór* Domingos Pinto, j'allai voir ses mines dont j'ai donné la description dans la première partie de cet ouvrage, et qui sont situées dans la montagne appelée *Morro Grande*. C'est à cette montagne que la *fazenda* de M. Pinto et le village de S. João do Morro Grande doivent probablement leur nom.

Après avoir examiné la minière du *sargento mór*, je continuai à monter, et je vis encore d'autres mines

---

dérable dans la partie de la *comarca* de Rio das Mortes, voisine de S. João d'El Rei, et dans la ville de S. João elle-même; mais ils sont beaucoup moins civilisés que ceux de Sabará.

[1] Voy. ma *première Relation*, vol. I, p. 163.

en exploitation. On a commencé, comme je l'ai dit, par chercher l'or sur le bord des rivières où il était assez facile à extraire; mais depuis que les terrains d'alluvion ne fournissent plus rien, il a bien fallu fouiller dans l'intérieur des montagnes.

Au bas du Morro Grande, je passai devant une habitation où, pour briser la mine de fer qui contient l'or, on se servait de bocards analogues à ceux employés en Europe. Il est à croire qu'on finira par adopter partout ce moyen mécanique, et, lorsque l'eau manquera, on y substituera les bœufs ou même, avec le temps, les machines à vapeur.

Après avoir suivi une vallée bordée de mornes d'une hauteur peu considérable, j'arrivai enfin à la ville de Caeté.

Le nom de cette ville qui, dans la langue des Indiens, signifie *montagne couverte de gros arbres*, lui fut donné autrefois, parce qu'effectivement il existait de grandes forêts dans son voisinage [1]. Ce furent le *sargento mór* Vardes et les frères Guerras, natifs de Santos, qui les premiers découvrirent cette contrée,

---

[1] Je crois que le plus souvent l'on prononce *Caité*, et l'on a écrit tout à la fois *Cahyté*, *Caethé* et *Caité*. L'orthographe que je suis me paraît devoir être adoptée, parce que c'est elle qui se rapproche le plus de l'étymologie indienne; en effet les mots guaranis sont *caá eté* que le P. Antonio Ruiz de Montoya traduit par ceux-ci, *monte verdadero de palos gruessos* et qui ne signifient par conséquent pas, comme on l'a cru, *bois épais sans mélange de clairière*, mais *montagne couverte de gros arbres*.

et qui la peuplèrent[1]. Caeté est célèbre dans l'histoire des Mines, comme ayant été le théâtre d'une des premières querelles qui allumèrent la guerre civile entre les Paulistes et les *Forasteiros* ou étrangers. Deux Paulistes, Julio Cesar et Jeronymo Pedroso, étaient sous le portique de l'église de Caeté, lorsqu'ils virent passer un *Forasteiro* qui tenait à la main une espingole. Cette arme leur fit envie, et pour s'en rendre maîtres, ils ne trouvèrent pas de moyen plus simple que d'accuser le propriétaire de l'avoir volée. Manoel Nunes Vianna fut témoin des efforts que l'on faisait pour arracher à l'étranger son espingole, et des insultes dont on l'accablait. Manoel lui-même avait reçu le jour en Portugal; c'était un homme puissant, plein de prudence et de courage; il reconnut que l'objet en litige appartenait bien légitimement à l'homme à qui on le disputait, et il intervint en faveur de cet homme. On en vint à des paroles outrageantes, et Manoel Nunes envoya un cartel aux deux Paulistes. Mais, à cette époque, c'était aussi peu qu'aujourd'hui l'usage des Brésiliens de terminer leurs querelles par des combats singuliers : les deux Paulistes jugèrent qu'il serait moins dangereux de rassembler leurs parens et leurs amis, et d'assiéger Manoel Nunes dans sa propre maison. La nouvelle de cette dispute par-

[1] C'est du moins ce que raconte Southey (*Hist. of. Braz.* III, 8); mais Pizarro attribue cette découverte à un *sargento mór* pauliste, qu'il appelle Leonardo Nardes. La différence qui se trouve entre Vardes et Nardes tient probablement à une faute d'impression qui se sera glissée dans l'un ou l'autre auteur.

vint bientôt dans les camps ou *arraiaes* des mineurs de *Sabarábussú* et du Rio das Velhas, et alors les *Forasteiros* se plurent à considérer Manoel Nunes comme leur chef et comme leur défenseur. Au reste, si la guerre civile avait pris naissance à Caeté, ce fut aussi dans ce lieu qu'elle commença à s'apaiser. Lorsqu'en effet le gouverneur de Rio de Janeiro, Antonio de Albuquerque Coelho, se présenta pour faire rentrer le pays des Mines dans le devoir, il eut à Caeté des conférences avec Manoel Nunes Vianna, et ce dernier s'y démit du pouvoir dont il avait été illégalement revêtu par le seul vœu des étrangers.

En 1714, Caeté fut érigé en ville sous le nom de *Villa Nova da Rainha*, qui n'a point été adopté dans l'usage habituel. Son *termo* fait partie de la *comarca* de Sabará; il est administré par deux juges ordinaires (*juizes ordinarios*), et comprend cinq paroisses, celle de la ville elle-même, sur laquelle on compte environ cinq mille ames; celles de S. João do Morro Grande, de Santa Barbara, de S. Miguel da Percicaba, et du *Curral d'El Rei*[1].

La ville de Caeté a été bâtie par le 19° 54' lat.[2], au bord d'un ruisseau, sur le penchant d'une colline; elle est plus longue que large; ses rues sont spacieuses et ont été pavées, et si la plupart de ses maisons n'ont qu'un rez-de-chaussée, on voit du moins qu'elles avaient été bien construites. Cette ville devait être fort

---

[1] Piz. *Mém. hist.*, VIII, p^{da}. 112, 113.
[2] Piz. *Mém. hist.*, VIII, p. 110.

agréable dans le temps de sa splendeur; mais elle a eu le même sort que la plupart des bourgades qui, comme elle, doivent leur origine à la présence de l'or : ses mines se sont épuisées, et alors elle a été abandonnée par ses habitans. On y voit un grand nombre de jolies maisons qui aujourd'hui sont désertes et tombent en ruines, et sa population actuelle ne s'élève pas à plus de trois à quatre cents ames.

Cependant il reste encore à la ville de Caeté un monument fort remarquable de son ancienne opulence; c'est son église. Non-seulement je n'en avais pas vu, dans toute la province des Mines, une seule qui fût aussi belle; mais encore je doute qu'il en existe à Rio de Janeiro quelqu'une qu'on puisse lui comparer. L'église paroissiale de *Notre Seigneur du bon succès*, qui a été commencée il y a environ cinquante ans (1818), a coûté, m'a-t-on dit, 112,000 crusades (280,000 f.). Elle est construite en pierres, et déjà à l'extérieur elle attire les regards par sa grandeur et son élévation. Sa nef est fort large, et j'ai compté quarante-sept pas depuis le maître-autel jusqu'à la porte, ce qui fait une longueur considérable pour le Brésil où en général les églises sont petites. Comme partout ailleurs, les autels latéraux sont placés obliquement [1]; la balustrade qui règne autour de la nef, et la sépare du sanctuaire, a été faite avec du bois de *jacaranda* noir comme l'ébène. Au-dessus de la porte d'entrée, l'on voit une tribune fort vaste; la sacristie est éga-

---

[1] Voy. ma *première Relation*, vol. I, p. 120.

lement très grande, et j'admirai la propreté qui y règne. Tout l'édifice est éclairé par douze croisées à grands carreaux, et il n'a rien de cette obscurité qui trop souvent inspire la tristesse, lorsque l'on entre dans nos églises. Celle de Caeté est ornée avec goût et d'une propreté extrême. On n'y a point épargné les dorures; cependant elles n'ont pas été non plus prodiguées hors de propos, et les peintures de la voûte, ainsi que les statues des saints placées sur les autels, sont meilleures que celles de toutes les églises que j'avais visitées jusqu'alors dans la province des Mines.

En quittant la ville de Caeté, je me dirigeai vers la *Serra da Piedade*, montagne qui n'en est éloignée que de deux lieues, et que l'on peut compter parmi les pics les plus élevés de la chaîne occidentale. Presque aussitôt après m'être remis en route, je commençai à monter, et pendant quelque temps, je fus frappé de la couleur de la terre qui est presque blanche, et ressemble à celle des environs de S. João dans les Minas Novas.

Depuis que j'étais dans la province des Mines, je n'avais vu nulle part autant de moutons que dans les environs de Caeté, et cependant ce n'étaient encore que de très petits troupeaux, si on les compare à ceux de la France. Il est pourtant incontestable que les pâturages des montagnes de Minas Geraes conviendraient parfaitement aux bêtes à laine; dans cette contrée elles n'exigeraient pas autant de soin qu'en Europe, et l'on ne saurait trop s'étonner de ce que l'administration n'encourage point une branche de revenus qui finirait par affranchir le Brésil du tribut le plus énorme peut-être de tous ceux qu'il paie à l'étranger [1].

A peu de distance de Caeté, on trouve un assez grand nombre de maisonnettes sans doute construites à l'époque où il y avait encore de l'or dans ce pays, mais qui aujourd'hui sont pour la plupart abandonnées. Il en est de même du hameau de *Penha* ou *S. Nra da Penha* qui, situé à une lieue de Caeté, dépend de la paroisse dont cette ville est le chef-lieu, et qui a été également bâtie par des mineurs. Ce hameau possède une chapelle petite, mais fort jolie. La Serra da Piedade fait face à cette dernière, et présente, à l'extrémité d'un horizon peu étendu, une masse arrondie sur laquelle des rochers se montrent çà et là au milieu d'un gazon grisâtre [2].

Peu de temps après avoir passé Penha, j'entrai dans des bois, et, montant toujours, j'arrivai enfin à une *fazenda* située vers le pied de la Serra da Piedade et que l'on appelle *Antonio Lopes*, du nom de son propriétaire. Ce Lopes était un vieillard pauvre qui m'accueillit de son mieux. Mon domestique tomba malade dans sa maison; je fus obligé d'y séjourner près d'une semaine, et, pendant tout ce temps, la bonté et la gaîté d'Antonio Lopes ne se démentirent

---

[1] Peut-être reviendrai-je sur ce sujet dans ma troisième Relation.

[2] Il faut se donner de garde de confondre le hameau de Penha, voisin de Caeté, avec le village du même nom qui fait partie du *termo* de Minas Novas (Voy. ma *première Relation*, vol. II, p. 10).

point. Mes gens faisaient leur cuisine; mais l'excellent vieillard avait absolument voulu que je partageasse ses repas. Presque toujours on ne nous servait qu'un *caruru* de laitron ou de chicorée, et de la *cangica* qui, par sa couleur, attestait la saleté du vase où on l'avait fait cuire; mais c'était là tout ce qu'avait Lopes, et il l'offrait de bon cœur [1].

Le séjour que je fis chez ce vieillard me permit de parcourir la Serra da Piedade, d'en étudier la végétation, et d'observer ce que cette montagne présente d'intéressant. Elle est élevée d'environ 5,400 pieds au-dessus du niveau de la mer [2], et se trouve située à quatre lieues et demie de la ville de Sabará. Comme on a déja beaucoup monté pour arriver à la *fazenda* d'Antonio Lopes, la distance en droite ligne de cette habitation au sommet de la montagne n'est pas, à ce qu'il me parut, très considérable; cependant les bananiers, la canne à sucre réussissent encore à Antonio Lopes, et par conséquent ce lieu doit être moins élevé que le village de Congonhas da Serra, où, comme on l'a vu, les gelées ne permettent pas de cultiver les mêmes plantes.

Pour monter à la Serra, on fait un long circuit; mais on peut facilement arriver jusqu'à la cime à dos de mulet et même à cheval. On traverse d'abord des

---

[1] Par le mot *caruru*, on entend en général des herbes hachées. J'ai déja dit qu'on appelait *cangica*, du maïs cuit simplement dans de l'eau sans beurre et sans sel. (Voy. ma *première Relation*, vol. I, p. 112.)

[2] Voy. Spix et Mart. *Reis.*, 422.

terrains qui furent autrefois en culture, et qui aujourd'hui sont couverts de bois. Du nombre de ceux que l'on nomme *capoeirões*, ces bois ont succédé à des *capoeiras*, et cependant je remarquai qu'ils ne présentaient aucun des arbrisseaux qui composent ces derniers [1]. Lorsque l'on est sorti des bois dont je viens de parler, on commence à monter par une pente assez raide; le terrain n'est, pour ainsi dire, plus que du fer; des rochers se montrent çà et là au-dessus du sol; on ne trouve aucune source, et la végétation très maigre n'offre que de petits arbustes, des sous-arbrisseaux et des herbes. C'est seulement à l'endroit où les bois cessent de croître, et où la terre n'est plus propre à la culture, que la montagne prend dans le pays le nom de Serra da Piedade. Je m'étais attendu à y trouver un grand nombre de plantes; mais je fus trompé dans mes espérances : les espèces qui croissent sur cette montagne, je les avais déja recueillies à la Serra da Caraça, et cette dernière présente une quantité de végétaux bien plus considérable que la Serra da Piedade, parce qu'elle est plus humide. Les plantes les

---

[1] On a vu, dans ma *première Relation*, que, pour faire des plantations dans un terrain vierge, on coupait et on brûlait les forêts qui le couvrent; qu'après avoir fait une couple de récoltes, on laissait reposer la terre; qu'il y croissait des bois peu vigoureux, appelés *capoeiras*, entièrement différens des forêts primitives, et qu'enfin, lorsqu'on abandonnait ces *capoeiras* à elles-mêmes, et qu'on n'y laissait point paître le bétail, il leur succédait de nouveaux bois, nommés *capoeirões* (sing. *capoeirão*), où, comme je le confirme ici, l'on ne trouve plus les arbrisseaux des *capoeiras*.

plus communes dans la partie découverte de la Piedade sont deux espèces de Composées, une Légumineuse (*Betencourtia rhynchosioïdes* N.[1]), la Convolvulacée, que j'appelle *Evolvulus rufus*[2]; enfin une jolie Gesnériée à feuilles qui sont en dessous d'un pourpre violet, et à fleurs tubulées, d'un rouge terne, disposées en ombelle, etc. (*Gesneria rupicola, V. pulcherrima* N.[3]).

Une petite plateforme termine la montagne. Là on découvre la vue la plus étendue qui se fût offerte à moi depuis que je voyageais dans la province des Mines; mais cette vue ne présente qu'une immense suite de mornes et de vallées qui se répètent et fatiguent par leur monotonie. L'œil chercherait en vain un lac, une rivière, un village sur lesquels il pût se reposer; on a toujours soin de placer les habitations dans des enfoncemens où l'on ne saurait les apercevoir, et la Serra da Caraça jette seule un peu de variété dans une partie du paysage, par son élévation et la forme de ses rochers. A la vérité les gens du pays reconnaissent, dans ce vaste horizon, la ville de Sabará, le Rio das Velhas, et la bourgade de S. Luzia; mais ces différens points éloignés de quatre à cinq lieues, ne sauraient être distingués par l'étranger qui n'a point encore parcouru la contrée.

Sur le sommet de la Serra da Piedade, a été construite une chapelle assez grande, contre laquelle on a

---

[1] Voy. la note I à la fin du volume.
[2] Voy. la note J à la fin du volume.
[3] Voy. la note K à la fin du volume.

appuyé, à droite et à gauche, des bâtimens où logent les ermites de la montagne et les pèlerins que la dévotion attire dans cet endroit. Toutes ces constructions sont en pierre, et datent d'environ quarante ans (écrit en 1818). En face de la chapelle, sont des rochers, au milieu desquels on a planté des croix destinées pour les stations que l'on est en usage de faire dans le temps de la semaine sainte.

Je fus ausi charmé que surpris de trouver, au haut de la montagne quelques plantes européennes qui se se sont multipliées avec une extrême abondance, et ne pourraient probablement plus être détruites. Ce sont notre fraisier, le céraiste commun (*Cerastium vulgatum*), et le mouron des oiseaux (*Stellaria média*). Un ermite a semé sans doute la première de ces plantes; parmi les graines du fraisier se seront rencontrées quelques semences des deux autres espèces, et les trois plantes, trouvant à cette hauteur une température qui leur convient, se sont répandues de tous côtés, et végètent comme dans leur pays natal.

Les ermites qui occupent l'espèce de monastère de le Serra da Piedade sont de simples laïcs. Ils portent un grand chapeau et une soutane ou plutôt une sorte de robe de chambre noire. Lors de mon voyage, ils n'étaient qu'au nombre de trois : deux petits mulâtres très éveillés, et un vieillard blanc qui, je l'avoue, me donna la plus grande envie de rire par son air étourdi et par sa face rubiconde, accompagnée d'une perruque antique et boursoufflée, à moitié rongée par les rats. De la chapelle de la Piedade dépendent une *fazenda* et quelques terres situées au bas de la montagne : on pourra croire que les ermites faisaient valoir la *fazenda*, et qu'à l'exemple des anciens anachorètes, ils s'occupaient à cultiver la terre; mais il n'en était pas ainsi; ils trouvaient beaucoup plus commode d'avoir recours à la charité du public, et la *fazenda* n'était pour eux qu'un lieu d'asile, lorsque, revenant de la quête, ils ne voulaient point remonter au haut de la montagne. Il faut convenir que leur travail n'aurait pas suffi pour leur subsistance et l'entretien de la chapelle; mais ces deux jeunes mulâtres, pleins de vigueur et de santé, auraient dû, ce me semble, commencer par tirer parti des terres qui étaient à leur disposition, sauf à recourir ensuite à la générosité des fidèles.

Pour donner une idée de ce que sont les ermites, au reste fort peu nombreux, de la province des Mines, je ne crois pouvoir mieux faire que de traduire ce qu'a écrit à ce sujet un voyageur recommandable, M. le baron d'Eschwege. « L'on appelle *ermitões* (ermites)
« des hommes qui ordinairement, pour expier leurs
« péchés, prennent la résolution de se faire les gar-
« diens d'une chapelle, et de demander l'aumône pour
« son entretien. Ils se couvrent d'une espèce de
« froc; ils laissent croître leur barbe et quelquefois
« même ils négligent entièrement leur chevelure.
« Chargés d'une boîte vîtrée qui renferme l'image du
« patron de leur église, ils parcourent le pays, font
« baiser le saint à ceux qu'ils rencontrent, et reçoivent
« pour cela de l'argent et d'autres objets. Quelques-
« uns font vœu de mener ce genre de vie jusqu'à la fin

« de leurs jours; mais la plupart ne s'engagent que
« pour un certain temps. Ici, comme en beaucoup
« d'autres choses, se sont introduits de tristes abus;
« en effet, plusieurs de ces ermites ne prennent le
« froc que pour vivre aux dépens du prochain, et ils
« vont boire dans les meilleures tavernes l'argent que
« l'on a eu la générosité de leur offrir [1]. »

Dans une de mes courses, j'arrivai à une grotte formée par un large rocher qui s'avance horizontalement au-dessus du sol. Un petit mur construit avec de la terre rouge ferme entièrement l'entrée de cette grotte; mais, au milieu du mur, on a ménagé une étroite fenêtre qui donne du jour à l'intérieur. C'est par une ouverture latérale que l'on pénètre dans la grotte, et, pour y arriver, il faut descendre sur de grosses pierres arrangées à peu près comme nos escaliers. Différentes sortes d'arbrisseaux garnissent les abords de ce modeste asile; le dessus du rocher qui lui sert de plafond, est revêtu de *Tillandsia* et d'Orchidées à fleurs bizarres, mêlées de brun et de jaune; enfin, les pierres qui tiennent lieu d'escalier, garanties de l'ardeur du soleil par le roc supérieur, sont couvertes de plusieurs sortes de fougères [2]. Cette grotte semblerait faite pour le jardin anglais dessiné avec le plus d'élégance. La petite muraille qui a été construite sur le devant indiquait assez une habitation. Je pénétrai dans l'intérieur de la grotte; mais je n'y trouvai

---

[1] *Journal von Brazilien*, II, 95.
[2] Voy. la note L à la fin du volume.

que les débris d'une couche qui prouvait que depuis long-temps cette retraite était abandonnée. J'appris chez mon hôte que la grotte avait été, il y a plusieurs années, habitée par des ermites qui trouvaient le haut de la montagne trop froid pendant la saison de la sécheresse.

Je vis sur la Sierra da Piedade une femme dont on parlait beaucoup dans les *comarcas* de Sabará et de Villa Rica. La sœur GERMAINE, c'est ainsi qu'elle s'appelait, fut attaquée, il y a environ dix ans (écrit en 1818), d'affections histériques, accompagnées de convulsions violentes. On la fit exorciser; on employa des remèdes entièrement contraires à son état, et le mal ne fit qu'empirer. Enfin, lors de mon voyage, elle était arrivée, déja depuis long-temps, au point de ne pouvoir plus sortir de son lit, et la dose d'alimens qu'elle prenait chaque jour surpassait à peine celle qu'on donne à un enfant nouveau-né. Elle ne mangeait point de viande; elle refusait également tous les corps gras, et ne pouvait pas même avaler un bouillon. Des confitures, du fromage, un peu de pain ou de farine, formaient tous ses alimens; souvent elle rejetait, dans l'instant même, ce qu'elle venait de prendre, et presque toujours il fallait la presser pour la décider à manger quelque chose.

On s'accordait à dire que les mœurs de Germaine avaient toujours été pures, et sa conduite irréprochable. Pendant le cours de sa maladie, sa dévotion s'était chaque jour exaltée davantage : elle voulait jeûner entièrement les vendredis et les samedis; sa mère refusa d'abord d'y consentir; mais bientôt Germaine déclara que pendant ces deux jours-là, il lui était absolument impossible de prendre aucune espèce de nourriture, et, depuis ce temps, elle les a constamment passés dans la plus complète abstinence.

Pour satisfaire sa dévotion envers la Vierge, elle se fit transporter à la Serra da Piedade, dont la chapelle a été bâtie sous l'invocation de Notre-Dame de la Pitié, et elle obtint de son directeur la permission de demeurer dans cet asile. Là, méditant un jour sur les mystères de la passion, elle entra dans une espèce d'extase : ses bras se roidirent et s'étendirent en croix ; ses pieds se croisèrent également, et elle resta dans cette attitude pendant quarante-huit heures. Il y avait, à l'époque de mon voyage, quatre ans que ce phénomène avait eu lieu pour la première fois, et, depuis ce temps, il s'était constamment renouvelé chaque semaine. La sœur Germaine prenait son attitude extatique dans la nuit du jeudi au vendredi, et elle la conservait jusque dans la nuit du samedi au dimanche, sans faire de mouvement, sans proférer une parole, sans prendre le moindre aliment.

Le bruit de ce phénomène se répandit bientôt aux alentours; des milliers de personnes de tous les rangs en furent les témoins : on cria au miracle; la sœur Germaine fut proclamée sainte, et deux chirurgiens des environs augmentèrent encore la vénération publique, en déclarant, dans un petit écrit, que l'état de la malade était surnaturel. Cette déclaration resta manuscrite; mais on la fit circuler, et l'on en tira un grand nombre de copies. Cependant un médecin très instruit, le docteur Gomide, de l'université d'Edimbourg, crut devoir réfuter la déclaration des deux chirurgiens, et, en 1814, il fit imprimer à Rio de Janeiro, sans nom d'auteur, une petite brochure pleine de science et de logique, où il prouve, par une foule d'autorités, que les extases de Germaine n'étaient que le résultat d'une catalepsie [1].

Le public fut divisé d'opinion; mais une foule de personnes continuèrent à monter au sommet de la Serra, pour admirer le prodige dont elle était le théâtre. Cependant le dernier évêque de Marianna, le père Cypriano da Santissima Trindade, qui était un homme sage et éclairé, sentit très bien les inconvéniens que pouvaient avoir les réunions nombreuses auxquelles donnait lieu le séjour de Germaine sur la Serra, et,

---

[1] La brochure dont il s'agit est intitulée: *Impugnação analytica ao exame feito pelos clinicos Antonio Pedro de Souza e Manoel Quintão da Sihva, em uma rapariga que julgarão santa, na capella da Senhora da Piedade da Serra*, etc. *Rio de Janeiro*, 1814.— Dans cet ouvrage, le docteur Gomide, cherchant à expliquer la périodicité des extases de Germaine, raconte le fait suivant qui, ce me semble, mérite d'être rapporté : Un propriétaire des environs de Caeté avait une troupe de mules qu'il employait à transporter, tous les samedis, des vivres à la ville. Chaque jour, ces animaux lâchés, suivant la coutume, dans les pâturages, venaient, matin et soir, chercher à la maison de leur maître leur ration de maïs accoutumée. Mais le samedi, seul jour de travail, non-seulement ils ne se présentaient point, mais encore ils se cachaient dans la campagne.

voulant faire oublier le prétendu miracle dont il résultait autant de scandale que d'édification, il défendit de célébrer la messe sur la montagne, sous prétexte que le roi n'en avait jamais donné la permission. Plusieurs personnes offrirent à Germaine de la recueillir dans leur maison; mais elle donna la préférence à son directeur, homme grave et d'un âge mûr, qui habitait le voisinage de la montagne. Les dévots furent très affligés de la défense de l'évêque de Marianna; mais ils ne s'endormirent point; ils sollicitèrent du roi lui-même la permission de faire dire la messe dans la chapelle de la Serra, et elle leur fut accordée. On transporta Germaine une seconde fois sur le sommet de la montagne; de temps en temps, son directeur allait y dire la messe, et, lors de mon voyage, le concours des pèlerins et des curieux se renouvelait chaque semaine.

Peu de temps avant l'époque de mon voyage, un nouveau prodige avait commencé à se manifester chez la prétendue sainte. Tous les mardis, elle éprouvait une extase de quelques heures; ses bras quittaient leur position naturelle, et, tant que durait l'extase, ils restaient croisés derrière le dos de la malade. Dans le cours de la conversation que j'eus avec son confesseur, et que je rapporterai bientôt, ce dernier me dit que, pendant quelque temps, il n'avait su comment expliquer ce phénomène; mais qu'il avait fini par se rappeler que le mardi était le jour auquel on avait coutume d'offrir à la méditation des dévots les souffrances de Jésus garotté.

Lorsque j'arrivai pour la première fois au sommet de la Serra, je fus reçu par le directeur de la malade. On m'avait beaucoup vanté le désintéressement et la charité de cet ecclésiastique. Je causai long-temps avec lui, et il ne me parut point dépourvu d'instruction. Il m'entretint de sa pénitente sans aucun enthousiasme; il désirait, me dit-il, que des hommes éclairés étudiassent l'état de Germaine, et à peu près le seul reproche qu'il fît au docteur Gomide, était d'avoir écrit son petit livre, sans s'être donné la peine de venir voir la malade. Si ce que ce prêtre me raconta de l'ascendant qu'il avait sur Germaine, n'est point exagéré, les partisans du magnétisme animal en tireraient probablement un grand parti pour appuyer leur doctrine. Il m'assura en effet qu'au milieu des convulsions les plus affreuses, il lui avait toujours suffi de toucher sa pénitente pour lui rendre le calme. Lorsqu'elle était dans ses extases périodiques, ses membres avaient une telle rigidité qu'on les aurait plutôt rompus que de les faire plier; mais, s'il faut ajouter foi au témoignage de son confesseur, pour peu qu'il lui prit ou le bras ou la main, il leur donnait la position qu'il jugeait convenable. Ce qu'il y a de certain, c'est que le confesseur de Germaine lui ayant ordonné de communier dans un de ses jours d'extase, elle se leva, par un mouvement convulsif, du lit sur lequel on l'avait portée à l'église; agenouillée, mais les bras toujours en croix, elle reçut la sainte hostie, et, depuis ce moment, elle a communié de la même manière au milieu de ses extases. Au reste, le directeur de Germaine ne parlait qu'avec une extrême simplicité de son empire sur la prétendue sainte; il l'attribuait seulement à la docilité de la malade et à son respect pour le caractère sacerdotal, et il ajoutait que tout autre ecclésiastique que lui aurait pu produire les mêmes effets. Cet homme me disait avec cette confiance que les magnétiseurs exigent dans leurs adeptes: l'obéissance de cette pauvre fille est telle que, si je lui ordonnais de passer une semaine entière sans prendre de nourriture, elle n'hésiterait pas à le faire, et n'en serait pas incommodée davantage; mais, ajoutait-il, je craindrais de tenter Dieu par une telle expérience.

Je demandai à voir Germaine, et l'on me conduisit dans la petite chambre où elle restait continuellement couchée. J'aperçus son visage sous un large mouchoir qui s'avançait au-delà de son front, et elle ne me parut pas avoir plus de trente-quatre ans, âge qu'effectivement on lui attribuait. Sa physionomie était douce et agréable; mais indiquait une très grande maigreur et une extrême débilité. Je demandai à la malade comment elle se trouvait, et, d'une voix presque éteinte, elle me répondit qu'elle se portait mieux qu'elle ne méritait. Je tâtai son pouls, et je fus surpris de le trouver fort accéléré.

Étant remonté le vendredi sur le haut de la montagne, je me fis conduire une seconde fois à la chambre de Germaine. Elle était dans son lit, couchée sur le dos, et avait la tête enveloppée d'un mouchoir. Ses bras étaient en croix; l'un, arrêté par la muraille, n'avait pas eu la liberté de se déployer entièrement; l'autre s'étendait en dehors, et était soutenu par un tabouret. La malade avait la main extrêmement froide; le pouce et l'index étaient étendus, les autres doigts pliés, les genoux fléchis, et les pieds placés l'un sur l'autre. Dans cette position, Germaine conservait l'immobilité la plus parfaite; son pouls se sentait à peine, et l'on aurait pu la croire sans vie, si, par l'effet de la respiration, sa poitrine n'eût soulevé légèrement sa couverture. J'essayai plusieurs fois de faire plier ses bras; mais ce fut inutilement; la rigidité des muscles augmentait en raison de mes efforts, et je suis persuadé que je n'aurais pu en faire de plus grands, sans inconvénient pour la malade. A la vérité, je fermai ses mains à plusieurs reprises; mais à l'instant même où je laissais aller les doigts, ils reprenaient la position qu'ils avaient auparavant. La sœur de Germaine qui ordinairement prenait soin d'elle, et qui était présente lors de ma visite, me dit que cette pauvre fille n'était pas toujours aussi calme, durant ses extases, qu'elle l'était ce jour là; qu'à la vérité ses pieds et ses bras restaient constamment immobiles, mais qu'elle poussait souvent des soupirs et des gémissemens, que sa tête frappait son oreiller avec vivacité, et que des mouvemens convulsifs se manifestaient principalement vers les trois heures, moment où Jésus-Christ rendit le dernier soupir.

Avant de monter la Serra, pour voir Germaine pendant ses extases, j'avais formé le projet d'essayer sur elle l'action du magnétisme animal; mais la présence de plusieurs témoins m'empêcha de le faire avec quelque régularité. Cependant, sous prétexte d'observer le pouls de la malade, je plaçai ma main gauche sur la sienne, et je me mis dans la disposition d'esprit exigée par les magnétiseurs ; je n'obtins aucun résultat, mais pour être exact, je dois avouer que mon attention était détournée sans cesse par la présence des témoins et par leurs discours.

Je quittai la Serra da Piedade, le lendemain du jour où j'avais vu Germaine dans son état d'extase. M'étant éloigné du pays qu'elle habitait, je n'entendis plus parler d'elle, et j'ignore quelle aura été la fin de cette infortunée [1].

En sortant de la *fazenda* d'Antonio Lopes, pour me rendre à Sabará, je repassai d'abord par le hameau de Penha, et, bientôt après, je côtoyai un ruisseau qui porte le nom de *Rio d'Ouro Fino* (ruisseau d'or fin). Les bords de ce ruisseau ont été de tous les côtés exploités par des mineurs, et n'offrent plus que des excavations et des amas de cailloux. Ici, comme partout ailleurs, on a creusé pour arriver au *cascalho*, et, sans

---

[1] MM. Spix et Martius qui passèrent quelque temps après moi, par la *comarca* de Sabará, visitèrent aussi la Serra da Piedade, et en ont parlé en peu de mots. Ils disent que cette montagne avait été, pendant plusieurs années, l'asile d'une femme qui était sujette à des attaques de catalepsie, et que l'on regardait comme une sainte ; mais ils ne la virent point, ajoutent-ils, parce que tout récemment les autorités avaient jugé convenable de l'éloigner de la Serra. — Depuis que tout ceci a été écrit, j'ai appris que la mort avait mis un terme aux souffrances de Germaine.

la plus légère prévoyance, on a recouvert avec le résidu des lavages des terrains qui n'avaient point encore été travaillés. L'on me montra dans ce canton des mines que l'on compte parmi celles de la province qui ont été le plus anciennement exploitées.

Près du Rio d'Ouro Fino, je vis des arbres d'une grandeur médiocre, dont l'écorce épaisse, subereuse et élastique, ressemble à celle du liège, et est employée pour les mêmes usages. Cet arbre, qui n'avait que des feuilles lorsque je l'observai, me parut être une mimose; mais on lui donne dans le pays le nom de *cortiça*, que porte en Portugal le *Quercus suber*. Il serait d'autant plus intéressant de chercher à multiplier le faux liège des environs de Sabará, que, pour boucher les bouteilles, on est le plus souvent réduit, dans l'intérieur du Brésil, à se servir de l'axe des épis de maïs, axe qui, comme l'on sait, est spongieux et dépourvu de toute élasticité.

Avant d'arriver à la *fazenda Macaúba*[1], dont je parlerai tout-à-l'heure, le Rio d'Ouro Fino reçoit les eaux du ruisseau qui coule à la ville de Caeté; les deux rivières réunies prennent le nom de *Rio de Sabará*, et ce dernier se jette dans le Rio das Velhas, l'un des affluens du S. Francisco. C'est dire assez qu'entre Caeté et la ville de Sabará, je me trouvais sur le versant occidental de la grande Cordillère.

Depuis le mois de novembre, il ne s'était presque point passé de jour sans pluie; mais auprès de Ma-

---

[1] *Macaúba* est, comme je l'ai dit, le nom d'un palmier.

caúba, nous fûmes surpris par un affreux orage. La pluie tombait presque perpendiculairement en gouttes larges et pressées, et nous fûmes en un instant mouillés jusqu'à la peau. Nous descendions alors un morne dont la pente est très roide; le chemin servait de lit aux eaux qui s'écoulaient comme un torrent, et le temps sombre ajoutait une nouvelle tristesse à l'aspect naturellement âpre et sauvage du pays très montagneux que je parcourais alors.

Au milieu du bruit des eaux, je distinguai cependant celui d'un moulin qui sert à broyer du minérai de fer où de l'or se trouve contenu. Ce bocard a été construit à mi-côte au-dessus de la rivière de Sabará; près de là se trouve la mine: on l'exploitait à ciel ouvert; mais des éboulemens qui venaient d'avoir lieu prouvaient assez combien cette méthode est dangereuse. Le moulin et la mine dont je viens de parler dépendaient de la *fazenda* de Macaúba, qui est située à environ deux lieues de la ville de Sabará. Je passai devant cette *fazenda*, dont les bâtimens sont considérables, mais me parurent assez mal entretenus.

Côtoyant toujours la rivière de Sabará, j'arrivai au village de *Cuyabá*[1], qui est encore une succursale de la paroisse de Caeté[2]. Cuyabá a été bâti sur le pen-

[1] Très probablement des mots guaranis *cuyá* ou *cuñá abá*, femme courageuse.

[2] C'est du moins ce qui m'a été dit dans le pays; mais je dois avertir que je ne trouve Cuyabá ni dans la liste des succursales du *termo* de Caeté donnée par Pizarro, ni dans celle des succursales du *termo* de Sabará. Il est possible au reste

chant d'un morne au-dessus de la rivière de Sabará. Dans les hauteurs qui avoisinent ce village, sont plusieurs mines d'or que l'on exploitait lors de mon voyage. C'est à peu de distance de Cuyabá que se trouve la limite du *termo* de Caeté et de celui de Sabará : un pont forme cette limite ; je le passai, et, au-delà, je trouvai le pays plus découvert.

A peine à une lieue de la capitale de la *comarca* du Rio das Velhas, je traversai le village de *Pompeo* ou *S. Antonio de Pompeo*, situé aussi auprès de la rivière de Sabará. Les bords de cette rivière fournirent autrefois beaucoup d'or, et alors Pompeo, succursale de Sabará, était riche et florissant ; mais les mines se sont épuisées, et le village est aujourd'hui presque désert.

J'avais fait quatre lieues et demie depuis la Serra da Piedade, lorsqu'enfin j'arrivai à Sabará. Cette ville est située sur la rive droite ou septentrionale de la rivière du même nom ; j'étais alors sur la rive gauche, et, après avoir traversé un pont en bois, j'entrai dans la vieille ville.

D'après ce qui précède, on observera que, dans un espace de vingt lieues, j'avais vu deux villes et cinq villages. Ceci prouve combien furent peuplées autrefois les parties aurifères de la provinces des Mines ; mais à mesure que l'or disparaît, la population disparaît avec lui, et elle se porte en foule dans les pays de cul-

que Pizarro qui n'admet, pour les villages, que les noms de leurs églises, ait indiqué Cuyabá par un nom qui n'est point usité dans le pays.

ture. Cependant les terres de ces pays, auxquelles on demande toujours sans qu'on leur rende jamais, seront bientôt fatiguées. En peu d'années, un petit nombre d'hommes auront ravagé une immense province, et ils pourront dire : *He uma terra acabada*, c'est un pays perdu. Alors la nécessité impérieuse forcera de renoncer au système destructeur d'agriculture que l'on suit aujourd'hui ; mais l'on aura à regretter éternellement ces belles forêts dont les arbres précieux, ménagés avec soin, pouvaient suffire à une longue suite de générations.

CHAPITRE VI.

LA VILLE DE SABARÁ. — ROUTE DE SABARÁ A VILLA RICA.

Histoire de Sabará. — La situation de cette ville ; ses rues ; ses maisons ; ses églises ; hôtel de l'intendance et produit des mines de la *comarca* de Sabará ; ponts, fontaines et places. Commerce. Productions du pays ; la vigne y donne des fruits deux fois dans l'année. Les habitans de Sabará. Le professeur de langue latine ; goût pour l'emphase. M. José Teixeira ; son noble caractère. — L'ensemble du pays situé entre Sabará et Villa Rica. — Le Rio das Velhas. — Village de *Congonhas de Sabará*. — L'habitation d'*Henriques Brandão* ; bocard ; jardin. — Village de *Santa Rita*. — Village de *S. Antonio do Rio acima*. — Village de *Rio das Pedras*. — Causes de la misère du pays situé entre Sabará et *Anna de Sá* ; de l'utilité d'y élever du bétail.— Village de *Casa Branca*. Inhumations.

L'histoire de Sabará se trouve étroitement liée à celle de la découverte du pays des Mines ; car on lit, dans la vie de Fernando Dias Paes, à qui est due cette découverte, qu'il forma trois établissemens sur le territoire de Sabará (probablement de 1664 à 1677) [1]. Ce

---

[1] Dans l'origine, le territoire de Sabará porta le nom de *Subrá-Bussú* ou de *Sabará-Bussú* ; mais il paraît que, vers la même époque, on donna aussi le nom de *Subrá-Bussú* ou *Tuberá-Bussú* aux montagnes que l'on nomme aujourd'hui

ne fut cependant pas lui qui trouva les mines si riches de cette contrée. Cette bonne fortune était réservée à son gendre, Manoel de Borba Gato, qui ne fit connaître le résultat de ses recherches qu'après avoir essuyé une longue suite d'aventures romanesques.

Après la mort de Fernando Dias, Manoel était resté maître de la poudre et des outils de mineur que son beau-père avait laissés dans les environs de Sabará; mais ces objets furent réclamés pour le service public par le surintendant des mines, D. Rodrigo de Castello Branco, qui, allant à la recherche de prétendues mines d'émeraudes, était arrivé près du Rio das Velhas avec un parti de Paulistes [1]. Manoel refusa de céder la propriété que l'on réclamait de lui; une querelle s'engagea, et D. Rodrigo de Castello Branco fut tué par les compagnons de son adversaire. Craignant

Serra das Esmeraldas. Cette ressemblance de noms jette quelque confusion dans l'histoire des commencemens de la province des Mines, histoire qui ne remonte pas à 200 ans, et qui pourtant présente plus d'une incertitude. — Pizarro dit que les mots *Subrá-Bussú* ou *Tuberá-Bussú* veulent dire chose velue; à la vérité *cába oçú* signifie poilu dans la *lingoa geral*; mais peut-être Sabará vient-il tout simplement de *cabará* chèvre, mot guarani emprunté lui-même du portugais ou de l'espagnol. Quant à la désinence *bussú*, il est assez vraisemblable qu'elle n'est, comme le pense Southey, qu'une corruption du mot *guaçu* qui signifie grand.

[1] L'aventurier Marcos Azeredo avait, dit-on, rapporté des émeraudes de son voyage sur le Rio Doce (Voy. ma *première Relation*, vol. I, p. 175), et, pendant quelque temps, la recherche de pierres semblables fut l'objet des courses que firent les Paulistes dans le pays des Mines. Ce qui paraît bien

d'être puni, ce dernier prit la fuite; il se retira avec quelques Indiens dans les déserts du Rio Doce, et vécut parmi les sauvages, comme leur cacique. Cependant il fit solliciter sa grace par les parens qu'il avait à S. Paul, et on promit non-seulement de lui pardonner, mais encore de lui accorder une récompense, pourvu qu'il fît connaître les mines qu'il disait avoir découvertes sur le territoire de Sabará. Manoel de Borba Gato remplit cette condition; il fut nommé lieutenant-général, et finit même par s'arroger le titre de gouverneur. De nombreux aventuriers accoururent à Sabará; dès l'année 1711, Antonio de Albuquerque Coelho, premier gouverneur de S. Paul et de Minas Geraes, jugea que cet *arraial* ou village était assez peuplé pour être érigé en ville, et il lui donna le titre de *Villa Real de Sabará*, qui fut confirmé par le roi de Portugal, le 31 octobre 1717 [1].

certain aujourd'hui, c'est qu'il n'existe pas de véritables émeraudes dans la province de Minas Geraes, et ce qu'on prit pour telles, n'était probablement que des tourmalines ou des morceaux d'euclase.

[1] Mawe dit (*Travels in the int. of Braz.*, 273) que quelques années après la fondation de Sabará, la cour de Lisbonne envoya un noble pour gouverner le pays, réduire les nouveaux colons, et les forcer à payer le *quint*. Ceux-ci, ajoute le même auteur, prirent les armes; plusieurs combats eurent lieu; le gouverneur fut tué; mais le vice-roi fit passer des renforts dans l'intérieur, et enfin les rebelles se soumirent. Un certain personnage, nommé Artis, homme plein de constance et d'intrépidité, qui avait fait dans le pays des découvertes importantes fut nommé gouverneur, dit encore

AU BRÉSIL.

Pendant quelques années, la ville de Sabará fut riche et florissante. Alors ses alentours fournissaient de l'or en abondance, et on le tirait de la terre avec tant de facilité, que les habitans du pays disent qu'il suffisait d'arracher une touffe d'herbe et de la secouer, pour voir paraître des parcelles d'or. Il n'en est pas de même aujourd'hui. Lavées et relavées mille fois, les terres qui avoisinent le Rio de Sabará et le Rio das Velhas n'ont plus rien à donner au mineur. Tout le monde assure, il est vrai, que les mornes environnans contiennent encore des trésors immenses; mais, pour s'en rendre maître, il faudrait commencer par faire des avances; il faudrait surtout avoir des esclaves, et il est, dans le pays, peu de gens assez aisés pour se

---

M. Mawe, et ce choix concilia tous les partis. L'historien français du Brésil (*Hist. du Brés.*, vol. III, p. 426) répète ce récit, et le place à peu près entre les années 1710 et 1713; mais il appelle *Sabora* la ville où les troubles eurent lieu; il donne le nom de D. Gabriel Mascarenhas au gouverneur qui y fut tué; enfin il ajoute qu'après la retraite de Duguay-Trouin, Francisco de Castro, gouverneur de Rio de Janeiro, fit partir des troupes qui soumirent Sabora. Je ne saurais découvrir, avec une entière certitude, la source de toute cette histoire; mais je soupçonne que c'est celle de Manoel de Borba Gato ou de Manoel Nunes Vianna qui aura été défigurée. Ce qu'il y a de certain, c'est qu'Artis n'est pas un nom portugais; qu'il n'y a point de ville appelée Sabora; qu'il n'y a eu ni à Minas, ni à Rio de Janeiro de gouverneur appelé Gabriel Mascarenhas, et qu'enfin Francisco de Castro Moraes, ne put envoyer des troupes à Minas après la retraite de Duguay-Trouin; car, après cette retraite, il fut entièrement privé du commandement.

livrer à des entreprises importantes. D'un autre côté, Sabará ne fait aucun commerce, et n'est guère soutenu que par ses tribunaux et son intendance de l'or.

La *comarca*, dont Sabará est la capitale, et qui porte le nom de *comarca de Sabará* ou du *Rio das Velhas*, embrassa, pendant long-temps, près du tiers de la province, et alors elle s'étendait au septentrion jusqu'aux limites de Fernambouc, par le 13° 17′ lat. S., et à l'occident, jusqu'à la province de Goyaz, dont elle était séparée par les *Serras dos Cristaes* et *da Tabatinga*. Un décret du 17 juin 1715 détacha de cet immense territoire une *comarca* nouvelle, celle de Paracatú; et aujourd'hui la *comarca* de Sabará est bornée à l'occident par le S. Francisco. D'ailleurs elle a conservé ses premières limites, savoir, au midi, les *comarcas* de S. João d'El Rei et de Villa Rica, et à l'orient, celle du Serro do Frio [1]. La *comarca* de Sabará se divise en trois *termos*, celui de la ville elle-même, qui comprend huit paroisses, et ceux de Caeté et de *Pitánguy*. La grande Cordillère la partage aussi en deux portions inégales et très différentes; celle de l'orient, qui est boisée et aurifère, et qu'il serait mieux de réunir à la *comarca* de Villa Rica; celle de l'occident, qui présente principalement des pâturages et un peuple adonné à l'éducation des chevaux et du bétail [2].

---

[1] Piz. *Mém. hist.*, vol. VIII, p. 2da, 98.
[2] Ce que je dis ici suffit pour prouver que Cazal se trompe, quand il avance que la *comarca* du Rio das Velhas est arrosée

La ville de Sabará, la plus grande que j'eusse vue dans la province des Mines, depuis que j'avais quitté Villa Rica, se trouve située par le 19° 47′ 15″ lat.[1], et peut avoir 800 maisons et 500 habitans[2]. Elle a été bâtie au pied d'une suite de mornes peu élevés, couverts de *capim gordura*, et elle s'étend dans un espace d'environ un quart de lieue, sur le bord septentrional de la rivière qui porte son nom. Cette rivière se jette dans le Rio das Velhas, à l'extrémité même de la ville; lors de mon voyage, c'est-à-dire dans la saison des pluies, elle pouvait avoir la grandeur de l'Essone près Pithiviers; mais elle n'offre plus qu'un filet d'eau dans le temps de la sécheresse.

La partie de la ville la plus éloignée de l'embouchure du Rio de Sabará, porte le nom de *Ville vieille*

par les seuls affluens du S. Francisco. La grande Cordillère divise les eaux de cette rivière de celles du Rio Doce; par conséquent la partie orientale de la *comarca* de Sabará doit être arrosée par les affluens du dernier de ces fleuves.

[1] Telle est l'indication de Pizarro. Suivant les mathématiciens portugais cités par Eschwège, la latitude de Sabará serait le 19° 52′ 35″.

[2] N'ayant point pris de renseignemens sur la population de Sabará, j'emprunte les chiffres que j'indique ici à MM. Spix et Martius. A la vérité Pizarro dit (*Mém. hist.*, p. 2da, p. 100) que Sabará contient 7,660 individus; mais on ne peut guère se fier à ce nombre; car ailleurs (*id.* p. 104), le même écrivain ne l'applique plus qu'aux communians qui existaient en 1778 à Sabará; il ajoute ensuite qu'aujourd'hui on compte à Sabará 9,100 ames, et l'on ne sait trop s'il veut parler de la ville seulement, ou du ressort entier de la paroisse qui comprend plusieurs succursales.

(*Villa Velha*), parce que ce fut là que se formèrent les plus anciens établissemens. Resserrée entre les mornes et la rivière, la vieille ville ne se compose guère que d'une rue qui s'élargit devant l'église paroissiale, et forme, en cet endroit, une espèce de place où se célèbrent les réjouissances publiques. Dans le temps où Sabará était encore florissant, la vieille ville en était la partie la plus riche et la plus habitée; mais aujourd'hui elle n'annonce que la décadence, et l'herbe y croît de tous côtés. Au-delà de Villa Velha, la ville se prolonge sur une petite colline terminée par un plateau sur lequel est bâti l'hôtel de l'intendance de l'or. Immédiatement après cette colline qui porte le nom de *Morro da Intendencia*, les mornes se retirent; ils laissent, entre eux et la rivière, un espace assz considérable, et c'est là qu'est bâtie la ville nouvelle à laquelle on a donné le nom de *Barra* qui veut dire confluent. La ville nouvelle forme une espèce de triangle très irrégulier; elle est peu vivante; mais les maisons qui la composent sont toutes blanchies et en général bien entretenues.

Les rues de Sabará sont pavées, mais en pierres petites et inégales. Plusieurs de ces rues ont assez de largeur, je puis citer surtout la principale d'entre elles qu'on appelle rue droite (*rua direita*), quoiqu'elle fasse le zig-zag.

La forme des maisons est la même que partout ailleurs, elles sont presque carrées, et leurs toits, couverts en tuiles ont peu d'inclinaison. Plusieurs ont un étage et des fenêtres à carreaux de vitre. Celles où l'on ne voit qu'un rez-de-chaussée sont généralement basses et petites. Les toits n'avancent point outre mesure au-delà des murailles des maisons; les jalousies et le tour des croisées et des portes ne sont pas non plus, comme à Villa Rica, peintes en rouge foncé; aussi la ville de Sabará n'a-t-elle point cet air de tristesse qu'offre la capitale de la province. L'intérieur des maisons où j'entrai me parut fort propre. Les lambris, les plafonds et les angles des appartemens sont peints, suivant l'usage; les meubles, comme ailleurs, sont peu nombreux, mais ils sont moins antiques que ceux de Villa do Principe.

On compte dans Sabará cinq églises principales et quelques chapelles. L'église paroissiale dédiée à Notre-Dame de la Conception (*Nossa Senhora da Conceição*) est, à ce qu'il paraît, la plus ancienne de toutes [1]. Elle se trouve située dans la vieille ville, et est un monument de la richesse des premiers habitans de Sabará. Les dorures y ont été prodiguées avec la dernière profusion; elle a des bas côtés garnis de chapelles, ce que jusqu'alors je n'avais vu nulle part; et les arcades qui séparent ces bas côtés du chœur, sont chargées de sculptures gothiques et toutes dorées. Chaque côté du chœur est orné de trois tableaux qui représentent des traits de la vie de Jésus-Christ, et sont les meilleurs que j'eusse vus dans la province : je serais assez tenté de les attribuer à l'artiste auquel on doit les peintures de l'église d'Ouro Preto à Villa Rica.

---

[1] Suivant Pizarro, elle fut fondée en 1701.

Une des églises de Sabará dont je ne puis me dispenser de parler encore est celle *do Carmo*, située au-dessous de l'intendance de l'or et sur le même morne. Elle est bâtie en pierre, jolie dans l'intérieur, très-propre, ornée de beaucoup de dorures et bien éclairée. On peut dire en général des églises de la province des Mines, qu'elles sont tenues avec plus de propreté que les nôtres, et, si les arts n'y étalent aucun chef-d'œuvre, on n'y trouve généralement rien qui soit d'un goût bizarre et ridicule.

L'hôtel de l'intendance de l'or, vieux bâtiment à un étage, tombe en ruine; mais le jardin qui en dépend est assez joli pour le pays. Ce jardin est traversé dans sa longueur par une allée garnie, de chaque côté, d'une palissade d'orangers dont chaque pied passe dans un vase de terre rempli d'eau. On use de ce moyen pour empêcher les fourmis très communes sur le territoire de Sabará de monter sur les arbres et d'en dévorer les feuilles.

C'est au rez-de-chaussée de l'intendance qu'est le local consacré à la fonte de l'or. Ce local se compose de quatre ou cinq pièces très petites, fort basses, peu commodes et indignes d'un établissement qui a fourni à l'état des sommes si considérables. On suit à Sabará, pour la fonte de l'or, la même méthode qu'à Villa do Principe, et l'on accompagne cette opération des mêmes formalités [1]. L'intendance du Rio das Velhas rend au gouvernement infiniment moins qu'autrefois, cepen-

---

[1] Voy. ma *première Relation*, vol. I, p. 344.

dant elle a beaucoup plus d'importance que celle de Villa do Principe, et le produit du *quint* s'évaluait encore, en 1818, à deux arrobes d'or par trimestre. L'or des environs de Sabará est de 22 à 23 k., terme moyen. Suivant M. d'Eschwege, on comptait, de 1813 à 1815, cent quatre-vingt-dix-sept *lavras* (lavages d'or) dans les trois *termos* qui composent la *comarca* actuelle de Sabará, et par conséquent cette *comarca* comprenait, à l'époque dont il s'agit, plus de *lavras* que chacune des autres; car, si le tableau du voyageur allemand est exact, il n'y avait alors que cent quatre-vingt-treize *lavras* dans le ressort de l'intendance de Villa Rica; cent vingt-sept dans celui de S. João d'El Rei, quatre-vingt-dix-sept dans le Serro do Frio, et dix-sept sur Paracatú [1].

Sabará possède quelques ponts et une fontaine d'eau excellente [2]. Outre la place dont j'ai déja parlé, et qui fait partie de la vieille ville, on voit dans la ville nouvelle une autre place qui est assez jolie, quoique petite et irrégulière.

Il existe dans Sabará un grand nombre de tavernes, quelques boutiques de mercerie et d'étoffes; et, dans

---

[1] J'ai déja donné ailleurs (Voy. ma *première Relation*, vol. I, p. 339), un extrait du tableau des *lavras* de Minas Geraes, publié par Eschwege; mais j'ai cru devoir revenir ici sur ce point, afin d'avoir l'occasion de relever une erreur qui s'est introduite dans ma citation; en effet, elle indique 184 *lavras* pour le ressort de l'intendance de Sabará, au lieu de 214, y compris ceux de Paracatú, et 167 pour S. João d'El Rei au lieu de 127. Je crains au reste, comme je le dirai ailleurs, que le tableau d'Eschwege ne soit pas complet.

[2] Caz. *Corog. Braz.*, I, 387.

la rue dite *do Fogo* (du feu), sont plusieurs maisons où l'on vend exclusivement du lard. Comme je l'ai dit, le commerce de Sabará se borne à la consommation intérieure, et cette ville n'exporte ni objets fabriqués, ni productions territoriales. Les relations mercantiles des environs se sont concentrées dans le village très florissant de S. Luzia, qui, situé à trois lieues de Sabará, près du Rio das Velhas, et à l'entrée du Sertão, est le véritable entrepôt de cette dernière contrée [1].

Quoique fort chaud, le climat de Sabará n'occasione cependant aucune espèce d'épidémie. La canne à sucre réussit très bien sur le territoire de cette ville, qui produit aussi avec abondance du riz, du maïs et des haricots [2]. A la mi-janvier, époque de mon séjour dans ce canton, j'y mangeai de très bons raisins; mais en juin et juillet, temps de la sécheresse, la vigne donne de nouveaux fruits qui ont encore un goût plus agréable que ceux de janvier, qui contiennent moins de parties aqueuses, mûrissent mieux, et ne pourrissent pas aussi facilement. Après la cueillette de la saison des pluies, les feuilles tombent; on taille la plante; on obtient, comme je l'ai dit, une seconde récolte en juin ou juillet, et une nouvelle taille prépare la première récolte de l'année suivante.

Pendant mon séjour à Sabará, je vis les principaux habitans de cette ville; je leur trouvai une politesse parfaite, des manières aisées et un bon ton; mais ils

---

[1] Voy. ma *première Relation*, vol. II, p. 334 et 357.
[2] Piz. *Mém. hist.*, VIII, p. 2da, 101.

me parurent moins affectueux que ceux de Tijuco. Il n'est point rare de rencontrer à Sabará des hommes qui ont reçu de l'éducation, et qui savent le latin; et une messe à laquelle j'assistai me prouva que l'on n'a pas, dans cette ville, moins de goût pour la musique que dans les autres parties de la province des Mines. Les hommes d'une certaine classe sont bien mis, et je remarquai même que les commis de l'intendance s'habillaient avec plus de soin et de propreté que ne le font souvent les employés de nos administrations.

Parmi les personnes que je vis à Sabará, je puis citer le professeur de grammaire latine, placé dans cette ville en vertu de la loi qui veut que chaque chef-lieu de *comarca* ait un maître de latin, payé par le gouvernement. Le professeur de Sabará était un homme bien élevé, qui avait pris ses degrés dans l'université de Coïmbre. Outre son cours gratuit de latin, il en faisait encore un de philosophie rationnelle et morale, dont il était payé par ses disciples, et il eut la bonté de me lire son discours d'ouverture. Le corps de l'ouvrage présentait une suite de lieux communs, assez bien arrangés, sur les avantages de la philosophie; mais l'exorde, dans lequel l'auteur remerciait les habitans de Sabará de l'hospitalité qu'il avait reçue d'eux, était d'une telle enflure, qu'en l'entendant, j'eus souvent de la peine à m'empêcher de rire. L'orateur aurait voulu avoir l'éloquence de Cicéron pour célébrer ses bienfaiteurs; il aurait voulu faire connaître l'accueil qu'il en avait reçu à l'univers entier, et avoir à sa disposition toutes les trompettes de la renommée. Le professeur de Sabará ne faisait au reste que se conformer à ce goût pour l'emphase que les Portugais conservaient encore à cette époque. Les pièces de vers qu'on faisait souvent en l'honneur du roi Jean VI, étaient généralement empreintes de l'exagération la plus ridicule.

Je logeai dans la capitale du Rio das Velhas, chez M. José Teixeira, alors *juiz de fóra*, et intendant ou inspecteur de l'or. Je lui étais recommandé, et il m'accueillit parfaitement. M. Teixeira était un homme de quarante et quelques années, riche et d'une figure très douce. Né dans les Mines, il avait fait ses études à Coïmbre, et sa conversation était fort agréable. Il était impossible de jouir d'une réputation plus belle que M. José Teixeira; partout où on le connaissait on s'accordait à vanter son humanité, son désintéressement, sa candeur, son amour pour la justice, ses lumières et son attachement pour son pays [1].

Je pris congé de ce magistrat respectable, pour me rendre à Villa Rica [2], et je me dirigeai à peu près vers le sud-sud-est. Côtoyant toujours le versant occiden-

---

[1] Depuis que le Brésil jouit de son indépendance, M. José Teixeira a été revêtu des emplois les plus importans.

[2] Itinéraire approximatif de Sabará à Villa Rica.

De Sabará à Henriques Brandão,	3 1/2 l.
— Cocho d'Agua,	3 1/2
— Anna de Sá,	4
— Rancho de José Henriques,	3
— Villa Rica,	3 1/2
	17 1/2

tal de la grande Cordillère, ou même voyageant dans cette chaîne, je dus nécessairement parcourir une contrée fort montagneuse. J'ai dit ailleurs [1] que la Cordillère divisait la *région des forêts* de celle des *campos*; cependant les bois s'étendent jusque sur le versant occidental; car pendant les dix-huit lieues que je fis entre Sabará et Villa Rica, je traversai presque toujours des terrains couverts de bouquets de bois ou de pâturages de *capim gordura*, et ce fut uniquement par intervalle, que je vis des *campos* naturels plus ou moins analogues à ceux des environs de Barbacena [2].

Dans ce voyage, je m'écartai peu du Rio das Velhas, remontant toujours vers sa source. A peu près depuis son origine jusqu'à *Jaguará*, lieu situé au-dessous de S. Luzia, le Rio das Velhas a fourni beaucoup d'or, et, dans un espace de plusieurs lieues, ses bords lavés et relavés mille fois, n'offrirent à mes regards que des amas de cailloux, résidu des lavages. Cette rivière fut appelée du nom qu'elle porte aujourd'hui (la rivière des vieilles), parce que des Paulistes qui chassaient aux Indiens, trouvèrent, dit-on, dans son voisinage, des femmes déjà anciennes de la nation des *Carijós*. Le Rio das Velhas prend sa source à quelques lieues de Villa Rica, près du village de

[1] Voy. ma *première Relation* et surtout mon *Tableau de la végétation primitive dans la province de Minas Geraes*, inséré dans les *Annales des sciences naturelles*, cahier de septembre 1831.

[2] Voy. ma *première Relation*, vol. I, p. 111 et 134.

S. Bartholomeu[1]. Il coule long-temps du sud au nord, puis il incline un peu vers l'occident; et, après avoir reçu dans son lit un grand nombre de ruisseaux et de rivières, il se jette dans le Rio de S. Francisco, au village de Barra. On prétend que jadis ses bords étaient pestilentiels comme ceux du Rio Doce; mais, ajoute-t-on, depuis que les bois voisins ont été détruits, et que l'air a pu circuler librement, le pays est devenu très salubre[2].

A peu de distance de Sabará, je fus encore accueilli par la pluie qui tombait exactement tous les jours. Un ruisseau qui ordinairement n'est qu'un filet d'eau, était tellement grossi que j'eus de la peine à le passer.

Sur un morne élevé appelé *Morro do Marmeleiro* (montagne du cognassier), je vis une végétation différente de celle des alentours. C'était un *campo* naturel composé d'herbes au milieu desquelles s'élevaient de loin en loin quelques arbrisseaux. J'aperçus de très belles plantes sur cette montagne; mais la pluie m'empêcha de les recueillir.

A environ trois lieues S.-O. de Sabará, je passai par le village de *Congonhas de Sabará*[3], chef-lieu

---

[1] Caz. *Corog. Braz.*, I, 384.

[2] Ce que je dis de l'insalubrité du Rio das Velhas n'est, je pense, applicable qu'à la partie de la rivière qui s'étend au-dessus de Jaguará.

[3] MM. Spix et Martius écrivent *Congonhas de Mato dentro;* mais je ne trouve point ce nom dans mes notes, et ce n'est pas non plus celui qu'indique Pizarro.

d'une paroisse dont la population s'élève à 1,390 individus [1]. Ce village est situé dans un fond par le 19° 20' lat. S., et le 332° 26' long., à 14 lieues de Marianna et 96 de Rio de Janeiro [2]. Son église, isolée comme le sont généralement celles de ce pays, est bâtie à l'une des extrémités d'une place assez régulière qui forme un carré long. Congonhas doit sa fondation à des mineurs attirés par l'or que l'on trouvait dans les alentours, et son histoire est celle de tant d'autres bourgades. Le précieux métal s'est épuisé; les travaux sont devenus plus difficiles, et Congonhas n'annonce actuellement que la décadence et l'abandon [3].

Après avoir fait trois lieues et demie depuis la ville de Sabará, je m'arrêtai à une *fazenda* très belle qui porte le nom d'*Henriques Brandão*. J'y fus parfaitement accueilli par l'*alferes* (sous-lieutenant) Paulo Barbosa que j'avais déjà vu à Sabará, et qui m'avait invité à passer quelques instans chez lui. La *fazenda* d'Henriques Brandão est bâtie à mi-côte, sur un morne qui domine la vallée où coule le Rio das Velhas. De la maison du maître, l'on découvre une vue charmante; mais il est fâcheux que cette maison ne soit pas tournée en face de la vallée. Celle-ci qui est fort large, fuit obliquement au milieu des mornes; la ri-

[1] Piz. *Mém. hist.*, VIII, p. 2ᵈᵃ, 107.
[2] L. c.
[3] J'ai dit dans ma *première Relation*, (vol. I, p. 272), pourquoi je croyais devoir donner des détails sur des villages auxquels on ferait à peine attention, s'ils étaient situés en Europe.

vière y serpente parmi d'anciennes minières, et si, de distance à autre, elle se trouve cachée par les avances que les mornes forment dans le vallon, elle reparaît bientôt, pour embellir un plan moins rapproché. Quelques maisons bâties çà et là et un pont qui traverse la rivière, répandent de la variété dans le paysage. La position de la *fazenda* d'Henriques Brandão fait, en quelque sorte, une exception; car, dans ce pays, les habitations sont ordinairement situées dans les fonds. Les meubles et la grandeur des appartemens dont les murs ont été peints indiquent assez l'aisance des propriétaires qui possèdent trois mines exploitées à ciel ouvert, et ont cent cinquante nègres (1818). L'une des mines est à côté de la *fazenda*, et c'est dans la cour même de l'habitation que se fait le lavage. Les terres et les pierres aurifères sont versées par une croisée dans un bâtiment où est un bocard ou moulin à pilon semblable à ceux que j'ai déja décrits. Quand on juge que les pierres ont été suffisamment broyées, on jette l'espèce de sable qui en résulte sur une grande claie formée de bâtons transversaux disposés comme ceux de nos jalousies. Les parties qui passent à travers la claie sont lavées; et celles qui ne passent point sont remises dans l'auge du moulin pour être pilées une seconde fois.

Avant que je partisse d'Henriques Brandão, l'*alferes* Barbosa me mena dans son jardin qui est fort grand et arrosé de tous côtés par de petits ruisseaux. Ce jardin ne présente d'ailleurs autre chose que de vastes carrés où l'on cultive des légumes, et qui sont séparés par des allées d'orangers et de différentes sortes de *jabuticabeiras* [1]. Telle est en général la manière dont sont plantés dans la province des Mines, les jardins auxquels on donne le plus de soin.

A quelque distance d'Henriques Brandão, on traverse le village de *Santa Rita* qui domine le Rio das Velhas, et est une succursale de la paroisse de *S. Antonio do Rio acima* (S. Antoine de la partie supérieure de la rivière). Dans cet endroit, le chemin s'éloigne du Rio das Velhas, mais pour s'en rapprocher ensuite vers le village de S. Antonio.

Ce dernier village ne comprend qu'un petit nombre de maisons en mauvais état; mais on dit que ses alentours fournirent autrefois beaucoup d'or. La vue de la partie du village où se trouve située l'église, est fort agréable. Cet édifice a été bâti au bord du Rio das Velhas sur une espèce de petite place couverte de gazon et environnée de mornes. Des maisons sont éparses çà et là autour de la place. Le morne qui, au fond de cette dernière, fait face au Rio das Velhas, est revêtu de bois, et, vers le côté, un ruisseau s'épanche, en écumant, sur un large rocher arrondi.

Le jour où je quittai Henriques Brandão, j'allai faire halte à l'habitation de *Cocho d'Agua* (auge pour l'eau), qui en est éloignée de trois lieues et demie. Ce jour-là il ne plut qu'après mon arrivée; mais le lendemain l'eau commença à tomber presque au moment de mon départ. Le chemin était affreux, les

---

[1] Voy. ma *première Relation*, vol. II, p. 322.

nuages qui couvraient le ciel communiquaient à tout le paysage un air de tristesse, et sur les hauteurs le vent était très froid : alors je me rapprochais des sources du Rio das Velhas, et par conséquent le pays s'élevait toujours davantage. Dans ce canton, le sommet des mornes les plus hauts présente des pâturages naturels composés de Graminées et de sous-arbrisseaux ; mais, dans les lieux moins élevés, l'on voit toujours des *campos* artificiels entremêlés de bouquets de bois.

A environ trois lieues de Cocho d'Agua, je passai par le village de *Rio das Pedras* (ruisseau des pierres), situé sur une hauteur au-dessus du ruisseau qui lui donne son nom. L'église qui est bâtie entre deux rangs de palmiers, se découvre de loin, et produit un joli effet dans le paysage. Depuis que je m'étais remis en route, je n'avais vu que des bourgades qui annonçaient la décadence ; mais je n'en avais pas encore traversé qui fussent en aussi mauvais état que Rio das Pedras. La plupart des maisons de ce village ont été bâties avec soin, mais aujourd'hui presque toutes tombent en ruines et sont désertes. Comme Congonhas et S. Antonio, Rio das Pedras est le chef-lieu d'une paroisse ; ainsi, dans un espace d'à peine neuf lieues, j'avais traversé trois paroisses, ce qui prouve combien ce pays, aujourd'hui presque abandonné, fut jadis populeux[1]. A très peu de distance de Rio das Pe-

---

[1] Selon Pizarro (*Mém. hist.,* VIII, p. 2da, 107), Rio das Pedras ou *N. S. da Conceição do Rio das Pedras* est situé à 8 l.

dras, je trouvai encore une autre paroisse, celle de *Casa Branca* dont je parlerai bientôt, et cette dernière, s'il faut en croire Pizarro, n'a qu'une lieue carrée de territoire, ce qui, dans le Sertão, ne formerait qu'une très petite *fazenda*.

Au lieu appelé *Piçarrão* ou peut-être *Pizarrão*, je retrouvai le Rio das Velhas que je n'avais pas aperçu depuis S. Antonio, et que je passai sur un pont assez mauvais, comme le sont presque tous ceux qui existent dans ce pays. C'est le pont de Piçarrão qui sert de limite à la *comarca* de Sabará et à celle de Villa Rica.

Je revis encore, à Piçarrão, les traces du travail des mineurs. Dans plusieurs parties de cette contrée, la terre a été entièrement dépouillée de l'or qu'elle contenait; mais, sur le bord même de la rivière, il y a, près d'*Anna de Sá* [1], habitation où je fis halte et qui est située à quatre lieues de Cocho d'Agua, il y a, dis-je, des terrains qui jamais n'ont été exploités. Si le pays est pauvre et abandonné, ce n'est donc point qu'en aucun endroit il ne renferme plus d'or; c'est que les habitans n'ont pas aujourd'hui assez d'avances pour pouvoir le tirer de la terre. Ceux qui les ont précédés possédaient des esclaves; mais, sans prévoyance, ordinairement célibataires, ils ne mariaient point leurs nègres. Les esclaves sont morts avec les

---

de Marianna et 86 de Rio de Janeiro, par le 20° 13′ lat. et 333° 24′ long. Toute la paroisse, dit le même anteur, comprend 1,200 individus.

[1] Ce nom est celui d'une femme.

maîtres; ceux-ci n'ont laissé à leurs héritiers que des terres, sans aucuns moyens pour en tirer parti, et les habitans actuels de la contrée sont obligés de se borner à ces travaux faciles qui rendent si peu de chose au mineur. L'habitation de Cocho d'Agua où j'avais fait halte, à trois lieues et demie d'Henriques Brandão, fournit une preuve de ce que je viens d'avancer. Elle est à un étage, fort grande, entourée d'une large galerie, et a dans sa dépendance une *sesmaria* de terrain dont plusieurs parties renferment de l'or. Ce domaine fut légué à un nègre créole par un homme qui sans doute n'avait point d'héritiers naturels, mais cet homme ne laissa aucun esclave à son successeur, celui-ci aurait inutilement cherché à louer ses terres dans un pays où l'on peut avoir des terres pour rien, et il vivait dans l'indigence.

Les habitans du pays voisin d'Anna de Sá ne sont point dédommagés par les résultats de la culture, de l'impossibilité où ils se trouvent de tirer de leurs mines un parti avantageux. Leurs terres en effet sont fort peu productives; le maïs ne leur rend pas, m'a-t-on assuré, plus de vingt pour un, et les vivres qu'ils consomment viennent en grande partie des bords très fertiles de la rivière de *Parapéba*, l'un des affluens du S. Francisco.

Le meilleur moyen de tirer parti des environs d'Anna de Sá, et en général du territoire qui s'étend de cette habitation jusqu'à Sabará, serait de faire, dans tout ce pays, des élèves de chevaux et de bêtes à corne, ainsi que l'ont déjà tenté quelques propriétaires. Cette contrée présente d'excellens pâturages, et, comme celle qui est située entre Villa Rica et Villa do Principe, elle me semble même sous quelques rapports plus favorable que le Sertão à l'éducation du bétail; car l'eau n'y est point rare comme dans le Désert, et l'herbe des *campos* n'y sèche jamais entièrement. Cependant, il faut l'avouer, le Sertão aura toujours sur les environs de Sabará, Villa do Principe et Villa Rica, un avantage immense; celui de posséder des terrains salpêtrés qui remplacent les rations de sel qu'on est forcé de donner aux bestiaux dans les Geraes [1], et que le *capim gordura* rend peut-être plus nécessaire que toute autre espèce de pâturage, parce que, s'il engraisse les animaux, il tend aussi à les affaiblir [2]. Je ne connais point de remède à cet inconvénient; mais le gouvernement pourrait le rendre moins sensible, en faisant baisser le prix du sel. Pour cela, il faudrait que l'on prît des mesures efficaces, afin de rendre le Rio Doce navigable, ou du moins que l'on supprimât les droits que paient à Malhada, les produits des salines de Bahia et Fernambouc [3]. Ces mesures entraîneraient sans doute des sacrifices momentanés; mais l'état en serait dédom-

[1] On entend souvent par *Geraes* l'ancien pays des Mines proprement dit, la partie la plus essentiellement aurifère, c'est-à-dire à peu près le nord-est de la *comarca* de S. João d'El Rei, la *comarca* de Villa Rica, le Serro do Frio, l'est de la *comarca* de Sabará.

[2] Voy. ma *première Relation*, vol. I, p. 195.

[3] Voy. ma *première Relation*, vol. II, p. 387, 412.

magé bientôt par la prospérité qu'acquérerait un pays aujourd'hui presque abandonné, et par les impôts que l'on paierait pour le bétail, les chevaux et les cuirs.

Au-delà d'Anna de Sá et même depuis S. Antonio do Rio acima, le *capim gordura* devient rare; ce sont d'autres Graminées qui, dans les *campos artificiels*, couvrent la terre, et moins ambitieuses que le *Tristegis glutinosa* (ou mieux *Melinis minutiflora*), elles laissent plusieurs espèces de plantes et principalement une Synanthérée à fleurs peu apparentes, croître çà et là au milieu d'elles. Quelques mornes sont presque uniquement revêtus d'une Rubiacée (*Spermacoce polygonifolia* N.), qui malheureusement est fort commune aux environs de Villa Rica, et qui aussi peu goûtée du bétail que la Composée appelée *mata pasto*, avec laquelle on la trouve souvent, rend inutiles, comme le *Gentiana lutea* de nos montagnes, les espaces immenses dont elle s'empare [1]. A environ deux lieues et demie d'Anna de Sá, je passai par un village qui est encore le chef-lieu d'une paroisse, celui de *Casa Branca* (maison blanche), ou *S. Antonio da Casa Branca*, situé à 4 lieues N. de Villa Rica, 6 de Marianna, et 84 de Rio de Janeiro, par le 20° 2′ lat., et le 332° 36′ long. [2]. Ce village a été bâti sur un morne, au-dessus du Rio das Velhas, qui n'est plus ici qu'un faible ruisseau. Casa Branca me parut peu

---

[1] Voy. la note M à la fin du volume.
[2] *Mém. hist.*, VIII, p. 2da, 95.

considérable, et est dans le même état de ruine et d'abandon que tant d'autres bourgades. Autrefois l'on tirait à Casa Branca beaucoup d'or du Rio das Velhas; mais cette rivière ne fournit plus rien aujourd'hui, et les habitans qui restent encore dans le village, vivent du chétif produit de quelques terres environnantes.

J'entrai dans l'église de Casa Branca, qui est construite en pierres et assez jolie. Alors on était occupé à y creuser la fosse d'une femme dont on avait exposé le corps au milieu de l'église. Suivant la coutume du pays, le cercueil n'était point fermé; le corps était habillé et la figure découverte. Les personnes d'une condition inférieure sont ordinairement enterrées hors des églises; les autres le sont généralement dans les églises elles-mêmes. L'usage des épitaphes est presque inconnu. Il n'en est pas des enterremens comme des baptêmes qu'on n'administre que dans les églises paroissiales ou dans les succursales qui les remplacent; ni comme des mariages qui peuvent à la vérité, se faire dans toutes les églises, mais avec la permission des curés: la seule volonté des défunts, exprimée dans leur testament, suffit pour déterminer le lieu où ils doivent être inhumés. Lorsqu'il se fait dans les succursales (*igrejas filiaes*) des enterremens, des mariages ou des baptêmes, la moitié des rétributions appartient à l'église paroissiale (*igreja matriz*).

D'Anna de Sá, j'allai faire halte au *Rancho de José Henriques*, qui est situé à trois lieues de cette habitation et à trois lieues et demie de Villa Rica.

CHAPITRE VII.

SÉJOUR DANS LES ENVIRONS DE VILLA RICA. — DE L'ÉDUCATION DU BÉTAIL. — DIVERSES MESURES ADMINISTRATIVES.

Séjour au *Rancho de José Henriques*. Climat de ce canton. Ses productions. S. Bartholomeu et les confitures de coings. — Éducation du bétail; nécessité de lui donner du sel; les vaches ne fournissent point de lait, quand elles n'ont plus leurs veaux. — Chemin de José Henriques à Villa Rica. Entrée de cette ville. Un négociant français. — Promenade à Marianna. Rencontre; souvenirs de la patrie. — *Veranico* ou petit été; son influence sur les récoltes. — Manteaux de chaume. — Plan relatif à l'exploitation des mines d'or. — Déclaration exigée des propriétaires. — Mesures contre les vagabonds.

J'AI dit que j'avais laissé à Boa Vista, chez le capitaine João José de Abreu, plusieurs de mes mulets avec une partie de mon bagage. Je les envoyai chercher par mon nouveau muletier, Manoel Soares, et, pour attendre son retour, je m'établis au Rancho de José Henriques, gardant avec moi Prégent, le Botocudo et mon nouveau *tocador*. Sur la route de Sabará à Villa Rica, le Rancho de José Henriques était le plus voisin de cette dernière ville; cependant il n'offrait pas la moindre ressource pour les besoins de la vie; l'on n'y trouvait ni haricots, ni lard, ni riz, ni maïs, et j'étais logé dans une petite chambre où il ne faisait pas clair, où je n'avais pas la place de me retourner, et où l'eau tombait de tous les côtés. Si je n'allai point m'établir à Villa Rica, c'est qu'il n'y a dans le voisinage de cette ville que de très mauvais pâturages où fort souvent on vole les mulets. Par une bizarrerie que je ne saurais m'expliquer, le voyageur trouve ordinairement plus d'embarras et moins de commodités aux portes des villes du Brésil que dans les lieux les plus déserts.

Le pays où est situé José Henriques, étant fort élevé, n'a pas une température très chaude. Les pommiers et les cognassiers y donnent beaucoup de fruits, et la récolte des coings est même d'une très grande importance pour le village de S. Bartholomeu, chef-lieu de paroisse, situé à une lieue et demie de José Henriques [1]. Il n'est, m'a-t-on assuré, personne à S. Bartholomeu qui n'ait un verger planté de cognassiers et de quelques pommiers; les habitans font avec leurs coings une confiture très renommée, la mettent dans des boîtes carrées, faites avec un bois blanc et léger qu'on appelle *caixeta* [2], et non-seulement ils vendent ces boîtes à Villa Rica et dans les environs, mais encore

---

[1] Suivant les mathématiciens portugais cités par d'Eschewege, S. Bartholomeu est situé par le 20° 21' lat.

[2] Le savant Freycinet a écrit *cachete*, et je crois cette orthographe, que j'avais moi-même suivie dans mes notes, très conforme à la prononciation. Mais *caixeta* adopté par Pizarro ne l'est guère moins, et me paraît beaucoup plus rationel, car le mot dont il s'agit ne peut venir que de *caixa*, caisse, boîte.

ils en font des envois à Rio de Janeiro. J'ai mangé des confitures de S. Bartholomeu : elles ont peu de transparence, l'on n'a pas le soin d'en ôter les pepins et les cœurs; mais d'ailleurs elles ont un goût presque aussi agréable que le fameux cotignac d'Orléans. Les coings que l'on cueille dans ce pays se rapprochent moins de la forme d'une poire que de celle de la pomme, et n'ont pas, à beaucoup près, la même acidité que les nôtres. Quant aux pommes, je suis persuadé qu'elles seraient très bonnes, si on les laissait mûrir; mais on a la mauvaise habitude de les cueillir encore vertes. Ce n'est pas seulement, au reste, à S. Bartholomeu que l'on élève des pommiers; on en plante encore dans plusieurs endroits voisins de Villa Rica, et entre autres dans la Serra de Capanéma.

Les pâturages montagneux de tout le pays voisin de José Henriques sont très propres à l'éducation du bétail; les vaches y sont généralement d'une belle race, et je trouvai le lait de celles de mon hôte aussi crémeux que le meilleur laitage de nos vaches de France. Il n'y a cependant pas long-temps que les habitans du *termo* de Villa Rica ont commencé à élever des bêtes à cornes. Ils ne songeaient autrefois qu'à chercher de l'or, et négligeaient les occupations rurales; mais l'épuisement des mines ou la difficulté d'en tirer parti les a obligés à chercher d'autres sources de richesse. Lors de mon voyage, un colon voisin de José Henriques possédait déja plus de mille bêtes à cornes, et fabriquait de la viande sèche; d'autres propriétaires faisaient du beurre, et si une partie des fromages qui se vendent à Villa

Rica vient de S. João d'El Rei, une autre partie est le produit des vaches des environs mêmes de la capitale des Mines.

Dans ce pays, comme dans le Sertão et tout le reste du Brésil, l'on n'a point d'étables; on ne fait point garder les bestiaux, ils errent nuit et jour au milieu des pâturages, et lors même que les vaches viennent de mettre bas, leur unique nourriture est toujours celle qu'elles trouvent elles-mêmes dans la campagne. La seule dépense que l'on fasse pour le bétail, c'est de lui donner du sel, parce que, hors du Sertão, il ne se trouve plus de terrains salpêtrés [1]. Pour engraisser et conserver leur santé, les bêtes à cornes ont un besoin indispensable de sel, et elles sont extrêmement friandes de cette substance. Tous les quinze jours, les propriétaires un peu aisés font prendre à leurs vaches une portion de sel délayée dans de l'eau, et les gens les plus pauvres leur en donnent au moins lorsqu'elles mettent bas. L'espèce de dépendance où le goût du sel met les bestiaux, leur fait perdre quelque chose des mœurs sauvages qu'ils contracteraient nécessairement par l'habitude de vivre nuit et jour loin des habitations, et lorsqu'une vache s'est enfuie, le désir de retrouver sa ration de sel accoutumée, la ramène bientôt vers son maître. C'est en général quand les veaux ont

---

[1] Si ce qu'on m'a dit à Passanha est vrai, il paraîtrait qu'il y a dans ce lieu quelques terres salpêtrées, puisque c'est, assure-t-on, avec cette espèce de terre que les Botocudos assaisonnent leurs alimens (Voy. ma *première Relation*, vol. II, p. 168).

atteint l'âge d'un an que l'on commence à leur accorder du sel [1]. On ne tue jamais les bêtes à cornes avant cet âge; aussi ne sait-on pas ce que c'est que la chair de veau proprement dite.

Dans toute la province des Mines, les vaches n'ont du lait que lorsqu'elles allaitent leurs veaux, et si ces derniers viennent à mourir, les mamelles de la mère se tarissent bientôt [2]. L'intendant des diamans, M. da Camara, avait fait des expériences pour tâcher d'obtenir du lait des vaches, lors même qu'elles sont privées de leurs petits; mais les tentatives de ce zélé savant n'avaient eu aucun succès. Le propriétaire est donc obligé de partager le lait de ses vaches avec les veaux, et comme on ne remplace par aucun breuvage, par aucune nourriture particulière, ce qu'on retranche à ces derniers, ils sont généralement d'une maigreur extrême. D'après ceci, il est clair que l'on est obligé de tenir les veaux habituellement éloignés de leurs

[1] Le Brésil n'est pas la seule partie de l'Amérique où, pour conserver les bestiaux, on soit obligé de leur donner du sel. M. Roulin dit la même chose de ceux de la Colombie. (*Rech. anim. dom.* dans les *Ann. sc. nat.*, XVI, 20.)

[2] En parlant, dans ma *première Relation*, des bestiaux du Désert, j'ai malheureusement omis de rapporter ces particularités qui eussent expliqué plus facilement pourquoi les vaches donnent si peu de lait à S. Eloi, Formigas, etc.— M. Roulin dit aussi que les vaches de la Colombie ne donnent du lait que quand elles ont leurs veaux.(*Rech.an. dom.* dans les *Ann.sc.nat.*,XVI.) Si, comme on me l'a assuré, il en était de même en Portugal, les vaches passant au Brésil n'auraient eu, sous le rapport du lait, aucune modification à éprouver dans leur organisation.

mères. Jusqu'au moment où ils commencent à paître, on les rapproche des vaches deux fois par jour; mais quand ils peuvent manger, on ne les laisse plus téter qu'une seule fois. Outre ce qu'on réserve pour la nourriture de leurs veaux, les vaches des environs de Villa Rica donnent communément quatre bouteilles de lait par jour, et, lors de mon voyage, une vache qui fournissait cette quantité se vendait généralement de 8 à 10,000 reis (50 à 62 fr. 50 c.). Les vaches de ce pays sont donc bien meilleures laitières que celles des environs de S. Eloi et Formigas dans le Sertão[1], probablement même celles de tout le Désert; et cela tient non-seulement à ce que les pâturages des environs de Villa Rica ne sèchent jamais entièrement, et que l'eau y est abondante; mais sans doute encore à ce que le sel ne saurait fatiguer les organes digestifs des bestiaux comme la terre salpêtrée.

Durant mon séjour au Rancho de José Henriques, j'allai plusieurs fois à Villa Rica. Jadis on prenait soin du chemin qui conduit à cette ville, parce que c'est aussi celui de *Cachoeira* où les gouverneurs de la province possédaient une maison de plaisance. Quelques parties de ce chemin ont été pavées; dans d'autres, les terres sont soutenues par un mur, et à peu de distance de José Henriques, il existe une fontaine en pierre. Mais comme les gouverneurs ont abandonné leur maison de campagne, on a cessé d'entretenir la route, et elle est devenue affreuse. Ce ne sont partout

---

[1] Voy. ma *première Relation*, vol. II, p. 319.

que des fondrières, des pierres amoncelées, des rochers glissans, et il est difficile de concevoir comment les chevaux et les mulets ne s'y cassent pas les jambes. Les routes les plus mauvaises de toute la province, sont celles qui avoisinent la capitale, et cela n'est pas étonnant, puisqu'elles sont nécessairement les plus fréquentées, et qu'on ne prend pas la peine de les entretenir.

Pendant long-temps le chemin de José Henriques à Villa Rica monte toujours, et suit à mi-côte de hautes montagnes qui portent le nom de *Serra de Villa Rica*. De là le voyageur découvre au-dessous de lui une vaste étendue de mornes qui présentent de larges ondulations, et qui sont couverts de pâturages et de bois d'un vert obscur. D'ailleurs l'on ne découvre aucun point sur lequel l'œil puisse s'arrêter avec plaisir, et à peine aperçoit-on dans le lointain une couple de *fazendas* : partout la monotonie la plus fatigante. Les gens du pays prétendent voir le haut de l'église de S. Bartholomeu, mais il me fut impossible de le distinguer.

Après avoir beaucoup monté, l'on descend à peu près jusqu'à Villa Rica, et c'est alors principalement que le chemin devient effroyable. Toutes les montagnes que l'on apperçoit sont couvertes d'arbrisseaux serrés et d'un vert sombre, sans cesse coupés par les nègres pour les besoins des habitans. Ces arbrisseaux remplacent des bois vierges que les premiers mineurs avaient brûlés pour découvrir le pays, et dans quelques endroits pour planter du maïs. Le sol est entièrement ferrugineux et très stérile.

A peu de distance de Villa Rica, on découvre une petite partie de cette ville. Les maisons qui font face au chemin, la plupart à un étage et nouvellement blanchies, donnent l'idée la plus favorable du chef-lieu de la province; mais on est bientôt détrompé, lorsqu'arrivant dans la ville par la rue dite *das cabeças* (des têtes), on voit des maisons mal entretenues dont les portes et les fenêtres sont peintes en rouge et au-delà desquelles les toits se prolongent démesurément. La rue *das cabeças* est en grande partie habitée par des maréchaux et par des marchands de comestibles, ce qui ne doit point étonner, puisqu'un grand nombre de caravanes entrent dans la ville par cette rue.

La première fois que je me rendis de José Henriques à Villa Rica, je m'empressai d'aller chez M. d'Eschewege qui m'avait si parfaitement accueilli à mon premier passage; je ne le trouvai malheureusement point, et j'appris qu'il était parti pour Rio de Janeiro dans le dessein de faire adopter par le roi un nouveau plan relatif à la manière d'exploiter les mines d'or. Je me présentai également chez le gouverneur de la province; on ne me reçut point parce qu'il était incommodé; mais son aide-de-camp me fit sentir que je ne devais pas différer à renouveler ma visite. Je retournai donc le lendemain au palais, et le gouverneur m'accueillit avec une extrême bienveillance. Un des principaux personnages de la ville que j'allai voir le même jour me fit aussi beaucoup de politesses, et m'assura plusieurs fois, suivant l'usage du pays, que sa maison m'appartenait *(esta casa he sua)* : je venais de loin, et j'aurais mieux aimé, je l'avoue, que cet homme fût plus économe de belles phrases, et qu'il m'offrît quelques rafraîchissemens.

Je trouvai à Villa Rica un négociant français qui était venu s'y établir momentanément, et qui paraissait assez satisfait d'avoir pris ce parti. Il avait fait de Villa Rica un point central d'où il s'était étendu jusqu'à S. João d'El Rei, et il se proposait d'aller dans le Serro do Frio. Il était obligé de vendre en détail pour pouvoir trouver le débit de ses marchandises, et en cela au reste il ne fesait que suivre l'exemple des commerçans du pays, parmi lesquels il ne s'en trouve pas un seul qui vende uniquement en gros. M. Lezan, c'est ainsi que s'appelait le compatriote que j'eus le plaisir de rencontrer à Villa Rica; M. Lezan, dis-je, était le premier négociant français qui eût paru dans cette contrée [1].

Je voulais profiter de mon séjour au Rancho de José Henriques, pour monter à la Serra d'Itacolumi [2],

---

[1] Mes amis MM. Goutereau de Paimbeuf et David Chauvet de Genève sont, si je ne me trompe, les premiers négocians étrangers qui aient pénétré dans les Minas Novas; ils y étaient en 1818.

[2] On a écrit qu'*Itacolumi* ou *Itaculumi* venait d'*ita* pierre et *columi* fils en bas âge ou petit garçon. *Itá* veut réellement dire pierre; mais *columi* n'appartient ni à la *lingua geral* ni au dialecte guarani; ce mot est une corruption de *corumí* ou *corumím* ou bien de *conûmí* qui, les premiers, dans le *lingoa geral* et le second, en guarani, signifient, non un petit garçon, mais un jeune homme. Il faut bien se donner de garde de confondre l'Itacolumi de Villa Rica avec une autre montagne

montagne qui domine Villa Rica, et est élevée, suivant M. d'Eschewege de 950 toises au-dessus du niveau de la mer. L'erreur d'un guide fit avorter mon projet; mais je dus à l'ignorance de cet homme le plaisir de revoir la ville de Marianna. J'étais sur le point d'y entrer, quand je fus surpris par un orage. Je me refugiai dans une maison située sur le bord du chemin, et je fus parfaitement reçu par le propriétaire. Un de ceux qui étaient présens m'adressa la parole en français, et parlait si bien cette langue que je ne pus m'empêcher de lui demander s'il avait voyagé en France; mais il me répondit que non. Je soupçonnai alors que cet homme pouvait avoir été élevé dans la maison d'éducation qu'avait formée en Portugal D. Marquet [1], ancien supérieur du collège

qu'on appelle également *Itacolumi* et qui se trouve dans le voisinage de Marianna. Cette dernière montagne est beaucoup moins élevée que l'autre au-dessus du niveau de la mer; sa surface présente une terre rouge et argilleuse, et sa végétation se compose presque uniquement de ces fougères qui ont coutume de remplacer les bois vierges. Le chemin qui va de Villa Rica au *Presidio de S. João Baptista* où est un division militaire, passe sur l'Itacolumi de Marianna.

[1] Dom Alphonse-Jean-Baptiste Marquet, bénédictin de la congrégation de S. Maur, dernier supérieur du monastère et de l'ancien collège royal et militaire de Pontlevoy, réunissait à de hautes vertus, une ame forte, des connaissances aussi étendues que variées et le talent si difficile de diriger la jeunesse. Il avait travaillé à l'*Art de vérifier les dates*, et composé en outre une *Grammaire allemande*. Forcé, vers 1792, de quitter le collège de Pontlevoy, il se retira en Portugal, et y fonda une maison d'éducation. Il rentra en France sous le gouvernement

de Pontlevoy; je fis part de ma conjecture à celui qui en était l'objet, et j'appris que je ne m'étais point trompé. J'avais passé à Pontlevoy les premières années de mon enfance, et j'avais eu D. Marquet pour maître. Rencontrer un de ses élèves si loin de la France, c'était pour moi, comme si j'eusse retrouvé un camarade. Quand on parcourt des contrées lointaines, on saisit avidement tout ce qui peut réveiller le souvenir si doux de l'enfance et de la patrie : une plante, un insecte même qui rappellent ceux du pays où l'on a reçu le jour, on ne saurait les voir sans quelque attendrissement.

Malgré le plaisir que j'avais à entendre parler le français dans l'intérieur du Brésil, je dois pourtant convenir qu'à l'époque de mon voyage, notre langue était souvent dangereuse pour les Portugais. Ils ne lisaient en général que nos mauvais livres; ils y puisaient un grossier épicuréisme, et remplissaient leur esprit *de ces théories de droit absolu, de ces généralités vagues de la fin du dix-huitième siècle, qui portent la mort dans leur sein* [1].

consulaire, et établit à Orléans un pensionnat qui eut le plus grand succès. Comme on voulut le soumettre à quelques règlemens universitaires qui contrariaient ses vues, il se retira à Paris où il se livra d'abord à la culture des lettres; mais le désir de se rendre utile le décida bientôt à accepter des fonctions curiales. Après les cent jours, on le mit à la tête d'une maison d'éducation que l'on avait fondée pour les enfans des chevaliers de S. Louis, et, il mourut dans ce nouveau poste, le 12 octobre 1817.

[1] Expressions du *Globe* du 5 août 1830.

En revenant de Marianna, je passai quelques jours à Villa Rica, et j'y fus contrarié par le temps le plus effroyable. La fin de 1817 et le commencement de 1818 furent excessivement pluvieux; mais dans tout ce pays, comme à Tijuco, on jouit ordinairement, au mois de janvier, d'une quinzaine de jours du temps le plus serein. Cet intervalle, que l'on appelle petit été ou *veranico*, est extrêmement agréable, surtout dans les pays élevés, et rappelle, dit d'Eschewege, la fin de l'été, telle qu'elle est souvent en Allemagne [1]. Il n'y a personne qui ne sente que le petit été doit avoir sur les récoltes une très grande influence ; il en a surtout sur celle des haricots qui, ayant été plantés en septembre ou en octobre, doivent mûrir depuis la fin de décembre jusqu'à celle de janvier [2]. On a aussi observé que les grains de maïs étaient mieux nourris et plus farineux, lorsque le *veranico*, succédant à de longues pluies, arrivait après la floraison de la plante, au moment où les jeunes semences commencent à se gonfler.

Pour se garantir de l'eau, les hommes d'une certaine classe portent des parapluies ordinairement couverts de toile de coton, étoffe qui résiste mieux que la soie à la rencontre des épines et des branchages. Quant aux nègres, ils se préservent de la pluie avec des espèces de manteaux assez pittoresques, faits avec les feuilles très longues et fort sèches d'une Graminée ou

[1] *Journ.*, I, 49.
[2] L. c.

Cypéracée, que l'on appelle *capim mumbéca*, et qui croît dans les lieux élevés. Dans le Sertão, ce sont les feuilles du palmier *bority* que l'on emploie au lieu du *capim mumbéca*.

Avant de quitter le Rancho de José Henriques, j'eus encore le plaisir de revoir le baron d'Eschewege qui ne me témoigna pas moins d'amitié qu'à mon premier voyage. Son plan relatif à la manière d'exploiter les mines venait d'être adopté par le gouvernement; des compagnies devaient se former, et c'était M. d'Eschewege lui-même qui devait les diriger. Beaucoup plus anciennement, M. Manoel Ferreira da Camara Betencourt e Sá, intendant des diamans, avait été chargé de présenter au roi un projet de règlement pour les mines d'or du Brésil. Ce savant avait choisi parmi les lois allemandes ce qu'il y a de meilleur sur l'exploitation des mines, et il avait eu soin de modifier ce qui ne pouvait convenir à sa patrie. Son projet fut adopté dès 1803, mais n'eut point force de loi. Ce fut, si je ne me trompe, ce même projet que revisa M. d'Eschewege; il y fit des changemens, et, comme je l'ai dit, le nouveau plan fut agréé par le ministre; mais je ne crois pas qu'il ait jamais été mis à exécution.

A la même époque, le gouvernement voulait exiger des Mineiros qu'ils fissent la déclaration des terres dont ils se disaient possesseurs, et qu'ils exposassent à quels titres la possession leur était acquise. Cette mesure se rattachait peut-être à des plans de colonisation dont le ministre d'alors, M. THOMAZ ANTONIO DE VILLANOVA E PORTUGAL, était infatué, et dont quelques-uns furent exécutés d'une manière si absurde. Mais ce qu'il y a de certain, c'est que la mesure en elle-même pouvait avoir un but d'utilité très réelle dans un pays qui, après avoir été dans l'origine exposé au désordre et à l'anarchie, se trouve aujourd'hui partagé entre un si petit nombre de maîtres, et où il serait si avantageux d'attirer de nouveaux habitans. Quoi qu'il en soit, au reste, des avantages que pouvaient avoir les déclarations dont il s'agit et leur but véritable, je crois qu'elles eurent aussi peu de suite que les plans de MM. da Camara et d'Eschewege sur la minération.

Lorsque j'étais au Rancho de José Henriques, on s'entretenait aussi des sages mesures que le gouvernement venait de prendre pour réprimer le vagabondage, et des ordres que l'on avait donnés aux commandans de visiter les passeports des voyageurs qui traverseraient les villages. Déja plusieurs fois on avait tâché de diminuer le nombre des vagabonds (*vadios*) qui sont le fléau de la province des Mines; mais des nuées d'oisifs reparaissaient toujours, favorisés par la molle condescendance des propriétaires; et je suis persuadé que les ordres donnés, de mon temps, contre les *vadios* auront eu aussi peu de suite que tant d'autres mesures administratives; car, lorsque je repassai un an plus tard par la province des Mines, on ne disait pas qu'il y eut moins de vagabonds qu'auparavant. Les combinaisons les plus heureuses doivent nécessairement échouer contre la difficulté de faire exécuter les ordres du gouvernement dans un pays où une population si faible se trouve disséminée sur une aussi grande surface.

Il y avait déja près de quinze jours que j'étais au Rancho de José Henriques, lorsque mon muletier arriva de Boa Vista avec mes mulets et mes collections. Bientôt je pris congé de mon hôte, le bon Miguel, qui, quoique très pauvre, ne me fit rien payer pour la chambre qu'il m'avait cédée, et je me remis en route.

CHAPITRE VIII.

CONGONHAS DO CAMPO. — L'ÉGLISE DE N. S. BOM JESUS DE MATOSINHOS. — LES FORGES DE PRATA. —FUITE DE FIRMIANO.

Départ du Rancho de José Henriques.— Village de *Cachoeira*.— L'auteur s'égare. — Description du pays voisin de *Congonhas do Campo*. Causes des différences que présente la végétation dans la province des Mines.— Village de Congonhas do Campo.— L'église de *N. S. Bom Jesus de Matosinhos*. — Les forges de *Prata*. — L'Indien Firmiano disparaît. L'auteur se met à sa poursuite et le cherche inutilement dans les environs de Congonhas et de Villa Rica. *Capitães do mato*; nègres fugitifs. On retrouve Firmiano.

Dans un espace de six lieues, entre José Henriques et *Congonhas do Campo*, s'étend à l'orient de la grande chaîne, et à peu près du nord au sud-sud-est, un pays qui, d'abord très montagneux, le devient de moins en moins, à mesure que l'on approche de ce dernier village. L'on commence par traverser des *capoeiras*; mais bientôt l'on entre dans des *campos* naturels, qui, comme ceux des hautes montagnes ou des environs de Barbacena, présentent des Graminées généralement très fines, entremêlées de sous-arbrisseaux. Ainsi que cela a généralement lieu dans les pays où l'on observe

TOME I. 13

ce genre de végétation, des bouquets de bois (*capões*) s'élèvent dans les enfoncemens et sur les pentes très abritées : c'est là que les cultivateurs font leurs plantations [1].

A une lieue de José Henriques, par le 20° 22′ lat. S., et le 332° 20′ long., se trouve le village de *Cachoeira* ou *N. Sra. de Nazareth da Cachoeira do Campo*, chef-lieu d'une paroisse qui comprend trois succursales et une population de plus de 2,180 individus [2]. Cachoeira a été bâti sur le penchant de deux colines opposées, et se compose de maisons écartées les unes des autres. Les gouverneurs de la province avaient autrefois, dans ce village, une maison de plaisance que l'on nomme encore aujourd'hui *palacio*; mais ils l'ont abandonnée, et il paraît que, lors de mon voyage, on allait la mettre à l'enchère. Cachoeira doit sans doute sa fondation à des mineurs; car l'on voit dans ses alentours, des excavations profondes qui n'ont eu pour but que l'extraction de l'or.

Recueillant beaucoup de plantes, je restai en arrière. Je m'étais mal entendu avec mon muletier, et au-delà du lieu appelé *Lagoa*, je suivis une autre route que lui. Je descendis d'abord par un chemin très difficile dans un ravin profond ; puis, ayant gravi la côte qui fait face à celle que je venais de descendre, je me trouvai dans un pays élevé, au milieu des montagnes. Je n'apercevais plus que d'immenses pâturages;

---

[1] Voy. ma *première Relation*, vol. I, p. 212.
[2] Piz. *Mém. hist.*, vol. VIII, p. 2ᵈⁿ, 94.

mille sentiers formés par les bestiaux se croisaient en tous sens, et des nuages épais m'annonçaient un orage. Ayant erré çà et là, afin de découvrir une maison, je fus enfin assez heureux pour en voir une dans le lointain. Je me dirigeai de ce côté, et j'arrivai à une habitation. Un vieillard décrépit était assis devant la porte à l'abri de son toit, et récitait ses prières un rosaire à la main. Je le priai de me donner un guide, mais n'ayant obtenu de lui que des paroles pleines de dûreté, je perdis patience, et j'exprimai avec vivacité toute mon indignation. Je voyais de loin une autre demeure; je m'y rendis, et le propriétaire m'offrit de me conduire à l'habitation de *Francisco da Costa* où j'étais convenu avec mon muletier que nous coucherions. La nuit me surprit bientôt; cependant je ne tardai pas à reconnaître que nous suivions le chemin par lequel j'avais déja passé. Quand nous arrivâmes vers le fond du ravin dont j'ai parlé tout à l'heure, l'obscurité était telle qu'il eût été absolument impossible de distinguer aucun des objets dont nous étions environnés. Pendant le jour, ce chemin m'avait déja paru affreux; de nuit il me semblait cent fois plus effroyable encore. J'avançais avec une extrême précaution, tenant mon mulet à la bride; mais cet animal qu'entraînait la rapidité de la pente, me poussait continuellement, et j'avais à craindre qu'il ne tombât sur moi. Parvenu au fond du ravin, je trouvai un ruisseau, et, pour gagner l'autre rive, je montai sur mon mulet; celui-ci refusa d'aller plus loin; il se jeta sur le côté, et je vis l'instant où j'allais rouler avec lui dans quelque précipice. Je fus cependant assez heureux pour échapper à ce danger, et j'arrivai sans accident à la maison de Francisco da Costa qui fait partie du canton appelé *Lagoa*, et devant laquelle j'avais déja passé sans m'en être douté. Je n'y trouvai point mes gens; mais j'y fus accueilli avec une hospitalité aimable.

Je repartis le lendemain matin, et, à peu de distance de la maison de Francisco da Costa, je trouvai, au pied d'une montagne, le petit lac (*lagoa*) qui donne son nom à tout le canton. Près du lieu appelé *Pires*, je rencontrai mon muletier, Manoel Soares, qui, la veille, s'était arrêté, avec ma caravane, sur le bord de la route, à une maison abandonnée. Nous cheminâmes ensemble, et ce fut à Pires que nous couchâmes.

Entre la maison de Francisco da Costa et Pires, la pluie ne m'avait presque point quitté, et il en tomba encore pendant toute la nuit. L'eau passant à travers le toit de la maison, coulait sur mes malles, et je fus obligé de faire lever mes gens pour changer de place tout mon bagage. Le lendemain la pluie continua pendant une grande partie de la journée; je partis fort tard, et, n'ayant pu faire qu'une lieue, je m'arrêtai au village de Congonhas do Campo. Le petit été de janvier (*veranico*) manqua entièrement cette année, et tout le monde m'assura que des pluies aussi abondantes[1] et d'une aussi longue durée, étaient fort rares.

[1] Voyez ce que j'ai dit plus haut du *veranico*, p. 51 et 189.

Semblable ou à peu près semblable à celui que j'avais traversé la veille, le pays que je parcourus entre Pires et Congonhas n'est pas simplement ondulé comme le Sertão; on n'y retrouve point ces mornes rapprochés, ces pentes raides, ces vallées profondes qui caractérisent généralement la *région des forêts* ; ce ne sont pas non plus de vastes plateaux comme celui d'Alto dos Bois [1] ou ceux de la Serra da Lapa et des montagnes de Tijuco. La terre est rougeâtre et plus ou moins sablonneuse; la contrée a une élévation considérable relativement au niveau de la mer; les mornes sont inégaux; mais en général leur croupe est arrondie; leurs pentes ne sont pas fort rapides, et ils laissent entre eux de très grands intervalles. Sur les sommets, ainsi que dans les vallées les plus larges et les plus découvertes, on ne voit que des Graminées et d'autres herbes entremêlées de sous-arbrisseaux ; sur les pentes très inclinées, croissent, comme dans le Sertão, des arbres tortueux, rabougris, écartés les uns des autres, à feuilles cassantes, à écorce subéreuse [2] ; enfin, dans les fonds et sur les pentes très abritées, l'on trouve des bois vierges.

J'ai avancé ailleurs [3] que les *campos* de Graminées étaient dus à la disposition du sol qui permet aux vents des mois de juin, juillet et août de circuler librement et de gêner la croissance des plantes. Cette

---

[1] Voy. ma *première Relation*, vol. II, p. 68.
[2] Voy. ibid. p. 302.
[3] Voy. ibid. p. 24.

assertion serait confirmée, si cela était nécessaire, par ce qui vient d'être dit sur la végétation du pays voisin de Pires et de Congonhas; car on a vu que là où le terrain commence à être abrité, il donne naissance à des arbres rabougris, et que, plus abrité encore, il produit des forêts. A la vérité, M. d'Eschwege [1] a remarqué que la végétation était plus vigoureuse dans les terrains primitifs que dans ceux dont la formation est plus récente; il a observé que les bois croissaient sur les montagnes de granit, de gneis, de schiste micacé, de siénite, et que les pâturages naturels et les arbustes tortueux se rencontraient dans des terrains dont le fond se compose de schiste argilleux, de grès et de fer. Mais si les grandes différences de végétation qu'on observe dans la province des Mines coïncident avec des différences dans la constitution minéralogique du sol, il n'en est pas moins très vraisemblable que ce ne sont point celles-ci qui modifient l'ensemble des productions végétales. Déja depuis long-temps M. de Candolle a montré [2] que la nature minéralogique des divers terrains n'exerçait aucune influence sur la végétation, ou du moins qu'elle en exerçait peu; et les observations faites par M. d'Eschwege lui-même, tendent à démontrer la vérité de cette opinion; car dans le voisinage du Rio de S. Francisco, près Formiga et Abaeté, ce savant a vu des terrains calcaires d'ancienne formation rester découverts en cer-

---

[1] In litt.
[2] *Dict. sc. nat.*, vol. XVIII.

tains endroits, tandis qu'ailleurs ils produisent une végétation riche et d'épaisses forêts. Ce qui, sous la même latitude et à des hauteurs semblables, modifie véritablement la nature des productions végétales, ce sont l'exposition du sol, le plus ou moins d'humidité qu'il renferme, la division plus ou moins sensible de ses parties, la quantité plus ou moins grande d'humus qui couvre sa surface.

Quoi qu'il en soit de tout ce qui précède, la variété que présente la végétation entre Pires et Congonhas répand dans le paysage un charme auquel ajoutent encore l'inégalité des montagnes, le vert gai des gazons, les rochers grisâtres qui se montrent à nu sur le sommet des mornes les plus élevés, enfin le contraste que forment les minières avec le terrain uni et la teinte fraîche des pâturages. C'est surtout auprès de l'endroit appelé *Barnabé* que la vue devient agréable. Dans le lointain, on voit sur le sommet d'un morne une des églises de Congonhas; on aperçoit de toute part des hauteurs écartées inégales et d'une forme variée, de verts pâturages et des bouquets de bois; à droite du chemin, est une minière profonde, creusée sur le flanc d'une colline; celle-ci est dominée par une montagne plus élevée, où le rocher se montre çà et là; et, sur le côté de la montagne, un ruisseau formant une cascade, épanche sur le rocher des eaux écumantes.

Avant d'arriver à Congonhas, on passe un ruisseau qui porte le nom de *Rio de S. Antonio*, et qui, tout près de là, réunit ses eaux à une rivière plus considérable, appelée *Rio das Congonhas*.

Le village de *Congonhas do Campo*, ou *Nossa Senhora da Conceição das Congonhas do Campo*, se trouve situé par le 21° 30′ lat. et le 332° 27′ long., à huit lieues E. S. E. de Villa Rica, neuf de Marianna et soixante-quatorze de Rio de Janeiro [1]. Il est le chef-lieu d'une paroisse qui appartient, du moins en partie, au *termo* de Villa Rica, et qui, après avoir compris, en 1813, une population de 2,412 individus [2], en contenait 2,640 en 1822 [3].

Congonhas a quelque célébrité dans l'histoire des Mines, parce que ce fut en cet endroit qu'était posté Manoel Nunes Vianna, chef des Forasteiros révoltés (1708), quand il obligea à la retraite D. Fernando Martins Mascarenhas, gouverneur de Rio de Janeiro, qui était venu dans la province des Mines, pour rétablir l'ordre.

Ce village est bâti sur deux mornes opposés, entre lesquels coule la rivière qui porte le même nom que lui. Le Rio das Congonhas sert de limite à la *comarca* de Villa Rica et à celle de S. João d'El Rei, et ainsi la bourgade de Congonhas appartient à deux *comarcas* différentes [4]. La plus grande partie des maisons s'é-

---

[1] Piz. *Mém. hist.*, VIII, p. 2da, 97.
[2] Eschw. *Journ.*
[3] C'est du moins en 1822 qu'a été imprimé le volume de Pizarro où se trouve cette évaluation.
[4] Il paraîtrait que, sous le nom de *Congonhas do Campo*, on désigne vulgairement un vaste canton; car Pizarro dit (*Mém. hist.*, VIII, 96) qu'une partie du territoire des *Congonhas* appellée *do Campo* où se trouve la paroisse de N. Sen-

lèvent sur le morne qui est placé à la droite de la rivière, et c'est au sommet de ce morne, dans le milieu d'une place allongée, qu'a été construite l'église paroissiale, remarquable par sa grandeur. Sur le morne qui fait face à celui dont je viens de parler, l'on voit l'église de *Nosso Senhor Bom Jesus de Matosinhos* (Notre Seigneur bon Jesus des petits bois), qui jouit d'une grande célébrité, non-seulement dans le voisinage, mais encore hors de la province. Les dévots s'y rendent de très loin, et, à l'époque de la fête patronale, qui se célèbre en septembre, le village se remplit d'étrangers et de confrères [1].

Congonhas do Campo doit sa fondation à des mineurs qui trouvèrent beaucoup d'or sur les rives du Rio de S. Antonio, ainsi que sur celles du Rio das Congonhas et tout autour du village : le flanc des mornes déchiré, bouleversé de toutes les manières, atteste assez les travaux de ces hommes aventureux. Il reste sans doute de l'or dans les terres de Congonhas; mais cet or serait difficile à extraire, et les habitans du pays n'ont pas des capitaux assez consi-

---

hora da Conceição, appartient au *termo* de Marianna, et qu'une autre partie forme la paroisse de *N. Senhora da Conceição das Congonhas de Queluz* appartenant au *termo* de Queluz et à la *comarca* de S. João d'El Rei.

[1] Quoique l'église de Bom Jesus de Matosinhos ne soit pas située du même côté de la rivière que l'église paroissiale, elle appartient cependant à la paroisse de Congonhas do Campo, comme on peut le voir dans les *Memorias historicas*, VIII, p. 2da, 96.

dérables pour se livrer à des travaux un peu importans. Congonhas tombe donc en décadence, comme tant d'autres villages, et l'on y voit un grand nombre de maisons mal entretenues ou même abandonnées [1].

Ce qui soutient encore un peu cette bourgade, c'est qu'elle a l'avantage d'être située sur une des routes qui vont de Villa Rica à S. João d'El Rei, et que les pèlerins que la dévotion y attire, y répandent quelque argent. Il existe aussi dans les alentours un petit nombre de minières qui sont en exploitation [2], et plusieurs *fazendas* assez importantes. On fait quelques élèves de bestiaux dans les *campos*, et l'on cultive les *capões*. La qualité du terrain varie beaucoup dans les environs de Congonhas do Campo, et, suivant les endroits, le maïs rend de cent à deux cents par *alqueire*. Comme le pays, ainsi qu'on l'a vu, est

---

[1] « *Matozinho*, dit un voyageur anglais qui a passé à Congonhas do Campo, est une petite ville propre et vivante située sur la rive septentrionale du Parapéba devant *Caancunha*. » Il y a, dans cette phrase, presque autant d'erreur que de mots. Matosinhos et non Matozinho, est la fin du nom d'une église, et non celui d'une ville; cette église n'appartient point à une ville, mais à un simple village dont il est rigoureusement possible que le nom ait été originairement Caacunha (Voy. plus haut p. 95), mais qui s'appelle aujourd'hui Congonhas ; enfin, la rivière qui passe à Congonhas n'est pas le Parapéba, mais le Rio das Congonhas.

[2] On peut citer entre autres, la minière du colonel Romualdo José Monteiro de Barros dont parlent MM. d'Eschwege, Spix et Martius, et dont l'or, suivant ces deux derniers, est ordinairement à 22 k.

fort élevé, la gelée y est très fréquente, et empêche qu'on ne se livre beaucoup à la culture de la canne à sucre. On a cependant observé que, sur les hauteurs où l'humidité n'est pas aussi grande que dans les fonds, la gelée se faisait moins sentir; mais comme le terrain n'y est pas bon, la canne y reste petite et ne donne que deux coupes.

On pense bien que je ne voulus pas quitter Congonhas sans aller voir l'église de Nosso Senhor Bom Jesus de Matosinhos [1], qui est pour cette contrée, comme l'observe Luccock [2], ce qu'est pour l'Italie Notre-Dame de Lorette. Cette église a été construite sur le sommet d'un morne, au milieu d'une terrasse pavée de larges pierres et entourée d'un mur d'appui. Devant elle, on a placé sur les murs du perron et sur ceux de la terrasse des statues en pierre qui représentent les prophètes [3]. Ces statues ne sont pas des chefs-d'œuvre, sans doute; mais on remarque dans la manière dont elles ont été sculptées quelque chose de large qui prouve dans l'artiste un talent naturel très prononcé. On les doit à un homme qui habitait Villa

[1] On avait imprimé en Allemagne que cette église était consacrée à la Vierge, et portait le nom de *Nossa Senhora do Mattosinho*; mais, dans un ouvrage plus récent, l'auteur est revenu, du moins en partie, sur cette erreur.
[2] *Notes on Braz.*, p. 520.
[3] M. d'Eschwege rapporte à la stéatite la pierre avec laquelle on a fait ces statues (*speckstein* des Allemands). Luccock avait dit, avant moi, qu'elles représentaient des prophètes, et c'est à tort que Pizarro prétend qu'elles figurent des scènes de la passion.

Rica, et montra, dès son enfance, un goût décidé pour la sculpture. Très jeune encore, il s'avisa, m'at-on dit, de prendre je ne sais quel breuvage, dans l'intention de donner plus de vivacité et d'élévation à son esprit; mais il perdit l'usage de ses extrémités. Il n'en continua pas moins à exercer son art; il se faisait attacher ses instrumens au bout de l'avant-bras, et c'est ainsi qu'il a fait les statues de l'église de Matosinhos.

Cette église est petite, mais riche, tenue avec propreté, et ornée d'un très grand nombre de tableaux faits à Villa Rica, et dont plusieurs annoncent les dispositions les plus heureuses pour la peinture[1]. La statue qui attire la vénération des dévots a été placée dans l'intérieur de l'autel principal, et représente Jésus-Christ mort. On baise les pieds de cette statue, pour mériter des indulgences; puis l'on dépose son offrande. Au-dessus de l'autel s'élèvent des gradins ornés de vilaines petites figures d'anges qui portent des flambeaux, et dont quelques-unes ont les cheveux ridiculement relevés en toupet. La sacristie est grande et fort belle. Sur un des côtés du temple, est une maison appelée *casa dos milagres* (maison des miracles), où se trouvent rassemblés dans une assez grande salle une si prodigieuse quantité d'ex-voto et de membres en cire, qu'on n'en peut plus recevoir aujourd'hui. Enfin, derrière l'église, l'on voit deux longs bâtimens

---

[1] Ces tableaux sont une exception, car, ainsi que je l'ai dit ailleurs (Voy. ma *première Relation,* vol. I, p. 121), on n'en voit généralement point dans les églises du Brésil.

placés en face l'un de l'autre, et qui sont destinés à recevoir les pèlerins et les confrères étrangers.

Lors de mon voyage, on avait le projet d'élever un peu au-dessous de l'église de Matosinhos, sur le penchant du morne où elle est bâtie, sept chapelles qui devaient offrir la représentation des principaux mystères de la passion de Jésus-Christ. Trois de ces chapelles avaient déja été construites; elles sont carrées, et se terminent par un petit dôme entouré d'une balustrade. Au commencement de 1818, une seule d'entre elles était achevée à l'intérieur, et l'on y voyait la cène représentée avec des statues en bois peintes et de grandeur naturelle. Ces statues sont fort mauvaises; mais comme elles sont l'ouvrage d'un homme du pays, qui n'a jamais voyagé, et n'a eu sous les yeux aucun modèle, elles doivent être jugées avec quelque indulgence.

L'homme qui me montra l'église de Matosinhos ne m'était point inconnu. C'était celui qui, pendant que j'étais à Ubá, y avait amené une troupe de Coroados[1]. Ayant été atteint d'un mal de pied très grave, il promit à Dieu de servir l'église de Matosinhos, s'il obtenait sa guérison. Il eut le bonheur de guérir, quitta sa maison, et vint à environ soixante lieues de chez lui accomplir son vœu.

Je profitai de mon séjour à Congonhas do Campo, pour aller visiter les forges de *Prata* (argent) qui en sont éloignées de deux lieues.

---

[1] Voy. ma *première Relation*, vol. I, p. 38.

Jusqu'à Barnabé, et même un peu plus loin, je suivis, pour me rendre à ces forges, le chemin par lequel j'avais déja passé en allant de Pires à Congonhas. Après Barnabé, le pays s'élève par degrés; mais il présente toujours à peu près le même aspect : on voit encore un mélange de pâturages simplement herbeux, de bouquets de bois et de *campos* parsemés d'arbres tortueux et rabougris. Ce n'est pas seulement pour l'aspect que ces derniers *campos* ressemblent à ceux du Sertão. Je retrouvai, entre Barnabé et les forges de Prata, plusieurs espèces qui appartiennent au genre *Qualea*, comme l'arbre rabougri connu dans le Désert sous le nom de *pao terra* (arbre terre); j'y retrouvai aussi cette Malpighiée à grandes feuilles dures et blanchâtres, dont les habitans du Sertão mangent les fruits plus particulièrement que ceux d'autres espèces, sous le nom de *murici*.

Les forges de Prata ont été construites sous la direction de M. d'Eschwege qui, ayant annoncé qu'un capital de 10,000 crusades, suffirait pour former l'établissement, réunit bientôt dix actionnaires dont le principal fut le comte de Palma, alors gouverneur de la province. Voulant favoriser la compagnie qui venait de s'organiser, le gouvernement de Rio de Janeiro lui fit présent d'un martinet, d'une enclume et de quelques autres pièces que l'on avait fait fabriquer en Angleterre. On jeta les fondemens des nouvelles forges au mois de novembre 1811; on commença à y fondre du fer le 17 décembre 1812, et on les acheva entièrement en juin 1813. Les forges de

Prata ont été commencées après celles de Morro de Gaspar Soares et d'*Ypanéma*, près S. Paul; mais, s'il faut en croire M. d'Eschwege, il n'en est pas qui furent plutôt en activité, ni qui travaillèrent plutôt en grand [1].

Ces forges sont situées dans un fond, et entourées de mornes qui ont leurs flancs couverts de bois. De tous côtés le fer abonde dans les alentours de Prata; là, comme ailleurs, il se montre à la surface de la terre, et par conséquent il faut peu de travail pour extraire le minérai. Les eaux nécessaires aux forges descendent des montagnes, et sont amenées dans un conduit qui se prolonge au-dessous du toit du bâtiment où sont les fourneaux. En s'échappant de ce conduit, l'eau fait mouvoir le bocard qui broie le minérai; elle refoule l'air qui active les fourneaux; enfin elle soulève le martinet destiné à mettre en barres le fer qu'on a fondu. Le charbon, fourni par les arbres des forêts voisines, se fait à la manière d'Europe. Afin de remédier au défaut qu'a en général le fer fabriqué dans ce pays, celui de se rapprocher de l'acier, on n'emploie dans les fourneaux des forges que les morceaux de charbon les plus gros; ce qui reste ensuite se passe dans un cylindre de bambou que l'on fait tourner horizontalement par le moyen de l'eau; la poussière s'échappe, et les petits morceaux de charbon qui restent dans le cylindre sont réservés pour l'usage du serrurier occupé dans l'établissement.

[1] *Journ.*, I, p. 239.

Avant d'employer le minérai, on le réduit en poussière très fine à l'aide du bocard, et on le fond dans les fourneaux qui, au nombre de quatre, sont construits d'après la méthode suédoise. Quand la masse de fer fondu est sortie du fourneau, on la porte sous un bocard mis en mouvement par le même cylindre que celui qui broie le minérai. Ce bocard est destiné à détacher de la masse fondue les parties hétérogènes les plus grossières. Autrefois le martinet était dans le même bâtiment que les fourneaux; mais comme on n'avait pas une quantité d'eau assez considérable pour pouvoir à la fois mettre les bocards en mouvement, activer le feu par le moyen de l'air refoulé, et soulever le marteau, on s'est vu contraint d'employer deux fois la même eau, et, pour cela, il a fallu placer le martinet dans un bâtiment construit sur un plan inférieur à celui où sont les fourneaux. Cette disposition est peu commode pour le travail; cependant on a obvié, autant que possible, aux inconvéniens qu'elle présente, en pratiquant une dale inclinée par le moyen de laquelle on fait glisser le métal fondu du bâtiment le plus élevé où se trouvent les fourneaux, au bâtiment le plus bas où est le martinet. On se contente de mettre le fer en barres; mais on ne le travaille point dans l'établissement. Le minérai peut, suivant d'Eschwege, rendre jusqu'à $80\frac{0}{0}$; mais comme il ne coûte, pour ainsi dire rien, on le ménage peu, et l'on n'en tire, réellement qu'environ $16\frac{0}{0}$. L'arrobe de fer fondu se vend aux forges de Prata 2,400 reis l'arrobe, et M. d'Eschwege assure que ces forges donnent des bénéfices aux actionnaires (1818).

Le lendemain du jour où j'avais visité les forges de Prata (12 février 1818), je voulais continuer ma route vers S. João d'El Rei; mais au moment de partir, on chercha vainement Firmiano. On alla visiter son sac, et l'on n'y trouva que ses effets les moins bons; alors on se rappela qu'avant la pointe du jour, il avait ouvert doucement la porte du hangar sous lequel nous couchions; la veille au soir, il nous avait paru de fort mauvaise humeur, et nous ne doutâmes plus qu'il n'eût pris la fuite. Cet évènement me causa un chagrin d'autant plus vif, que j'y étais moins préparé. J'avais toujours traité Firmiano comme un fils; j'avais satisfait tous ses désirs; je n'avais vu personne lui faire le moindre mal, et il m'était impossible de deviner ce qui avait pu l'engager à me fuir. Il était clair que, redoutant le travail, et déja habitué à quelques-unes des douceurs de la vie civilisée, il serait extrêmement malheureux dans un pays où l'on a en horreur les hommes de sa nation. Il allait errer de *fazenda* en *fazenda*, manquant souvent de tout, et il finirait peut-être par tomber entre les mains de quelque homme dur, qui, pour profiter de son travail, le retiendrait par la crainte. Je me reprochais d'avoir causé le malheur de ce jeune homme, en le tirant de ses forêts, et je pris la résolution de tout faire pour le rejoindre.

Je partis sur mon mulet, accompagné d'un *tocador* appelé Francisco que j'avais pris à Villa Rica, et je suivis le chemin par lequel j'étais arrivé à Congonhas, pensant que Firmiano devait être retourné par le pays qu'il connaissait déja. J'allai jusqu'à l'endroit appelé *Arraial do Leite*, qui est à peu de distance de Cachoeira; mais nulle part on n'avait entendu parler du fugitif. Je revins sur mes pas, et je couchai chez Francisco da Costa où, comme je l'ai dit, j'avais déja fait halte peu de jours auparavant. Le lendemain je partis pour retourner à Congonhas, d'où je comptais poursuivre mes recherches dans le voisinage; j'interrogeais toutes les personnes qui se présentaient à moi, et j'entrais dans toutes les maisons, promettant neuf *oitavas* (environ 68 fr.) à ceux qui m'amèneraient Firmiano. A une lieue de Congonhas, un homme me dit que la veille au soir, mon Botocudo lui avait demandé le chemin de Villa Rica. Précédemment, Firmiano avait parlé avec beaucoup d'enthousiasme de la capitale des Mines et des charmes d'une petite Indienne de la nation *Puri* que M. d'Eschwege élevait dans sa maison. C'était une raison de plus pour croire que mon jeune sauvage s'était dirigé vers Villa Rica, et ce fut du côté de cette ville que je pris la résolution de faire des recherches.

Plusieurs chemins vont de Congonhas à la capitale de la province. Il était bien clair que je ne devais pas retourner par celui que je venais de quitter : je me décidai à suivre la route qui tombe dans le grand chemin de Rio de Janeiro à Villa Rica, auprès de Capão do Lane ou simplement Capão[1].

---

[1] Voy. ma *première Relation*, vol. I, p. 134.

Le pays que je parcourus jusqu'à cet endroit, dans un espace de quatre lieues, présente une suite de mornes élevés et arrondis, couverts de plantes herbacées. Aussi loin que la vue peut s'étendre, on ne découvre qu'un vaste territoire sans habitation et d'immenses pâturages sans bestiaux. Dans les bois vierges, les arbres qui de tous côtés bornent la vue peuvent faire illusion sur le manque d'habitans; mais ici rien ne déguise l'étendue de la solitude, et le voyageur est attristé par la monotonie de ces montagnes qui ne présentent aucun accident et où nulle trace de culture ou d'industrie ne révèle la présence de l'homme. Depuis le moment où je commençai à m'éloigner de Congonhas jusqu'à mon arrivée à Capão, je n'aperçus que deux ou trois maisonnettes et une petite chapelle. Le soleil était déja couché quand j'arrivai à Capão, où je passai la nuit : dans toute la journée, je n'avais mangé qu'un peu de lait caillé et de farine; et, pour mon souper, je fus obligé de me contenter d'une assiétée de choux et de haricots.

Le 8 février, de très bonne heure, je partis de Capão. Déja, l'année précédente, j'avais eu à me plaindre du chemin qui mène de ce lieu à la capitale de la province; il était devenu cent fois plus affreux encore. Jusqu'à Villa Rica, je ne vis partout que des bourbiers profonds; et les carcasses de mules et de chevaux que je rencontrais continuellement, faisaient voir assez combien il était arrivé d'accidens au milieu de ces fondrières. On dirait qu'en laissant subsister dans un pareil état les chemins qui conduisent à la triste capitale des Mines, on a eu le projet de l'isoler de tout l'univers[1].

Je n'y étais pas encore arrivé, lorsque, dans un endroit solitaire où la route se trouve resserrée entre deux montagnes à pic, le *tocador* Francisco qui, seul armé, marchait derrière moi, me fit entendre ces paroles : *Senhor, eu sou criminoso* (monsieur, je suis poursuivi par un crime). Cet aveu, fait dans de telles conjonctures, n'était pas fort rassurant; cependant je fis bonne contenance. Francisco me raconta son histoire, mais, comme l'on pense bien, de manière à ne pas se donner tort. Il fallait soustraire cet homme aux regards de ceux qui auraient pu l'arrêter. Je suivis sur le penchant des mornes un sentier pierreux et escarpé, et j'arrivai, par les dehors de la ville, chez le baron d'Eschwege.

On n'avait pas entendu parler de Firmiano à Villa Rica plus qu'ailleurs. Je profitai du séjour que je fis dans cette ville, pour écrire à plusieurs personnes, et les prier de retenir mon jeune sauvage, s'il se présentait chez elles; enfin j'allai voir l'officier du régiment qui commandait les *capitães do mato*, et je lui fis promettre de donner à sa troupe les ordres nécessaires pour arrêter Firmiano.

On nomme *capitães do mato* (capitaines de la forêt)

[1] M. d'Eschwege explique le mauvais état des chemins dans les alentours de la capitale de l'empire et des chefs-lieux de province, par la facilité qu'avaient les propriétaires obligés à la réparation de ces chemins de corrompre les agens de l'administration très rapprochés d'eux.

des hommes de couleur, mais libres, qui sont chargés de poursuivre les esclaves fugitifs. Le propriétaire d'un nègre qui a été arrêté donne 25,000 reis (156 fr. 25 c.), pour la peine que l'on a prise, et cette somme se partage entre les *capitães*[1]. Les nègres fugitifs sont assez communs dans quelques parties de la province des Mines, principalement aux environs de Villa Rica, où, protégés par des montagnes presque inaccessibles, ils commettent fréquemment des vols. Souvent les esclaves déserteurs ont, dans les mornes, une retraite commune, et l'on donne à ces retraites le nom de *quilombo*, comme on appelle *quilombolas* les nègres qui les partagent[2].

[1] Vers le quart du dernier siècle, les nègres de Minas formèrent contre les blancs une conspiration qui fut heureusement découverte. Par une conséquence naturelle de cet évènement, si du moins l'on doit s'en rapporter aux conjectures fort vraisemblables de Southey, un grand nombre de nègres se réfugièrent dans les forêts; on craignit qu'ils ne formassent des associations redoutables, comme avaient fait jadis à Palmares les nègres de Fernambouc; et, pour empêcher de telles réunions, l'on créa les *capitães do mato* ou capitaines des bois, espèce de milice qui avait déjà été établie dans d'autres parties du Brésil. Le 17 décembre 1722, on rendit des règlemens qui fixaient les devoirs des *capitaines des bois*, qui indiquaient la rétribution dont ils devaient jouir suivant les circonstances, et qui en même temps prévenaient les fourberies de ces hommes dans lesquels il paraît qu'on avait peu de confiance. (*Hist. of Braz.*, III, 247—249.)

[2] Ces mots me paraissent africains; mais on dit encore au Brésil *calhambola*; je crois aussi *canhambola*, et, suivant Luccock (*Notes on Braz.*, 434), *caambolo* ou *calambolo*. Moraes qui admet le mot *calhambola* (*Dic.*, I), le fait déri-

D'autres nègres fugitifs vivent isolés; ils restent dans le voisinage des habitations, et reçoivent furtivement des esclaves de ces habitations mêmes la nourriture dont ils ont besoin. On appelle *ribeirinhos* cette dernière classe de nègres fugitifs [1].

De Villa Rica, je me rendis, le 10 février, au Rancho de José Henriques, et j'en partis le lendemain pour retourner à Congonhas, où je voulais attendre le résultat des recherches qui devaient être faites par les *capitães do mato*. Je continuai ma route sans aucun évènement jusqu'à environ une lieue de Francisco da Costa. Là, je mis pied à terre pour recueillir quelques plantes, et le *tocador* Francisco fit avancer devant lui mon mulet et son cheval. Lorsque les plantes furent arrangées, je me remis en marche; je m'attendais à trouver à quelques pas de là Francisco et le mulet; mais je fis près d'une demi-lieue sans les rencontrer. Je passai un ruisseau, en mettant les jambes

---

ver de *canhen* et *bora* qui, suivant lui, appartiendraient à la *lingua geral* et signifieraient *un homme accoutumé à fuir*. Je doute beaucoup, je l'avouerai, de l'exactitude de cette étymologie, et je préférerais celle donnée par Luccock qui fait venir *caambolo* de *caam bo eiro*, *un homme qui parcourt les bois*. Ce qui appuie l'opinion de l'auteur anglais, c'est que l'on trouve dans le *Tesoro de la lengoa guarani* du P. A. Ruiz que *caabó* veut dire branchages, *ei* oisif, et que *ro* indique une particule de composition; ce qui semblerait vouloir dire le *fainéant des bois*.

[1] *Ribeirinho* signifie proprement celui qui vit sur le bord des ruisseaux. (Voy. Mor. *Dic.*, I.) Dans ce cas-ci, je ne saisis pas parfaitement l'application de ce mot.

dans l'eau, et, bientôt après, j'arrivai à un autre ruisseau beaucoup plus large, que l'on traverse avant d'arriver à la maison de Francisco da Costa. J'aurais dû voir sur la vase les traces du *tocador*, ainsi que celles du mulet et du cheval; mais je n'en aperçus aucune, et je commençai à craindre que Francisco, qui m'avait dit avoir sur le corps une affaire criminelle, ne se fût enfui avec les deux bêtes et un portemanteau où étaient des habits, du linge et de l'argent. Malheureux depuis quelques mois, je ne doutais déjà plus de cette contrariété nouvelle, lorsqu'enfin j'aperçus mon *tocador* : le cheval et le mulet s'étaient échappés par un sentier latéral, et Francisco avait été à leur poursuite. J'avais eu tort de soupçonner ce jeune homme; il était docile, sans malice, et ne me donna aucun sujet de mécontentement pendant tout le temps qu'il resta à mon service.

Après les recherches que j'avais faites, je ne pouvais guère conserver l'espérance de revoir de sitôt mon sauvage fugitif; cependant lorsque je passais par un ancien moulin à sucre, dépendant de la maison de Francisco da Costa, j'entendis les nègres de cet homme me crier de loin que Firmiano avait été arrêté la veille, et qu'il était dans la maison de leur maître. Dans les premiers momens de la fuite du Botocudo, cette nouvelle m'aurait causé la joie la plus vive; mais peu à peu je m'étais accoutumé à la perte de ce jeune homme; je pensais que, retrouvé, il pourrait m'échapper encore comme il avait déjà fait; j'avais acquis à Villa Rica la certitude de pouvoir le remplacer;

et, en réfléchissant sur le peu d'attachement dont il avait fait preuve, le mien, je dois en faire l'aveu, s'était bien affaibli.

Arrivé chez Francisco da Costa, j'entrai dans la chambre où était l'Indien; il parut un peu étonné de me voir; mais, sans se déconcerter, il tendit aussitôt la main, pour me demander ma bénédiction, suivant l'usage des Brésiliens. Je lui parlai d'abord avec sévérité; mais ensuite, ayant fait retirer les personnes qui étaient présentes, je m'approchai de lui; je lui pris la main; je lui rappelai ce que j'avais fait pour lui, et lui reprochai son ingratitude. Quelques larmes s'échappèrent de ses yeux, et il m'assura qu'il ne me quitterait plus. Je lui demandai quel avait été le motif de sa fuite, et il me dit, après s'être fait répéter cette question plusieurs fois, que mon muletier, Manoel Soares, l'avait beaucoup grondé, et que c'était là ce qui l'avait engagé à s'échapper. Il ajouta qu'après sa fuite, il s'était réfugié dans une case à nègre, où il trouvait à peine quelque chétive nourriture, et qu'il avait été fort malheureux. Les gens de la maison de da Costa me racontèrent que, pendant qu'il était resté au milieu d'eux, il avait toujours parlé de moi avec éloge, et ne s'était plaint que de Manoel Soares; que lorsqu'on l'engageait à m'aller rejoindre, il disait avec chagrin que je devais être bien loin, et qu'il avait manifesté l'intention de se rendre à Itajurú, chez le capitaine Antonio Gomes. Il avait fait un détour pour éviter la demeure de Francisco da Costa; mais les nègres, l'ayant aperçu, avaient été avertir leur maître, et ce dernier l'avait attiré dans sa maison, tenté par la récompense assez considérable que j'avais promise.

Je partis le soir même, pour aller coucher à Pires, d'où je comptais partir le lendemain de très bonne heure, afin de pouvoir, le jour même, m'éloigner de Congonhas. Dans les premiers momens du voyage, Firmiano parut triste et embarrassé; mais Prégent, qu'on avait envoyé chercher, et que nous rencontrâmes bientôt, plaisanta avec lui comme à l'ordinaire, et ne tarda pas à lui rendre toute sa gaîté. Le pauvre sauvage avait pris la fuite comme un enfant boudeur va se cacher lorsqu'on le gronde. Tout entiers au présent, les Indiens agissent presque toujours de premier mouvement, pour ainsi dire d'instinct, et ne calculent point les conséquences de leur conduite.

CHAPITRE IX.

ROUTE DE CONGONHAS DO CAMPO A S. JOÃO D'EL REI.

Description générale du pays situé entre Congonhas do Campo et S. João d'El Rei. Ce pays conviendrait aux arbres fruitiers de l'Europe. Bêtes à cornes et moutons. Enclos. Manière de voyager. — *Le Rio Parapeba.* — Village de *Sassuhy.* — *Venda* de *Camapuán.* Coton. — Puces pénétrantes. — Village de *Lagoa Dourada.* — Hameau de *Carandai.*

On a vu que déja, avant d'arriver à Congonhas do Campo, j'avais trouvé le pays beaucoup moins montagneux qu'aux environs de Villa Rica; ce qui n'est pas fort extraordinaire, puisque Congonhas commence à s'éloigner de la grande chaîne ou du moins de ses points culminans. Dans un espace d'environ quinze lieues portugaises, depuis Congonhas do Campo jusqu'au *Rancho de Marçal,* voisin de S. João d'El Rei, je continuai, comme j'avais fait depuis Sabará, à voyager à l'ouest de la Cordillère occidentale, à peu près vers le sud-sud-est; et généralement le terrain me parut plutôt inégal que montueux. M. d'Eschwege donne à Congonhas do Campo une hauteur de 2,300 pieds anglais au-dessus du niveau de la mer, et l'ensemble de la contrée doit être fort élevé, puisque c'est là que prennent naissance plusieurs des affluens les plus méridionaux du S. François, et quelques-uns des plus orientaux du Rio de la Plata. La terre a fort souvent, et peut-être même toujours, une couleur rouge, comme aux environs de Villa do Principe. Jusque vers *Roça da Viuva*, situé à dix lieues du rancho de Marçal, je n'aperçus aucune minière ; mais elles deviennent communes lorsqu'on s'approche de *Carandai* et de la *Serra de S. José*.

La campagne présente le plus souvent des bouquets de bois vierges, des *capoeiras* et des *campos*. Ceux de ces derniers qui sont primitifs n'offrent en général que des Graminées très fines, parmi lesquelles il y a peu d'autres plantes ; aussi, dans tout ce pays, mes récoltes furent-elles presque nulles. Une Graminée à tige grêle et à épis horizontaux (*Echinolæna scabra V. ciliata*[1]) caractérise ces *campos*, comme presque tous les pâturages naturels purement herbeux que j'avais vus jusqu'alors. Quant aux *campos* artificiels (*campos artificiaes*), c'est-à-dire ceux qui ont succédé aux bois vierges ou plutôt aux *capoeiras*, ils se rapprochent plus ou moins de ces dernières, selon qu'ils ont été plus ou moins broutés par les bestiaux. Ces *campos* artificiels se distinguent généralement par l'absence de l'*Echinolæna scabra*, par la présence d'une autre Graminée le *Panicum campestre* MN.[2], et par celle de plusieurs ar-

---

[1] Voy. la note N à la fin du volume.
[2] Voy. la note O à la fin du volume.

brisseaux caractéristiques, principalement le *Baccharis* connu sous le nom d'*alecrim do campo*. Cependant, surtout lorsque les arbrisseaux sont devenus rares dans les *campos* artificiels de ce pays, il est infiniment plus difficile de distinguer ceux-ci des *campos* primitifs ou naturels, qu'il ne l'est de faire la même distinction au milieu des cantons où le *sapé* et le *capim gordura* dominent dans les pâturages qui succèdent aux forêts [1].

[1] Dans un livre indispensable à ceux qui veulent connaître non-seulement les Graminées brésiliennes, mais encore celles des autres parties du globe, l'excellente *Agrostologie* de MM. Martius et Nees, on lit que je me suis trompé quand j'ai écrit que le *capim gordura* n'était pas naturel à la province de Minas Geraes. Il est incontestable que je ne saurais démontrer qu'il y a été introduit. Tout ce que je puis dire, c'est que j'ai passé 22 mois à parcourir les Mines, c'est-à-dire plus de la moitié du temps que MM. Spix et Martius ont consacré à leur magnifique voyage, et je ne me rappelle point avoir vu la plante dont il s'agit, ailleurs que dans les lieux autrefois cultivés, les espaces où les bois ont été détruits par les hommes, sur le bord des chemins et quelquefois à la halte des voyageurs. J'ai pris des notes extrêmement nombreuses sur les endroits où naît le *capim gordura*, et je n'y trouve rien qui ne confirme mes souvenirs. A Paracatú, où n'a point été M. Martius ainsi que dans les cantons qu'il a traversés, on considère le *capim gordura* comme une espèce exotique, et les habitans de la ville que je viens de citer ajoutent que ce *gramen*, primitivement apporté du territoire espagnol, a été autrefois cultivé dans leurs environs comme fourrage. Il ne faut pas croire que ce soient des paysans grossiers qui seuls regardent le *capim gordura* comme exotique : cette opinion était partagée par M. José Teixeira (Voy. plus haut p. 166), homme fort éclairé, qui possédait quelques connaissances en histoire naturelle et

En effet, dans la contrée comprise entre Congonhas et le Rancho de Marçal, et sans doute dans les lieux voisins, l'*Echinolœna scabra* s'étend quelquefois dans les *campos* artificiels, et quelquefois aussi l'on voit les arbrisseaux de ces derniers croître dans les pâturages primitifs. Au reste, dans un espace d'environ neuf lieues, jusqu'au hameau de *Carandaí*, ce ne sont point des différences d'élevation ou des mouvemens de terrain qui ont déterminé la présence des bois et des pâturages; car le pays n'est que plus ou moins inégal, et les mornes, si ce mot peut être ici employé avec propriété, sont à peu près tous aussi peu élevés les uns que les autres. Les bois ont pris possession des meilleures terres, et, s'il existe quelque intervalle un peu sablonneux ou caillouteux, c'est là que l'on est sûr de trouver des *campos* naturels. Quoi qu'il en soit, je trouve encore ici la confirmation de ce que j'ai dit sur la cause qui empêche les forêts d'avoir quelque étendue dans les pays où les mornes sont arrondis et n'ont pas une pente rapide. En effet, dans les terres qui m'ont paru bonnes, j'ai vu les arbres cependant couverts de lichens, et je ne leur ai rien trouvé de cette vigueur qui

avait composé un mémoire sur l'agriculture de son pays. Dans la province de Minas, dit M. Martius, le *Pteris caudata* se rend maître également des terrains jadis cultivés, et cependant on ne peut le considérer comme étranger au pays. Cela est parfaitement vrai; mais de ce que le *Pteris aquilina* indigène à la Sologne y couvre bientôt les terrains en jachère, je ne conclurai certainement pas que l'*Erigéron canadense* n'est point exotique, parce qu'il s'empare aussi de certaines terres autrefois en culture.

caractérise les grands végétaux de la région montagneuse des forêts. Les bois que composent ces arbres seront, si l'on veut, un nouvel intermédiaire entre les forêts proprement dites et les *campos* d'arbres rabougris.

On vante, non sans quelque raison, la *comarca* du Rio das Mortes pour l'étendue de ses plantations, sa fécondité et sa richesse. Mais cette réputation serait bien peu méritée, s'il fallait juger le pays tout entier par celui que je parcourus entre Congonhas et S. João d'El Rei; car il est misérable, peu cultivé, et je n'y aperçus aucune *fazenda* de quelque importance. On verra cependant, par les détails dans lesquels j'entrerai bientôt, que plusieurs endroits produisent du maïs, des haricots, du sucre et du coton; et par conséquent il est à croire qu'il existe, à une certaine distance du chemin, des plantations un peu considérables. Je pense que la plupart des fruits d'Europe réussiraient dans cette contrée élevée, et je puis citer, à l'appui de mon opinion, des pêches jaunes que l'on me fit manger à Roça da Viuva, et qui me parurent à peu près aussi bonnes que celles des pêchers en plein vent du milieu de la France.

On profite des vastes pâturages qu'on voit de tous les côtés, pour élever des bestiaux qui sont d'une belle race, comme en général tous ceux de la province des Mines; et l'on fait des fromages qui se vendent à S. João et à Villa Rica.

Plusieurs cultivateurs possèdent des moutons; mais ils ne savent ce que c'est qu'une bergerie, et quelque pluie, quelque orage qu'il fasse, ils laissent leurs troupeaux errer dans la campagne. De temps en temps, et surtout à l'époque des nouvelles lunes, on donne du sel aux moutons, et là se bornent tous les soins de l'agriculteur. C'est vers le mois d'octobre, au commencement des pluies et des chaleurs, que l'on tond les brebis.

Dans ce pays, pour garantir ses pâturages du bétail d'autrui, et empêcher le sien de s'écarter, on prend souvent la peine d'élever de petits murs en pierres sèches. On entoure les jardins de la même manière, et, du côté de Congonhas et de Pires, c'est du minérai de fer que l'on emploie pour former ces clôtures.

Sur la route très fréquentée qui traverse le pays que je viens de décrire, celle de Congonhas à S. João d'El Rei, la manière de voyager est la même que sur le chemin de Rio de Janeiro à Villa Rica[1]. On ne va point demander l'hospitalité aux propriétaires d'habitations, comme dans les pays qui sont peu visités par les voyageurs; mais, de distance en distance, on trouve des *ranchos* et des *vendas*, et c'est là que l'on fait halte. Ces *ranchos*, dépourvus de toutes les commodités de la vie, sont presque toujours tenus par des hommes d'une classe très inférieure, que leurs communications avec les muletiers rendent peu honnêtes, mais qui pourtant le sont plus que les gens de la même classe ne l'étaient encore en France il y a que quinze ou vingt ans.

[1] Voy. ma *première Relation*, vol. I, p. 66.

Après avoir donné une idée générale du pays que l'on parcourt entre Congonhas do Campo et S. João d'El Rei, j'entrerai dans quelques détails.

Je partis de Congonhas le 13 février, et, ayant traversé la rivière du même nom, je me trouvai dans la *comarca* du Rio das Mortes ou de S. João d'El Rei, d'où je ne sortis plus que pour passer dans la province de Rio de Janeiro. Le pays que je parcourus d'abord appartient au *termo* de Queluz.

A une lieue de Congonhas do Campo, se trouve le village de *Redondo* (rond) qui, selon Pizarro, est une succursale de la paroisse de *Nossa Senhora da Conceição das Congonhas de Queluz* (Notre-Dame de la Conception des Congonhas de Queluz). Je ne m'arrêtai point dans ce village; mais je fis halte sur le bord du *Parapéba*[1] que l'on rencontre à une lieue et demie de Redondo, et que l'on passe sur un pont en bois.

Le Rio Parapéba prend sa source dans le voisinage

---

[1] Cazal écrit *Paraupéba*, Pizarro *Perauþeba* et *Paropeva*; d'Eschwege *Paraupéba* et *Paraopéba*; Luccock *Parapéba*; enfin moi-même, d'après la prononciation qui a sans doute frappé mes oreilles, j'ai écrit sur les lieux *Paropéba*; et plus souvent *Poropéba*. On conçoit que ces variations ont dû me donner quelque incertitude sur la manière dont on doit orthographier le nom dont il s'agit. Cependant comme il est bien clair que ce nom vient, comme le dit à peu près Luccock, des mots indiens *pará* rivière, mer et de *apeba* plat (rivière platte), j'ai pensé que l'orthographe de l'écrivain anglais devait être préférée, quoique en général Luccock ne puisse faire autorité, quand il s'agit des noms brésiliens.

de Queluz, et, après un cours d'environ soixante lieues [1], il va réunir ses eaux à celles du S. François, entre les Rios *Pará* et *Abaité* [2]. Les bords du Parapéba, dans la partie la plus voisine de sa source, passent pour être d'une très grande fécondité, et ce sont eux qui fournissent une partie des vivres que l'on vend à Marianna, à Sabará et dans la capitale des Mines. « Le district du Parapéba, dit d'Eschwege, pourrait
« être appelé le grenier de Villa Rica.... Mais ici, ajoute
« le même écrivain, le mineur et celui qui cultive
« voudraient en une seule année tirer de leur terrain
« tout ce qu'il peut produire: c'est là un des traits
« du caractère national. Encouragés par le débit qu'ils
« trouvent de leurs denrées, et tout entiers au pré-
« sent, les agriculteurs voisins du Parapéba ensemen-
« cent presque toujours plus de terre que ne com-
« porte l'étendue de leur propriété ; le sol n'a pas le
« temps de produire de nouveaux bois, et comme on
« ne le fume jamais, il se dessèche, s'épuise..., et des
« champs féconds se changent bientôt en une sorte
« de lande composée de fougères et de mauvaises Gra-
« minées. Tel est l'état où se trouve aujourd'hui la
« plus grande partie du canton dont il s'agit [3]. »

A environ une lieue du pont du Parapéba, je passai par le village de *Sassuhy* [4] qui, comme celui de

---

[1] *Caz. Cor. Braz.*, I, 383.
[2] *Piz. Mém. hist.*, VIII, p. 2ᵈᵃ, 67.
[3] *Bras. Neue Welt*, I, 9, 10, 11.
[4] Je crois devoir écrire *Sassuhy*, pour me conformer à la prononciation usitée dans le pays ; mais il n'en est pas moins

Redondo, est une succursale de la paroisse de Nossa Senhora da Conceição das Congonhas de Queluz [1]. Ce village présente une large rue où passe la route ; il appartient presque entièrement à des cultivateurs du voisinage qui n'y viennent que le dimanche, et par conséquent il est peu habité durant les jours ouvrables.

J'avais fait quatre lieues depuis le pont du Parapéba, lorsque je fis halte à la *venda* de *Camapuán* [2], qui, chose fort rare dans ce pays, était tenue par une famille de blancs. Les différentes personnes dont cette famille se composait, étaient toutes blondes, et avaient de belles couleurs.

On plante aux environs de Camapuán, le maïs qui y rend 150 à 200 pour un, les haricots, la canne à sucre, le coton, etc., et la grande quantité de terrains

---

vrai qu'en admettant *Suassuhy*, Pizarro a indiqué la véritable étymologie du nom dont il s'agit. En effet, *Sassuhy* vient évidemment des mots de la *lingoa geral*, *çuaçu* cerf, *y'g* rivière (la rivière des cerfs). Luccock écrit *Suá-Suí*, et prétend que ces mots signifient le grand et le petit cerf ; mais je ne découvre rien qui justifie cette assertion. Quoi qu'il en soit, le village dont il est ici question et la rivière de nom analogue qui se jette dans le Rio Doce (Voy. ma *première Relation*, vol. I, p. 400), devront être distingués, ce me semble, le premier par le nom de *Sassuhy* et la seconde par celui de *Sussuhy*.

[1] Piz. *Mém.*, VIII, p. 2da, 194.

[2] Des mots *cáma puám* (seins arrondis) qui appartiennent à la *lingua geral*. C'est à tort que de savans voyageurs, trompés par la prononciation allemande, ont écrit *Camaboão*.

qui offrent actuellement des *campos* artificiels, prouve que ce canton a été beaucoup cultivé. Ici les cotoniers commencent à produire la seconde année seulement, et ne durent pas plus de quatre années; mais un arrobe de coton garni de semences donne huit livres sans semences, ou, si l'on veut, le poids des graines ne forme que les trois quarts du poids total. En général les cotoniers se cultivent dans plusieurs parties de la *comarca* du Rio das Mortes, telles que le *termo* de Queluz situé à huit lieues de Camapuán, celui de S. João d'El Rei, de Villa da Campanha, etc.; mais le coton de ces contrées est très inférieur à celui de Minas Novas. D'un autre côté, si à Camapuán, Queluz, Carandaí, l'arrobe avec semences rend autant ou à peu près autant qu'à Passanha et à Minas Novas, on voit que les cotoniers ne produisent pas aussitôt à Camapuán et probablement dans les autres parties de la *comarca* de S. João, qu'ils produisent à Minas Novas, et que surtout ils durent moins long-temps qu'à Passanha [1].

Le jour où je quittai la *venda* de Camapuán, je voulais aller jusqu'à *Lagoa Dourada* (le lac doré) [2]; mais un orage me força de m'arrêter à une demi-lieue de cette bourgade, à l'endroit appelé *Roça da Viuva*.

---

[1] Voy. ma *première Relation*, vol. I, p. 404 et vol. II, p. 106.

[2] Voy. ce que j'ai écrit dans la première partie de mes voyages (Vol. II, p. 189) sur les traditions relatives aux divers lacs qui portent le nom de *Lagoa do Pao Dourado*, *Lagoa Dourada*, etc.

(le champ de la veuve). Les pluies qui tombaient éternellement me donnaient les plus vives inquiétudes pour mes collections, et faisaient le tourment de ma vie. Avec quels délices j'aurais vu s'anéantir ces collections faites avec tant de soin, si j'avais pu prévoir les chagrins qu'elles me causeraient à mon retour!

Je m'étais d'abord établi sous un *rancho* abandonné qui se trouvait auprès de la *fazenda* de Roça da Viuva; mais l'immense quantité de puces et de *bichos de pé* (*pulex penetrans*) qui vinrent m'assaillir, me forcèrent de me réfugier sous la galerie (*varanda*) de l'habitation. Non-seulement les *bichos de pé*, comme je l'ai dit ailleurs [1], se trouvent avec abondance dans les maisons récemment construites; mais encore ils sont généralement très multipliées dans les bâtimens que l'on n'habite plus. Là rien ne les dérange; ils multiplient tout à leur aise; mais je ne saurais dire quelle peut être leur nouriture. Ce qu'il y a de certain, c'est que l'état où se trouve la puce pénétrante, lorsqu'elle s'est enfoncée dans le pied de l'homme, est plutôt monstrueux que normal. Il lui serait impossible de sortir de l'étroite prison qu'elle-même s'est pratiquée; ses intestins ont acquis un tel volume qu'ils dépassent démesurément sa tête en largeur, et alors, l'insecte se trouve avoir perdu les principales facultés que la nature lui avait départies, puisqu'il ne peut plus ni sauter, ni courrir, ni se rapprocher d'un autre individu de son espèce. A la vérité la puce pénétrante pond des œufs dans

---

[1] Voy. ma *première Relation*, vol. I, p. 35.

le trou d'où son obésité ne lui permet pas de sortir; mais il faut nécessairement que la fécondation ait eu lieu, tandis que l'insecte était encore maître de tous ses mouvemens, et lorsqu'il se trouvait par conséquent dans son état le plus naturel [1]. Je le répète, nous ne connaissons guère de la plupart des animaux de l'Amérique méridionale que leurs formes extérieures. Honneur donc au jeune naturaliste qui, ne se bornant pas comme tant d'autres à réunir les insectes du Brésil, s'est livré, pendant plusieurs années, à l'étude de leurs mœurs, et qui, pour compléter ses observations, veut encore retourner dans les contrées équinoxiales, et aller épier, au sein des forêts primitives, les ruses, les guerres et les amours des nombreux animaux dont elles sont peuplées [2].

On assure que, dans le pays voisin de Camapuán, il existe des terres qui contiennent de l'or; cependant je n'aperçus, comme je l'ai dit plus haut, aucune minière jusque vers Roça da Viuva. Ce fut près de cette habitation que je commençai à voir des terrains qui

---

[1] Marcgraff qui, comme l'on sait, vivait du temps de Maurice de Nassau, a passablement décrit la puce pénétrante sous le nom indien de *tunga*; mais il considérait la partie dilatée de l'abdomen de cet insecte comme une membrane indépendante de lui-même, sur laquelle celui-ci se reposait et qui était destinée à contenir sa jeune postérité. Quant à Pison, plus inexact que Marcgraff, il croyait que l'animal même était renfermé dans l'espèce de sac que forme son abdomen distendu. (*Marcg. Bras.*, 249. — *Pis. Bras.*, 289.)

[2] M. Lund de Copenhague.

avaient été exploités par des chercheurs d'or, et je trouvai ensuite beaucoup de minières à Lagoa Dourada, village situé à une demi-lieue de Roça da Viuva.

Ce village, qui fait partie du *termo* de S. José, est une succursale de la paroisse de *Prados* ou *Nossa Senhora da Conceição dos Prados* (Notre-Dame de la Conception des Prés). Il a été bâti dans un enfoncement, sur le bord d'un petit lac auquel il doit son nom, et dont les alentours ont fourni jadis et fournissent encore aujourd'hui beaucoup d'or. Les maisons de Lagoa Dourada sont en général écartées les unes des autres et accompagnées, suivant l'usage, d'un jardin ou d'une plantation de bananiers. Le contraste que les minières dépouillées de verdure font avec la teinte de ces derniers végétaux, la disposition des maisons et le petit lac qui les avoisine produisent un ensemble assez agréable. Quoique Lagoa Dourada ne soit qu'une succursale, j'y vis cependant deux édifices consacrés au culte, et j'y remarquai une boutique très bien garnie. Cette bourgade serait fort riche, me dit un homme qui y demeurait, si les habitans n'avaient un goût excessif pour la chicane, et s'ils ne dépensaient en procès tout l'argent qu'ils possèdent.

Entre Roça da Viuva et Carandaí qui en est éloigné de quatre lieues et demie, et où je fis halte, le pays est à peu près le même que celui que j'avais parcouru les jours précédens; cependant les *campos* naturels ont peut-être plus d'étendue, et, près de Carandaí, le terrain devient plus montueux. Les terres en culture sont fort rares sur les bords de la route; mais on assure qu'il y en a davantage à quelque distance d'elle. Je ne vis non plus qu'un très petit nombre de maisons depuis Roça da Viuva jusqu'à Carandaí, et en général elles me parurent fort misérables. Sur la gauche du chemin, l'on aperçoit à quelque distance, la chaîne de montagnes assez élevée qui porte le nom de *Serra de S. José*, et où les rochers nus se montrent çà et là au milieu d'une herbe grisâtre.

Carandaí[1] est une espèce de hameau qui doit son nom à un ruisseau auprès duquel il a été bâti, et qui se compose de quatre à cinq maisons. On cultive, auprès de ce hameau, le maïs, le riz, la canne à sucre, le coton, les haricots, et l'on voit dans ses alentours plusieurs minières en exploitation.

De Carandaí, j'allai faire halte au Rancho de Marçal qui en est éloigné de deux lieues. Cette partie de la contrée est élevée et sablonneuse. Elle présente quelques bois dans les enfoncemens, et d'ailleurs une immense étendue de pâturages naturels; sur la gauche du chemin s'étend la Serra de S. José couverte de rochers; un petit nombre de bestiaux errent çà et là dans les *campos*; mais on ne découvre aucune habitation, on ne voit point de terres en culture.

Un peu avant d'arriver au Rancho de Marçal, on descend dans une espèce de plaine assez remarquable. D'un côté elle est entourée par des collines d'une hau-

[1] On ne doit point écrire *Candualy* comme on l'a fait en Allemagne. *Carandaí*, en guarani, signifie palmier.

teur inégale, et de l'autre par la Serra de S. José; des pâturages naturels la couvrent dans presque toute son étendue; mais çà et là on y voit des minières, et dans le lointain, l'on découvre S. João d'El Rei entre des groupes d'arbres.

Comme cette ville est entourée de mauvais pâturages, les caravanes ont coutume de s'arrêter à quelque distance. Ce fut le parti que je pris; je m'établis au Rancho de Marçal, et de là j'allai avec un domestique visiter S. João.

CHAPITRE X.

S. JOÃO D'EL REI.

Comarca du Rio das Mortes ; ses divisions; ses limites ; son élévation ; ses montagnes ; ses rivières; sa végétation ; les denrées qu'elle produit ; sa population comparée à celle des autres parties de la province ; sa civilisation. — Histoire de S. João d'El Rei. — Nécessité de diviser les évêchés du Brésil et d'en créer un à S. João d'El Rei. — Population du *termo* de S. João d'El Rei. Ses forces militaires. Succursales qui en font partie. — Pays situé entre le Rancho de Marçal et S. João d'El Rei. Hameau de *Porto Real*. Le *Rio das Mortes Grande*. Village de *Bom Jesus de Matosinhos*. — S. João d'El Rei ; sa situation ; ses ponts ; ses églises ; son hôpital ; intendance ; prison ; auberges ; rues et maisons. Occupation des habitans de S. João d'El Rei. Commerce ; articles d'exportation ; bénéfices des négocians sur le coton ; vivres ; chars à bœufs. Culture ; arbres fruitiers. Portrait des habitans de S. João d'El Rei. Celui des Portugais européens établis dans cette ville et au Brésil en général. Mendicité.

La *comarca* dont S. João est la capitale, et qui porte le nom de *Rio das Mortes* ou de *S. João d'El Rei*, est la plus méridionale des cinq qui composent la province de Minas Geraes. Elle forme une sorte de quadrilatère fort irrégulier, et s'étend du 19° 30' environ jusqu'au 23° 40' lat. S., et à peu près du 335° jusqu'au 328° long. Ses limites sont à l'orient la *co-*

marca de Villa Rica; au nord celles de Sabará et de Paracatú; à l'occident la province de Goyaz et celle de S. Paul; au midi cette dernière et la province de Rio de Janeiro [1]. Elle se divise en huit *termos*; à l'est ceux de *Barbacena* et de *Queluz;* un peu plus vers l'occident, ceux de *S. José* et de *S. João d'El Rei;* plus à l'occident encore celui de *Santa Maria de Baependy;* au milieu le *termo* de *Villa da Campanha da Princeza;* au nord celui de *Tamanduá*, et enfin tout-à-fait à l'ouest celui de *S. Carlos de Jacuhy* [2].

Cette *comarca* comprend une portion de la grande chaîne occidentale (Serra do Espinhaço Eschw.), et en même temps une partie de cette autre chaîne plus occidentale encore, ou plutôt de ce plateau élevé, au milieu duquel se montrent de loin en loin des groupes

[1] Un voyageur anglais prétend que les limites des *comarcas* qui composent la province des Mines, sont déterminées par celles des bassins des grandes rivières; que la *comarca* de S. João d'El Rei comprend tout le bassin de Rio Grande; la *comarca* de Sabará, les sources les plus éloignées du S. Francisco; la *comarca* de Villa Rica, les sources du Rio Doce; et celle du Serro do Frio, les sources de l'Arassuahy. De telles limites seraient sans doute fort naturelles; mais ce ne sont pas celles qui ont été adoptées. Les sources du S. Francisco font partie de la *comarca* du Rio das Mortes; la *comarca* de Sabará s'étend sur les deux versans de la grande chaîne; et le Jiquitinhonha, l'Arassuahy et plusieurs des affluens du S. Francisco coulent à la fois dans le Serro do Frio.

[2] J'ai déja indiqué les limites et les divisions de la *comarca* du Rio das Mortes (Voy. ma *première Relation*, I, p. 82); mais, traçant ici un tableau général de cette *comarca*, j'ai cru indispensable d'y faire reparaître les mêmes détails.

de montagnes, et qui donne naissance au S. Francisco et au Rio dos Tocantins (Serra dos Vertentes Eschw.)[1]. Dans la *comarca* du Rio das Mortes, s'élèvent les hautes montagnes d'*Ibitipóca*, le pic de *Juruóca* ou *Ajuruóca*, qui appartiennent à la Serra do Espinhaço, et la Serra da Canastra, qui fait partie de la Serra dos Vertentes. Sans parler même de quelques points remarquables par leur hauteur, je crois que, prise dans son ensemble, la *comarca* de S. João d'El Rei est la plus élevée de toutes celles qui forment la province des Mines; car c'est dans cette *comarca* que le Rio de S. Francisco prend naissance, et que commencent à couler ses premiers affluens, tels que le *Bambuhy*, le *Lambary*, le *Pará* et le *Parapéba*; c'est là que naissent le *Rio Preto*, affluent du Parahybuna, et le *Jaguary* qui se jette dans le Tiété; là, sont les sources du *Rio das Mortes Grande*, du *Sapucahy*, du *Rio Pardo*, affluens du fameux *Rio Grande*; là enfin commence ce dernier fleuve lui-même, qui, uni au *Paranahyba*, au Paraguay et à l'Uruguay, finit par devenir le Rio de la Plata [2].

Une petite portion de la *comarca* du Rio das Mortes, située à l'est de la Serra da Mantiqueira (partie méridionale de la grande Serra do Espinhaço, Eschw.),

---

[1] Voy. ma *première Relation*, vol. I, p. 69; voy. aussi l'ouvrage de M. d'Eschwege, intitulé: *Brasilien Neue Welt*, I, p. 167.

[2] J'aurais pu citer beaucoup d'autres montagnes et d'autres rivières que celles qui sont nommées ici; mais j'ai cru ne devoir faire entrer dans un tableau général que les indications les plus importantes.

et une portion plus petite encore qui se trouve au pied de cette même chaîne, avant qu'on la passe pour entrer dans la province de S. Paul, appartiennent à la *région des forêts*. D'ailleurs la plus grande partie de la *comarca* est couverte de pâturages, composés de Graminées, d'autres herbes et de sous-arbrisseaux.

On a autrefois tiré beaucoup d'or de quelques parties de la *comarca* du Rio das Mortes ; mais aujourd'hui c'est principalement à l'agriculture, et surtout à l'éducation des bêtes à cornes et des pourceaux, que se livrent les habitans de ce pays, favorisés par l'avantage d'être voisins de la province de Rio de Janeiro, et de pouvoir conduire par plusieurs chemins leurs denrées à la capitale. Une grande partie du bétail et des pourceaux qui se consomment dans cette dernière, viennent de la *comarca* de S. João, et principalement du canton de Rio Grande. La *comarca* de S. João d'El Rei fournit aussi aux habitans de Rio de Janeiro une prodigieuse quantité de lard et de fromages, du coton en laine, des toiles de coton grossières, des moutons, des chèvres, du sucre, des cuirs, enfin du tabac qui se récolte dans le *termo* de Santa Maria de Baependy [1].

La *comarca* du Rio das Mortes comprend environ deux cent mille ames [2], et elle est par conséquent la

---

[1] Luccock indique encore des chevaux, des mulets, de la volaille et des pierres précieuses. (*Notes on Braz.*, 470.)

[2] Cette indication m'a été donnée tout à la fois par le curé et par l'*ouvidor* de S. João. Les états de population faits par les pasteurs des diverses paroisses, ne font guère monter qu'à 170,000 les habitans de toute la *comarca* du Rio das Mortes;

plus peuplée des cinq qui composent la province de Minas Geraes, quoiqu'elle soit inférieure en étendue à deux d'entre elles; celles de Sabará et de Paracatú. Si même nous admettons, comme je l'ai fait, qu'il n'y ait pas plus de 500,000 ames sur toute la surface des Mines, la seule *comarca* de S. João d'El Rei comprendra plus du tiers de la population de la province ; et tandis que celle-ci, prise dans son ensemble, offrirait à peu près dix individus par lieue carrée portugaise[1], le Rio das Mortes, en estimant d'une manière très approximative sa surface à quatre mille cinq cent quatre-vingts lieues carrées, le Rio das Mortes, dis-je, présenterait environ quarante personnes par lieue. J'ai dit ailleurs que les blancs ne formaient pas un quart de toute la population des Mines; qu'en particulier sur la paroisse de Villa do Principe où il existe plus de vingt-huit mille individus, il n'y avait guère qu'un neuvième d'hommes de notre race, et que sur celle de S. Miguel de Mato dentro, il n'y en avait environ qu'un sixième : les proportions sont bien diffé-

---

mais les déclarations sur lesquelles ces états sont basés ne sont jamais exactes. Les indications de Pizarro, pour les paroisses et succursales du Rio das Mortes, porteraient la population de la *comarca* toute entière à environ 170 à 180 mille ames et celles d'Antonio Rodrigues Veloso de Oliveira à 222,583 (*Igreja do Brésil*, etc., dans les *Annaes Fluminenses* n° 1); mais il me paraît régner sur ce point, dans les deux auteurs que je cite ici, une obscurité, un vague ou un arbitraire qui ne me permettent pas d'adopter leurs chiffres avec une entière confiance.

[1] Voy. ma *première Relation*, vol. I, p. 80.

rentes dans la *comarca* du Rio das Mortes, puisque les blancs y sont aux hommes de couleur de race pure ou mélangée, comme un est à trois.

Les raisons des deux différences que j'ai signalées entre la population du Rio das Mortes et celle des autres *comarcas* sont bien faciles à découvrir. On n'a pas le même besoin d'introduire des nègres esclaves dans un pays où l'on se livre surtout au négoce et à l'éducation des bestiaux, que dans ceux où l'on extrait l'or de la terre. D'un autre côté, comme le Rio das Mortes est plus voisin de Rio de Janeiro que les autres parties des Mines, les émigrés européens doivent moins craindre d'aller s'y établir; et d'ailleurs ils ont plus de chances de faire quelque fortune chez un peuple adonné au commerce et à l'agriculture, que dans les contrées aurifères où l'on ne peut espérer de véritables succès qu'avec un capital déja acquis.

Il ne faut pas croire au reste que la population du Rio das Mortes soit également distribuée sur toute la surface de la *comarca*. Les causes qui ont amené, dans cette *comarca*, une population plus considérable que dans les autres, y ont aussi occasioné une répartition d'habitans fort inégale. Les premiers colons se sont établis dans la partie orientale où il y avait beaucoup d'or, et c'est là que les nouveaux venus doivent continuer à se porter, parce que ce territoire, voisin de la province de Rio de Janeiro, se trouve mieux placé sous le rapport des communications et du commerce. Cinq villes sont situées à l'orient du milieu de la *comarca*; il n'en existe qu'une seule dans la moitié occidentale, et, d'après mes calculs à la vérité fort approximatifs, la population de cette dernière moitié ne s'élève pas à beaucoup plus du cinquième de celle de la *comarca* tout entière.

Quoi qu'il en soit, si la position géographique de la *comarca* du Rio das Mortes et la nature de ses richesses tendent à accroître le nombre des habitans de ce pays, elles n'influent pas d'une manière aussi heureuse sur sa civilisation. Comme ces émigrés portugais qui augmentent sans cesse la population de la *comarca* du Rio das Mortes et surtout celle de S. João d'El Rei n'ont reçu aucune éducation, et que leur ignorance ne les empêche point de jouir, quand ils se sont enrichis, de cette considération qui malheureusement s'attache toujours à la fortune, ils ne songent point à donner de l'instruction à leurs enfans. La grossièreté des mœurs, favorisée encore par les soins de l'agriculture et l'éducation des troupeaux, se perpétue dans les familles; et l'on trouve dans la *comarca* du Rio das Mortes moins de savoir, moins de politesse et même moins d'hospitalité que dans les autres parties de la province.

Ce fut, à ce qu'on prétend, le vieux Fernando Dias Paes qui, vers la fin du dix-septième siècle, forma le premier un établissement dans la *comarca* du Rio das Mortes[1]; mais cet établissement n'eut probablement aucune suite. L'honneur de découvrir les mines d'or qui attirèrent de nombreux habitans sur le territoire

---

[1] South. *Hist. of Braz.*, III, 47.

de S. Joâo était réservé à Thomé Portes d'El Rei, natif de Taubaté [1]. Les Indiens qui habitaient le pays s'opposèrent d'abord aux progrès des aventuriers paulistes; on en vint aux mains, et l'on donna le nom de *Rio das Mortes* (rivière des morts) à la rivière sur les bords de laquelle s'était livré le combat [2]. Un peu plus tard, le territoire du Rio das Mortes fut le principal théâtre des querelles qui s'élevèrent (1707 à 1708) entre les Paulistes et les Forasteiros ou étrangers; et le peuple des Mines conserve encore le souvenir d'un combat sanglant que se livrèrent les deux partis près du Rio das Mortes [3]. La guerre civile durait environ depuis deux ans, lorsqu'Antonio de Albuquerque Coelho, gouverneur de Rio de Janeiro sut y mettre un terme. Nommé premier gouverneur particulier de Minas et de S. Paul, cet homme habile fut bientôt (1711) obligé d'aller porter du secours à la

---

[1] Au lieu de Portes d'El Rei, on trouve dans Southey Cortes d'El Rei.

[2] J'adopte ici l'opinion de Pizarro (*Mém. hist.*, VIII, p. 2da, 121), plus vraisemblable que celle qui attribue le nom de *Rio das Mortes*, à quelqu'une des querelles des Paulistes et des Forasteiros.

[3] L'histoire de la guerre civile des Forasteiros et des Paulistes a été écrite sous l'influence des passions qui ont trop souvent divisé les Européens et les colons du Brésil; aussi est-elle remplie d'incertitudes. Il serait bien à désirer que quelque Mineiro instruit et impartial voulut faire des recherches sur cette histoire, qui présente tout à la fois des évènemens intéressans et des détails de mœurs aussi étranges que variés.

ville de Rio de Janeiro envahie par les Français, et, du nombre de ceux qui se joignirent à lui, furent les habitans du Rio das Mortes. Pendant long-temps, le chef-lieu de leur pays n'avait eu d'autre nom que celui d'*Arraial do Rio das Mortes*; mais sous le gouvernement de D. Bras Balthasar da Silveira, successeur d'Albuquerque, la province des Mines fut divisée en quatre *comarcas*, et, le 8 décembre 1713, l'*arraial* appelé jusqu'alors *do Rio das Mortes*, fut érigé en ville sous le nom de *Villa de S. João d'El Rei*, qu'on lui donna en l'honneur du roi Jean V [1]. On a placé à S. João un *ouvidor* qui est aussi *corregedor* et surveillant des biens des défunts et des absens (*provedor dos defuntos e ausentes* [2]), et la *comarca* a été successivement divisée en *termos* qui resortissent de l'*ouvidoria* de S. João [3].

[1] Cazal fait remonter à 1712, la création de la ville de S. João d'El Rei; le *Patriota* place cet évènement dans l'année 1719, et enfin Pizarro en 1718, sous le gouvernement de D. Pedro de Almeida Portugal, comte de Assumar. Quant à moi, j'ai cru devoir adopter la date indiquée dans un manuscrit que j'ai vu entre les mains du curé de S. João d'El Rei, et qui était extrait des registres de la *camara* de cette ville. Au reste, Pizarro a eu connaissance de cette date, car, s'il admet celle du 19 janvier 1718 (*Mém. hist.*, VIII, p. 2da, 120), il reconnaît en même temps (p. 26) que la *comarca* de S. João fut formée, en 1714, sous D. Bras Balthasar de Silveira; or il est difficile, ce me semble, qu'on ait fait une *comarca* du territoire du Rio das Mortes, sans y créer une ville.

[2] Piz. *Mém. hist.*, vol. VIII, p. 2da, 121.

[3] Un voyageur anglais parle beaucoup du *gouverneur* qui administrait S. João en 1818. Il est bien évident que cet écri-

La *comarca* du Rio das Mortes ne dépend pas tout entière de l'évêché de Marianna. Cet évêché est borné par le Rio Sapucahy et une partie du Rio Grande; et le territoire situé au midi de ces limites, appartient au diocèse de S. Paul qui comprend, sous le nom de *comarca ecclesiastica do Cabo Verde*, les paroisses de *Jacuhy*, *Rio Pardo*, *Camanducaya*, *Cabo Verde* et *Sapucahy*[1].

Lors de mon voyage, il était grandement question d'ériger en évêché la *comarca* de S. João, et, si l'exécution de ce projet se réalise, il est permis d'en attendre quelque bien. Dans un pays où une faible population est disséminée sur un vaste territoire, il n'y a pas de société; chacun y est abandonné à ses propres forces; la vie est concentrée, comme l'a dit un écrivain philosophe[2], dans le cercle étroit de la famille, et les liens qui unissent les enfans à leurs pères sont eux-mêmes bien faibles; car le fils sait qu'en s'éloignant de la maison paternelle, il trouvera ailleurs des terres pour s'y établir, et des matériaux pour construire une cabane. Ainsi isolé, l'homme se dégrade peu à peu, et il tombe dans un état complet d'apathie et d'abrutissement; comme le Sertão de Minas Geraes et le pays de Goyaz en fournissent de si

---

vain avait en vue l'*ouvidor*. A l'époque dont il s'agit, il n'existait dans la province de Minas Geraes d'autre gouverneur que le *capitaine général* résidant à Villa Rica.

[1] Piz. *Mém. hist.*, VIII, p. 124.—Velozo *in Ann. Flum. Mappa*, 3.

[2] *Globe*, 26 novembre 1830.

nombreux exemples. Des idées religieuses peuvent seules préserver d'un tel malheur celui qui vit abandonné à lui-même au milieu des déserts; elles seules peuvent élever son ame et l'empêcher d'abjurer sa dignité d'homme. Si donc le gouvernement brésilien ne veut pas que les habitans des *sertões* de l'intérieur tombent dans une entière barbarie, il faut qu'il veille à leur instruction morale. Cette instruction, comme je l'ai dit ailleurs, ils ne peuvent, dans l'état actuel des choses, la recevoir que du clergé. Celui-ci malheureusement participe beaucoup trop à la corruption générale; mais si l'on divisait des évêchés actuellement plus grands que des royaumes, les pasteurs pourraient être surveillés davantage, et rappelés plus facilement à leurs devoirs trop souvent négligés[1].

Le *termo* particulier dont S. Joâo d'El Rei est la capitale, comprend une population de vingt-deux mille individus en âge de recevoir les sacremens, et est soumis à la juridiction d'un *juiz de fóra* qui exerce les fonctions d'inspecteur de l'or et celles de juge des orphelins.

Il existe dans ce *termo* deux régimens de cavalerie de garde nationale, et vingt-huit compagnies d'*ordenanças*, milice inférieure soumise aux *capitães móres* (Piz. *Mem.* VIII, 128)[2].

[1] Voyez ce que j'ai écrit sur ce sujet dans ma *première Relation*, vol. II, p. 307. Voyez aussi le mémoire intitulé: *A igreja do Brasil* dans les *Annaes fluminenses*, n° 1.

[2] Après avoir dit quelque chose des gardes nationales de

La seule paroisse de S. João comprend le *termo* tout entier; mais, hors de la ville, elle se divise en quatorze succursales, dont les desservans sont, suivant l'usage très condamnable, choisis et payés par les curés. Ces succursales sont celles de *S. Gonçalo do Brumado; S. Sebastião do Rio a baixo; Santa Rita; S. Tiago e Santa Anna; N. Sra. do Bom Successo; S. Antonio do Amparo; S. Gonçalo da Ibitur*ú*na; N. Sra. de Nazareth; N. Sra. da Conceição da Barra dos Rios das Mortes Pequeno e Grande; S. Francisco da Onça; N. Sra Madre de Deos; N. Sra da Piedade; S. Miguel de Cajur*ú*; S. Antonio do Rio das Mortes Pequeno.*

Pour me rendre à S. João, je continuai à traverser la plaine où est situé le Rancho do Marçal, et j'arrivai à une vallée qui se prolonge perpendiculairement à cette plaine. Là je jouis de la vue la plus riante qui se fût offerte à moi, depuis que je voyageais dans la province des Mines. Souvent j'y avais admiré des beau-

---

S. João, un voyageur ajoute que, *quant aux soldats de la ligne, ils sont tirés par la voie de la presse, de la classe des plus pauvres campagnards; qu'ils sont tous sous le commandement d'un lieutenant; mais qu'on les rassemble rarement, et qu'ils sont mal disciplinés.* En s'exprimant de cette manière, le voyageur dont il s'agit ne peut avoir eu en vue que le beau régiment de cavalerie des Mines; mais je crois qu'il est impossible d'en parler avec plus d'inexactitude. (Voy. ce que j'ai écrit sur ce régiment dans ma *première Relation,* vol. I, p. 380, et ce qui a été dit de sa réputation excellente, de sa belle tenue et de ses attributions dans l'ouvrage de Mawe intitulé : *Travels in the interior of Brazil;* London, 1815.)

tés majestueuses, mais toujours âpres et sauvages ; pour la première fois peut-être depuis quinze mois, j'eus enfin sous les yeux un paysage qui a quelque chose de cet air de gaîté auquel ceux de la France doivent tant de charmes. La vallée est très large, et bordée par des collines peu élevées couvertes de gazon. Une rivière y serpente, et d'un côté l'on aperçoit de nombreuses maisons de campagne qui toutes ont un jardin où, parmi des touffes de bananiers et d'orangers, s'élèvent plusieurs palmiers, entre autres, l'espèce élégante que j'ai déja décrite sous le nom de *macauba* (*Acrocomia sclerocarpa*, Mart.) [1]. Un arbre commun dans ces jardins ajoute par ses formes pittoresques aux beautés que présente l'ensemble du paysage ; c'est l'*Araucaria* qui, dans l'état adulte, se termine par une tête d'abord arrondie, et ensuite presque plane, composée de rameaux verticillés courbés comme des candelabres.

A environ une demi-lieue de Marçal, on arrive au hameau appelé *Porto Real*, où l'on trouve le Rio das Mortes Grande qui donne son nom à la *comarca*, et qui, dans cet endroit, peut avoir à peu près une quinzaine de toises de largeur.

Le Rio das Mortes va se jeter dans le Rio Grande à environ vingt lieues de S. João d'El Rei, du côté de l'occident au-dessus d'Ibitirúna, et il prend sa source, non loin de Barbacena, dans un endroit situé à une lieue du Registro Velho et appelé *Lavra de N. Sra da*

---

[1] Voy. ma *première Relation*, vol. II, p. 377.

Oliveira[1]. Au Porto Real, on passe cette rivière sur un pont en bois d'un effet assez pittoresque, qui n'a que la largeur nécessaire pour un char à bœufs, et qui est abrité, comme ceux de la Suisse, par un petit toit couvert en tuiles creuses et soutenu par des poteaux. Le passage des hommes est fixé à 80 reis (50 c.), et celui des bêtes de somme à 160 reis (1 f.). Ce péage est, comme tous les autres, affermé pour le compte du fisc. Je montrai aux employés la *portaria* ou passeport privilégié dont j'étais porteur, et n'eus rien à débourser.

Ayant traversé Porto Real, j'arrivai bientôt au village de *Bom Jesus de Matosinhos*, où l'on célèbre d'une manière spéciale les fêtes de la Pentecôte. Enfin, à un quart de lieue de cette bourgade, je trouvai la ville de S. João d'El Rei, située par le 21° 7′ 4″ lat. australe[2], à environ 25 lieues sud-sud-ouest de Villa Rica.

---

[1] Les renseignemens que je donne ici sur les sources du Rio das Mortes m'ont été communiquées dans le pays même. Cazal dit que cette rivière prend naissance dans la *Serra d'Ouro Branco* près celle de *Piranga*. Il serait possible que cette Serra d'Ouro Branco fut la montagne où se trouve situé N. Sra. da Oliveira; mais, dans tous les cas, il est bien évident que la Serra dont il s'agit ne saurait être celle du même nom voisine de Villa Rica. — Il est, je crois, inutile aujourd'hui de relever l'erreur de M. Mawe qui prétendait que le Rio Grande se jettait dans le Rio das Velhas. Il est presque également inutile de dire qu'il ne faut point écrire *Rio dos Mortes*, comme l'a fait Luccock.

[2] Cette position a été déterminée par les mathématiciens portugais cités dans le *Neue Welt* de von Eschwege. J'ai pré-

La position de cette ville est fort agréable. Elle a été bâtie dans une large vallée, au pied des montagnes de *Lenheiro* et de *Senhor do Bom Fim*, et elle s'étend sur une pente douce, en formant une espèce de triangle dont la pointe commence au-dessous des montagnes, et dont le côté le plus large est parallèle à la vallée. Les collines qui, d'un côté, bordent cette dernière, sont stériles, sablonneuses, couvertes d'un gazon ras, mais arrondies et peu élevées. Les montagnes opposées ont une hauteur plus considérable; elles sont escarpées, et des rochers noirâtres qui ôtent au paysage quelque chose de sa gaîté, s'y montrent de toute part. Deux ruisseaux, ceux de *Tijuco* et de *Barreiras* ou *Ribeirão* et *Corrego seco*[1], se réunissent immédiatement au-dessus de S. João, et forment une très petite rivière qui divise la ville en deux parties

féré les indications de cet auteur pour S. João d'El Rei et S. José à celles de Pizarro, parce qu'il s'est incontestablement glissé quelque erreur dans ces dernières; en effet, il n'y a que 2 l. de S. João à S. José, et, suivant Pizarro, il se trouverait entre ces deux villes environ un degré de latitude et plusieurs de longitude.

[1] Ces derniers noms m'ont été indiqués sur les lieux mêmes; mais je trouve les deux autres dans un manuscrit qui m'a été remis par une des personnes les plus marquantes de la ville de S. João. Ce sont aussi les noms de Tijuco et de Barreiras qu'on lit dans Pizarro. Enfin Cazal dit que deux ponts ont été bâtis sur la petite rivière de Tijuco qui divise S. João en deux quartiers. C'est à tort que, dans une description de S. João faite en Allemagne, on ne parle que d'un seul pont. C'est à tort aussi que Southey place cette ville sur le Rio das Mortes.

très inégales, et, serpentant dans la vallée, va se jeter dans le Rio das Mortes à peu de distance de Porto Real. Pour établir des communications entre les deux parties de la ville, on a construit deux ponts qui sont en pierre et ont chacun trois arches [1].

On compte à S. João dix églises dont les plus remarquables sont *S. Francisco* et l'église paroissiale dédiée à *N. Sra do Pilar* (Notre Dame du Pilier).

Celle-ci, en dehors, ne diffère pas beaucoup des églises de campagne; mais, à l'intérieur, elle est riche et d'une très grande propreté. On est ébloui en y entrant, par la quantité de dorures qui ornent les six autels latéraux et surtout la chapelle majeure tout entière [2]. Deux rideaux blancs que l'on a placés sur le devant de cette dernière, la font paraître plus profonde et en même temps font ressortir encore l'éclat des dorures.

L'église de S. Francisco a été bâtie sur une plate-forme, devant laquelle est une petite place [3]. Son intérieur qui lors de mon voyage, n'était pas encore achevé, n'a rien de remarquable; mais elle paraît

---

[1] Les épithètes de *formosas* et *majestuosas*, par lesquelles Cazal et Pizarro désignent ces ponts, n'ont pu être employées que par des hommes qui ne connaissaient que ceux du Brésil.

[2] J'ai expliqué dans ma *première Relation* ce que c'est que la chapelle majeure des églises, vol. I, p. 120.

[3] Cazal (*Corog. Braz.*, I, 377) dit que cette place est grande. C'est sans doute encore par comparaison; comme il appelle grandiose (*grandiosa*) le pont en bois de Bom Jesus de Matosinhos, qui n'a que la largeur nécessaire pour le passage d'un char à bœufs.

grande, si on la compare à celles du pays, et les deux tours qui lui servent de clochers, sont rondes, élégantes et assez élevées.

Il existe à S. João d'El Rei un petit hôpital qui dépend de la confrérie de la Miséricorde. Pendant quelque temps, on l'avait laissé tomber; mais, environ un an avant mon voyage, il avait été rétabli avec les aumônes des fidèles, et on avait l'intention de le soutenir par le moyen d'une loterie [1].

Je n'ai vu à S. João aucune fontaine publique. Outre la petite place qui existe devant l'église de S. Francisco, j'en ai remarqué une autre également très petite et irrégulière, sur laquelle donne la maison de l'*ouvidor*, et qui est, pour ainsi dire, hors de la ville.

La maison de l'*ouvidor* et l'hôtel de l'intendance de l'or sont deux bâtimens peu considérables, mais assez jolis. De l'intendance, non-seulement on découvre presque toute la ville; mais encore la vue s'étend au loin sur la vallée où la ville est bâtie.

La prison est un bâtiment très bas qui n'a que le rez-de-chaussée. On voit, suivant l'usage presque généralement répandu dans les Mines, les prisonniers aux barreaux de leurs fenêtres, causant avec les passans ou implorant leur commisération. Ces détenus, s'il faut en croire Luccock, Spix et Martius, sont pour la plupart des meurtriers [2].

[1] Luccock attribue le rétablissement de cet hôpital aux soins du magistrat Manoel Ignacio Mello e Souza, dont il fait le plus grand éloge. (*Notes on Braz.*, 458.)
[2] *Notes on Braz.*, 457.— *Reis.*, I, 317.

L'auberge où je descendis à S. João m'avait été indiquée comme la meilleure, et elle était sale et infecte. Des écuries ouvertes entouraient la cour de cette hôtellerie. Les chambres n'avaient d'autre ameublement qu'une couche, une table, un tabouret couvert de cuir, et l'odeur de la mienne était absolument la même que celle d'un hôpital peu soigné. Ce tableau convient au reste à peu près à toutes les auberges de la province des Mines, et même à celles de Rio de Janeiro tenues à cette époque, par des Portugais européens ou des Brésiliens-Portugais [1].

Les rues de S. João sont généralement pavées et assez larges. Suivant l'usage de tout le pays, les maisons ont peu d'élévation; mais elles sont en général jolies, bien entretenues, et un assez grand nombre d'entre elles possèdent un étage outre le rez-de-chaussée. Presque toutes sont blanchies; les portes, les jalousies, le tour des fenêtres sont peints en vert, en gris ou en façon de marbre; les toits n'avancent pas démesurément au-delà des murailles, et les jalousies s'ouvrent de droite à gauche et non de bas en

---

[1] Les descendans des Portugais établis en Amérique n'y prennent plus aujourd'hui d'autre nom que celui de *Brasileiros*, qu'il faut nécessairement traduire par *Brésiliens*. Cependant j'ai cru souvent devoir joindre à ce nom celui de *Portugais*, parce que la plupart des livres de géographie, de voyages ou d'histoire appellent *Brésiliens* ou *Brasiliens* (Voltaire) les seuls indigènes; et sans la précaution que je prends, j'aurais couru le risque d'être souvent mal compris en Europe, surtout lorsque je parlerai des indigènes civilisés.

haut comme à Villa Rica. On voit à S. João, principalement dans *la rua direita*, un grand nombre de boutiques généralement très bien garnies. Non-seulement cette ville n'a point cet air de tristesse et d'abandon qu'ont presque toutes celles de la province; non-seulement on n'y voit point à chaque pas des maisons inhabitées et qui tombent en ruines; mais encore tout y paraît vivant et animé.

On fait monter la population de S. João à 6 mille ames, et, dans aucune ville de la province, je n'ai vu autant de blancs et aussi peu de mulâtres.

Les premiers habitans de S. João d'El Rei qui, comme je l'ai dit, furent des mineurs, tiraient sans beaucoup de peine des quantités d'or considérables de la Serra do Lenheiro et du ruisseau qui arrose la ville. Une partie de cette dernière est, à ce qu'il paraît, bâtie sur des terrains aurifères, et les mornes voisins contiennent encore aujourd'hui beaucoup d'or; mais, pour l'extraire, il faudrait plus d'esclaves que l'on n'en possède. Si les pauvres continuent à aller glaner dans les ruisseaux, les hommes plus aisés préfèrent généralement aux chances aventureuses de la minération, les bénéfices mieux assurés du négoce. Il y a actuellement peu de minières en exploitation dans les environs de S. João d'El Rei, et l'hôtel de la fonte de l'or est principalement alimenté aujourd'hui, dit Martius, par S. José et Villa da Campanha [1]. Depuis que le Brésil a été affranchi, et que les habitans de S. João

---

[1] *Reis.*, I, 318.

ont renoncé, du moins en partie, à la minération, cette ville est devenue le centre d'un commerce considérable qui ne saurait qu'augmenter avec le temps. Les marchands dont plusieurs sont fort riches, se fournissent à Rio de Janeiro de tous les objets qui peuvent se consommer dans l'intérieur des terres; et les boutiquiers des petites villes de la *comarca* du Rio das Mortes, et des *comarcas* plus éloignées sont sûrs de trouver dans la même maison de S. João, à peu près tous les articles dont ils ont besoin; tandis que, s'ils allaient à Rio de Janeiro, ils perdraient beaucoup de temps; ils feraient des dépenses considérables, et, moins connus, il ne jouiraient pas des mêmes crédits. Les marchandises que la ville de S. João en particulier envoie à la capitale en échange de celles d'Europe sont de l'or, des cuirs, du lard, du coton en laine, des fromages, du sucre, des toiles de coton grossières et peut-être quelques autres articles [1]. Suivant Spix, Martius et Luccock, quatre caravanes de cinquante mulets chaque faisaient sans cesse, vers 1818, le voyage de S. João à Rio de Janeiro, pour porter des marchandises dans cette dernière ville, et pour en rapporter d'autres. S'il faut en croire le dernier des trois écrivains que je viens de citer, la balance du commerce était en faveur de la *comarca* du Rio das Mortes.

Le coton qui se recueille dans cette *comarca* est en partie acheté par les négocians de S. João d'El Rei,

---

[1] *Notes on Braz.*, 47

qui le font séparer des semences, et ont des presses pour le mettre dans les sacs de cuir. En 1818, ce coton se vendait à S. João 1,200 reis avec ses graines; et, dépouillé de semences, il se revendait 8,000 reis à Rio de Janeiro, sous le nom de coton de *Minas Geraes*. J'ai dit que le coton du Rio das Mortes se réduisait par la séparation des semences au quart de son poids, ce qui l'établissait pour S. João au prix de 4,800 reis sans semences. Or il en coûtait trois *vintens* pour séparer un arrobe de coton de ses graines, et il fallait payer 600 reis par arrobe pour le transporter de S. João à Rio de Janeiro. Rendu dans cette dernière ville, le coton de Minas Geraes revenait donc à environ 5,512 reis au négociant de S. João, et, par ce qui a été dit plus haut, on peut juger de ses bénéfices sur cet article. Il est à remarquer que ce même coton qui, avec ses semences, valait, en 1818, 1,200 reis à S. João, ne s'y vendait guères plus de 600 reis avant la paix générale.

Dans un pays voué à l'agriculture, les denrées ne sauraient manquer d'être abondantes; elles doivent par conséquent se vendre à des prix modérés, et, s'il faut en croire Luccock [1], on se procurerait pour mille écus de France par année toutes les jouissances que le pays peut offrir.

Les vivres qui se consomment à S. João sont apportés des *fazendas* voisines sur des chars à bœufs que l'on promène dans les rues, jusqu'à ce que la

---

[1] *Notes on Braz.*, 470.

charge soit entièrement débitée. Comme la *comarca* du Rio das Mortes est en grande partie peu montagneuse, on y fait beaucoup usage des chars dont je viens de parler, et, lorsqu'on demande aux cultivateurs ce que produit sur leurs propriétés un *alqueire* de maïs, ils répondent qu'il rend tant de chars. Ces derniers, à peu près faits de la même manière dans toute la *comarca*, sont semi-elliptiques et portés sur des roues presque pleines. Dans des trous pratiqués autour du charriot, on enfonce de longs bâtons destinés à retenir une grande natte qui empêche les denrées de s'échapper, et, qui fermant la voiture par devant comme un char de triomphe, la laisse ouverte par derrière. Le joug se place sur le cou des bœufs et non sur leur tête, usage qui nous paraît mériter des éloges.

Quoique les habitans de Rio das Mortes s'appliquent généralement à l'agriculture et que les vivres soient abondans à S. João d'El Rei, il ne faut pourtant pas croire que les alentours de cette ville présentent, comme ceux des villes de France ou d'Allemagne, une suite non interrompue de champs et de potagers. Ils sont au contraire généralement nus et semblent peu habités; mais il n'en est pas moins vrai qu'un grand nombre de *fazendas* sont éparses dans les enfoncemens, et je doute qu'il y ait auprès d'aucune des villes de Minas Geraes autant de jardins que j'en ai vu dans la vallée délicieuse qui conduit du Rancho de Marçal à S. João d'El Rei.

Pendant les mois de juin, juillet et août, les plantes se couvrent très souvent, dans les environs de S. João, d'une gelée blanche qui, dit-on, nuit beaucoup aux pâturages et par conséquent aux bestiaux. D'un autre côté ce pays élevé et déja très méridional convient bien à la culture des arbres fruitiers d'Europe, et l'on y récolte avec assez d'abondance des coings, des pêches et d'assez bonnes pommes. Plusieurs personnes ont aussi planté avec succès des noyers et des châteigniers; mais, si les noix ne sont pas mauvaises, la partie huileuse qu'elles contiennent a cependant une acreté qui fait mal à la gorge et que je n'ai jamais observée dans les noix d'Europe. Lorsqu'au mois de février 1819, je me retrouvai à S. João d'El Rei j'éprouvai un plaisir extrême, en voyant dans un jardin mêlés aux *grumichameiras*[1], aux bananiers, aux manguiers,

---

[1] Les *grumichameiras* sont des arbres d'une grandeur médiocre dont le fruit, d'un violet très foncé et d'un goût frais et agréable, a environ la grosseur d'une cerise. Ce fruit est accompagné de deux bractées foliacées, et porte le nom de *grumichama* qui, suivant Pizarro, vient de *igranamichama* ou *igbanemichama*. L'auteur que je viens de citer indique trois variétés de *grumichamas*; celles d'un violet très foncé; celles qui sont rouges, et enfin les blanches que l'on trouve dans les districts de *Mangaratygba* et *Ilha Grande*, province de Rio de Janeiro. Les *grumichameiras* ne doivent point être appelées *grumijamas*, comme on l'a cru en Allemagne, et leurs fruits ne s'appellent pas non plus *gurmichamos*, comme on l'a pensé en France, quoique, depuis long-temps, l'infortuné Dombey, cité par Lamark, les eut fait connaître sous le nom de *gurmichamas*. C'est à l'*Eugenia Brasiliana* de Lamark que doit être rapporté le *grumichameira*. Comme on vient de le

aux *jabuticabeiras*, des pommiers, des poiriers, des grenadiers, de belles treilles, des pruniers, un grand nombre d'abricotiers et de jeunes châteigniers. Il y avait alors près de trois ans que j'étais au Brésil et je n'avais encore vu aucun individu des trois dernières espèces. Je mangeai une mangue et une grenade que je trouvai excellentes [1].

J'ai déja fait observer que la civilisation était moins avancée chez les habitans du Rio das Mortes que chez ceux des *comarcas* de Sabará et du Serro do Frio. Dans ces dernières parties de la province, j'excitais partout une curiosité très vive; mais, si cette curiosité était importune, du moins elle n'était jamais grossière. Au contraire, depuis que j'étais entré dans la *comarca* du Rio das Mortes, non-seulement on m'adressait les questions les plus sottes, non-seulement j'étais l'objet des observations les moins polies; mais il fallait encore que, sans m'en demander la permission, on touchât à tout ce qui m'appartenait, et que, pour ainsi dire, l'on en fit l'inventaire. Je suis bien loin de vouloir attribuer ces torts à tous ceux que j'ai eu l'occasion de rencontrer dans la *comarca* du Rio das Mortes; on ne tardera pas à voir, par exemple, combien j'eus à me louer du bon propriétaire du Rancho de Marçal;

voir, Dombey avait écrit *gurmichama* et non *grumichama*; mais je crois que l'on prononce des deux manières.

[1] Cazal et Luccock parlent d'un fruit particulier, dit-on, à S. João, mais que je n'ai pas eu l'occasion d'observer. C'est une sous-variété blanche et par conséquent fort singulière de l'orange appelée au Brésil *tangerina*.

AU BRÉSIL. 257

on verra aussi, dans mes autres relations, que je fus traité avec une aimable hospitalité par plusieurs colons de la *comarca* du Rio das Mortes. Mais je croirais trahir la vérité, si je faisais le même éloge des habitans de S. João d'El Rei que de ceux de Tijuco, de Sabará, et de Villa do Principe.

Je m'aperçus de la différence qui existe entre ces villes, le jour même où j'arrivai à S. João. J'étais sorti à la nuit pour me promener dans la ville; il faisait un clair de lune superbe, et l'on pouvait sans peine distinguer les objets. Quoique mon costume ne différât pas beaucoup de celui des Brésiliens, chacun s'arrêtait pour me regarder; puis l'on faisait de grands éclats de rire, accompagnés souvent des remarques les plus impertinentes. Ce n'était pas là cet esprit de bienveillance que j'avais trouvé généralement répandu dans les autres parties de la province, et qui m'avait aidé tant de fois à supporter les ennuis et la fatigue de mon voyage. Dans les différens séjours que j'ai faits à S. João, j'ai eu occasion d'entrer à peu près chez tous les marchands de cette ville, et je dois avouer que s'ils n'ont pas tout-à-fait ce stupide orgueil que l'on remarque trop souvent chez les boutiquiers de Rio de Janeiro, ils sont bien loin cependant de la politesse aimable des bons habitans du Serro do Frio. Ce fut à S. João qu'après environ un mois d'inquiétudes et de soins, j'eus, dans le cours de mon troisième voyage, le chagrin de perdre le pauvre Prégent; tout le monde sut le malheur que j'avais essuyé, et je ne reçus pas d'un seul individu les marques d'intérêt les plus légères. Un négociant qui habitait S. João, mais sans y être né, et qui n'était pas sans quelque instruction, m'assura qu'à un petit nombre d'exceptions près, il n'y avait personne dans cette ville qu'un homme bien élevé pût fréquenter; que les habitans étaient en général des gens impolis et sans éducation, et qu'ils vivaient grossièrement dans l'intérieur de leurs maisons, étrangers à tous les charmes de la vie sociale.

Comme je l'ai déja dit, la population marchande de S. João d'El Rei est renouvelée sans cesse par des jeunes gens qui viennent souvent des provinces les plus éloignées du Portugal, qui n'ont reçu aucune éducation, mais qui sont fiers d'être nés en Europe. Après avoir été commis, ces jeunes gens font des affaires pour leur propre compte; devenus négocians, ils conservent toute la grossièreté de leurs mœurs, et montrent encore plus d'orgueil qu'auparavant, parce qu'ils possèdent quelque chose. À leur tour, ils font venir d'Europe, pour leur apprendre le commerce, des hommes de leur famille tout aussi mal élevés qu'eux, et c'est ainsi que l'ignorance et le défaut de civilisation se perpétuent dans S. João d'El Rei. La population des autres villes de la province ne se renouvelle pas de la même manière parce qu'elles sont moins marchandes et plus enfoncées dans l'intérieur.

Lorsque, pour la troisième fois, je fis le voyage de Minas, je me trouvais porteur d'une lettre de crédit adressée, par une maison très recommandable de Rio de Janeiro, à l'un des hommes les plus riches de S.

João. Dans le moment où j'entrai chez ce dernier, il était étendu sur son comptoir; et, non-seulement il ne me fit pas la moindre politesse, ni l'offre de service la plus légère; mais il ne daigna pas même se lever pour me recevoir, et se fit lire la lettre que je lui présentai. De telles manières sont assez étranges sans doute; mais elles ne m'étonnèrent plus, quand je sus que l'homme qui m'avait si bien accueilli était un Européen.

Les marchands portugais établis non-seulement à S. João, mais encore dans les autres parties du Brésil où j'ai voyagé, sont pour la plupart, je le répète, des hommes d'une classe inférieure qui souvent même ne savent ni lire ni écrire, et qui ont commencé sans aucun capital. Tandis que les Brésiliens dissipent négligeamment ce qu'ils possèdent, les Européens amassent sou à sou, et se condamnent à toutes les privations pour acquérir de la fortune. La première chose qu'ils s'accordent, c'est une négresse, et il faut tout à la fois, qu'elle fasse leur cuisine, qu'elle soit leur maîtresse, qu'elle les blanchisse, nétoie leur maison, et même, ce que les Américains ne font faire en général que par des esclaves mâles, qu'elle aille leur chercher de l'eau et du bois. Devenus riches, ces hommes, comme je l'ai dit, conservent toute leur grossièreté primitive, et, y joignant la morgue la plus insupportable, ils traitent avec mépris les Brésiliens auxquels ils doivent leur opulence.

D'après tout ce qu'on a vu plus haut, on ne s'étonnera vraisemblablement pas si j'ajoute que la mendicité est commune à S. João. C'est le samedi que l'on a coutume d'y faire plus particulièrement l'aumône. Me trouvant à pareil jour dans cette ville, je fus étonné de la quantité de mendians qui remplissaient les rues, et le curé m'assura que chaque samedi il donnait à plus de quatre cents personnes. Ces mendians sont des nègres ou des mulâtres vieux, infirmes et hors d'état de pouvoir travailler. Des maîtres barbares profitent de la jeunesse de leurs esclaves, peut-être même l'abrègent-ils par un travail forcé, et quand ils ne peuvent plus tirer parti de ces malheureux, ils s'en débarrassent en les affranchissant. Ceux-ci alors n'ont d'autres ressources que de demander l'aumône, et ils deviennent une charge pour le public.

On ne saurait s'empêcher de frémir d'indignation, lorsqu'on pense que cette barbarie se répète si souvent dans un pays où les vivres sont aussi abondans, et où il en coûterait si peu aux propriétaires d'esclaves, pour payer à l'humanité et à la reconnaissance une dette sacrée. N'est-il pas inconcevable aussi que les lois n'aient rien réglé sur cet horrible abus de l'affranchissement, qui ne devrait jamais être qu'un acte de bienfaisance [1] !

---

[1] Un écrivain anglais, qui a été extrêmement sévère à l'égard des Brésiliens, montre cependant de l'indulgence pour les habitans de S. João ; tout en convenant qu'ils manquent d'éducation, il leur accorde plusieurs qualités recommandables, et se loue beaucoup de la réception qu'ils lui ont faite. Il serait par trop singulier que ce voyageur n'eut pas été bien accueilli dans une ville avec laquelle il avait fait, dit-il,

pendant dix années une suite d'affaires commerciales, et dont il avait reçu chez lui quelques habitans. Mais c'est sans doute la reconnaissance qui lui a dicté la phrase que l'on va lire : « Il n'y a ici aucun mendiant, excepté quelques-uns « auxquels on accorde, pour un certain temps, la permis- « sion de demander l'aumône comme l'adoucissement d'une « pauvreté honnête ou de quelque infortune extraordinaire. » J'ai été tellement frappé du nombre de mendians que l'on rencontre à S. João, qu'à deux de mes voyages, j'ai consigné dans mes notes les mêmes observations sur ce fait affligeant.

CHAPITRE XI.

VOYAGE DE S. JOÃO D'EL REI A RIO DE JANEIRO.

Départ du Rancho de Marçal. — *Serra de S. José.* — Ville de S. José. Aspect de ses alentours. — Espèces de bananiers cultivées dans la province des Mines. — Idée générale du pays qui s'étend depuis S. José jusqu'à Barbacena. — Ponts. — *Fazenda de Barroso*; réception qu'on y fait à l'auteur. — *Fazenda de Faria.* Les ranchos. Arbrisseau à odeur de citron. — L'auteur rentre dans la grande route de Villa Rica à Rio de Janeiro. — Ce que c'est que *João do Campo.* — Quelques mots sur la grande route et son aspect. — Des blancs que l'on rencontre entre Barbacena et Pedro Alves. — Chaleur ; beautés de la végétation. — Passage du Parahybuna. La chaleur augmente et la végétation devient encore plus belle. Teintes du firmament. — Passage du Parahyba. — Encruzilhada et les deux chemins qui mènent à Rio de Janeiro. — L'auteur choisit celui appelé le *chemin de terre.* — *Sucupira.* Réflexions sur les affranchissemens. — Ubá. M. Ovide et l'Académie des arts. Des charpentiers brésiliens. — L'auteur rentre dans le *chemin de terre. Ranchos.* Aspect du pays. — *Cascade de la Veuve.* — *Marcos da Costa*, habitation. — Serra da Boa *Vista*; vue admirable. — La plaine. — Le *Rio do Pilar.* — Hameau de *Taquarassú.* Village du *Pilar.* — L'auteur arrive à Rio de Janeiro.

J'étais au Rancho de Marçal chez un homme qui ne faisait aucun commerce, et qui par conséquent ne pouvait espérer aucun avantage du service qu'il me rendait en me recevant chez lui ; mon bagage devait l'embarrasser beaucoup, et cependant son honnêteté et sa complaisance ne se démentirent jamais un seul instant. Cet exemple et d'autres que par la suite je citerai encore, prouvent que si la *comarca* du Rio das Mortes est moins hospitalière que les autres, elle n'est pourtant pas non plus étrangère à l'hospitalité.

M'étant remis en route (22 février 1818), je marchai d'abord au pied de la Serra de S. José où j'avais déja herborisé, lorsque j'étais au Rancho de Marçal, et qui ne peut être qu'un contrefort de la grande chaîne occidentale (Serra do Espinhaço Eschw.). Partout où j'avais parcouru cette serra, elle est hérissée de rochers nus; mais là où il existe de la terre végétale, j'avais trouvé des Graminées, d'autres herbes, quelques arbrisseaux, et çà et là un petit nombre d'arbres rabougris. Parmi ces plantes, il en est peu que je n'eusse pas déja recueillies ailleurs.

J'avais fait une lieue en côtoyant la Serra de S. José, lorsque enfin j'arrivai à la ville du même nom située par le 21° 5′ 30″ de lat. S. à 26 lieues de Marianna et 63 lieues de Rio de Janeiro [1].

Ce fut João de Serqueira Affonso [2] Pauliste, natif de Taubaté qui découvrit le lieu où est à présent la ville de *S. José*. Un grand nombre d'aventuriers se

---

[1] Piz. *Mém. hist.*, VIII, p. 2da, 129 et 130.

[2] Ces noms se trouvent dans Pizarro; mais Southey écrit *Jozo de Sequeira Affonso*.

réunirent dans cet endroit, et, le 19 janvier 1718, D. Pedro de Almeida Portugal, Comte de Assumar y fonda une ville [1]. S. José est administré aujourd'hui par deux juges ordinaires *(juizes ordinarios)*[2]; et le *termo* dont cette ville est la capitale [3], se divise en deux paroisses, celle de la ville même qui contient 12,840 individus sur un territoire de plus de 40 lieues et celle de Notre-Dame de la Conception des Prés (*N. Sra da Conceição dos Prados*) qui comprend une population de 5,060 personnes [4].

C'est auprès du Rio das Mortes et au-dessous des montagnes de S. José, qu'a été bâtie la ville qui porte ce dernier nom. Elle est peu considérable; mais on y voit des maisons fort jolies, et l'on est frappé de la grandeur de l'église paroissiale qui s'élève sur une plate-forme.

Les collines qui entourent S. José, creusées et bouleversées en tous sens, montrent assez quelles

[1] La date que je cite ici est indiquée par Pizarro, et c'est la même que cet auteur indique aussi pour la fondation de la ville de S. João. On a vu que, pour cette dernière ville, j'avais adopté une autre date; mais il n'y a point à ma connaissance de différence d'opinion sur l'époque de la création de la ville de S. José.

[2] Voy. ma *première Relation*, vol. I, p. 359.

[3] C'est dans le *termo* de S. José que naquit Basileo da Gama, auteur du poème intitulé l'*Uruguay*. Les Français qui voudront avoir une idée de cet ouvrage, peuvent lire l'intéressant *Résumé de l'histoire littéraire du Portugal*, par M. F. Denis.

[4] Piz. *Mém. hist.*, VIII, p. 2da, 131 et 132.

étaient les occupations des premiers habitans de cette ville. Ses alentours ont fourni beaucoup d'or, et il faut que ce point ait eu jadis une grande importance, pour que, si près de S. João, on y ait créé une ville. Aujourd'hui le métal précieux qui faisait l'objet de tant de recherches, se trouve presque épuisé, et l'on a abandonné la plupart des anciennes minières.

Après avoir traversé S. José, j'arrivai sur le bord du Rio das Mortes qui coule au-dessous de la ville dans une large vallée. Pour passer sur le pont en bois qui traverse cette rivière, il faut payer un péage; mais mon passe-port privilégié (*portaria*) m'exempta de cet impôt.

Quand on est parvenu sur les hauteurs qui, du côté opposé à la ville, bornent la vallée, on découvre une vue très agréable. Des montagnes qui font partie de la Serra de S. José présentent un sommet arrondi, tandis que leur flanc, presque à pic et sans inégalité, forme une haute muraille de rochers noirâtres où croissent çà et là quelques arbrisseaux. Au-dessous de ces montagnes, on voit la ville de S. José dominée par l'église paroissiale près de laquelle s'étend le principal groupe de maisons. D'autres habitations entourées de bananiers, de caffeyers, d'orangers sont éparses çà et là dans la vallée ; plus loin se trouvent de vastes minières, et enfin, au-dessous de la ville, coule le Rio das Mortes qui forme mille détours.

On a vu que toutes les fois que je parle des villes et villages des pays aurifères, je dis que généralement on plante des bananiers auprès de chaque maison.

Les fruits de ces immenses herbes, très sains et fort nourrissans, sont d'une grande ressource pour les gens pauvres qui les mangent avec de la farine de maïs. On cultive dans la province des Mines quatre espèces de bananiers; ceux dits de *S. Thomé* dont les baies sont petites et d'un goût très agréable; ceux *da terra* (du pays) dont le fruit beaucoup plus grand et moins délicat se mange ordinairement cuit; les bananiers de *Maranhão* qui ont des baies plus grandes encore que les *bananas da terra*; enfin une quatrième espèce que l'on nomme *farta velhaco* (rassasie-coquin), et dont les régimes et les fruits sont plus grands encore que dans l'espèce appelée de *Maranhão*. Le bananier de *S. Thomé* doit être rapporté au *Musa sapientum* L.; celui dit *da terra* au *Musa paradisiaca*, L. et quoique je n'aie pas eu occasion d'étudier le Maranhão et le *farta velhaco*, je présume que ce sont de simples variétés de la dernière des deux espèces linnéenes que je viens de citer [1].

Tantôt montueux et tantôt à peu près ondulé, le pays que je parcourus dans un espace de 8 à 10 lieues depuis S. José jusqu'à Barbacena, doit nécessairement

---

[1] Pizarro, parlant des fruits de Rio de Janeiro, ne fait mention que de trois espèces de bananes, *da terra*, de *Maranhão* et de *S. Thomé*, d'où l'on pourrait conclure que le *farta velhaco* n'est point connu dans la capitale du Brésil.—Je serais tenté de croire que la variété dite *Maranhão* a réellement pris naissance dans cette ville; car Pison dit positivement que les bananiers y acquièrent un grand développement : *In Maranhan maximopere luxuriant* (Bras. éd. 1658, p. 154).

s'élever de plus en plus, puisqu'à chaque instant on s'approche davantage de la Serra da Mantiqueira. La hauteur du sol finit même par devenir telle que, sur la *fazenda* de *Faria* qui est voisine des sources du Rio das Mortes, et où je m'arrêtai immédiatement avant de rentrer dans la grande route de Villa Rica à Rio de Janeiro, les froids des mois de juin, juillet et août ne permettent plus de planter des bananiers. Dans toute cette contrée, la croupe des mornes est arrondie ; le terrain sur les hauteurs est sablonneux ou caillouteux ; la campagne présente des pâturages naturels le plus généralement composés de Graminées ; mais, dans les enfoncemens, sont des bouquets de bois dont on profite pour la culture. Entre Villa Rica et S. João, les pâturages m'avaient offert une végétation peu variée, et il en fut de même de ceux que je traversai pour me rendre de S. João à Barbacena. Le chemin que je suivais alors est un de ceux qui conduisent de S. João d'El Rei à Rio de Janeiro, et doit être assez fréquenté ; cependant on voit fort peu d'habitations dans les campagnes qui le bordent, et à peine aperçoit-on quelques traces de culture. Monté sur des hauteurs à environ 5 ou 6 lieues de S. José, je ne découvris absolument que d'immenses solitudes qui fatiguent l'œil par leur monotonie. Il est inconcevable combien cette route offre peu de ressources. Le jour où j'avais quitté le Rancho de Marçal, je cherchai inutilement à me procurer du maïs ; le lendemain ce fut par grace qu'on m'en vendit un demi-*alqueire*, et, le troisième jour, je ne pus avoir de farine, quoique je me fusse arrêté dans un lieu où les caravanes ont coutume de faire halte[1].

Avant d'arriver à la *fazenda* de *Barroso* où je couchai le lendemain de mon départ de Marçal, je trouvai une seconde fois le Rio das Mortes qui, dans cet endroit, fait la limite du *termo* de S. João et de celui de Barbacena. On passe la rivière sur un pont très mauvais, comme le sont, pour la plupart, ceux de la province de Minas, mieux partagée pourtant que celle de Rio Grande, qui, quoique coupée de nombreuses rivières, n'a cependant point de ponts.

Je ne voulais pas faire entrer toute ma suite à la *fazenda* de Barroso, sans avoir parlé d'abord au propriétaire de cette habitation. Je me présentai donc seul, et je demandai poliment l'hospitalité. Le maître de la maison me répondit d'une manière assez malhonnête que sa maison n'offrait aucune commodité, et il me montra un *rancho* situé à quelque distance. Accoutumé à l'hospitalité des bons habitans du Serro do Frio, je fus piqué d'une telle réception. Je me retirai en montrant toute ma mauvaise humeur, et, quelques instans après, je me présentai une seconde

---

[1] Itinéraire approximatif de S. João d'El Rei à la ville de Barbacena.

De S. João d'El Rei à S. José,	2	legoas.
—— Rancho d'Ervas,	1 1/2	
—— Fazenda de Barroso,	3	
—— Fazenda de Faria,	3	
—— Villa de Barbacena,	2	
	11 1/2	legoas.

fois, ma *portaria* à la main, à peu près, j'avouerai mes torts, comme un caporal qui se fait donner un logement par force. Il s'en faut bien au reste que j'eusse abusé du passeport dont j'étais porteur et qui me donnait les droits les plus étendus; car, depuis près de quatorze mois que je voyageais dans les Mines, c'était la seconde fois que je le montrais à de simples particuliers et il ne m'avait servi que pour le passage des douanes et des rivières. Quoi qu'il en soit, lorsque le propriétaire de Barroso, eut pris lecture de la *portaria*, je n'attendis pas même sa réponse, j'appelai mes gens, je donnai ordre de décharger le bagage; mais quand les premiers instans de froideur furent passés, j'allai causer avec mes hôtes, comme si rien n'avait eu lieu entre nous, et nous devînmes les meilleurs amis du monde. Il est naturel que l'on trouve plus d'hospitalité dans les lieux écartés que sur le bord des routes fréquentées par les caravanes; mais ce qu'on peut avec raison reprocher aux habitans de cette partie de la province, c'est une sorte de rusticité dédaigneuse, qui contraste singulièrement avec cette politesse simple et affectueuse des colons de Sabará et du Serro do Frio.

Le soleil n'était pas encore couché, lorsqu'après m'être établi dans la *fazenda* de Barroso, j'eus terminé mon travail ordinaire. Je profitai du temps qui me restait pour aller herboriser à peu de distance de l'habitation sur le bord d'un marais. La découverte de quelques belles plantes me dédommagea un peu des chétives récoltes que je faisais dans les pâturages et sur les collines. Cependant j'ai observé que, dans ces contrées, les marais présentaient en général une végétation moins variée que ceux d'Europe.

Le lendemain du jour où j'avais couché à la *fazenda* de Barroso, j'allai faire halte à celle de *Faria* qui est située à quelque distance de la route, mais où les caravanes s'arrêtent très souvent. Comme il s'y trouve un *rancho*, je m'installai sous cet abri, et je n'eus pas besoin de demander asile au maître de la maison. Les mots *rancho* et *ranchar* (s'arrêter sous un *rancho*) qui ne sont en usage qu'au Brésil, s'appliquent par extension à tous les lieux où l'on fait halte ; mais, comme je l'ai dit ailleurs [1], un *rancho* proprement dit est un grand hangar destiné à recevoir les voyageurs [2]. Ce hangar n'est souvent qu'un toit soutenu par des poteaux ; mais dans les cantons élevés et par conséquent froids, comme est celui où se trouve située la *fazenda* de Faria, les *ranchos* sont ordinairement fermés par des murs. Celui de Faria n'offrait, outre la porte, que deux petites ouvertures ; la fumée de notre feu m'aveuglait ; et je n'avais pas assez de jour pour analyser les plantes recueillies pendant la journée. D'un autre côté le toit, mal entretenu, avait, à ce qu'il paraît, laissé passer les eaux pluviales, et le terrain qui servait de plancher était humide et presque fangeux. Il ne faut pas croire au reste que ce tableau soit uni-

---

[1] Voy. ma *première Relation*, vol. I, p. 64, 67.

[2] Les Portugais d'Europe emploient le mot *rancho*, mais ils lui donnent une autre signification.

quement celui du *rancho* de Faria; il conviendrait également à beaucoup d'autres de ces hangars.

Les désagrémens du *rancho* ne furent pas les seuls que j'essuyai à Faria. Jamais je n'avais été assailli par une bordée de questions aussi peu honnêtes et aussi indiscrètes que celles qui me furent faites dans cet endroit. Je répondais très froidement par oui et par non, mais sans pouvoir décourager les questionneurs.

La *fazenda* de Faria, voisine de la Serra da Mantiqueira et des sources du Rio das Mortes est située, comme je l'ai dit, dans un pays que son élévation rend trop froid pour que les bananiers puissent y réussir. Le propriétaire de cette *fazenda* profite des pâturages qui entourent son habitation, pour faire beaucoup d'élèves de bestiaux. Je goûtai le lait de ses vaches et le trouvai très crêmeux, comme l'est en général celui des pays de montagnes.

Je ne vis, près de Faria, aucune plante en fleurs que je n'eusse point encore. Cependant, en passant auprès d'un taillis (*capoeira*), je cueillis, sans y penser, les feuilles d'un arbrisseau; je les froissai entre mes doigts, et je fus agréablement surpris de leur trouver une odeur exquise d'essence de citron. Cet arbrisseau n'était point en fleurs, et par conséquent je ne pus décider à quelle famille il appartenait; mais, comme il serait bon de l'introduire dans les jardins, je recommanderai la recherche de ses graines aux naturalistes qui ne croient pas qu'ils ont assez fait pour la science et pour leurs semblables, quand ils ont donné des noms à des animaux et à des plantes.

Le pays que je traversai entre Faria et Barbacena, dans un espace de deux lieues, ne diffère pas de celui que j'avais parcouru la veille. Les mornes sont toujours arrondis ; le terrain y est très aride, sablonneux ou cailloux, et les Graminées qui composent presque uniquement les pâturages, sont peu vigoureuses et écartées les unes des autres.

Je n'oublierai point de dire que, depuis Congonhas do Campo jusqu'à Faria, je ne revis nulle part un seul pied de *capim gordura*. Il est à observer que cette Graminée ambitieuse ne dépasse pas beaucoup le versant occidental de la Serra da Mantiqueira et de sa longue continuation (Serra do Espinhaço Eschw.); et par conséquent si le 17° 40' de latitude est actuellement sa limite septentrionale (V. plus haut p. 35), le 380° long. doit être à peu près considéré comme sa limite occidentale.

Arrrivé à Barbacena, je me retrouvais sur la grande route de Rio de Janeiro à Villa Rica où j'avais passé, il y avait quatoze mois, en commençant mon voyage dans la province des Mines. Ayant déja décrit cette route dans ma première relation, je renverrai le lecteur à ma description, et je n'ajouterai qu'un petit nombre de détails.

Déja après avoir quitté Barbacena, le voyageur qui vient d'un pays découvert commence à s'apercevoir de l'approche de la *région des forêts*; il trouve les mornes un peu moins arrondis, les vallées plus profondes et les bouquets de bois plus multipliés. Dans ceux de ces derniers où la terre est sablonneuse et de mauvaise qualité, j'eus le plaisir d'admirer à l'état sauvage le majestueux *Araucaria Brasiliensis* qui, à ma connaissance, ne croît dans aucune autre *comarca* de la province des Mines, que celle de S. João, et qu'ici, comme à Curitiba, j'ai vu accompagné de l'arbre fameux appelé *congonha* ou *mate* (*Ilex Paraguariensis* A S H'[1]).

[1] J'ai assuré (*App. Voy.* 44, ou *Mém. Mus.*, vol. IX) que le véritable *mate* du Paraguay croissait naturellement dans les environs de Curitiba, province de S. Paul ; mais, par un malentendu qu'il me serait facile d'expliquer si l'espace le permettait, un savant auquel la botanique a les obligations les plus grandes, M. Lambert a remis ce fait en question dans son admirable ouvrage sur le germe *Pinus*. Comme il ne s'agit pas ici d'un point de botanique spéculative, mais d'un fait du plus haut intérêt pour le commerce brésilien, je crois indispensable d'entrer dans de nouveaux détails. Le *mate* du Paraguay, celui dont les jésuites avaient formé des quinconces dans leurs missions, est bien réellement la plante que M. Lambert a figurée à la planche IV de l'*appendice* de son ouvrage et qu'il appelle, comme je l'avais fait précédemment, *Ilex Paraguariensis;* c'est absolument la même plante qui croît dans les environs de Curitiba et qu'on y exploite en grand ; enfin, c'est encore la même plante que j'indique ici comme se trouvant dans les environs de S. João d'El Rei. Quant au *Cassine congonha* de M. Martius que M. Lambert a représenté (*Pin.*, t. VI) sous le nom d'*Ilex gongonha*, je n'en ai parlé dans aucun endroit de mes ouvrages ; je l'ai trouvé, il est vrai, dans plusieurs parties de la province des Mines, mais nulle part je ne l'ai entendu appeler *mate* ou *congonha;* et seulement depuis mon retour en Europe, j'ai appris par le beau voyage de MM. Spix et Martius que quelques personnes des environs de S. Paul lui appliquent le dernier de ces noms. Dans le pays des Mines où l'on ne fait pas un usage habituel du *mate*, il existe diverses plantes que, suivant les cantons, on appelle *congonha* par erreur, telles qu'un *Luxemburgia,* un *Vochisia,* une espèce de mon genre *Trimeria*, et M. Martius lui-même, dans son éloquent discours

Plusieurs caravanes, venant de Rio de Janeiro, s'étaient arrêtées à Borda do Campo[1], pour se réorganiser, après le passage, alors très difficile, de la *région des forêts*. Les longues pluies avaient entièrement ruiné la route qui, abritée par les arbres, sèche difficilement ; des mulets avaient péri, pour ainsi dire engloutis dans la fange, et il n'y avait pas de caravane qui, cette année là, fût sortie des bois sans quelque bête de somme malade ou estropiée. Dans tous les temps au reste, cette route est fort nuisible aux mulets et aux chevaux, non-seulement parce qu'elle est très montueuse, mais encore parce que les pâturages formés par la destruction des bois ont peu d'étendue, qu'ils sont broutés continuellement et d'une qualité mauvaise. Ce n'est même pas ici le *capim gordura* qui succède aux taillis (*capoeiras*) ; ces derniers ne cèdent la place qu'aux grandes fougères.

sur la *Physionomie des végétaux*, a reconnu que son *Cassine congonha* devait être rangé parmi les *faux-mate*. D'après tout ceci, on voit que l'on ne doit pas, comme a fait M. Lambert, s'étonner de trouver dans ma description de l'*Ilex Paraguariensis* des caractères qui ne conviennent nullement au *C. congonha*, ou *Ilex congonha*, puisque jamais je n'ai songé à décrire cette plante. D'après tout ceci, encore je répéterai, parce que cette vérité est d'une haute importance, je répéterai, dis-je, que si le *mate* de Curitiba est fort inférieur à celui du Paraguay, cela tient, en partie peut-être, à une différence de terroir, mais surtout à ce que les *Curitibanos* ont jusqu'ici mal préparé leur plante, et non, comme l'avait pensé M. Lambert, à ce que leur espèce n'est point celle du Paraguay.

[1] *Voy.* ma *première Relation*, vol. I, p. 113.

Lorsque vers Batalha [1], nous quittâmes décidément *la région des pâturages herbeux*, mon muletier fit gaîment ses adieux à *João do Campo* (Jean des champs), et il adressa une prière à la Vierge et à S. Antoine pour obtenir la grace de traverser heureusement les forêts. João do Campo est un être imaginaire par lequel on représente les pays découverts. Quand on entre dans les *campos*, c'est chez João do Campo que l'on arrive, et lorsque le voyageur couche dehors, c'est João do Campo qui lui donne un asile.

Les bois vierges ont une majesté qui fit toujours sur moi une impression profonde; mais cette impression n'a pas été la même partout. Les forêts de Passanha, par exemple, ne sont traversées que par des sentiers qui ne permettent pas à la vue de s'étendre au-delà de quelques pas; mais qui laissent apercevoir toutes les beautés de détail. Au contraire, comme la route de Rio de Janeiro est très fréquentée, on en a dégarni les deux bords jusqu'à une certaine distance; ici donc on ne saurait contempler, lorsque l'on passe, tous les détails de la végétation; mais l'œil peut embrasser un plus grand espace; sur les hauteurs on découvre souvent d'immenses masses de bois épais; et de temps en temps des plantations de maïs entourées d'arbres élevés offrent le contraste des travaux de l'homme avec les ouvrages de la nature.

Dans le silence de ces bois, j'entendais sans cesse retentir la voix éclatante des muletiers et le bruit des

---

[1] Voy. ma *première Relation*, vol. I, p. 111.

clochettes du mulet favori qui guide fièrement la caravane, la tête ornée de coris et surmontée d'un plumet ou d'une petite figure d'homme. Lors de mon premier passage, je n'avais pas vu à beaucoup près autant de caravanes, parce qu'alors on était au temps de Noël qui est, dans les Mines, l'époque de la réunion des familles. La plupart des caravanes que je rencontrai à mon retour étaient chargées de vin et de sel, marchandises qui, offrant le plus de volume, doivent occuper le plus grand nombre de mulets.

J'ai déja dit que, dans la *comarca* de S. João, les blancs étaient beaucoup moins rares que dans les autres parties de la province. Mais tandis que vers le nord des Mines, les hommes de notre race ont généralement quelque aisance, et sont au-dessus de la dernière classe qui est composée de mulâtres, les blancs que l'on rencontre entre Barbacena et Pedro Alves, habitent souvent les plus chétives chaumières, et, chez eux, comme à peu près chez tous les habitans des contrées qui bordent cette route, on n'observe qu'une apathie stupide et une curiosité grossière.

J'avais un jour laissé mon muletier Manoel Soares marcher en avant. L'heure de faire halte étant arrivée, cet homme s'arrêta à une chétive habitation, et comme le *rancho* qui en dépendait était déja occupé par des voyageurs, il demanda au propriétaire qui était un blanc, la permission de passer la nuit dans la maison. Cette permission ne fut pas accordée, et Manoel ne put obtenir d'autre asile qu'une écurie où était un petit fourneau de forge. A mon arrivée, je fus, je l'avoue, fort mécontent de voir mon bagage placé dans un lieu couvert d'une couche épaisse de fumier, et où il était exposé à la voracité des chiens et des pourceaux. J'étais tenté de recourir à mon passe-port privilégié, pour me faire donner un meilleur gîte; mais comme il était fort tard, je me soumis à mon sort. Le lendemain j'étais à peine éveillé, quand un nègre vint me couvrir moi et mes effets d'une poussière épaisse, en balayant autour du fourneau de forge. Je souffris cette nouvelle incommodité avec patience; mais bientôt je vis le nègre se disposer à allumer du feu dans le fourneau qui servait d'appui à mon lit et sur lequel j'avais fait mettre presque tous mes effets. Je priai l'esclave d'attendre que je fusse parti; mais cet homme qui ne connaissait que les ordres de son maître, ne fit nul cas des miens, et continua paisiblement son travail. M'étant levé précipitamment, je m'armai de mon passe-port; j'allai le présenter aux maîtres de la maison, et je réclamai avec quelque vivacité contre l'autodafé qu'ils paraissaient avoir envie de faire. Je fus écouté avec une tranquillité niaise; mais du moins on donna ordre au nègre de ne faire son feu qu'après notre départ. Cependant un de mes mulets sembla s'être chargé du soin de me venger, car il prit la fuite; on ne put le retrouver que vers midi, et c'était sur les quatre heures du matin que l'on avait voulu allumer du feu dans le fourneau de forge.

Près du Parahybuna, le chemin me parut plus beau. D'un autre côté, comme le terrain s'abaissait graduellement, la chaleur devenait plus sensible. Le jour que j'arrivai au Parahybuna, elle était telle que, tandis que j'allais au pas sur mon mulet, sans faire aucun mouvement, la sueur me ruisselait de toute part. Cette chaleur cependant, quoique plus intense que celle du Sertão, était infiniment moins pénible, parce qu'en même temps l'air contenait bien plus d'humidité, et que mes nerfs n'éprouvaient pas la même irritation.

En même temps que la chaleur augmentait, la végétation devenait aussi plus belle. Ce n'étaient plus ces teintes sombres et grisâtres qui, dans les environs de Villa Rica, fatiguent la vue et inspirent la tristesse. Il me semblait que les plantes venaient de se couvrir d'une parure nouvelle, tant leur verdure avait de fraîcheur. Je voyais avec admiration, sur la pente des mornes, les arbres serrés les uns contre les autres confondre leurs rameaux, et les légères folioles des mimoses remplir les intervalles que laissent entre elles les immenses feuilles des palmiers majestueux.

Arrivé sur le bord du Parahybuna, je présentai mes passeports au commandant du détachement préposé à la perception du péage. Il me dit que ma *portaria* m'exempterait des droits; mais qu'elle ne me dispenserait pas de la visite qu'on a coutume de faire, pour savoir si les voyageurs n'emportent point des diamans ou de l'or en poudre. Je fis donc décharger mes malles; j'en ouvris deux; on ne me dérangea rien, et la visite se borna ainsi à une formalité légère. Plusieurs muletiers étaient arrivés avant moi; je fus par conséquent obligé d'attendre très long-temps, sans pouvoir passer la rivière, et comme il n'existe qu'un très petit hangar pour recevoir les nombreuses caravanes qui se présentent tous les jours, mes effets restèrent exposés au grand soleil. Je ne fus pas plus heureux quand j'eus traversé le Parahybuna; il n'y avait point de place non plus dans le *rancho* qui se trouve sur l'autre rive. Forcé de chercher un asile sous une étroite galerie qui dépendait de la *venda* voisine, j'y trouvai à peine assez d'espace pour abriter tout mon bagage, et j'y fus tourmenté par les rats et par les fourmis. Telles sont les commodités qu'offre la route si fréquentée de Villa Rica à la capitale du Brésil.

Entre le Parahybuna et le Parahyba, la chaleur augmenta d'intensité, et la végétation me parut plus belle encore. On essayerait en vain de peindre par des mots tant de magnificence.

Les arbres se pressent et entrelacent leurs branches; des lianes flexibles passent de l'un à l'autre, en décrivant mille ondulations, et les bois sembleraient, pour ainsi dire, ne former qu'une seule masse, si l'inégalité du terrain ne laissait apercevoir le tronc des arbres, et si les différences de hauteur, de teinte et de feuillage, ne trahissaient l'étonnante variété des espèces. Ces belles forêts me laissaient cependant quelque chose à regretter; c'étaient des fleurs; mais, comme je l'ai déja dit [1], des arbres qui produisent

---

[1] Voy. ma *première Relation*, vol. I, p. 15.

sans cesse des branches et des feuilles ne sauraient fleurir que rarement, et à peine, de loin en loin, quelques mimoses me laissaient voir leurs panicules blanches au milieu d'un feuillage finement découpé. L'azur foncé du ciel le plus brillant que j'eusse admiré depuis que j'étais au Brésil, ajoutait encore de l'éclat aux beautés qui m'environnaient. Il est à remarquer que les teintes du firmament ne sont pas toujours également belles, et qu'elles varient suivant les saisons. Ainsi, lorsque j'arrivai, dans le mois de juin, à Rio de Janeiro, je fus étonné de trouver que le ciel différât si peu de celui de Paris, tel qu'il s'offre à nos regards au temps de la canicule.

J'arrivai de très bonne heure sur le bord du Parahyba; mais deux caravanes y étaient avant moi, et, quand les eaux sont hautes, comme cela avait lieu à cette époque, on ne peut mettre dans le bac une charge très considérable. Il fallait que j'attendisse mon tour ; j'employai une partie de la journée à regarder avec impatience le bac qui avançait lentement, et je finis par être obligé de remettre mon passage au lendemain. J'allai voir le commandant qui me reçut avec une politesse extrême [1], et eut la bonté de m'offrir une

---

[1] Dans ma *première Relation*, j'ai fait observer avec raison que M. Luccock avait eu tort de donner le titre de *gouverneur* au commandant du *registro* du Parahyba ; mais peut-être ai-je été trop sévère pour les aventures que cet auteur dit lui être arrivées sur les bords de ce fleuve et ceux du Parahybuna. En effet, on trouve au Brésil des hommes ridicules, vaniteux et ignorans tout aussi bien qu'en France et en Angleterre,

petite chambre; mais je n'acceptai point son offre, pour ne pas donner à mes gens qui avaient déja transporté plusieurs fois mes malles, la peine de les monter à un étage, et de les descendre ensuite. Ce fut entre les poteaux qui soutiennent la maison du commandant que je cherchai un abri, et je passai une nuit très mauvaise, au milieu des chiens et des cochons qui rôdaient autour de mes malles, et me donnaient une inquiétude continuelle pour mon bagage.

Le lendemain matin, on eut de la peine à trouver mes mulets. Avant qu'ils fussent rassemblés, une caravane arriva sur le bord de la rivière; il fallut que j'attendisse encore.

Après tant d'embarras, j'eus cependant le bonheur de partir, et ayant fait une demi-lieue depuis le Parahyba, j'arrivai à l'endroit appelé Encruzilhada, où la route se divise. Une des deux branches qui est la plus suivie, aboutit à Porto da Estrella, où l'on s'embarque pour Rio de Janeiro. L'autre, appelée *chemin de terre* (*caminho da terra*), passe par Pao Grande, traverse la partie de la chaîne maritime qu'on nomme Serra da Viuva, et se prolonge jusqu'à la capitale [1]. Comme j'avais formé le projet de repasser par l'habitation d'Ubá, qui n'est point située sur les

et il peut se rencontrer dans ce pays comme en Europe, des fripons qui profitent de la situation dépendante des voyageurs pour escroquer leur argent.

[1] Voy. ce que j'ai écrit sur ce chemin et sur la Serra da Viuva dans ma *première Relation*, vol I, p. 8, 22 et 51.

bords du chemin de terre, je quittai ce chemin à quatre lieues du Parahyba, au lieu appelé *Sucupira* [1].

Mes mulets étaient extrêmement fatigués ; je n'allai pas plus loin que Sucupira [2], et j'y fis halte chez une vieille négresse, dont la chaumière, située au milieu des bois, offrait à peine assez d'espace pour qu'on pût s'y retourner. Mon hôtesse était libre, et avait été affranchie par son maître, lorsqu'il était sur le point de mourir. En général c'est assez l'usage dans ce pays, de donner la liberté par testament à ceux de ses nègres dont on a été le mieux servi. Mais, il faut le dire, lorsqu'on affranchit ses esclaves sans discernement, on travaille à leur malheur. Si le nègre affranchi est déja âgé, il n'aura pas le temps de gagner assez pour préserver de l'indigence la dernière époque de sa vie, et, au mépris qu'on a toujours pour sa couleur, se joindra encore celui qu'inspirent trop souvent les infirmités, la vieillesse et la misère. Si, au contraire, l'affranchi est jeune encore, mais qu'il soit paresseux, sans intelligence, et qu'on ne lui ait fait apprendre aucun métier, il

---

[1] On voit, d'après ce que j'ai dit ici, qu'un voyageur anglais qui n'a point suivi cette route, a eu tort d'y placer avec Pao Grande, Ubá, qu'il appelle mal-à-propos *Uva*. Cette erreur en a amené d'autres ; car un compilateur, en copiant le voyageur dont il s'agit, a fait deux endroits différens de la *fazenda* de Pao Grande, et dit qu'on trouve sur le *chemin de terre Pao, Granda* et *Uva*.

[2] *Sucupira* est un nom d'arbre ; mais je crois que ce nom se donne à plusieurs espèces différentes. Le *succupira* que je connais est une charmante papillionacée.

deviendra un vagabond, souvent même un voleur et un assassin. A cette époque, la plupart des nègres condamnés pour des crimes à Rio de Janeiro, étaient des affranchis.

Un peu avant Ubá, je descendis de cheval, je laissai mes gens par derrière, et j'arrivai à l'habitation presque en courant. J'éprouvai une joie indicible, en me retrouvant, après tant de fatigues, dans ce lieu où j'avais passé des jours si agréables. Pour comble de bonheur, M. João Rodrigues Pereira de Almeida était alors chez lui, et sa société très nombreuse se composait de plusieurs personnes que je connaissais déjà. Je fus parfaitement accueilli, et l'on me questionna sur les pays que j'avais visités, et qui ne sont pas beaucoup plus connus à Rio de Janeiro qu'en France ou en Allemagne.

L'habitation d'Ubá s'était encore embellie pendant mon absence. Un des artistes français appelés au Brésil par le comte DA BARCA, ministre du roi Jean VI, l'excellent M. OVIDE [1] avait construit, par ordre du proprié-

[1] Voulant inspirer le goût des arts aux Brésiliens qu'il connaissait mal, et peut-être aussi faire prendre en Europe une idée favorable de la nouvelle monarchie brésilienne, Araujo Comte da Barca fit venir (1816) plusieurs artistes français à Rio de Janeiro pour y former une *académie des arts*. Cette société se composait de M. Lebreton, littérateur, ancien secrétaire de la quatrième classe de l'Institut ; de MM. Taunay, peintre de paysage ; Debray, peintre d'histoire ; Taunay fils, sculpteur ; Granjean, architecte ; Ovide, mécanicien ; Pradier, graveur. Comme on l'a très bien fait observer, il aurait fallu commencer par instruire les Brésiliens dans les mé-

taire d'Ubá, une mécanique qui mettait des pilons en mouvement, et faisait tout à la fois tourner un moulin à scie et un moulin à farine. Ces ouvrages avaient été exécutés avec un très grand soin, et M. d'Almeida rendait ainsi à ses voisins l'important service de leur offrir des modèles qui, quand ils n'eussent pas été parfaits sous tous les rapports, ne pouvaient manquer pourtant de leur inspirer des idées nouvelles. En général l'art du charpentier avait alors, dans tout ce pays, le plus grand besoin d'être perfectionné. On se servait de clous pour fixer les pièces de bois, et l'on ignorait l'usage des tenons et des mortaises. On ne faisait point d'épure; on travaillait les pièces les unes après les autres, et on les mettait en place à mesure qu'elles avaient été préparées, ce qui nécessairement en faisait manquer plusieurs, et forçait souvent de recommencer le même ouvrage.

Je ne voulus point retourner à Rio de Janeiro par le chemin que je connaissais. Je quittai donc M. d'Almeida (12 mars 1818), pour me rendre au village de *Pilar*, le port qui est le plus voisin d'Ubá, et où je comptais m'embarquer pour la capitale[1].

---

tiers les plus utiles, avant de songer à former parmi eux des peintres et des sculpteurs. Mais puisqu'on avait fait la dépense d'appeler au Brésil une colonie d'artistes, encore devait-on tâcher de la rendre utile. Il n'en fut pas ainsi; les professeurs furent payés, et, ce qu'on aura peine à croire, on ne leur donna pas un seul élève.

[1] Itinéraire approximatif d'Ubá au Porto do Pilar.

D'Ubá à la fazenda de Roçada, 4 legoas.
—— Marcos da Costa, 4

Je ne tardai pas à rentrer dans le *chemin de terre*, et je fis halte sous un hangar qui tombait en ruines et n'avait peut-être pas été balayé, depuis qu'il avait été construit. Il serait de toute justice que les colons qui ne vendent du maïs aux passans qu'à cause de leurs *ranchos*, prissent du moins la peine d'entretenir et de nétoyer ces misérables abris. Mais ils savent très bien qu'il faut que le voyageur s'arrête à la fin de la journée, et, comme ils n'ont à craindre de concurrence que sur les routes très fréquentées, ailleurs il leur importe peu de quelle manière est tenu leur *rancho*.

Tout le pays que je parcourus dans le chemin de terre avant l'embranchement qui conduit au Pilar, me frappa par la différence qu'il présente avec celui des Mines. Non-seulement on n'y rencontre point de ces immenses espaces où la terre végétale a été enlevée, et où il n'existe plus que des amas de cailloux; non-seulement on n'y voit point à chaque pas des maisons abandonnées, mais les habitations sont généralement bien entretenues et annoncent l'aisance; la végétation est vigoureuse, la verdure très fraîche, et les plantations sont mieux soignées que celles de l'intérieur.

A l'endroit où la route du Pilar se sépare du *chemin de terre (Encruzilhada)*, le pays devient mon-

—	Taquarassú,	3 1/2
—	Porto do Pilar,	3
		14 1/2 legoas.

tagneux; c'est là que finit le bassin du Parahyba, et que l'on entre dans la grande chaîne parallèle à la mer (Serra do Mar). Jusqu'au lieu appelé *Marcos da Costa* où je fis halte, je ne vis plus de culture ; mais la végétation est toujours aussi belle, et d'immenses bois vierges couvrent les montagnes.

Immédiatement avant d'arriver à Marcos da Costa, je descendis la Serra da Viuva que j'avais traversée en 1816 sur un autre point, et je commençai à trouver des plantations.

Près de Marcos da Costa, on découvre une très belle vue. A gauche du chemin qui descend par une pente assez raide, est un ruisseau dont les eaux recouvertes par des arbres et d'épaisses broussailles coulent en mugissant entre les pierres, forment une cascade (*Cachoeira da Viuva*, cascade de la veuve), et se réunissent au bas de la montagne à un autre ruisseau. Deux *fazendas* et quelques maisons d'agregés (*agregados*)[1] sont bâties au pied de la Serra dans un

---

[1] J'ai déja fait connaître dans ma *première Relation* les hommes que l'on appelle *agregados*. Pour compléter ce que j'ai écrit sur leur compte, je traduirai ici le passage où ils ont été peints par un savant qui a parfaitement observé les mœurs de plusieurs parties du Brésil. J'ai dit quels sont les torts des propriétaires envers les *agregados*; l'écrivain que je vais citer s'attache à indiquer ceux de ces derniers. « On pourrait « croire, dit-il, que les *agregados* sont vus avec plaisir par « les colons, surtout par ceux de l'intérieur où les bras sont « si rares; mais on se tromperait, car ces hommes sont plutôt « à charge au propriétaire qu'ils ne lui sont utiles. Dans ce « pays, ceux qui jouissent de la liberté, accoutumés, dès

petit bassin entouré de tous les côtés par de hautes montagnes. Enfin le flanc de ces dernières offre de

« leur jeunesse, à une vie oisive, ne peuvent plus prendre
« l'habitude du travail, et ils aiment mieux rester dans une
« indigence qui trop communément les conduit à de mauvaises
« actions, que de faire quelque chose. Souvent, à la vérité, ils
« apprennent des métiers, ils sont cordonniers, tailleurs,
« charpentiers....; mais ils n'exercent leur état que dans la
« dernière nécessité, et ils demandent pour une journée de
« travail assez pour vivre huit jours sans rien faire. Presque
« toujours mariés ou vivant avec une maîtresse, les *agre-*
« *gados* tâchent, en prenant pour parrain de leurs enfans, le
« propriétaire du terrain sur lequel ils se sont établis, de se
« l'attacher par les liens religieux du compérage ici très res-
« pectés...; devenus les compères du colon, ils se considèrent
« comme appartenant à sa famille; ils mangent et boivent
« avec lui, et lui rendent à peine quelques services..... Les
« *agrégés* sont pour la plupart des mulâtres et des nègres qui
« forment à peu près le quart de la population (l'auteur ne
« peut sans doute avoir ici en vue que la province des Mines
« et quelques parties des provinces de Rio de Janeiro et de
« S. Paul). Plus de 150 *agregados* s'étaient fixés sur la *fa-*
« *zenda* de Pompéo, qui est située dans la province de Minas
« Geraes et qui comprend au-delà de 150 *legoas* carrées ; et,
« si plusieurs d'entre eux avaient obtenu le consentement de
« la maîtresse de la *fazenda*, d'autres avaient construit sur
« son terrain, sans prendre la peine de la consulter. Ces
« hommes vivaient dans la plus grande oisiveté, du bétail qu'ils
« volaient, et le désordre devint tel que la propriétaire, qui
« pourtant était généreuse et charitable, se vit obligée de
« les faire chasser tous ensemble par la force armée et de brû-
« ler leurs chaumières (*Eschw. Bras.*, II, p. 32). » Le propriétaire légal ne doit point sans doute être contraint d'admettre qui que ce soit au partage de sa propriété ; mais il me

nombreuses plantations de sucre et de maïs, tandis que leur sommet est couronné par des bois vierges au milieu desquels la Mélastomée appelée *flor de quaresma* (fleur du carême) [1], élève jusqu'à la hauteur de trente ou quarante pieds sa cime couverte de larges fleurs violettes.

Le *rancho* sous lequel je couchai à Marcos da Costa était encore plus sale que celui où je m'étais arrêté la veille, et j'y passai une très mauvaise nuit, occupé à défendre mes effets contre les chiens et les pourceaux.

Après m'être remis en route, je montai pendant quelque temps, traversant des forêts vierges de la plus belle végétation, et j'arrivai au pied d'une montagne inaccessible qui, plus élevée que toutes les autres,

semble que la dame *généreuse* qui possédait la *fazenda* de Pompéo se montra bien sévère, en incendiant en bloc les cabanes de quelques infortunés sans asile qui s'étaient établis sur ses 150 lieues carrées, dont il était difficile qu'elle tirât parti. Puisqu'elle avait les moyens de les expulser tous à la fois, à plus forte raison pouvait-elle leur imposer quelques conditions et les renvoyer un à un. Par conséquent, au lieu de les chasser en masse comme un vil troupeau, elle eût mieux fait, ce me semble, dans ses propres intérêts comme dans ceux de ces misérables, de les conserver, en les soumettant à une réforme, et en exigeant d'eux, par exemple, un léger cens ou une faible redevance; sauf à renvoyer successivement ceux qui n'eussent pas rempli les conditions prescrites.

[1] Ce n'est point *flor de quaresima*, comme on l'a écrit. Sous le nom de *flor de quaresma* sont compris tout à la fois, dit le savant Martius, les *Rhexia princeps*, *holosericea*, *grandiflora* et même d'autres espèces (*Reis.*, I, 555).

offre à peu près la forme d'un pain de sucre, et dont la végétation maigre et presque rase contraste avec les bois vigoureux des hauteurs voisines. Toutes ces montagnes se rattachent à la Serra da Viuva et à celle des Orgãos; elles font partie, comme elles, de la grande chaîne maritime (Serra do Mar); mais on les désigne sous le nom particulier de *Serra da Boa Vista* (montagne de la belle vue.)

Arrivé dans la partie la plus haute de cette chaîne partielle, je reconnus que son nom n'était point usurpé. Entre les troncs des arbres, j'aperçus en effet une portion de la baie de Rio de Janeiro et quelques-unes des îles qui la couvrent; mais cette vue n'était rien en comparaison de celle que j'allais admirer.

Je commençai à descendre, et bientôt le plus pompeux spectacle s'offrit à mes regards. Tout autour de moi, de hautes montagnes couvertes d'épaisses forêts se déployaient en demi-cercle. Au-dessous de la chaîne, ma vue plongeait sur une immense étendue de collines où les bois sont entremêlés de plantations; sur la gauche, je découvrais presque toute la rade de Rio de Janeiro et une partie des îles qui s'élèvent de son sein; enfin, à l'entrée de la baie, je voyais la montagne pittoresque appelée le *Pain de sucre*, et, quoique je ne pusse distinguer la ville de Rio de Janeiro, je reconnaissais sans peine le point où elle se trouve située. Le ciel plus brillant, les effets de lumière les plus variés ajoutaient encore à la beauté de cette vue immense. Je ne pus, je l'avoue, la contempler sans une émotion profonde. Après un si long voyage, après tant de fatigues et de privations, je revoyais le port où je devais un jour m'embarquer pour la France; les deux mille lieues qui m'en séparaient, j'aurais pu les franchir en beaucoup moins de temps que je n'en avais mis à parcourir la province des Mines, et si je me décidais à prolonger mon exil, j'allais du moins jouir du plaisir indicible de recevoir des nouvelles de ma famille et de ma patrie.

La descente de la Cordillère est raide, très pierreuse et difficile. Avant d'arriver au pied de la chaîne on entend du chemin le bruit d'un ruisseau qui coule entre les pierres. C'est le *Rio do Pilar* (la rivière du Pilier), qui arrose la plaine que j'allais traverser, et qui emprunte son nom du village vers lequel je me dirigeais. Cette petite rivière est le dernier des affluens de l'Hyguassú qui, comme je l'ai dit ailleurs, se jette dans la baie de Rio de Janeiro [1].

[1] D'après les renseignemens qu'il a pris sans doute à Rio de Janeiro, le savant navigateur Freycinet dit (*Voyage Ur. hist.*, p. 79) que le Rio do Pilar s'appelle aussi *Maraby*. Casal parle tout à la fois (*Corog. Braz.*, II, 13 et 14) du Maraby et du Pilar, et laisse dans le vague ce point de topographie. Une description de Rio de Janeiro insérée dans le précieux recueil intitulé : *Nouvelles Annales des Voyages* (tome IV de 1830) indique également le Maraby et le Pilar; mais l'auteur de cette description a extrait Luccock et Casal, sans songer à les faire concorder, et, en traduisant ce que dit ce dernier du Maraby, il est clair qu'il n'a pas bien saisi sa pensée. Quant à Pizarro, il ne parle point du Rio Maraby, dans le texte de son chapitre sur la paroisse du Pilar; mais il cite dans une note

Lorsqu'on a descendu la chaîne maritime, l'aspect du pays change de caractère. On laisse derrière soi les montagnes qu'on vient de parcourir, et qui sont dominées par cette espèce de pic presque nu, dont j'ai parlé plus haut. D'autres montagnes se rattachent à celles-ci, et, par une illusion d'optique assez singulière, toutes ensemble paraissent fermer entièrement la plaine où coule le Rio do Pilar. Les prairies marécageuses qui bordent cette rivière offrent la verdure la plus fraîche; on ne voit pas un brin

(*Mém. hist.*, II, 122) une espèce d'acte de l'année 1697 où il est dit que, cette même année, *l'on bénit la paroisse de N^a.S^a. do Pilar, district de Guaguassú, Morabahy et Jaguaré*. Le Guaguassú est évidemment l'Hyguassú d'aujourd'hui et le Jaguaré ne peut être que l'Iguaré de Cazal (*Corog.*, II, 13); or, comme il n'est pas du tout question dans le titre dont il s'agit du Rio do Pilar, la rivière, ce me semble, la plus remarquable du lieu, il me paraît que ce nom ne devait pas être connu en 1697, et qu'il aura été emprunté depuis à la paroisse elle-même, pour être transporté à la rivière appelée anciennement Morabahy; ce qui confirme entièrement l'assertion de M. Freycinet. C'est ainsi que le nom de *Rio da Estrela* fera probablement disparaître peu à peu l'ancien nom de *Rio d'Inhumirim* donné à une des rivières les plus remarquables de celles qui se jette dans la baie de Rio de Janeiro. Je dois vivement regretter de n'avoir point réalisé l'idée que j'ai eue un moment, de faire le voyage de la baie de Rio de Janeiro. Une topographie complète de cette baie et de ses contours serait un ouvrage extrêmement intéressant et digne d'occuper les hommes instruits du pays. Il serait moins difficile d'entreprendre aujourd'hui cet ouvrage, car Pizarro en a, sous plusieurs rapports, jeté les fondemens dans ses excellens mémoires.

d'herbe desséché, pas une feuille jaunissante, et nulle part l'œil n'est attristé par ces fougères qui, dans le pays des Mines, remplacent si souvent les forêts. Partout la végétation la plus brillante, un luxe, une vigueur, dont on chercherait inutilement à se faire une idée, lorsqu'on n'est point sorti de l'Europe.

Le jour où je descendis la Cordillère, je fis halte au lieu appelé *Taquarassú* (la grande espèce de bambou), où se trouvent quelques maisons, une taverne et un hangar pour les voyageurs.

Au-delà de Taquarassú, la plaine dont j'avais déja traversé le commencement s'élargit d'une manière très sensible, et les hautes montagnes dos Orgãos, da Estrela, da Boa Vista, ne paraissent plus former qu'un demi-cercle autour d'elle. Cette plaine s'étend jusqu'à la mer, dans un espace de quelques lieues; la petite rivière du Pilar y serpente, et comme elle commence dès le bas des montagnes à pouvoir porter des pirogues, elle est très utile aux cultivateurs pour le transport de leurs denrées.

Le terrain bas et, dans quelques endroits, marécageux produit de tous côtés des Graminées aquatiques et de hautes Cyperacées. Dans les lieux secs, le sol offre un mélange de sable fin et de terre grise où le manioc réussit très bien, tandis que les endroits plus humides produisent le riz avec abondance. Partout la végétation continue à être vigoureuse, et la verdure d'une extrême fraîcheur. Des chaumières, des tavernes, quelques habitations sont dispersées dans la campagne, et la rendent plus riante. Mais je n'étais plus dans les montagnes, et, tout en admirant la beauté du paysage, j'avais à me plaindre d'une chaleur excessive.

Après avoir fait trois lieues depuis Taquarassú, j'arrivai enfin au village du *Pilar* ou *N^a. S^a. do Pilar de Hyguassú*, le chef-lieu d'une paroisse dont la fondation remonte au moins à l'année 1697, et qui confine avec celles d'Hyguassú, de S. Antonio da Jacutinga [1], de *N^a. S^a. da Conceição do Alferes* et *N^a. S^a. da Piedade d'Anhumirim* ou *Inhumirim* d'où dépend *Porto da Estrela* [2] dont j'ai déja parlé ailleurs.

Ce village du Pilar n'offre qu'une seule rue terminée par l'église; mais on y voit d'assez jolies maisons et des boutiques très bien garnies. Une petite partie des caravanes qui se rendent de Minas Geraes à la capitale s'arrêtent au Pilar, et y répandent quelque argent. Le pays voisin produit du sucre, des légumes, du riz, de la farine de manioc et du café que l'on expédie pour Rio de Janeiro, par les petites rivières de *Mantiqueira*, *Bananal*, *Saracuruna* et du Pilar [3]. Il s'est aussi établi sur la paroisse du Pilar, des fabriques de tuiles dont les produits sont encore un objet d'exportation [4].

Je laissai mes mulets au Pilar, je m'y embarquai avec mes collections, et, après un voyage de quinze mois, j'eus enfin le bonheur de revoir Rio de Janeiro

---

[1] Voy. ma *première Relation*, vol. I, p. 7 et 57.
[2] Piz. *Mém. hist.*, vol. II, p. 122, 123, 124, 127.
[3] Cazal et Freycinet disent qu'il existe un canal qui communique du Rio do Pilar au Rio Inhumirim ou Rio da Estrela.
[4] Piz. *Mém. hist.*, II, 129.

(17 mars 1818); cette ville dont la position sera toujours pour l'étranger l'objet de l'admiration la plus vive, et dont le port, pour me servir des expressions du savant et judicieux Southey, est l'un des plus vastes, des plus commodes et des plus beaux de l'univers [1].

[1] The position of this city midway between Europe and India, and with Africa opposite, is the best that could be desired for general commerce; the harbour, one of the most capacious, commodious and beautifull of the world... Local revolutions have deprived Alexandria and Constantinople of that commercial importance which their situation formerly assured to them and which entered into the views of their great founders. But the whole civilized world may be rebarbarized, before Rio de Janeiro can cease to be one ot the most important positions upon the world (*Hist. of Braz.*, III, 814).

CHAPITRE XII.

L'AUTEUR QUITTE RIO DE JANEIRO POUR VISITER LA CÔTE QUI S'ÉTEND AU NORD DE CETTE VILLE. — DESCRIPTION DU PAYS SITUÉ ENTRE LA CAPITALE DU BRÉSIL ET LE LIEU APPELÉ CABESSU.

Séjour de l'auteur à Rio de Janeiro. — Il se met en route pour visiter la côte qui s'étend au nord de la capitale du Brésil. — Idée générale du chemin que l'on suit sur cette côte. — Passage de la baie de Rio de Janeiro. — La ville de *Praia Grande*. — Village de *S. Gonçalo*. Comparaison de la population des alentours de Rio de Janeiro avec celle des Mines. Culture. — Le *Rio Guaxindiba* et le pays voisin. — Le canton de *Cabessú*. Manière de conduire les mulets. Gîtes que les voyageurs trouvent sur la côte. Description des *vendas* des environs de Rio de Janeiro. Pâturages enclos.

Arrivé à Rio de Janeiro, je passai quelques temps à mettre de l'ordre dans mes collections; je nétoyai les insectes que j'avais apportés de Minas Geraes; je changeai mes plantes sèches de papier; j'envoyai en France trois caisses d'objets d'histoire naturelle, et j'adressai aux professeurs du Museum de Paris un *Second mémoire sur les végétaux auxquels on a attribué un placenta central libre*[1]. Je faisais aussi de

[1] Mon *Premier mémoire sur les plantes auxquelles on a attribué un placenta central libre* a été inséré dans le vol. II des

petites herborisations dans les alentours de la ville ; mais je ne donnai jamais à la Flore de la capitale du Brésil étudiée par un grand nombre de personnes, la même attention qu'à celle de l'intérieur.

La société que je fréquentais à Rio de Janeiro me dédommageait amplement de la solitude dans laquelle j'avais vécu trop souvent, lorsque je parcourais la province des Mines. La maison du généreux João Rodrigues Pereira d'Almeida m'était ouverte, et je pouvais véritablement la considérer comme la mienne. Après avoir passé la journée occupé de mes travaux, j'allais me délasser chez des Français aimables, M. Maller chargé des affaires de France, M. de Gestas depuis consul général et feu M. d'Escragnolles qui a gouverné la province de Maragnan pour l'empereur du Brésil. J'avais aussi le plaisir de m'entretenir souvent de mes études favorites avec mon ami le Père Leandro do Sacramento professeur de botanique, et avec plusieurs étrangers distingués également par leur amabilité et leurs connaissances ; M. d'Olfers chargé des affaires de Prusse, M. le professeur Mikan, M. le docteur Pohl et cet infortuné et respectable Raddi qui, après avoir été victime des persécutions dont le natu-

---

Mémoires du Museum; le second fait partie du vol. IV (p. 381). Dans ce dernier mémoire, je jette un coup-d'œil sur la famille des Santalacées ; je montre que les Myrsinées doivent, dans la série linéaire, précéder immédiatement les Primulacées ; enfin j'indique les développemens successifs de l'embryon de l'*Avicenia*, et je prouve que la graine de cette plante n'est pas, comme on l'avait pensé, dépourvue de tégument.

raliste voyageur est trop souvent l'objet à son retour dans sa patrie, s'est exilé une seconde fois et a terminé ses jours sur une terre lointaine.

Mais quelque attrait qu'eussent pour moi le séjour de Rio de Janeiro [1], la végétation brillante de ses forêts et les beautés de ses alentours, je ne tardai pas à songer à m'éloigner de cette ville. Je ne voulais cependant point entreprendre un long voyage sans recevoir des nouvelles de la France; j'avais écrit à ma famille, et j'attendais une réponse. Pour ne pas rester oisif pendant cet intervalle, je résolus de consacrer quelques mois à visiter la côte qui s'étend vers le nord de Rio de Janeiro. Au lieu de prolonger mon séjour en Amérique, j'aurais dû alors retourner en Europe. Tous les matériaux que j'avais recueillis jusqu'à ce moment, il m'eut été possible de les publier, et je me serais épargné plus d'un genre de souffrance. Je suis revenu, il est vrai, avec des collections beaucoup plus considérables et des notes moins incomplètes; mais j'avais épuisé mes forces; j'ai été contraint pendant plusieurs années de ralentir mes travaux, et la plus grande partie des matériaux qui m'ont coûté tant de peines et de fatigues restera inutile!

Décidé à faire un voyage sur le littoral, j'écrivis à mes amis de l'intérieur pour les prier de m'envoyer

[1] Je regrette de ne pouvoir nommer toutes les personnes qui, pendant mes divers séjours à Rio de Janeiro, m'ont rendu des services et ont eu pour moi des bontés. Que mes amis MM. Bourdon et Fry trouvent cependant ici une marque de souvenir et un léger hommage de reconnaissance.

un muletier; j'attendis long-temps des réponses; j'éprouvai beaucoup de contrariétés, comme on en essuie toujours au Brésil au milieu des préparatifs d'un voyage par terre; mais enfin je réussis à organiser ma caravane. Elle se composait d'un nombre de bêtes de somme suffisant pour transporter mon bagage et mes collections, de mon domestique français, de l'Indien Firmiano, d'un muletier nommé José que l'on m'avait envoyé d'Ubá et du nègre Zamore qu'un marchand français établi à Rio de Janeiro m'avait prié d'emmener avec moi pour l'habituer aux voyages et au service des mules.

De grandes routes conduisent de la capitale du Brésil à Minas et à S. Paul; mais, à l'époque de mon voyage, il n'en existait véritablement point entre Rio de Janeiro et les provinces du nord. A l'arrivée de Jean VI au Brésil, il donna ordre de faire une grande route de Bahia à Rio de Janeiro; elle fut commencée; mais on l'abandonna bientôt, parce que les *camaras* (sénats municipaux) des villes devaient en faire la dépense et qu'elles ont peu de revenu. C'était donc presque toujours par mer que l'on se rendait d'un port à un autre; des caravanes régulières ne parcouraient jamais la côte, et l'on y était même étranger au service des mulets. Lorsque par hasard on voulait voyager par terre de Rio de Janeiro vers le nord du Brésil, on suivait jusqu'aux lagunes de *Saquaréma* et d'*Araruáma* quelqu'un de ces nombreux chemins qui entretiennent des communications entre la capitale et les habitations du voisinage; on côtoyait ensuite les deux lagunes dont je viens de parler, et, si l'on excepte de petits intervalles, on ne faisait plus guère jusqu'au Rio Doce que marcher sur une plage sablonneuse, battue par les flots.

Je partis de Rio de Janeiro le 18 août 1818, à deux heures après midi. Comme la ville est située du côté occidentale de la baie, et que, depuis celle-ci jusqu'au Cap Frio, la côte du Brésil s'avance de l'ouest à l'est pour remonter ensuite à peu près du sud au nord, il est clair que, voulant moi-même suivre cette direction, il fallait, ou que je fisse le tour de la baie, ou que je la traversasse. Je pris ce dernier parti, et me rendis à l'endroit du port appelé *Praia de D. Manoel* (plage de D. Manoel) qui se trouve vers l'extrémité de la ville.

J'avais d'avance retenu plusieurs barques, pour pouvoir faire passer l'eau à mes bêtes de somme. Cette opération qui eût été extrêmement facile, s'il avait existé un petit ponton qui mît le rivage de niveau avec les barques, cette opération, dis-je, fut d'une extrême longueur. Il fallut forcer les mulets à entrer dans l'eau, faire pencher avec effort les petites embarcations, y placer les pieds de devant des pauvres mulets, au risque de leur casser les jambes, et enfin rouer ces animaux de coups pour les faire sauter entièrement dans les barques[1]. Celles-ci sont petites,

---

[1] Il paraît que M. le prince de Neuwied éprouva un embarras à peu près semblable, lorsqu'il s'embarqua à S. Christophe pour traverser la baie (Voy. *Voyage Brés.* trad. Eyr., II, 52).

mais jolies; on a soin de les peindre, et un dais qui s'élève au-dessus d'une partie de leur longueur, garantit les passagers de l'ardeur du soleil.

Allant tantôt à la rame et tantôt à la voile, nous nous éloignâmes bientôt du port, et une vue admirable s'offrit à mes regards. Je découvrais une partie de la ville dominée par l'hôpital militaire, vaste bâtiment qui s'élève au sommet d'une colline. Sur un plan moins rapproché, l'horizon était borné par les montagnes de Tijuca et du Corcovado, dont les formes bizarres et variées produisent l'effet le plus pittoresque. Au fond de la baie, la haute chaîne des Orgues (Serra dos Orgãos) se montrait par intervalle à travers des brouillards épais. Du côté opposé et plus près de nous, je voyais le Pain de sucre (Pão do Assuccar) qui commande l'entrée de la baie, et, au-delà de ce rocher isolé, j'apercevais la haute mer sur laquelle quelques navires voguaient dans le lointain.

Au bout d'une heure de navigation, j'eus traversé la baie, et j'arrivai à *Praia Grande* (grande plage) qui est située au fond d'une petite anse[1]. Ailleurs ce lieu ne serait qu'un village, et, pendant long-temps, il n'eut pas d'autre titre; mais, en 1819, on jugea à propos d'en faire une ville, et l'on y plaça un *juiz de fóra* dont la juridiction s'étend sur les paroisses de *S. João de Cariyg*, d'*Itapúyg*, *S. Lourenço*, *S. Gon-*

---

[1] S'il faut en croire M. Luccock, un fort bel écho se fait entendre au milieu de l'anse de Praia Grande, lorsqu'on tire le canon à Rio de Janeiro (*Notes on Braz.*, 262).

çalo, et même sur le territoire de la ville de *Maricá*[1]. Une rue assez large mais de peu d'étendue traverse Praia Grande perpendiculairement à la mer; mais si cette ville, puisqu'il faut lui donner ce nom, est fort peu considérable, du moins il y règne beaucoup de mouvement; des barques y arrivent et en repartent sans cesse, et les maisons qui la composent et dans la plupart desquelles l'on voit des *vendas* ou des boutiques, sont propres et assez jolies.

Entre Praia Grande et le cap Frio s'étend parallèlement à la côte, c'est-à-dire de l'ouest à l'est, une longue suite de lagunes qui embellissent le pays, y répandent de la variété, et contribuent à entretenir quelque aisance parmi ses habitans, en leur offrant une pêche abondante. Ces lagunes sont celles de *Piratininga* qui est située à trois quarts de lieues de l'entrée de la baie, et a trois quarts de lieue de longueur; celle d'*Itapúyg*; le lac *Maricá* long de deux à trois lieues qui, à certaines époques, communique avec la mer, et passe pour être extrêmement poissonneux; le lac *Cururupina* dont les eaux ont une communication avec celles du lac Maricá; celui appelé *Lagoa Brava* qui n'a pas une demi-lieue de long; le lac *Jucuné*[2]; enfin ceux plus considérables de *Sa-*

[1] Piz. *Mém. hist.*, III, 187, 188.
[2] Piz. *Mém. hist.*, VII, 122 et II, 174. — Pizarro écrit tantôt *Itapúyg* et tantôt *Itaipúyg*, Cazal *Itaipú*, et M. de Freycinet *Taïpu*. Si l'on consulte les étymologies indiennes, *Itapúyg* doit être préféré, car *y'g* signifie eau et *ytapú* est un mot guarani bien connu qui veut dire le son d'une cloche

quaréma et d'*Araruáma*. Comme le chemin par lequel je passai, fait un long détour; qu'au lieu de s'étendre parallèlement à la côte, il suit d'abord jusqu'à S. Gonçalo, à peu près dans la direction du sud au nord, le rivage de la baie de Rio de Janeiro; qu'ensuite il revient vers le sud-est par une ligne oblique, et aboutit au lac de Saquaréma, je ne vis que ce dernier lac et celui d'Araruáma, et laissai nécessairement à ma droite tous ceux qui les précèdent et dont j'ai parlé plus haut[1].

(eau dont le bruit imite le son d'une cloche). — *Cururupina* que l'on trouve dans Pizarro, Cazal et Luccock est indubitablement plus exact que *Curucupina* qui a été adopté par un savant auteur français; en effet *cururú*, dans la *lingua geral* signifie crapeau, et Luccock pense que le nom de *Cururupina* a été donné au lac qui le porte, à cause d'un animal singulier qui y vit et ressemble à un crapeau (probablement quelque poisson). — *Piratininga* qu'on trouve tout à la fois encore dans Cazal et dans Pizarro, et qui vient évidemment des mots guaranis *pirá tiní* poisson sec, est aussi très probablement plus correct que *Petininga* indiqué dans une des relations modernes les plus intéressantes.

[1] Itinéraire approximatif de Praia Grande au lac de Saquaréma.

De Praia Grande à S. Gonçalo, village,	3	l.
—— Bords du Guaxindiba,	1	
—— Cabessú,	3	
—— Fazenda do Padre Manoel,	2 1/2	
—— Venda da Mata,	4 1/2	
—— Bords du lac de Saquaréma,	4 1/2	
	18 1/2	l.

Obs. La route que j'ai suivie n'est pas la seule qui conduise de Praia Grande au lac de Saquaréma. On peut, par exemple

Je ne m'arrêtai point à Praia Grande; mais j'allai coucher à une maison de campagne qui en est éloignée d'un quart de lieue, et qui appartenait à un Français. Le chemin que je suivis, parallèle à la mer, est d'abord tracé dans un sable presque pur dont la blancheur contraste avec la verdure très fraîche des groupes d'arbrisseaux épars çà et là. Parmi ceux-ci, je remarquai un grand nombre de *pitangueiras*, petite Myrtée, alors chargée de fleurs, qui se plaît sur le bord de la mer dans les terrains sablonneux, et qui fournit une baie rouge, monosperme, relevée de larges côtes et d'un goût assez agréable [1]. Le terrain

éviter de passer par S. Gonçalo; on peut aussi passer par la petite ville de Maricá.

[1] A l'époque où vivaient Marcgraff et Pison, le *pitangueira* s'appelait à Fernambouc *ibipitanga*, nom qui vient évidemment des mots de la *lingua geral*, *yby* terre et *mitanga* ou *pitanga* enfant (enfant de la terre). Avec le temps, les Portugais ont abrégé le mot *ibipitanga;* ils lui ont donné une terminaison propre à leur langue, et ils ont conservé le mot *pitanga* pour le seul fruit du *pitangueira*. La synominie de cette plante a été fort embrouillée par les botanistes, comme celle de la plupart des espèces communes; mais il est évident qu'il faut au *pitangueira* rapporter l'*Eugenia Michaelii* de Lamark, nom que M. de Candole a consacré dans son *Prodromus;* et je pense de plus, avec ce dernier auteur, que les *Myrtus Brasiliana* et *Plinia rubra* de Linné père, ainsi que le *Plinia pedunculata* de Linné fils ne sont autre chose que l'*Eugenia Michelii*, c'est-à-dire encore le *pitangueira*. Les savans Martius et Spix rapportent cet arbrisseau à un *Myrtus pedunculata* qu'ils attribuent à Linné; mais je ne trouve pas de *Myrtus pedunculata* parmi les espèces qu'a décrites l'illustre Suédois. — Dans une

parfaitement plat que le chemin traverse a peu de largeur, et est borné par des collines revêtues de bois assez maigres. Il est à croire qu'à une époque peu éloignée, ce terrain était couvert par les eaux de l'Océan, et que celles-ci s'étendaient jusqu'au pied des collines.

On trouverait difficilement une plus jolie situation que celle de la maison de campagne où je fis halte, bientôt après avoir quitté Praia Grande. Cette maison a été bâtie sur le bord d'une crique, au-dessous d'une chapelle dédiée à Sainte-Anne. Plusieurs îles ornées d'une belle verdure ferment l'entrée de la crique, le canal qu'elles laissent entre elles et la terre ferme ne peut s'apercevoir, et l'étendue de mer comprise entre les îles et le rivage semble un lac de peu d'étendue. Sur la droite de la maison est la colline au sommet de laquelle s'élève la chapelle Sainte-Anne, et par-dessus les îles, on découvre, dans le lointain, les montagnes de Tijuca et du Corcovado.

Les eaux de la mer baignent légèrement le terrain que je traversai, en quittant la maison dont je viens

---

très jolie description où l'on a essayé de peindre les beautés de la nuit dans les environs de Rio de Janeiro, on dit que si le vent s'élève, les fleurs des *pitangueiras* tombent et couvrent la terre comme une neige odorante. Il me semble que les fleurs du *pitangueira* sont bien petites et bien peu nombreuses pour produire rien de semblable. Peut-être les voyageurs feraient-ils bien d'abandonner aux romanciers ces morceaux d'effet qui ne se font guère qu'aux dépens d'une parfaite exactitude.

de décrire la position ; ce terrain est couvert de très petits mangliers, et l'on y voit une quantité innombrable de crabes se promener sur la vase dans laquelle ils se creusent des trous.

Bientôt le chemin s'éloigne du rivage, et, de droite et de gauche, le sol très plat qu'il parcourt est borné, à une distance assez grande, par des collines. Ici rien ne rappelle l'austérité des solitudes de Minas Geraes. Comme en Europe, la végétation primitive a disparu, et tout annonce la présence de l'homme, ses travaux et le voisinage d'une grande capitale. De tous côtés, le pays est sillonné par des chemins, et sans cesse l'on rencontre des nègres qui, d'un pied dégagé, conduisent vers Praia Grande ou d'autres petits ports, des troupes de mulets chargés de provisions. Il n'est pas un champ, pas une plantation qui ne soit entouré d'une haie très élevée ; et ces clôtures sont faites, pour la plupart, avec cette mimose charmante qu'on connaît à Rio de Janeiro sous le nom *d'espinha*, mimose dont la verdure rappelle celle de notre aubépine à l'entrée du printemps, mais dont le port et le feuillage ont bien plus d'élégance. A des distances fort rapprochées, l'on aperçoit çà et là des chaumières et des maisons de campagne qui, construites avec plus ou moins de soin, produisent souvent dans le paysage, l'effet le plus pittoresque. Les routes sont bordées par de nombreuses *vendas* où l'esclave, en buvant l'eau-de-vie de sucre, va, loin des yeux de son maître, chercher des joies bruyantes et l'oubli de sa misère. Un ciel brillant embellit la campagne; elle n'offre ni la monotonie des plaines, ni l'aspect sourcilleux des contrées montagneuses, et partout on y retrouve l'image du mouvement et de la vie.

Dans les environs de Praia Grande, on voit un très grand nombre de plantations d'orangers. Le terrain chaud et sablonneux de ce canton convient parfaitement à ces arbres; ils étaient, à l'époque de mon voyage, couverts de fruits nombreux, et je mangeai des oranges délicieuses de la belle espèce qu'on nomme *selectas*.

Je vis aussi, dans le même canton, quelques champs de manioc et beaucoup de légumes, tels que des choux, des haricots et des pastèques. Tout le monde sait que les légumes réussissent très bien dans les terres sablonneuses, et c'est à leur culture, encore favorisée par le voisinage de la capitale, que les habitans de Praia Grande et des alentours se livrent le plus.

Les campagnards qui ne vont point vendre eux-mêmes leurs denrées à la ville, les envoient aux petits ports fort nombreux situés sur le bord de la baie. Dans ces ports, est un magasin dont le propriétaire reçoit les produits des colons; toutes les nuits, cet homme fait partir une barque pour la ville; la barque arrive de très bonne heure à la Praia de D. Manoel où se tient un marché, et les denrées y sont vendues, moyennant une petite rétribution, pour le compte du cultivateur.

A environ trois lieues de Praia Grande, je passai

par le village de S. Gonçalo[1]. Les deux rangs de collines dont j'ai déja parlé s'étendent, l'un à sa droite et l'autre à sa gauche. Ce village offre une très large rue au milieu de laquelle est l'église, isolée comme le sont ordinairement les édifices religieux; et l'on voit, dans cette rue, un très grand nombre de *vendas* et plusieurs boutiques assez bien fournies[2].

S. Gonçalo est le chef-lieu d'une paroisse qui fut créée en 1645, et porta d'abord le nom d'*Église de Guaxandiba*. Cette paroisse dépend, comme je l'ai dit, de la justice de Praia Grande. Elle comprend 12 petites îles, et elle est bornée au nord par la paroisse de *N. S*ª*. do Desterro de Itamby* et celle de *Bom Jesus de Paquetá*; au nord-est par celle de *S. João Baptista d'Itaborahy*; à l'est par celle de *Maricá*; au sud celle de *S. João de Cariy*; à l'ouest et au nord-ouest par les eaux de la baie. De nombreuses chapelles sont disséminées sur le territoire de cette paroisse; mais je n'en citerai qu'une, celle de *N. S*ᵗ*. da Luz* (Notre-Dame de la Lumière), remarquable par son ancienneté, puisqu'elle fut fondée par un des colons qui accompagnaient le gouverneur MEM DE SÁ, lorsqu'il vint, en 1560, former un établissement dans la baie de Rio de Janeiro[3]. Tandis que dans les Mines,

---

[1] C'est à tort qu'en Angleterre on a écrit *S. Gonzales*, et en Allemagne *S. Gonzalvez*.

[2] Luccock se loue beaucoup de l'hospitalité des habitans de S. Gonçalo. S'il faut l'en croire, la plupart d'entre eux sont originaires des Açores.

[3] Piz. *Mém. hist.*, III, p. 19, 21.

il est telle paroisse de 80 à 100 lieues de longueur qui offre seulement une population de 11 mille habitans [1]; sur celle de S. Gonçalo dont le diamètre ne peut guère aller au-delà de 5 à 6 lieues [2], on comptait, en 1820, 7 mille adultes, 790 feux, 26 sucreries, 5 distilleries d'eau-de-vie et 7 tuileries [3]. La comparaison que je viens d'établir ici prouve combien les environs de la capitale sont plus peuplés que les Mines; mais lorsqu'on s'enfonce dans les parties septentrionales de la province de Rio de Janeiro, on la trouve au moins aussi déserte que l'intérieur du Brésil.

A mesure qu'on s'éloigne de la capitale ou des ports qui y conduisent, les petites cultures doivent naturellement diminuer, et, d'un autre côté, au-delà de S. Gonçalo, les terres deviennent meilleures : là je commençai à voir quelques plantations de sucre, et l'on me dit qu'il en existait beaucoup dans le voisinage [4].

[1] On peut voir ce que j'ai dit dans ma *première Relation* (vol. II, p. 367), sur la paroisse de Morrinhos, et, quand même les adultes seraient seuls compris dans le nombre que je rappelle ici, il y aurait encore une énorme différence entre la population de cette paroisse et celle de la paroisse de S. Gonçalo.

[2] Ce que dit Pizarro de l'étendue de la paroisse de S. Gonçalo est malheureusement très obscur ; cependant je pense qu'il ne peut guère y avoir d'erreur très sensible dans l'indication que je donne ici d'après cet auteur.

[3] Piz. *Mém. hist.*, III, p. 21, 23.

[4] L'histoire de l'introduction de la canne à sucre dans la province de Rio de Janeiro a donné lieu aux plus singulières erreurs. Ainsi un compilateur moderne a écrit que *la canne à*

On m'assura aussi que, dans les terrains les plus propices, la canne durait quelquefois 12 années et même davantage ; ce qui prouve combien ce pays chaud, bas et humide est plus favorable à la culture de cette Graminée que les contrées élevées de l'intérieur de Minas Geraes. Le café se cultive aussi dans les environs de S. Gonçalo ; pour le planter, on choisit les lieux les plus ombragés, et il réussit bien, m'a-t-on dit, sur le revers des collines qui bordent le chemin. Le maïs que j'eus occasion de voir était bas et très maigre ; je soupçonne qu'ici la terre n'est pas assez substantielle pour cette plante ; mais l'on a un avantage dont on ne jouit pas au pays des Mines : on peut faire deux récoltes de blé de Turquie dans l'année. Pour se développer, cette céréale a besoin d'humidité ; donc on ne saurait recueillir ses semences qu'une seule fois dans les contrées où il règne annuellement une sécheresse de six mois, mais il n'en est pas ainsi des pays plats ou peu élevés, voisins de Rio de Janeiro, puisque, sous un climat très chaud, une alternative continuelle de beau temps et

---

sucre avait été plantée dans cette province par le gouverneur Memdasa après les désastres de S. Domingue. Martim Affonso de Souza, fondateur de la capitainerie de S. Vincente fut celui qui le premier, vers l'année 1531, fit connaître la canne à sucre au Brésil ; elle fut introduite sur le territoire de Rio de Janeiro du temps de Mem de Sá (et non Memdasa) qui avait été nommé gouverneur-général de l'Amérique portugaise en l'année 1557, c'est-à-dire plus de deux cents ans avant les désastres de S. Domingue ; et enfin, en 1674, plus de cent ans avant les mêmes désastres, il y avait déja cent neuf sucreries sur le territoire de Rio de Janeiro.

de pluie doit nécessairement maintenir la végétation dans une constante activité. Ici par conséquent on peut semer le maïs au mois d'août, et alors l'on recueille en janvier; durant ce dernier mois, on fait de nouvelles semailles, et l'on récolte en juin. Dans ce canton, je n'aperçus point cette grande fougère qui, dans les Mines, s'empare de si vastes terrains; l'on rencontre des pieds isolés de *capim gordura* (*Trigestis glutinosa* ou mieux *Melinis minutiflora*); mais je ne vis point de pâturages entièrement composés de cette Graminée[1], et l'on m'assura qu'en bien des endroits, les terres n'avaient jamais besoin de repos. La végétation naturelle me parut être absolument la même que celle des parties basses des environs mêmes de Rio de Janeiro.

A une lieue du village de S. Gonçalo, je fis halte à une *venda* bâtie près du *Rio de Guaxindiba*[2] appelé

---

[1] Voy. ce que j'ai écrit sur le *capim gordura* dans ma *première Relation*.

[2] L'orthographe que je suis ici, et qui a été également admise par Cazal, me paraît la plus conforme à la prononciation usitée dans le pays; cependant on trouve dans d'autres auteurs *Guaxendiba*, *Guaxandiba*, *Guazimtiba* et *Guajintibó*. Les mots *Guazimtiba* et *Guajintibó* ne sont certainement pas exacts. Quant à *Guaxandiba* qui a été adopté par Pizarro, c'est vraisemblablement la plus ancienne altération des mots primitifs; car *Guaxandiba*, dont on aura fait *Guaxindiba*, me paraît venir des mots guaranis *guâ chá* petite filles et *tiba* réunion (réunion de petites filles). Il y a aussi dans la province de Porto Seguro un Rio *Guaxindiba*; enfin un endroit appelé *Guaxindiba* ou *Guaxindaba* se trouve souvent indiqué dans

aussi *Rio d'Alcantara*, l'un des nombreux affluens de la baie de Rio de Janeiro. Cette rivière a peu de largeur et son cours n'est guère que de trois lieues. On la dit fort poissonneuse, et l'on ajoute que les crabes qui la remontent deviennent plus gros que ceux qui restent constamment dans les eaux de la mer.

Entre le Guaxindiba et *Cabessú* qui en est éloigné de trois lieues, le pays est ondulé, et, à droite ainsi qu'à gauche, se voient encore des collines. Quant au chemin lui-même, il est parfaitement plat, large, fort beau, et il continue à être toujours égal dans un espace d'environ 10 lieues, jusque vers la *venda da Mata*. La campagne partout riante et animée, offre une alternative de bouquets de bois, de pâturages, de terrains en culture et principalement de plantations de sucre. Il est évident que ce pays fut autrefois couvert de forêts vierges, mais aujourd'hui on n'en aperçoit aucun reste; les terres qui ne sont point en rapport ont été cependant défrichées jadis, et l'on reconnaît au peu de vigueur des plus grands bois qu'ils en ont remplacé d'autres. Non-seulement le chemin est partout bordé de *vendas*, non-seulement des chaumières et des maisons plus considérables sont éparses cà et là; mais encore dans les trois lieues que je fis pour me rendre de Guaxindiba à Cabessú, je vis trois sucreries importantes, l'une à peu de distance de Guaxindiba et qui en porte le nom, l'autre ap-

---

l'histoire de la guerre que les Portugais soutinrent au commencement du dix-septième siècle contre les Français établis au Maragnan.

pelée *Mestre de Campo*, et la troisième peu éloignée de Cabessú. Il n'est pas au reste bien étonnant que ce pays soit aussi peuplé, puisqu'il avoisine la capitale de l'empire, et qu'il a commencé, il y a déja près de trois siècles, à être habité par des Européens.

Le canton de Cabessú produit non-seulement du sucre, mais encore du café, du manioc, du riz, des haricots, et même un peu de coton. Cependant, quoique ce pays soit très cultivé, les vivres y sont à peu près aussi chers qu'à la ville, parce que celle-ci est peu éloignée, et que les cultivateurs ont des facilités très grandes pour y transporter les produits de leurs terres et de leurs habitations. Ainsi, lors de mon voyage, une poule se vendait 2 pataques (4 fr.); le lard valait au détail 120 reis (75 c.) la livre de ok, 46 poids décimal français, et les œufs 1 fr. la douzaine [1].

Entre Guaxindiba et Cabessú, je vis un grand nombre de troupes de mulets qui venaient de la ville de Maricá [2], de Saquaréma et d'autres villages éloi-

---

[1] Il ne faut pas oublier qu'à l'époque dont je parle, tout se vendait encore en argent.

[2] Maricá vient évidemment du mot indien *mbaracá* ou *maracá* qui signifie une gourde remplie de ses semences. Les anciens indigènes employaient ces gourdes comme instrumens de musique; et, suivant le père Antonio Ruiz de Montoya (*Tes. leng. guar.*, 212 bis), ils finirent par appeler tous les instrumens *mbaracá*. Le fruit de la fleur de la passion, creux et plein de semences comme la gourde, s'appelait aussi *maracá*, d'où vient certainement le mot de *maracujá* que ce fruit porte encore aujourd'hui chez les Brésiliens-Portugais, et qui, défiguré sans doute par Marcgraff et

gnés de quelques lieues, et qui allaient porter les diverses productions du pays à Praia Grande ou aux ports voisins. On se ferait une idée bien fausse, si on leur appliquait ce que j'ai dit ailleurs des caravanes si bien réglées qui sont le véhicule du commerce de Minas. Comme l'on n'a ici que de très faibles distances à faire parcourir aux bêtes de somme, on n'achète que les plus petites et les moins vigoureuses. Lorsqu'on veut les employer, on leur jette sur le dos un morceau de natte, on met par-dessus une carcasse de bât, et à celle-ci on suspend de droite et de gauche un sac de cuir brut où sont les denrées qu'on envoie à la ville. Les nègres conducteurs des mulets n'ont aucune idée de la véritable manière de les traiter, et sans cesse l'on voit ces pauvres animaux galopper avec leurs sacs qui leur battent les flancs.

A l'endroit appelé Cabessú [1], comme sur les bords

par Pizon, est devenu pour les botanistes celui d'un genre de Passiflorées, leur *murucuia*. Les *maracás* étaient pour les Tupinambas des espèces de fétiches. Un écrivain anglais qui rapporte plusieurs de ces faits, mais avec quelques différences, paraît porté à croire que c'est du mot *maricá* que l'on a fait Amérique, et que Vespuce prit le nom d'Americo comme Scipion celui d'Africain de cette contrée qui fut le théâtre de ses exploits. Une telle opinion, exprimée d'ailleurs avec doute, est beaucoup trop hasardée pour mériter quelque examen.

[1] En adoptant cette orthographe, je me conforme à la prononciation usitée dans le pays; mais je dois dire que Pizarro a écrit tout à la fois *Cabaçú* et *Caboçú*. Cet auteur applique ces noms à une petite rivière qui sans doute les aura communiqués au canton où elle coule. Luccock qui a par-

du Guaxindiba, ce fut dans une *venda* que je passai la nuit. Entre Rio de Janeiro et l'embouchure du Rio Doce, comme au midi du Brésil entre *Guaratúba* et *Laguna* et probablement sur tout le littoral, on ne voyage point en caravane; c'est par mer que les communications s'établissent et qu'on transporte les denrées, et par conséquent on ne trouve en aucun lieu de ces hangars appelés *ranchos* qui sont si multipliés sur la route de Minas Geraes à la capitale, et qui servent d'abri aux muletiers et à leurs marchandises. Le très petit nombre de voyageurs isolés qui, de loin en loin, parcourent la côte, s'arrêtent dans les *vendas* et dans les habitations très souvent situées à quelque distance de la route.

Les *vendas* des environs de Rio de Janeiro diffèrent peu des tavernes de la province des Mines; cependant elles sont plus propres et mieux tenues. D'ailleurs la

---

couru le même canton l'appelle à tort *Cabazú* et *Cabasú*; mais il est plus exact, quand il dit que ces mots signifient, dans la langue des Indiens, forêt de grands arbres ou gourde. Ces deux étymologies peuvent être également vraies; car *cabaçu* dans la *lingua geral* veut dire gourde, et, d'un autre côté, il est possible aussi que *Cabessú* ou *Caboçú* vienne de *caá*, forêt joint à l'augmentatif, *çú* ou *guaçú* dont on a, comme je l'ai dit ailleurs, sans doute fait *bussú* par corruption. Je pencherais cependant plus pour cette dernière étymologie que pour la première; car *cabaçu*, quoique indien, dérive évidemment de *cabaço* qui est portugais, et il est vraisemblable que dans un pays où il y avait jadis tant d'Indiens, ils avaient donné un nom avant l'arrivée des Européens, à la rivière dont il s'agit.

boutique est également sans plafond; des bouteilles d'eau-de-vie de sucre *(cachaça)*, sont rangées sur des planches autour de la chambre; de grands coffres renferment du maïs et de la farine; çà et là sont placés à peu près sans ordre du lard et d'autres comestibles; enfin un grand comptoir parallèle à la porte s'étend d'une muraille à l'autre et sert de table aux buveurs d'eau-de-vie de sucre qui restent toujours debout. Les *vendas*, où je couchai à Cabessú, à la *fazenda do Padre Manoel*, à Mata et à peu près toutes celles que je vis en si grand nombre entre ce dernier endroit et Praia Grande ont un toît qui se prolonge au-delà des murs de la maison pour former une espèce de galerie *(varanda)*. Sur le côté, dans la largeur de la galerie, se trouve un petit cabinet fort étroit, sans croisée, qui représente une sorte d'aile et qui, ouvrant sur la galerie elle-même, n'a aucune communication avec l'intérieur de la maison : c'est dans ce réduit obscur qu'on loge le voyageur.

Dans la province des Mines qui est peu cultivée, et qui presque partout offre d'immenses pacages, on laisse les chevaux et les mulets errer dans la campagne en toute liberté. Ici au contraire et sur toute la côte jusqu'au Rio Doce où les terres doivent généralement avoir plus de valeur, où les pâturages n'ont pas une grande étendue et où les vols sont, je crois, beaucoup plus à craindre que dans les Mines, on a soin d'enclore les pâtures. De chaque *venda* dépend un pâturage enclos, et le voyageur peut y faire mettre ses chevaux ou ses bêtes de somme, moyennant une rétribution qui pour chaque animal, ne va pas ordinairement au-delà de 20 reis (12 c.) par nuit. Une augmentation de dépense aussi légère est bien amplement compensée, pour celui qui s'est mis en route, par l'avantage de n'être pas à la disposition des mulets et de leurs conducteurs, et de pouvoir partir quand il en a envie.

CHAPITRE XIII.

DÉSAGRÉMENS CAUSÉS PAR UN MULETIER. L'AUTEUR RETOURNE A RIO DE JANEIRO. — DESCRIPTION DU PAYS SITUÉ ENTRE CABESSU ET LE LAC DE SAQUARÉMA.

L'auteur est abandonné par son muletier ; pour quelles causes. Réflexions sur les inconvéniens qu'il y a à être servi par des hommes libres dans les pays où l'on admet l'esclavage. L'auteur retourne à Rio de Janeiro. Il est sur le point d'être trompé par un voleur ; après beaucoup de recherches, il trouve un nouveau muletier et retourne à Cabessú. — Pays situé entre cet endroit et la *Fazenda do Padre Manoel*. Sucreries. *Venda da Mata*. — Description des campagnes voisines. Haies d'orangers. — L'auteur arrive sur les bords du lac de *Saquaréma*. — Portrait des blancs qui habitent ce canton. Influence du climat sur notre espèce.

Je me préparais à quitter Cabessú, lorsque le muletier José vint m'annoncer qu'il avait quelque chose à me communiquer. Il prétendit que, quoiqu'il ne sût pas le Français, il s'était aperçu que j'avais dit du mal de lui à mon domestique Prégent; il se plaignit de Zamore, et enfin il m'annonça qu'il allait me quitter. Je lui reprochai avec modération la conduite qu'il tenait à mon égard. Il chercha alors à entrer en composition; il ne me demanda point d'argent; mais il me dit que, si je voulais lui permettre de battre Zamore tout à son aise, il resterait à mon service. Le bon Zamore, naturellement fort paresseux, avait encore été gâté par son maître, et il était, je l'avouerai, moins capable d'aider un muletier que ces enfans de 10 à 12 ans qui, dans les Mines, suivent les caravanes. Ce n'était cependant pas une raison pour le livrer à la brutalité d'un homme dur et grossier, et par conséquent il fallut prendre le parti de renvoyer Joseph. D'ailleurs la difficulté de trouver un muletier avait pu seule me déterminer à emmener cet homme; car il était affligé d'une maladie de peau qu'un chirurgien habile m'avait dit être tout à la fois contagieuse et difficile à guérir. José ne partit point sans m'expliquer en quoi consistait le mal que j'avais dit de lui. Je l'avais vu boire sans cérémonie dans une caffetière dont je me servais sans cesse; je ne lui en avais fait aucun reproche; mais il est très vrai que j'avais témoigné à Prégent la crainte de gagner la maladie dont j'ai parlé tout à l'heure, et qu'au bout de quelques instans j'avais envoyé laver la caffetière. José avait encore contre moi un grief non moins grave; je lui adressais la parole sans l'appeler *senhor!* L'admission de l'esclavage entache le travail de honte, et lorsqu'un homme libre qui, par sa couleur, appartient à la caste des esclaves, se décide à descendre à un service domestique, il croit racheter cette humiliation par la susceptibilité la plus bizarre. Dans un pays où l'esclavage est consacré, l'homme libre n'a le plus souvent qu'une idée fausse de la liberté, et celui qui a la délicatesse de ne point vouloir se servir d'esclaves, est trop souvent obligé de devenir lui-même l'esclave des hommes libres qu'il emploie et qu'il paie.

Quoi qu'il en soit, le départ de José me jeta dans un embarras extrême. Je me trouvais à deux journées de Rio de Janeiro avec une troupe de mulets, et je n'avais personne pour les soigner et pour les conduire. Je pris d'abord la résolution d'aller demander dans le voisinage si l'on ne connaîtrait pas quelque muletier qui voulût m'accompagner dans mon voyage, et je me rendis à une très belle sucrerie, peu éloignée de Cabessú.

Le maître de la maison ayant pris connaissance de ma *portaria* (passeport de la sécretairie d'état), me reçut avec une politesse extrême, et me dit qu'à deux lieues de chez lui, il y avait dans une habitation un muletier de S. Paul qui probablement ferait bien mon affaire. Cependant je ne tardai pas à apprendre que le prétendu muletier n'était point de ceux qui savent charger et ferrer les mulets, mais un de ces hommes appelés *pions* dont le talent consiste à jeter le lacet et à dompter les chevaux et les bêtes de somme[1]. On me dit d'ailleurs que ce Pauliste venait d'entrer au service d'un maquignon, et que je ne pourrais l'avoir pour muletier, sans le débaucher à son maître; genre d'action qui à la vérité est fort en usage dans ce pays,

---

[1] On trouvera dans ma *troisième Relation*, encore inédite, des détails forts étendus sur les *pions*, l'éducation et le commerce des mulets.

mais qu'un homme délicat ne se permettra nulle part.

Tout le monde s'accordait à m'assurer que je ne découvrirais aucun muletier dans le voisinage de Cabessú, parce qu'on n'y fait pas de plus long voyage que celui de la capitale, et qu'on n'a, pour y envoyer ses denrées, d'autres conducteurs que des nègres sans aucune expérience du service des bêtes de somme. Je pris donc le parti de ne plus songer à me procurer un muletier dans le canton où j'étais alors, et je me décidai à partir le lendemain pour aller faire des recherches à Rio de Janeiro, laissant à Cabessú mes gens et mon bagage.

J'allais monter à cheval, lorsque le bon Zamore vint me déclarer que je pouvais le battre tant que je voudrais; mais qu'il était bien déterminé à retourner à la ville, parce que je devais aller trop loin, et que le chemin était rempli d'épines. La patience m'échappa; je donnai, je l'avoue, quelques soufflets à Zamore, et craignant qu'il ne prît la fuite, je le fis courir devant moi jusqu'à Praia Grande. Là je laissai mon mulet chez le Français dont j'ai déja parlé, et je m'embarquai pour Rio de Janeiro.

La ville de Praia Grande est située, comme je l'ai dit, au fond d'une petite anse. Je côtoyai le rivage de cette dernière sur lequel on voit le joli village de S. Domingos; je passai devant le fort de *Gravatá* ou *Carauatá*[1] construit à l'entrée de l'anse sur la pointe

---

[1] On appelle ainsi les Broméliées à longues feuilles linéaires et épineuses sur les bords. *Gravatá* est, je crois, le mot le

qui s'étend au-delà de la plage de S. Domingos (*Praia de S. Domingos*) ; enfin je me trouvai bientôt au milieu de la portion de baie qui sépare Rio de Janeiro de la côte opposée. Le vent était extrêmement fort et la mer très houleuse ; les vagues soulevaient notre frêle

plus généralement adopté par les descendans des Portugais, dans les parties du Brésil que j'ai parcourues ; mais ce mot vient évidemment du guarani *caraguatá* qui s'applique tout à la fois au *fruit de l'ananas et aux feuilles de cette plante propres à faire du fil* (A. Ruiz de Montoya. *Tes. guar.*). Les ouvrages de Marcgraff et de Pison prouvent que, de leur temps, le mot *caraguatá* était en usage à Fernambouc ; mais, d'après ce que dit Manoël Arruda da Camara, on aura substitué, dans ce pays, au mot *caraguatá* le mot *caroá* qui n'en est point une corruption due aux Portugais, mais qui appartient au dialecte particulier connu sous le nom de *tupí* ou *lingua geral*. Il paraît aussi qu'on se sert actuellement à Fernambouc des mots *crauatá* et *crauá* qui sont évidemment des altérations portugaises de *caroá*. Arruda qui mérite les plus grands éloges pour s'être occupé de l'utilité des plantes brésiliennes, et auquel on doit un traité sur celles qui peuvent donner du fil (*Dissertação sobre as plantas do Brasil que podem dar linhos*, etc., *Rio de Janeiro ;* 1810), Arruda, dis-je, décrit le *caroá* ou *crauá* de Fernambouc qu'il croit nouveau, sous le nom de *Bromelia variegata* et le *crauatá de rede* (*crauatá* à filets), sous celui de *Bromelia sagenaria*. Le *caraguatá guaçú* de Marcgraff (*caroatá assú* d'Arruda, *pita* de tout le Brésil méridional) me paraît devoir être rapporté à l'*Agave vivipara* de Linné. Ce qui est fort singulier, c'est que le mot *karatas* qui a évidemment la même origine que *caraguatá* s'est retrouvé aux Antilles pour des plantes analogues, ainsi qu'on peut le voir par les écrits du P. Labat et du P. Dutertre (*His. Ant.*, II, 130. — *Nouveau voyage*, etc., VII, 385). Ceci tend à prouver combien s'était étendue la langue guarani.

embarcation qui retombait tout à coup, et je ne pus, je le confesse, me défendre de quelque inquiétude.

J'arrivai cependant, et mon premier soin fut de rendre Zamore à son maître. Je me transportai ensuite chez une dame de ma connaissance qui fut très surprise de me revoir, et envoya sur-le-champ son domestique à l'auberge voisine, pour savoir s'il ne s'y trouverait pas quelque muletier sans ouvrage. Le domestique revint presque aussitôt, et m'amena un Pauliste dont la figure et les manières me plurent extrêmement. Cet homme me demanda un prix très modéré; il m'indiqua une personne honnête chez laquelle je pouvais prendre des informations sur son compte, et, le lendemain matin, il vint me chercher pour me conduire chez cette personne. Il voulait entrer avec moi, espérant sans doute qu'en sa présence, on n'oserait mal parler de lui; mais je le priai de m'attendre à la porte, et je dérangeai ainsi ses petites combinaisons. On me dit que le Pauliste était un mauvais sujet; on m'engagea à ne point le prendre, et l'on me renvoya pour des informations plus détaillées chez l'évêque de Goyaz. L'homme de confiance de ce dernier m'assura que mon Pauliste avait volé une troupe de mulets avec une somme d'argent, et il ajouta que cet honnête personnage était poursuivi dans sa patrie par les magistrats. Il faut qu'il y ait bien peu de police dans un pays où un homme mis en accusation et connu pour être un voleur, puisse se montrer impunément, sans même prendre la peine de changer de nom et de costume.

Débarrassé de cet homme, je continuai mes recherches. Comme on ne trouve de bons muletiers que parmi les gens des Mines, je m'adressai aux Mineiros de ma connaissance qui se trouvaient à Rio de Janeiro; mais ils ne purent me découvrir personne; je parcourus toutes les auberges, et ce fut également inutile. Il semblera bien extraordinaire que dans un pays où l'on ne voyage qu'avec des mulets, il soit si difficile de trouver un muletier. Mais l'habitant de Rio de Janeiro n'en sort guère que pour s'embarquer; il attend chez lui les Mineiros et les Paulistes qui viennent acheter ses marchandises, et ceux-ci s'en retournent avec les serviteurs qu'ils avaient amenés.

Le surlendemain cependant de bons Mineiros m'annoncèrent qu'ils avaient trouvé un homme qui pouvait me convenir. Après quelques hésitations, cet homme se décida à entrer à mon service; je me hâtai de partir, et nous arrivâmes bientôt à Cabessú.

Entre ce lieu et l'endroit appelé *fazenda do Padre Manoel* (l'habitation de l'abbé Manoel)[1], l'aspect de la campagne continue à être extrêmement agréable. Elle offre une alternative de collines et de vallons, de taillis, de pâturages et de vastes plantations de canne à sucre; enfin quelques bouquets de bois vierges qu'on aperçoit de loin en loin, permettent de comparer les beautés de la végétation primitive avec celles qu'ont amenées la culture et la présence de l'homme.

[1] Le titre de *padre* se donne en portugais aux prêtres séculiers, et celui de *frey* aux religieux. Par conséquent on ne doit point, comme on l'a fait, traduire *padre* en français par le mot *père*, ni en allemand par le mot *pater*.

Comme l'on s'éloigne de Rio de Janeiro, on ne voit plus autant d'orangers ni de plantes potagères, et les petites maisons de campagne si communes auprès de Praia Grande, sont remplacées par des sucreries. Celles-ci ne peuvent être sans doute aussi rapprochées que des habitations peu importantes où l'on se livre uniquement à de petites cultures; néanmoins elles sont également très multipliées, et, de loin, on les distingue sans peine à la quantité des bâtimens qui les composent. Autour de la maison du maître que l'on a coutume de blanchir et que l'on construit avec quelque soin, sont disposées, presque toujours sans ordre, les usines et les cases à nègres bâties en terre et couvertes en chaume. Devant les habitations, s'étendent d'immenses pelouses parfaitement unies qui indiquent assez que ce pays est habité depuis long-temps; car les pelouses naissent seulement dans les lieux que les hommes foulent sans cesse de leurs pieds et où paissent les bestiaux.

Dans ce canton, la canne à sucre dure deux et trois années, suivant la nature du terrain. Outre les champs de cannes à sucre, j'en vis encore de manioc et de maïs; mais ils étaient en très petit nombre. Parmi les cannes, on plante souvent des haricots et du maïs, et l'on en fait successivement la récolte. De l'habitation du Padre Manoel et de tous les environs, on envoie les produits de la culture au petit port *Das Caixas* qui est situé sur la baie de Rio de Janeiro [1], et là on

---

[1] C'est ce port que feu M. Mawe appelle *Porto dos*

embarque ces produits pour la capitale. La plupart des cultivateurs font des envois à la ville pour leur propre compte; d'autres vendent leurs denrées à des marchands qui viennent les chercher chez eux, et il arrive quelquefois que les fausses spéculations des acheteurs font débiter les productions du sol, sur les lieux mêmes où on les recueille, à des prix plus élevés que ceux qui ont cours à Rio de Janeiro.

La *venda* où je couchai le jour que je quittai Cabessú est située sur une hauteur, dans un enclos immense qui dépend de l'habitation du Padre Manoel. L'espace de terrain renfermé dans cet enclos est inégal, et présente une alternative de taillis, de buissons et de pâturages. Une colline assez élevée, couronnée par un bouquet de bois vierges fait face à la *venda*. Au pied de celle-ci, sont les bâtimens de la sucrerie, et à côté, sur une éminence, est une chapelle accompagnée d'un arbre touffu. Le calme le plus profond regnait dans ce joli paysage, et n'était troublé que par le gazouillement de quelques petits oiseaux et le chant mesuré des nègres qui travaillaient à la sucrerie.

Au-delà de la *fazenda* du Padre Manoel, je ne rencontrai plus autant de monde, et les habitations ne me parurent plus aussi nombreuses. Peu à peu la campagne devint moins riante, le pays plus boisé, les collines moins basses et plus rapprochées; j'entrai

---

Caxhes. La relation de cet écrivain (*Travels in the interior of Brazil*) est tellement remplie d'inexactitudes que les géographes doivent, je crois, s'abstenir d'y puiser aucun renseignement. Cazal et d'Eschwege en ont déja fait une juste critique.

dans un bois vierge. Le chemin y était plat comme celui que j'avais suivi depuis Praia Grande; garanti des rayons du soleil par des arbres touffus, il se ressentait encore des pluies abondantes qui étaient tombées depuis quelque temps, et les bêtes de somme y enfonçaient jusqu'à mi-jambe dans une boue noire et tenace.

Au sortir de ce bois, j'entrai dans un pays découvert, et j'arrivai au canton appelé *Rio Seco* (ruisseau desséché) qui, comme ses environs, dépend de la justice de *Macacú*[1]. Là est un vaste enclos où se trouvent quelques maisons éparses çà et là et une sucrerie devant laquelle s'étend une immense pelouse. Je demandai la permission de m'arrêter à l'une de ces demeures; elle ne me fut pas entièrement refusée, mais je vis que l'on ne se souciait pas de me recevoir, et je continuai ma route, en souhaitant à la maîtresse de la maison de trouver une hospitalité plus aimable, si jamais il lui arrivait d'entreprendre un voyage.

Pour me rendre de Rio Seco à la *venda da Mata* (bois) où je fis halte, et qui en est éloignée d'une demi-lieue, je traversai une épaisse forêt. Un ruissseau qu'on appelle *Rio da Mata* (rivière du bois) coule au milieu des arbres parallèlement au chemin, et forme

---

[1] La petite ville de *S. Antonio de Sá*, plus connue sous le nom de *Macacú* (et non *Maccacu*, comme a écrit Mawe), est située à sept lieues et demie au nord-est de la capitale du Brésil, sur la rive gauche du *Rio Macacú*, la plus considérable de toutes les rivières qui se jette dans la baie de Rio de Janeiro (Caz. *Corog Braz.*, I, 14, 32. — Piz. *Mém. hist.*, II, 196).

une petite cascade dont le murmure s'entend d'assez loin[1].

Je m'installai à Mata dans le petit cabinet noir destiné pour les voyageurs. Pendant que je travaillais, une demi-douzaine de nègres jasaient autour de moi et m'interrompaient sans cesse. Les *vendas* sont pour ces infortunés des lieux de délices. Ils y apportent, comme je l'ai dit ailleurs, le produit des vols qu'ils font à leur maître; en buvant, ils oublient leur triste condition; ils parlent tous ensemble comme des enfans, sans tenir de discours suivis; et toujours debout, toujours en mouvement, ils prolongent leurs étranges conversations quelquefois très avant dans la nuit.

C'est encore la canne à sucre que l'on cultive principalement dans le canton de Mata, et, lors de mon voyage, le sucre blanc s'y vendait 8 *patacas* (16 fr.) l'arrobe (14 k. 745 poids décimal). Les colons qui n'ont pas assez d'esclaves pour former des plantations de canne, se bornent à cultiver le maïs, les haricots et le manioc. Ici l'on ne réduit pas le maïs en farine; on le donne aux animaux domestiques, ou on le transporte à Rio de Janeiro. Depuis cette ville jusqu'au Rio Doce, et, je crois, sur tout le littoral du Brésil, on n'emploie comme aliment que de la farine tirée des racines du manioc. En me rendant de Cabessú à Mata, je n'aperçus aucune plantation de caffeyers;

---

[1] Ce fut dans les bois vierges voisins de Mata que je trouvai la Mimosée à 5 pistils dont M. de Candole a parlé dans ses écrits, et qui confirme si bien ses belles théories sur l'organisation de la fleur. (Voy. la note P à la fin du volume.)

mais l'on m'assura qu'il en existait dans des lieux un peu éloignés du chemin et plus ombragés ; c'est ordinairement sur le penchant des montagnes que se fait ce genre de plantations ; à l'époque de mon voyage, le café se vendait dans ce canton 8 à 9 *patacas* l'arrobe.

Dans les campagnes que je parcourais depuis plusieurs jours, et plus loin encore, on rencontre des troupeaux de bêtes à cornes assez considérables, et peut-être les pâturages que l'on voit çà et là pourraient-ils en nourrir davantage. Sans être d'une belle race, les vaches fournissent jusqu'à quatre bouteilles de lait par jour. Je vis également dans ce pays un grand nombre de moutons. On ne leur donne aucun soin ; on ne prend pas même la peine de couper leur laine, mais on la laisse perdre. Ce fait suffirait pour donner la mesure de l'apathie qui règne parmi les habitans de cette contrée.

De tout le canton de Mata, comme des alentours de la *fazenda* du Padre Manoel, on transporte au Porto das Caixas les denrées destinées pour Rio de Janeiro. Ce transport se fait à dos de mulets dans des sacs de cuir, ou sur des chars traînés par des bœufs. De Mata au Porto das Caixas situé, comme je l'ai dit, sur la baie, il y a environ sept lieues, et il en coûte un demi-double (40 fr.) pour la location d'un char qui porte vingt sacs de sucre de quatre *alqueires* chaque[1]. On exige ensuite 160 reis (1 fr.) pour le transport de

---

[1] Suivant M. Freycinet, l'*alqueire* de Rio de Janeiro équivaut à 40 litres.

chaque sac par les petites embarcations qui se rendent du Porto das Caixas à Rio de Janeiro.

Au-delà de Mata, le pays continue à être boisé, et devient plus montagneux. Le chemin s'élève pendant quelque temps au-dessus d'une vallée étroite et profonde qu'on a dégarnie de bois. On entre ensuite dans une forêt vierge, et l'on monte une montagne appelée *Serra de Tingui*[1], qui probablement se rattache à la grande chaîne maritime. Là c'est le lit d'un ruisseau peu profond qui sert de chemin. Des arbres touffus et d'un vert sombre forment une voûte magnifique au-dessus de la tête du voyageur qui ne voit plus que par échappées l'azur éblouissant du ciel. De nombreuses fougères, des Graminées, des mousses, des Commélinées, des Acanthées forment des deux côtés du ruisseau un tapis inégal, et, tandis que partout ailleurs, il fait une chaleur excessive, on respire dans ces lieux la plus agréable fraîcheur.

En commençant à descendre la montagne on sort de la forêt, et l'on découvre une vue magnifique. Au pied même de la Serra, est une habitation assez considérable; au-delà de cette demeure s'étend une immense plaine bornée à droite et à gauche par des montagnes et des collines, et, dans le lointain, l'œil s'égare sur le vaste lac de Saquaréma qui termine l'horizon.

Après avoir passé devant une superbe plantation

---

[1] Je dois avouer que j'ai quelque doute sur la parfaite exactitude de ce nom.

de caffeyers qui se développe sur le penchant de la montagne, j'entrai dans la plaine dont je viens de parler, et où l'on voit tour à tour des terrains en culture, des taillis et de belles pelouses. Dans cette plaine, le chemin est large et parfaitement égal ; mais des espaces considérables n'offrent qu'une boue tenace et d'un gris-noir semblable pour la couleur à celle des rues de Paris. Mes mulets ne se tiraient qu'avec effort de ces vastes bourbiers, dus uniquement au long séjour des eaux pluviales qui manquent tout-à-fait d'écoulement.

Dans ce pays, on se sert de l'oranger épineux pour former des clôtures ; mais ce genre de haie n'est pas aussi agréable qu'on pourrait se l'imaginer en Europe. Le vert sombre et luisant des feuilles d'orangers a quelque chose de triste ; elles ne se détachent point assez les unes des autres, et forment une masse trop compacte.

Après avoir traversé la plaine dont j'ai parlé tout-à-l'heure, je montai encore sur une montagne, et, de l'autre côté, je trouvai des sables qui indiquaient déja le voisinage de la mer. Je laissai ensuite derrière moi d'autres élévations sur le penchant desquelles je vis des plantations de café vigoureuses et assez régulières, et j'arrivai enfin sur les bords du beau lac de Saquaréma qui s'étend dans le lointain jusqu'au delà de l'église du même nom.

M'étant présenté à une *venda*, je demandai la permission de m'y arrêter. Le maître de la maison avec cet air d'indolence et de froideur qu'ont presque tous les gens de ce pays, me montra un petit cabinet noir où était déjà établi un voyageur malade. Je demandai inutilement une autre chambre, je priai, je me fâchai; à peine paraissait-on m'entendre. Ne sachant que devenir, j'eus l'idée de m'adresser à un homme qui passait, et je lui demandai s'il pourrait me procurer un gîte. Cet homme me répondit avec beaucoup de politesse qu'il allait me mener chez un de ses parens, et bientôt nous arrivâmes à une petite maison neuve où l'on me donna la permission de passer la nuit.

A l'exception de deux ou trois sucreries, cette maison était la plus agréable de celles que j'avais vues dans le cours de la journée. Les autres, déjà bien différentes des maisons de campagne qu'on aperçoit de tous côtés plus près de Rio de Janeiro, n'étaient que de misérables chaumières à demi-ruinées, bâties en terre et en bois à la manière de celles des Mines. Cependant un grand nombre de ceux qui habitent ces tristes demeures sont des hommes blancs.

Depuis que j'avais quitté Rio de Janeiro, je n'avais presque point eu de rapports avec les propriétaires riches; je n'avais même aperçu que des individus d'une classe inférieure ou tout au plus mitoyenne. Mais, si parmi eux, j'avais compté beaucoup de mulâtres, peut-être avais-je vu un nombre de blancs plus considérable encore. Ces derniers ont tous un teint basané ou d'un jaune pâle, des yeux et des cheveux noirs. Je ne retrouvai, dans leur physionomie, rien qui rappelât la race américaine; je n'y démêlai non plus bien clairement aucun des signes qui caractérisent la race nègre; cependant je ne saurais m'empêcher de croire que quelques-uns des ancêtres de plusieurs de ces hommes se sont alliés avec des femmes africaines. Les blancs dont je parle ici ont soin de saluer tous ceux qu'ils rencontrent; mais c'est à peu près à cela que se borne leur politesse; ils paraissent tristes, froids, indifférens à tout, indolens et stupides. Leur pays est percé, comme je l'ai dit, d'un grand nombre de chemins; priez un nègre de vous indiquer celui que vous devez suivre, il ne vous répondra rien; questionnez un blanc, il vous répondra tout de travers. Personne ne pourrait dire combien il y a de lieues de tel endroit à tel autre; on sait seulement que l'on peut faire la route en tant d'heures, et chacun prend pour mesure la vitesse de son cheval. Le voisinage d'une capitale où les classes inférieures n'ont encore atteint qu'un très faible degré de civilisation, explique assez la grossièreté de mœurs que l'on observe chez les habitans des campagnes environnantes; et leur apathie stupide a sans doute pour cause l'excessive chaleur du climat combinée avec son humidité. En Europe où les communications se renouvellent sans cesse, ces dernières influences sont continuellement modifiées; mais, dans les pays que j'ai parcourus pendant mes voyages, et où ces mêmes influences peuvent encore exercer leur force presque toute entière, j'ai cru remarquer qu'en général l'intelligence des habitans était en rapport avec l'élévation du sol, et M. de Humboldt a fait une observation semblable pour les parties de l'Amérique qu'il a visitées.

CHAPITRE XIV.

LES LACS DE SAQUARÉMA DE D'ARARUÁMA. — COMPARAISON DES INDIGÈNES DU BRÉSIL AVEC LES CHINOIS.

Description du lac de Saquaréma. — Celle de la langue de terre qui le sépare de l'Océan. — Végétation de cette langue de terre. Les chaumières qu'on y a bâties; portrait des femmes qui les habitent. Manière de faire les nattes.—Village de *Saquaréma*. Son église.—Communication du lac de Saquaréma avec la mer.—Occupations des habitans de Saquaréma.— Manière de faire les filets.— Par qui a été peuplé le village de Saquaréma; à quelle race appartiennent ses habitans.—Agriculture. — L'auteur quitte les bords du lac de Saquarema. — *Fazenda do Capitão Mór*. Réception qu'on y fait à l'auteur. — Description du lac d'Araruáma. — Paroisse du même nom. — Hameau de *Matarúna*. Culture; indigotiers. Végétation naturelle. — *Venda de Guába Grande*. Salines. — L'auteur arrive à l'*Aldéa do S. Pedro*. — Comparaison des Mongoles et en particulier des Chinois avec les indigènes du Brésil.

FORCÉ par la maladie d'un de mes mulets, de passer une journée chez l'homme qui m'avait donné asile près du lac de Saquaréma, je profitai de ce séjour pour aller visiter le village du même nom, et pour herboriser sur la langue de terre qui sépare le lac de l'Océan. Sortant de la maison de mon hôte, je suivis entre deux haies un chemin étroit et ombragé. Dans ces haies, croît très abondamment une belle Composée qui s'accroche aux corps voisins, à l'aide de ses vrilles, et ressemble pour le port à notre *Vicia sepium (Mutisia speciosa* Hook.)[1]. Je passai devant des monceaux de coquilles bivalves (cames) que l'on va ramasser sur le rivage de la mer pour en faire de la chaux, et bientôt j'arrivai près du lac.

La veille, lorsqu'à la fin de la journée je m'étais déjà trouvé sur ses bords, j'avais pensé que toute son étendue se bornait à l'espace compris entre le lieu où j'étais alors et la paroisse de Saquaréma du côté de l'est; mais il n'en est pas ainsi. Le lac de Saquaréma [2], très irrégulier, a trois ou quatre lieues de long sur trois quarts de lieues de large; il commence, du côté de l'ouest, vers les montagnes élevées et pittoresques de l'espèce de cap ou pointe appelée *Ponta Negra* (la pointe noire), et il se compose de deux parties principales, ou si l'on veut de deux véritables lacs qui

---

[1] Voy. la note Q à la fin du volume.

[2] Ce n'est ni *Sagoarema*, ni *Saqueréma*, ni *Sequaréma*, comme l'ont écrit quelques auteurs : *Saquaréma* vient peut-être des mots guaranis *cáquaá* et *râmâ*. Le dernier de ces mots est le signe du futur et en même temps du passé. Quant à *cáquaá*, le P. A. Ruiz de Montoya indique ce mot comme voulant dire augmentation (*aumento crecimiento*); mais les exemples que cite l'auteur espagnol me paraissent donner au terme dont il s'agit la signification du verbe augmenter. Ainsi *cáquaá râmâ*, d'où l'on aurait fait avec le temps *Saquaréma*, voudrait dire *qui augmentera* ou *qui a augmenté*, nom qui convient bien au lac de Saquaréma sujet, selon Pizarro, à des crues considérables.

communiquent entre eux par le moyen d'un canal naturel assez étroit que l'on appelle *Boqueirão do Engenho* (le détroit de la sucrerie). La partie la plus occidentale, celle qui commence à Ponta Negra, porte le nom de *Lagoa da Barba* (lac de la barbe), et l'autre qui s'étend jusqu'à l'église paroissiale de Saquaréma a reçu, dans le pays, le nom de *Cacimba* (citerne). Selon ce qui m'a été dit sur les lieux mêmes, le lac de Saquaréma n'est pas formé seulement des deux lacs dont je viens de parler; mais il en comprend encore deux autres. L'un qui s'appelle *Lagoa da Barra*, sans doute parce qu'il est voisin de la barre ou goulet du Saquaréma, communique avec le Cacimba par un canal dit *Boqueirão do Jurao* (détroit de la maison bâtie sur pilotis); l'autre qui communique avec le Lagoa da Barra par le *Boqueirão de S. José* (détroit de S. Joseph), porte le nom de *Russanga*[1].

Me trouvant sur la rive septentrionale du lac, il me fallut, pour arriver à la langue de terre qui se prolonge entre le Cacimba et l'Océan, traverser le Boqueirão do Engenho. Un nègre qui demeurait de l'autre côté vint me chercher dans une pirogue. On paie pour le passage un *vintem* par personne. Les chevaux et les mulets traversent le canal à la nage; mais lorsqu'étant dans la pirogue, on les tient à la bride, on paie pour chacun d'eux également un *vintem*.

[1] *Russanga* a probablement été substitué, avec le temps, au mot guarani *Urusangay*, rivière de la poule qui couve; ou à quelque mot analogue du dialecte tupí.

La langue de terre (*restinga*) qui sépare le Cacimba de l'Océan peut avoir la longueur d'une demi-lieue de France; elle est extrêmement étroite, et ressemble à une chaussée. Le chemin que l'on suit sur cette langue, pour arriver à l'église paroissiale de Saquaréma, tantôt côtoie le lac, et tantôt s'en éloigne. Nulle part on n'aperçoit la mer qui est cachée par des arbrisseaux et des broussailles; mais partout l'on entend le mugissement des vagues qui viennent se briser sur le rivage.

Depuis Praia Grande jusqu'au lac de Saquaréma, j'avais retrouvé partout les plantes des environs de Rio de Janeiro, et, en arrivant sur les bords du lac, je n'y avais vu d'autres espèces que celles qui croissent aux alentours du lac de *Freitas*, voisin de la capitale. Sur la langue de terre ou *restinga*, une végétation entièrement nouvelle s'offrit à mes regards.

Dans toute l'étendue de cette espèce de chaussée naturelle, le sol n'offre qu'un sable presque pur. Cependant, à de très petites distances les uns des autres, il croît, au milieu de ce sable, des arbrisseaux hauts de quatre à cinq pieds qui presque tous sont rameux dès la base, et se présentent en général sous la forme de buissons isolés. Quelquefois ces arbrisseaux s'élèvent un peu davantage, et alors, mariant leurs branches, ils forment au-dessus du chemin de jolis berceaux qui le font ressembler aux promenades d'un jardin anglais dessiné avec art. Je citerai principalement la Thérébintacée connue sous le nom d'*aroeira*

(*Schinus therebintifolius Rad.*); un *Cassia* à feuilles grandes et assez raides; des *Cestrum* et plusieurs Myrtées, telles que le *pitangueira* (*Eugenia Michelii*), une espèce dont le feuillage imite assez bien celui du myrte commun, enfin une autre espèce connue sous le nom de *fruta de cachorro* (fruit de chien), dont les baies sessiles et à une seule semence sont globuleuses, noires, de la grosseur d'une cerise, mais d'une saveur très résineuse et peu agréable. Tout-à-fait au pied de ces arbustes, croît en abondance une Rubiacée à fleurs bleues (*Coccocypselum nummularifolium*[1]) que j'avais déja trouvée aux environs de Rio de Janeiro, près de la baie de Bota Fogo, et qui produit absolument le même effet que le *lierre terrestre* dans les bois de l'Europe. D'ailleurs, lorsque le terrain est sec, on ne voit aucune plante au milieu des espaces que les arbrisseaux laissent entre eux; s'il est humide, on y trouve de petits *Eriocaulon*, des Cypéracées en gazon, et quelques autres plantes très basses qui se plaisent dans les endroits mouillés[2]; enfin l'humidité augmente-t-elle encore davantage, on marche sur des tapis charmans parsemés d'une quantité innombrable de petites fleurs couleur de chair qui sont celles d'une espèce du genre *Hedyotis*[3].

Dans toute l'étendue de la langue de terre, on voit,

[1] Voy. la note R à la fin du volume.
[2] Voy. la note S à la fin du volume.
[3] Voy. la note T à la fin du volume et l'*Introduction à l'histoire des plantes les plus remarquables du Brésil et du Paraguay*.

à de très petites distances les unes des autres, des cabanes qui, sans exception, présentent l'image de l'indigence. Elles sont bâties en terre, couvertes en chaume, basses et souvent presque en ruines. C'est ordinairement le pignon qui fait face au chemin, et souvent le toit se prolonge au-delà des murs de la maison pour former un hangar sous lequel sont abrités un filet et une pirogue, indices certains de la profession du propriétaire. Comme la nature du sol n'admet aucune espèce de culture, il n'existe ni jardins, ni plantations autour de ces chétives demeures. Il n'y règne aucune malpropreté; mais l'on n'y aperçoit d'autres meubles que des nattes, un ou deux bancs, et quelques poteries.

Les femmes sont assises par terre dans l'intérieur de la maison ou sur le seuil de la porte. Elles n'ont pour vêtement qu'une chemise de toile de coton et une jupe de même étoffe. Elles marchent pieds nus, ne portent rien sur la tête, et ont leurs cheveux relevés avec un peigne. Leur teint est d'une couleur jaunâtre; quelques-unes ont de beaux yeux; d'ailleurs je n'en rencontrai aucune qui fût réellement jolie. Leurs enfans sont presque tous nus, et, s'ils portent une chemise, le plus souvent elle tombe en lambeaux. La pauvreté de ces femmes, leurs misérables demeures, leur costume, leurs attitudes dépourvues de grace, la nudité de leurs enfans, me rappelaient les aldeas indiens, et cependant ce sont généralement des blancs qui habitent ce canton, ou du moins ceux qui y vivent semblent au premier coup d'œil appartenir pour la plupart à notre race [1].

En allant à l'église de Saquaréma, je vis de quelle manière se font les nattes, meuble d'un si grand usage dans cette contrée. On a un long bâton placé horizontalement et creusé d'entailles éloignées les unes des autres d'environ cinq pouces. A chaque entaille est une ficelle roulée sur deux bobines, de manière que son milieu seul reste libre. On place un petit paquet de joncs ou de roseaux sur la longueur du morceau de bois, et on le serre avec la ficelle de chaque entaille, en portant une des bobines en haut et l'autre en bas. A côté du premier paquet de joncs, on en met un second, et on le lie comme le premier, en faisant passer en bas les bobines qui étaient en haut et en haut celles qui étaient en bas. On continue ainsi jusqu'à ce que l'on ait achevé la natte, et ce que l'on a fait, on le rejette successivement de l'autre côté du bâton qui sert de régulateur [2].

A mesure qu'on approche de l'église de Saquaréma, et par conséquent de l'extrémité de la langue de terre, les chaumières deviennent plus nombreuses, et sont moins écartées les unes des autres. On les trouve enfin disposés sur deux lignes; mais, comme il y a entre les deux rangées de maisons un espace considérable occupé par des arbrisseaux, on peut dire que le vil-

[1] Voy. plus bas p. 345.
[2] Je ne saurais dire avec certitude quelle est l'espèce qu'on emploie à Saquaréma pour faire des nattes ; cependant je soupçonne que c'est le *Typha* dont je parlerai ailleurs et qu'on appelle *taboa*.

lage de Saquaréma est plutôt formé par deux côtés de rues que par une rue unique. C'est au groupe de maisons les plus voisines de l'église et les plus rapprochées les unes des autres, que dans le canton l'on donne plus particulièrement le nom de village ou de paroisse (*freguesia*), comme on appelle *Saquaréma* toute la partie du territoire paroissial qui avoisine le lac.

L'église de Saquaréma, dédiée à Notre-Dame de Nazareth, est bâtie presque à l'extrémité de la langue de terre, sur une colline isolée et arrondie qui forme une petite avance dans l'Océan, et qui est couverte d'un gazon ras et grisâtre. Du haut de cette colline qu'on appelle *Morro de Nazareth* (montagne de Nazareth), la plus belle vue s'offrit à mes regards. D'un côté ils embrassaient une immense étendue d'eau confondue à l'horison avec le firmament ; et, en jetant les yeux sur le rivage, je découvrais dans le lointain le Cap Frió qui s'avance dans la mer, et semble vouloir lui disputer son empire. Du côté opposé, j'avais presque au-dessous de moi le village de Saquaréma séparé de la colline par une petite vallée où il n'existe que du sable pur ; je découvrais toute la partie du lac appelé Cacimba ; je voyais la langue de terre située entre elle et l'Océan ; je voyais les vagues se diriger majestueusement vers cette espèce de chaussée et se briser contre une barrière si faible ; enfin au-delà du lac dont les bords sont presque plats, mes yeux s'égaraient sur de vastes campagnes disposées comme un amphithéâtre. Mais, si après avoir contemplé ce tableau grandiose, j'arrêtais mes regards sur les objets réunis près de moi au sommet de la colline; alors le plus étrange contraste frappait mon imagination. La pauvre église de Notre-Dame de Nazareth semblait sur le point de s'écrouler; quelques débris indiquaient un ancien télégraphe; un canon rouillé gisait sans affût sur la terre, et, tout autour de ces chétives ruines, étaient épars çà et là des ossemens brisés et des crânes blanchis, rebut du cimetière de l'église. Dans les ouvrages de l'homme et dans l'homme lui-même, l'image de la mesquinerie, de la misère et de la destruction; dans les ouvrages de la nature, celle de l'immensité.

La colline où est située la petite église de Saquaréma ne termine pas précisément la langue de terre qui sépare le lac de l'Océan. Cette langue se prolonge encore un peu plus loin; mais là, pour toute largeur, elle n'a guère que deux ou trois cents pas; elle est fort basse, et offre uniquement un sable pur sans aucune espèce de végétation. Dans cet endroit, les habitans de Saquaréma creusent de temps en temps un canal qui établit une communication entre le lac et la mer, travail qui demande peu d'efforts, puisque le sol, comme je l'ai dit, ne se compose que de sable. Les poissons qui côtoient le rivage entrent dans le lac avec les eaux de la mer, et celles-ci, apportant d'autres sables, ont bientôt refermé le canal. Quand on a pêché tout le poisson qui était entré dans le lac, on creuse un canal nouveau, et le lac se remplit encore. La partie de la langue de terre où se creuse le canal, ou bien, si l'on veut, l'extrémité de la langue porte le nom de *Barra* (embouchure); parce que c'est dans cet endroit que s'établit la communication du lac avec la mer. On prétend qu'autrefois on pouvait entrer avec des embarcations de l'Océan dans le lac, mais que des travaux mal entendus ont comblé l'ouverture. Rétablir cette communication, si cela n'est pas impossible, ce serait vivifier ce canton et l'enrichir.

Les habitans des bords du lac de Saquaréma et ceux en particulier de la langue de terre sont tous des pêcheurs. Ils prennent le poisson dans le lac et sur le rivage de la mer, le salent, le font sécher et le vendent à Rio de Janeiro. Comme leur extrême pauvreté leur permet tout au plus d'avoir des pirogues, et que la côte est très difficile même pour des embarcations plus solides, les transports se font toujours par terre. On se rend de Saquaréma à la ville de Maricá, et de là à S. Domingos où l'on s'embarque sur la baie. La location d'un mulet destiné à transporter du poisson sec de Saquaréma à S. Domingos, peut aller d'une crusade à trois *patacas* (2 f. 50 c. à 6 f.).

Les filets dont se servent les habitans de Saquaréma se font avec un fil très fin mais en même temps extrêmement fort que l'on tire des feuilles d'un palmier appelé *ticúm* [1]. On ne donne à celles-ci aucune pré-

[1] Le véritable mot indien est *tucúm* et s'applique ainsi que celui de *ticúm* à plusieurs espèces, les *Astrocaryum vulgare*, *Bactris acanthocarpa*, *Bactris setosa*, *Bactris maraia* figurés par le savant Martius, et peut-être à d'autres espèces encore. Cette identité de noms pour des plantes différentes explique assez pourquoi l'on n'est point d'accord sur la bonté du fil de

paration; on se contente de les casser pour les dépouiller de leur écorce, et l'on détache sans peine les fibres ligneuses, en les tirant avec la main. De ces fibres réunies, il résulte une étoupe un peu soyeuse et d'un joli vert-pomme qu'on file et que l'on tord. On teint les filets en noir avec l'écorce de la Thérébintacée appelée *aroeira* (*Schinus therebintifolius* Rad.)[1]; et, en guise de morceaux de liège, on se sert de la racine

---

tucum, et pourquoi il a été vanté par Manoel Ferreira da Camara (*Descripção fizica da comarca dos Ilheos*), tandis que Manoel Arruda da Camara (*Diss. plant. Braz.*, 32) s'est attaché à le déprécier. Il est incontestable qu'un ou plusieurs *tucum* donnent de bon fil; il faudrait faire sur tous des expériences comparatives, s'attacher aux meilleures espèces et les multiplier. Combien serait utile pour le Brésil une société d'agriculture qui voulût s'occuper de semblables travaux! On doit déja beaucoup à Arruda pour ses recherches sur les plantes brésiliennes qui donnent du fil; il a ouvert la route; il faut aller plus loin et perfectionner son ouvrage.

[1] L'*aroeira*, commun dans les environs de Rio de Janeiro et sur la côte, s'étend, à ce qu'il paraît, jusque dans les déserts de Bahia et peut-être davantage vers le nord. M. Martius dit que l'écorce de cet arbre renferme beaucoup de tanin, qu'on l'emploie quelquefois dans les fièvres intermittentes, et que l'extrait de cette même écorce remplacerait assez vraisemblablement le cachou des Indes orientales (*Reis.*, 788). On ne peut trop louer le savant que je viens de citer, d'avoir prouvé que la botanique ne répudie point les observations utiles et d'avoir ainsi cherché à justifier cette science des reproches trop fondés que lui ont valu plus d'une fois ces ouvrages descriptifs si arides, où l'on semble repousser à dessein ce qui intéresse le plus notre espèce.

plus légère encore mais spongieuse d'un *areticúm* (anone) qui croît sur le bord de la mer[1].

On s'étonnera peut-être de ce que dans un pays où de vastes terrains d'une nature excellente n'attendent qu'un léger travail pour nourrir le cultivateur, tant de gens aient choisi pour asile le canton si peu favorisé que je viens de faire connaître. Mais il est une foule d'hommes qui manquent de ce courage dont on a besoin, quand on veut s'enfoncer dans l'intérieur des terres. Le canton de Saquaréma a été peuplé par des matelots déserteurs qui pouvaient y exercer un métier qu'ils connaissaient déja, celui de pêcheurs ; il a été peuplé par des criminels fugitifs, par des femmes de mauvaise vie, et enfin il y vient souvent encore de Rio de Janeiro des jeunes gens qui cherchent à se dérober à la presse militaire à laquelle ils étaient sans cesse exposés dans la capitale.

Comme les premiers habitans des sables de Saquaréma n'avaient point de fortune, et que leurs successeurs en manquent également, les esclaves sont fort rares dans ce canton ; je n'y rencontrai presque point de nègres, et il doit nécessairement s'y trouver peu de mulâtres. Mais, si les habitans de Saquaréma paraissent, pour la plupart, entièrement blancs, il

---

[1] Le mot indien *areticúm* ou *araticú* désigne toutes les espèces d'anones indigènes. Celle dont il s'agit ici ne peut être que l'*Anona palustris* Lin.-Aug. S.Hil. *Plant. usuelles*, n° XXX. C'est celle que Marcgraff désigne (*Hist. nat. Bras.*, 93) sous le nom d'*araticú pana*, et dont il dit que l'écorce s'employait de son temps à faire des boucliers.

n'est pourtant pas très difficile de démêler dans la physionomie de plusieurs d'entre eux quelques traits de la race américaine. La figure de ces métis est plus large que ne l'est communément celle des Portugais, dont l'ovale allongé forme le caractère distinctif; leurs cheveux sont droits et fort noirs; enfin ils ont les os des joues proéminens et le nez souvent élargi. Un grand nombre d'Indiens habitaient autrefois ce canton; ils ont disparu, mais les enfans qui sont nés des communications de leurs femmes avec les Portugais, s'attachant davantage à ces derniers, n'ont pas été exposés aux mêmes causes de destruction que les Indiens eux-mêmes, causes qu'une organisation mixte et moins imparfaite tendait déja à écarter.

Il ne faut pas croire au reste que tous les habitans de la paroisse de Saquaréma soient des pêcheurs. Ceux qui vivent à quelque distance de la côte cultivent la terre, et recueillent principalement du sucre, du café, des haricots et du maïs. A l'époque de mon voyage, le sucre moscovade se vendait dans les environs de Saquaréma quatre *patacas* et demi à cinq *patacas* (9 à 10 fr.) l'arrobe (de 14 k. 74, poids décimal), et le café 7 *pat.* (14 fr.) l'arrobe. Je ne crois pas avoir besoin de dire que le transport des produits du sol se fait de la même manière que celui du poisson [1].

Quoique les agriculteurs des environs de Saquaréma sachent tirer parti de leurs terres, il me sembla

[1] Voy. plus haut p. 342.

cependant qu'elles pourraient leur rendre davantage. On voit, par exemple, des troupeaux de vaches paître dans la campagne ; mais personne ne fait de beurre, et les fromages qui se mangent dans ce canton, venant des Mines par Rio de Janeiro, se vendent extrêmement cher. Ici, comme dans le reste du Brésil, les mets se préparent avec de la graisse de porc ; cependant on élève dans ce pays extrêmement peu de cochons ; c'est également de Rio de Janeiro que l'on tire tout le lard qui se débite dans les *vendas*, et originairement il vient aussi de Minas Geraes [1].

Mon hôte de Saquaréma ne m'offrit point de partager ses repas, comme aurait fait un Mineiro ; il me fit même payer le maïs de mes mulets et leur place dans ses pâturages ; mais il fut très honnête et fort complaisant. Il m'avait conduit jusqu'au Boqueirão do Engenho ; et, le jour de mon départ, il me servit de guide dans toute la partie du chemin où il pouvait y avoir à craindre de se tromper. Cet homme appartenait à la race européenne ; cependant lui et ses enfans avaient les jambes et les pieds toujours nus. Comme beaucoup de gens de leur pays, ils ne portaient d'autre vêtement qu'une chemise de toile de coton avec un caleçon très propre, et, suivant la méthode des muletiers de Minas, ils laissaient flotter les pans de leur chemise par dessus leur caleçon.

---

[1] On m'a dit dans le pays que le canton de Saquaréma dépendait, pour la milice, du district de Cabo Frio ; mais qu'en même temps il était du ressort de la justice de Maricá.

Après avoir quitté la maison de mon hôte [1], je côtoyai pendant quelque temps le lac de Saquaréma, puis je traversai des terrains plats couverts de taillis. Arrivé à une *fazenda* assez mal entretenue et devant laquelle est encore une vaste pelouse, j'entrai dans un grand bois vierge où je fus fort tourmenté par les moustiques, et où je ne trouvai presque point de plantes en fleurs. Je sortis enfin de ce bois, et bientôt un immense lac s'offrit à mes regards; c'était celui d'*Araruáma* ou *Iraruáma* [2].

Sur la droite, au commencement du lac, est une sucrerie qui appartient au *capitão mór* du district et à laquelle on donnait pour cette raison le nom de *Capitão Mór*. Je ne savais trop si je devais aller plus loin; car, depuis deux jours, je demandais inutilement à tous ceux que je voyais quelle distance il pouvait y avoir de Saquaréma à la paroisse d'Araruáma et de celle-ci à l'*Aldea de S. Pedro*. Une circonstance me décida à rester chez le *capitão mór*; j'y trouvai un

---

[1] Itinéraire approximatif de Saquaréma au Cabo Frio.

De Saquaréma à la Fazenda de Capitão Mór,	3	l.
—	Guába Grande,	3 1/2
—	Aldea de S. Pedro,	2
—	Ville du Cabo Frio,	2
		10 1/2 l.

[2] C'est à tort que Luccock a écrit *Iruáma*. Quant à Pizarro, il admet tout à la fois *Araruáma* et *Iriruáma*; mais il emploie toujours le dernier de ces noms qui cependant n'est pas en usage aujourd'hui. *Yiri* signifie coquille et *ara* jour; d'ailleurs je n'ai pu, malgré mes recherches, découvrir l'étymologie des mots *Araruáma* et *Iriruáma*.

serrurier, et, ce qui paraîtra presque incroyable, j'avais inutilement cherché depuis Rio de Janeiro soit un serrurier, soit un maréchal, pour faire faire un outil qui m'était nécessaire pour les bâts de mes mulets.

La sucrerie du *capitão mór* est située dans une vaste plaine qui borde le lac; sur le haut d'une colline a été bâtie la maison du propriétaire composée d'un simple rez-de-chaussée, et enfin, auprès de cette demeure, sont les cases à nègres petites, basses, presque carrées, sans fenêtres, construites en terre et couvertes en chaume.

Voulant demander au *capitão mór* la permission de passer la nuit dans son habitation, je montai sur la colline où est bâtie sa maison ; et, de là, je découvris une vue très agréable, celle d'une partie du lac et de la plaine qui le borde. Au pied de la colline s'étend une belle pelouse parsemée de quelques arbres. Au-delà du lac, le pays est inégal et boisé, et, dans le moment où je contemplais ce joli paysage, il était animé par des pirogues de pêcheurs qui naviguaient légèrement sur le lac.

En entrant dans la maison du *capitão mór*, je me trouvai dans une longue salle dont tout l'ameublement se composait d'une couple de vieilles tables et de chaises peintes en rouge et en noir et semblables pour la forme à celles de nos jardins. Suivant l'usage, je frappai dans mes mains afin de m'annoncer; une négresse vint me demander ce que je voulais, et se retira ensuite. Après avoir attendu plus d'un quart-d'heure, je battis des mains une seconde fois, une esclave reparut, et me dit que son maître faisait la sieste. Pendant que j'attendais, j'avais vu des têtes de femmes s'avancer doucement entre une porte à demi-ouverte; je devais naturellement en conclure que le *capitão mór* n'était pas seul dans sa maison, et je demandai à l'esclave s'il n'y avait personne à qui je pusse m'adresser en l'absence du maître. La négresse ouvrit alors une porte, et je vis dans une grande pièce sale, sans meubles et fort en désordre, quelques femmes mal mises, accroupies par terre avec des enfans. Une d'elles s'avança; c'était la maîtresse de la maison. Depuis mon départ de Rio de Janeiro, je n'avais encore été salué par aucune femme; sous ce rapport la femme du *capitão mór* ne fut pas plus polie que les autres; mais elle me donna la permission de coucher dans sa sucrerie, et elle envoya à mes mulets une gamelle pleine de maïs. La question qui me fut adressée par tous ceux que je rencontrais ne tarda pas à suivre cette marque d'hospitalité; c'était celle-ci : avez-vous des marchandises à vendre? Et en vérité cette question était bien excusable. Dans un pays où les idées s'étendent à peine au-delà des besoins les plus pressans de la vie, qui pouvait soupçonner que, sans l'espoir d'aucun lucre, un homme se condamnât à tant de privations et s'exposât à tant de dangers pour réunir des plantes, des oiseaux et des insectes?

Après s'être fait attendre plus d'une heure, le vieux *capitão mór* parut enfin; je lui montrai mon passe-port royal; il le lut sans m'inviter à m'asseoir, et me laissa prendre congé de lui sans m'adresser une seule parole. Alors je pensais avec regret à mes bons Mineiros. Ayant rejoint mon domestique, je fis décharger mes malles sous un hangar qui dépendait de la sucrerie, et où il y avait plus d'un demi-pied de fumier. Je m'étais déja mis au travail, lorsque le *capitão mór* vint à passer; il s'approcha de moi, il s'humanisa, et, après m'avoir dit qu'il ne voulait pas que je restasse dans un lieu où j'étais aussi mal, il fit transporter mon bagage sous une petite galerie qui dépendait de l'intérieur de son moulin et me donna un lit. Je n'eus pourtant pas beaucoup à me féliciter d'avoir changé de gîte. Le moulin à sucre était mis en mouvement par des mulets : au bruit que faisaient ces animaux dans leur marche se joignaient les gémissemens des roues du moulin, les cris des nègres et ceux plus fatigans encore des gérans (*feitores*) qui sans cesse menaçaient les esclaves. Mais ce n'était point assez de tout ce vacarme; les gérans de la sucrerie vinrent causer avec moi, m'étaler leur stupidité et m'empêcher de goûter un repos dont j'avais grand besoin. Il était fort tard quand je me couchai; j'étais accablé de fatigue et de sommeil, et malgré le tapage que l'on faisait autour de moi, je m'endormis profondément.

Le chemin que je suivis dans un espace de trois lieues et demie, pour me rendre de l'habitation du *capitão mor* à la taverne de *Guába Grande*, côtoie de plus ou moins près la rive du lac d'Araruáma. Souvent c'est sur la plage même qu'il a été tracé, puis il s'en éloigne pour épargner au voyageur de longues sinuosités, et ensuite il s'en rapproche encore.

Presque aussitôt après avoir quitté la sucrerie du *capitão mór*, je perdis le lac de vue, et, pendant quelque temps, je ne l'aperçus que par échappées à travers les arbres. Bientôt j'arrivai à une petite rivière qui s'y jette et qui porte le nom de *Rio de Francisco Leite* (rivière de François Leite). Un pont a été construit sur cette rivière; mais il est en si mauvais état que je ne pus le traverser sans descendre de cheval. Ce fut vers l'église de *S. Sebastião* que je me rapprochai tout-à-fait du lac d'Araruáma, et que je commençai à en suivre le rivage. De la maison du *capitão mór* je n'avais aperçu qu'une petite partie de cette vaste lagune; là elle s'offrit à moi dans toute son étendue; cependant, du côté du sud-ouest, je n'en découvrais point les limites, et j'aurais pu facilement la prendre pour une baie.

Le lac d'Araruáma ou Iraruáma a six lieues portugaises de l'ouest à l'est [1], et commençant à la sucrerie du *capitão mór*, il s'étend jusqu'au Cabo Frio où il a une communication avec l'Océan. La marée s'y fait sentir jusqu'au lieu appelé *Ponta Grossa* (la grosse pointe) située vers le milieu de sa longueur [2]; ses eaux sont salées, et il fournit avec abondance d'excellent poisson. Une langue de terre inculte le sépare de l'Océan; dans presque toute sa longueur, elle est

---

[1] Il m'est difficile de ne pas croire que Pizarro s'est trompé en lui donnant neuf lieues.

[2] Caz. *Corog. Braz.*, II, 38.

étroite, et à peu près inhabitée; mais, tout-à fait à son extrémité orientale, elle s'élargit aux dépens du lac en formant une sorte de carré qui se projette du sud au nord, et là est située la ville dite du Cabo Frio [1]. Les petites embarcations qu'on appelle *lanchas*, et qui vont à la voile [2], peuvent naviguer sur le lac depuis son origine jusqu'au Cap Frio; là on décharge les denrées qu'elles ont apportées, et l'on met ces marchandises à bord d'embarcations plus grandes qui les transportent jusqu'à la capitale [3]. Sur la côte occidentale du lac sont différens petits ports où les propriétaires voisins chargent ainsi pour Rio de Janeiro les productions de leur sol; mais, de tous ces ports, les plus fréquentés sont ceux du *capitão mór* et de *Mataruna*, lieu dont je parlerai bientôt. Pour faire transporter les denrées de chez le *capitão mór* à Rio de Janeiro, il en coûtait, lors de mon voyage, 120 reis (75 c.) par arrobe, et, comme ce point est le plus éloigné, le frêt des autres ports à la capitale était moins considérable.

Aucun village ne s'appelle Araruáma; mais ce nom

[1] Voyez la superbe carte publiée par le savant Freycinet, d'après un manuscrit portugais et d'après les cartes nautiques de MM. Roussin et Givry.

[2] Les *lanchas* sont employées pour le cabotage ainsi que les *sumacas*, embarcations plus grandes. On appelle aussi *lancha* le grand canot des navires.

[3] Pizarro assure (*Mém. hist.*, III, 173) que le lac d'Araruáma a 14 à 16 brasses de profondeur; mais Cazal (*Corog. Braz.*, II, 38), probablement plus exact, dit qu'en certains endroits, cette langue a plusieurs brasses de fond, et que, dans d'autres, on peut la traverser à gué.

a été donné à une vaste paroisse qui s'étend sur les bords du lac, et qui, à l'exception du hameau de Matarúna, se compose entièrement de *fazendas* et de maisons isolées. Cette paroisse dont la création ne remonte qu'à l'année 1798, a pour limites celles du Cap Frio et de Saquaréma ; on y compte 13 sucreries, et elle comprenait, en 1815, 525 feux et 4200 âmes[1]. L'église paroissiale est celle de *S. Sebastião de Araruáma* dont j'ai parlé plus haut, et qui a été fondée par des capucins[2]. Elle a été bâtie presque sur le bord du lac ; elle est isolée, basse, très petite et tombe en ruine.

Matarúna[3] offre, comme je l'ai dit, la réunion de maisons la plus considérable qui existe sur la paroisse d'Araruáma, et il n'est pas d'autre hameau ou village entre Saquaréma et l'aldea de *S. Pedro dos Indios*[4]. Pour se rendre de l'église de S. Sebastião à Matarúna, on

---

[1] Piz. *Mém. hist.*, vol. V, p. 232-34.

[2] Loc. cit.

[3] Peut-être *Matarúna* vient-il du mot portugais *mata* forêt et du mot *úna* noir qui appartient à la *lingoa geral*. C'est par erreur que, dans une compilation très récente, on a écrit *Matarnua*. Ce nom est aussi peu exact que celui de *Francesco Leita* pour la rivière de Francisco Leite dont j'ai parlé plus haut.

[4] Un voyageur a placé sur le bord du lac d'Araruáma, un village de *Nazareth* ; mais il n'en existe réellement aucun qui s'appelle ainsi. Je présume qu'on a voulu parler du hameau de Matarúna dont on aura confondu le nom avec celui de l'église de Saquaréma dédiée, comme je l'ai dit, à Notre-Dame de Nazareth.

marche sur la plage au milieu d'un sable pur. A Mataruna, se trouve une petite rivière ou plutôt, à ce qu'il paraît, un bras du lac qui porte le même nom que le hameau (*Rio de Mataruna*), et là est un bon port très utile aux cultivateurs du voisinage. Je vis dans cet endroit une petite embarcation fort jolie, du genre de celles que l'on nomme *lanchas*, et qui servent à la navigation du lac. Environ vingt maisons composent tout le hameau de Mataruna. Elles sont situées sur le bord de l'eau, petites, fort basses, couvertes en tuiles, et ont presque toutes une *varanda* ou galerie formée par un prolongement du toît que soutiennent une couple de poteaux non équarris. La plupart de ces maisons sont des tavernes (*vendas*), ou appartiennent à des pêcheurs.

En général il n'y a guère sur le bord du lac que des cabaretiers et des hommes qui vivent de la pêche. Le sol est beaucoup trop sablonneux pour être cultivé; mais, en s'éloignant un peu du lac, on trouve de bonnes terres susceptibles de produire toutes les denrées propres à ce pays, le maïs, les haricots, le sucre, le café, le coton, le manioc, etc. Le terrain est surtout favorable à la dernière de ces productions, et c'est communément au bout d'une année que l'on arrache les racines du manioc. Dans les meilleurs fonds, le maïs rend par *alqueire* trois chars de vingt sacs dont chacun contient deux *alqueires*. Comme aux environs de S. João d'El Rei, on compte ici par char; parce que le pays, très plat, permet que l'on emploie ce moyen de transport. Le sucre blanc se vendait, lors de mon voyage, 7 *patacas* (14 fr.) l'arrobe, la moscovade blonde 5 *patacas*, et la plus commune 4 *patacas*, prix à peu près semblables à ceux qui avaient cours depuis le canton de Mata. Dans ce pays, on ne cultive guère le coton que pour l'usage des familles, et il n'est pas d'une très belle qualité. Imprégnés de sel, les terrains bas et humides n'admettent guère la culture du riz. Autrefois l'indigotier était cultivé dans ce canton, beaucoup plus qu'il ne l'est aujourd'hui [1] ;

[1] Quoiqu'un règlement (*provisão*) du conseil d'Outremer, du 24 avril 1642, permît aux colons brésiliens de semer de l'indigo dans les terres qui n'étaient pas propres à la canne à sucre, il ne paraît pas qu'avant le gouvernement du marquis de Lavradio, on se soit occupé de cette plante. Plein de zèle pour le bien public, ce vice-roi, qui fut nommé vers l'année 1768, engagea les colons à cultiver l'indigotier, et fit acheter pour le compte du gouvernement, sur le pied de 2,500 reis l'*arratel* ou livre (k. 0, 46), tout l'indigo qui lui était présenté. Les habitans de Rio de Janeiro, trouvant alors qu'il y avait un grand avantage à fabriquer de l'indigo, s'appliquèrent avec ardeur à ce genre d'industrie. Les environs du Cap Frio en particulier étaient tellement favorables à la culture de l'indigotier que, chaque année, ce canton fournissait 1500 arrobes de fécule ; et, comme le gouvernement la payait en raison de sa qualité, les cultivateurs s'appliquaient à perfectionner de plus en plus leur travail qu'une exemption de droits vint favoriser encore (Piz. *Mém. hist.*, III, 147). Cependant des falsifications finirent, m'a-t-on dit, par dégoûter les négocians, de l'indigo de la province de Rio de Janeiro. Mais que cette cause soit unique ou que d'autres qui me sont inconnues soient venues s'y joindre encore, ce qu'il y a de certain, c'est qu'actuellement la culture de l'indigotier est presqu'entièrement tombée dans les environs de la capitale du Brésil. Quoi qu'il en soit,

cependant quelques colons sèment encore cette plante, lorsque l'indigo est très cher à Rio de Janeiro. A cet effet, ils nettoient et préparent la terre; ils font de petits trous à une palme les uns des autres, ils y déposent une pincée de graines, et peuvent couper la plante au bout de six mois.

Dans les bonnes terres de ce canton, la végétation naturelle diffère peu encore de celle des alentours de Rio de Janeiro; et les plantes des terrains très sablonneux sont à peu près les mêmes que j'avais observées sur l'isthme de Saquaréma. Au bord même du lac, croissent quelques belles espèces; j'y recueillis le seul lin que j'aie observé dans la province de Rio de Janeiro (*Linum littorale* ASH.); j'y trouvai une Ombellifère remarquable en ce que, différente de la plupart de celles du Brésil, elle ne présente aucune anomalie; enfin j'y recueillis encore un *Polygala* que l'on nomme dans le pays *alecrim da praia*, c'est-à-dire *romarin de la plage* (*Polygala cyparissias* ASH.) sans doute à cause de sa racine odorante et de ses feuilles étroites [1],

---

on voit partout ce que je viens de dire, que l'on a induit en erreur un de nos navigateurs les plus savans, quand on lui a assuré que les Brésiliens ne savaient point tirer parti de l'indigotier.

[1] Comme je n'avais point mes notes sous les yeux lorsque je fis la description du *Polygala cyparissias* (*Fl. Bras. mer.* II, 15); je ne dis rien, dans cette description, de l'odeur de la racine. Le nom vulgaire de la plante n'a pas non plus été écrit d'une manière exacte dans la *Flore du Brésil*, parce que l'impression s'est faite à deux cents lieues de moi. Les ouvrages scientifiques sont nécessairement incorrects, quand on les

et qui, croissant aussi dans la province de Sainte-Catherine, contribue à prouver que la végétation de la côte est, comme je l'ai dit ailleurs, beaucoup moins variable que celle de l'intérieur des terres. Le *Vinca rosea* est tellement multiplié, même fort loin des habitations, que l'on serait tenté de croire qu'il est indigène.

Le point le plus remarquable qui s'offrit à moi, lorsque j'eus quitté Mataruna, fut la sucrerie de *Paraty*[1], dont la chapelle que l'on voit de fort loin produit un joli effet dans le paysage. Comme celle du

---

imprime loin de leurs auteurs, et souvent aussi ils restent incomplets, quand ils ne sont point rédigés par ceux qui en ont réuni les matériaux. Quelque immense talent que l'on possède, il est sur les animaux et même sur les plantes exotiques des détails qu'on ne saurait donner d'une manière parfaite si l'on n'a jamais quitté son foyer; et le but que se proposent les gouvernemens, en envoyant des voyageurs dans des contrées lointaines, sera presque toujours incomplètement rempli, quand ces derniers ne voudront ou ne pourront point publier eux-mêmes le résultat de leurs travaux. Qu'il me soit permis de citer ici un exemple. Les plantes de mon malheureux ami M. Sellow sont tombées entre les mains les plus habiles, et ont souvent été décrites avec un rare talent; mais personne que cet homme si regrettable ne pouvait savoir où il les avait recueillies, et s'il les eût fait connaître lui-même, il ne se serait certainement pas contenté de dire qu'*elles naissent au Brésil*, c'est-à-dire dans une immense région où l'on compte quatre à cinq Flores bien distinctes, dont les deux plus éloignées diffèrent entre elles beaucoup plus que celles de Hambourg et d'Alger.

[1] *Paraty*, dans la *lingoa geral*, désigne le poisson que les Portugais-Brésiliens appellent *tainha*.

capitão mór, cette sucrerie a l'avantage d'être située sur le bord du lac, et l'on peut embarquer les sucres au sortir même du magasin. Au-delà de Paraty, je m'éloignai du lac, et je traversai un vaste terrain autrefois en culture et couvert aujourd'hui de cette espèce de *Saccharum* qu'ici, comme à Minas, on appelle *sapé*. Plus loin, je revins sur les bords du lac, et, après une marche qui avait été de plus de trois lieues, je fis halte dans une *venda* à l'endroit appelé *Guába Grande* [1]. A peine y fus-je installé que la curiosité attira autour de moi les habitués de la taverne dont il fallut entendre les stupides propos. Ces hommes, quoique tous blancs, n'étaient pour cela ni moins ignorans ni plus riches. Mon savant ami, M. Sellow qui avait accompagné M. le prince de Neuwied sur le littoral du Brésil, m'avait dit que, pour s'attirer quelque considération, il ne fallait point s'arrêter dans les *vendas*; mais, je l'avouerai, la réception du *capitão mór* m'engageait peu à aller demander l'hospitalité aux propriétaires de sucreries. Dans les *vendas*, je n'avais aucune cérémonie, aucune toilette à faire; j'y étais pour mon argent, et je n'avais à craindre ni de déplaire ni d'incommoder. J'étais forcé, il est vrai, d'y entendre beaucoup de sots discours; mais, sous ce rapport, je n'avais pas été plus heureux à la *fazenda* du *capitão mór*.

[1] Je conforme ici mon orthographe à la prononciation usitée dans le pays; et si Pizarro a écrit *Iguaba*, c'est sans doute pour rappeler l'étymologie indienne. En effet, *ï guaba*, en guarani, signifie un vase dont on se sert pour boire de l'eau.

La *venda* de Guába Grande est située sur le rivage de l'Araruáma, au fond d'une anse qui s'arrondit en demi-cercle, et dont les bords offrent un terrain inégal et boisé. Devant la maison, le lac s'étend au loin; et enfin l'horison est borné par une ligne de verdure que forme sans doute la langue de terre placée entre le lac et l'Océan.

A l'extrémité de l'anse dont je viens de parler et du côté droit de la *venda*, est un promontoire qui porte le nom de Cachira[1]. Dans cet endroit et dans beaucoup d'autres voisins du lac, il existe des salines[2]. Lorsque les eaux du lac augmentent, elles emplissent des espèces de citernes naturelles qui se trouvent sur ses bords. Le lac baisse ensuite, mais l'eau reste dans les citernes; peu à peu elle s'évapore et elle laisse un dépôt salin[3]. Les plus anciens habitans de ce district avaient su tirer parti des salines qui y abondent; cependant comme le sel indigène faisait diminuer la consommation de celui qu'envoyait le Portugal à sa colonie, il fut défendu par décrets (*cartas regias*)

[1] On trouve *Cacira* dans les *Memorias historicas* de Pizarro (III, 153); mais c'est sans doute une faute d'impression.

[2] Pizarro indique des salines, non-seulement à Cachira, mais encore entre la ville du Cap Frio et le lac d'Araruáma, sur le promontoire appelé *Ponta do Baixo* (pointe du bas), sur celui qui porte le nom de *Ponta do Chiqueiro* (pointe de l'étable), et enfin sur ceux nommés *Ponta do Costa* (pointe de la côte), *da Perina*, *de Massambaba* et *do Fula*.

[3] Suivant l'auteur des *Memorias historicas*, il existe des salines où le sel se forme, sans que l'eau de l'Araruáma y pénètre (*Mém. hist.*, III, 154).

des 28 février 1690 et 18 janvier 1691 d'exploiter les salines du Brésil et de faire usage dans cette contrée, d'autre sel que celui qu'expédirait la métropole. Les habitans du voisinage du lac d'Araruama ne s'embarrassèrent guère de cette défense et continuèrent à faire du sel. Mais le monopole du commerce de cette denrée avait été confié à des fermiers qui se plaignirent; le gouverneur Luiz Vahia Monteiro envoya des troupes dans le district du Cap Frio, et, sans s'embarrasser des lois existantes, il fit séquestrer, de sa propre autorité, non-seulement le sel tiré des citernes, mais encore les biens de ceux qui s'étaient livrés à ce genre d'exploitation. Des réclamations furent adressées par le peuple au roi Jean V; celui-ci y fit droit, et, dans un contrat passé avec de nouveaux fermiers, on permit l'exploitation des salines de Fernambouc et du Cap Frio [1]. Pendant long-temps ces dernières furent ouvertes à tous; mais on a fini par affermer les principales d'entre elles, particulièrement celle de Cachira, et l'on n'a laissé au public que les moins importantes. Le fermier donne à ceux qui la lui demandent la permission de tirer du sel de ses salines, à condition qu'ils lui remettent la moitié de ce que leur travail leur a fourni [2].

En sortant de la *venda* de Guába Grande, je m'é-

---

[1] Piz. *Mém. hist.*, III, p. 154-169.

[2] Pizarro assure que les salines rendraient bien plus qu'elles ne font, si les habitans du pays, moins paresseux, avaient soin de nettoyer les citernes, et empêchaient l'eau d'y pénétrer à contre temps.

loignai du lac, et ne m'en rapprochai plus qu'en arrivant à l'aldea de S. Pedro. Je traversai d'abord un bois vierge assez maigre, et ensuite j'entrai dans des taillis où, de temps en temps, je vis quelques chaumières. Sans être aussi peuplé que les environs de Praia Grande, de Cabessú et même de Saquaréma, ce pays l'est encore beaucoup; mais la petitesse des maisons, le mauvais état dans lequel elles sont généralement et la mise des habitans n'annoncent que l'indigence.

Déja, les jours précédens, j'avais rencontré dans la campagne quelques Indiens du nombre de ceux que l'on appelle civilisés. Après avoir quitté Guába, j'en vis encore davantage, ce qui indiquait assez le voisinage de l'aldea de S. Pedro. Ayant fait deux lieues, j'y arrivai de bonne heure, mais, pour pouvoir mettre mes mulets dans un pâturage enclos, je fis halte à une *venda* située à une petite distance du village. Comme celle de Guába, cette taverne a été bâtie sur le bord du lac au fond d'une anse demi-circulaire et très grande. A droite de cette dernière, le terrain est fort boisé; et, sur un plan un peu moins rapproché, s'élève une petite montagne également couverte de bois, au pied de laquelle sont éparses quelques maisons; du côté gauche, le rivage s'élève au-dessus du lac, et c'est là qu'est situé l'aldea de S. Pedro qui produit dans le paysage un effet très agréable. Le rivage ne se termine point à l'aldea; il s'étend beaucoup plus loin, est inégal et revêtu de forêts; devant la *venda*, l'horison n'a d'autre borne que le lac qui a ici trop de largeur pour qu'on puisse en apercevoir l'autre rive, et qui se confond avec le ciel.

Je trouvai dans la *venda* trois Chinois qui venaient de colporter des marchandises au Cap Frio et dans les alentours. Ils étaient gais, fort doux, et à peine fus-je descendu de cheval qu'ils m'offrirent de partager leur dîner. Comme tous ceux de leurs compatriotes qu'on rencontrait à cette époque, à Rio de Janeiro, ils portaient le costume de leur pays, et il leur était facile de le renouveler, puisqu'il y avait des tailleurs chinois dans la capitale du Brésil.

Je pouvais alors faire tout à mon aise la comparaison des Chinois avec les Indiens, et je trouvai leur ressemblance frappante. La figure des Chinois est à la vérité plus platte et plus large que celle des Américains indigènes; mais leurs yeux sont également divergens, leur nez également épaté, l'os de leurs joues également proéminent, enfin les uns et les autres manquent généralement de barbe. La race américaine n'est donc sans doute, comme je l'ai dit ailleurs (*première Relation*, vol. II p. 231), et comme les traditions des indigènes tendent à le prouver, que la race mongolique modifiée par le climat et mélangée, du moins dans des sous-races, avec quelques-unes des branches les moins nobles de la race caucasique [1].

---

[1] « Il est incontestable, a dit mon ami M. d'Olfers (in
« *Eschw. Journ. von Bras.*, II, 194), que certaines peuplades
« brésiliennes se rapprochent beaucoup des Mongoles par
« leur visage applati, leur nez entièrement plat qui se fond
« en quelque sorte dans le visage lui-même, l'os proéminent

Tandis que j'étais occupé à écrire dans la *venda* de l'aldea de S. Pedro, je découvris un rapport de plus

« de leurs joues, leurs longs cheveux droits et d'une couleur
« foncée, leurs yeux un peu obliques et la couleur jaune de
« leur corps. On est frappé de ces rapports lorsque l'on ren-
« contre en même temps sur les places publiques de Rio de
« Janeiro un Chinois et un indigène. » Dans ce passage, M. d'Olfers se borne à parler de la ressemblance des Indiens avec les Mongoles; mais le plus illustre zoologiste de notre époque, M. Cuvier, semble partager mon opinion sur l'origine mélangée de certains Américains, car il attribue aux indigènes de l'Amérique des traits qui appartiennent les uns aux Mongoles et les autres aux Européens (*Règne animal*, vol. I, p. 85). Je dois avouer cependant que, du moins chez un grand nombre de peuplades, les traits qui tiennent à la race caucasique ne m'ont point paru aussi prononcés que le dit M. Cuvier; mais peut-être ce savant et quelques autres ont-ils été induits en erreur par des figures de Botocudos que l'on a publiées en Allemagne, et où les caractères de la race caucasique me paraissent avoir été singulièrement exagérés. En montrant que les Américains ont tout à la fois quelque chose des Européens et des Mongoles, l'auteur du *Règne animal* ajoute que leur teint rouge de cuivre ne suffit point pour permettre d'en faire une race particulière. Cela est si vrai que, si cette couleur existe chez quelques Américains, ce n'est pas du moins chez ceux du Brésil méridional; M. d'Eschwege et moi nous avons déja fait connaître la vérité à cet égard (Voy. ma *première Relation*, vol. I, p. 425 et le *Journal von Brasilien*, I, 84); et voici comment M. d'Olfers s'exprime sur le même sujet. « Je n'ai jamais vu chez les Indiens du Brésil une cou-
« leur véritablement cuivrée. La teinte de leur peau diffère peu
« ou ne diffère pas du tout de la couleur d'un Européen
« méridional qui reste exposé au soleil; et, quand on accou-
« tume de bonne heure un enfant indien à porter des habits,

entre les races mongolique et américaine. Un Chinois chantait à mes oreilles, et je crus entendre le chant des Botocudos adouci et perfectionné. Comme ces derniers qui d'ailleurs ressemblent plus aux Mongoles que toutes les autres nations que j'ai vues en Amérique, le Chinois dont je viens de parler poussait avec effort les sons hors de sa poitrine; son ton était nazillard, et il faisait entendre des éclats de voix qui n'étaient pas moins brusques que ceux du chant des Botocudos sans être aussi bruyans.

« il ne devient pas plus foncé que les Mongoles. La couleur
« des Américains n'existe probablement que dans leur épi-
« derme sur lequel agissent le soleil, la malpropreté, une
« coloration artificielle, et elle n'a certainement point son
« siège dans ce qu'on a appelé *rete muscosum Malpighii*. »

NOTES

SUR LES PLANTES CARACTÉRISTIQUES

INDIQUÉES

DANS CE VOLUME [1].

A.

Declieuxia muscosa N.

D. glaberrima; caulibus prostratis, brevibus, ramosissimis; foliis parvulis, numerosissimis, confertissimis, petio-

---

[1] Ceux qui s'occupent de botanique savent combien, au point où est arrivée cette science, il est difficile d'éviter les doubles emplois, lors même que l'on s'occupe d'un ensemble où tout est lié intimément, tel qu'un genre ou une famille. A plus forte raison cette difficulté doit-elle être très grande, quand on a à décrire, comme je le fais ici, des espèces isolées appartenant à une foule de groupes différens. J'ai fait ce qui dépendait de moi pour ne point tomber dans une faute trop commune, mais bien excusable. Si cependant le résultat n'avait pas toujours répondu à mes efforts, j'ose espérer du moins qu'ils me vaudront quelque indulgence. Je ne terminerai point cette note sans adresser des remerciemens à M. Benjamin Delessert qui ouvre aux botanistes sa bibliothèque et ses collections, avec une générosité sans exemple. J'en adresserai aussi à son conservateur M. Guillemis dont on ne peut épuiser l'aimable complaisance.

latis, lanceolatis, acutis, margine revolutis, carnosiusculis, uninerviis, glabris, suprà nitidis; floribus terminalibus, solitariis, sessilibus, ebracteatis.

STIPULÆ interpetiolares, vix manifestæ, submembranaceæ (meliùs fol. connata), glandulas 1 - paucissimas gerentes. CALYCIS limbus minimus, 4 - partitus; laciniis distantibus, subinæqualibus, sublinearibus, obtusis, carnosiusculis, subpellucidis, albidis, cum glandulis 1-2 alternantibus. COROLLA tubuloso - infundibuliformis, obscurè purpurea; limbo patulo; fauce barbatâ; tubo intùs villoso. STAM. 4, inter limbi lacinias inserta; filamentis longis; anth. linearibus. STYL. inclusus, glaber, breviter 2- fidus; divisuris linearibus, intùs stigmaticis. OVAR. subglobosum, glabrum, 2 - loc; loculis 1-sp. FRUCTUS (haud planè maturus) didymus, *haud coronatus*, carnosiusculus.

Dans le même canton j'ai encore trouvé l'espèce suivante : DECLIEUXIA JUNIPERINA. N.

D. glaberrima; caule suffruticoso, infernè nudo, apice ramosissimo; ramis corymboso-fastigiatis, viscosis; foliis oppositis ternisque, ex gemmis axillaribus sæpiùs fasciculatis, lineari-subulatis, numerosissimis, confertissimis; floribus terminalibus, capitatis, bracteatis.

FOL. 5-6 l. longa, margine revoluta; superiora interdùm curvata et secunda. STIPULÆ interpetiolares, vix manifestæ, apice subglandulosæ. BRACT. foliis conformes. CALYCIS limbus 4 - part., minimus; laciniis distantibus, linearibus, angustissimis, carnosiusculis. COR. tubuloso-infundibuliformis, 4-fida, purpureo-cærulea; laciniis erectiusculis, obtusis, tubo ferè 4- plò brevioribus; fauce barbatâ. STAM. inter corollæ divisuras inserta, longiuscula, glabra; anth. linearibus, ellipticis. STYLUS exsertus. OVAR. conico-globosum, 2-loc., 2-sp. OVULA imo dissep. affixa, ascendentia.

Ces deux plantes aussi rares que remarquables, ne peuvent être rapportées à aucune des phrases de l'utile *Prodromus* de M. de C.

B.

Vernonia pseudo-myrtus N.

V. foliis confertis, parvis, petiolatis, lanceolatis, uninerviis, subtùs albo-tomentosis, suprà nigro-punctulatis; capitulo terminali, solitario, sessili; involucri foliolis obtusis; pappo 2-seriali, æquali.

Caules circiter 3-6- pedales, solitarii, erecti, valdè ramosi : rami infernè teretes, apice angulosi, tomentosi : ramuli breves, subaureo-rufescentes : tomentum in apice caulis ramulorumque hirtellum, inferiùs casu forsitan extremitatis pilorum valdè intertextorum crustam subasperam efformans. Folia sparsa, numerosissima, approximata, in apice ramorum ramulorumque imbricata, 4-5 l. longa, 1 1/2 l. lata, petiolata, lanceolata, obtusa, uninervia, canaliculata, carnosiuscula, subpunctato-pellucida, suprà tuberculis minutissimis nigris inspersa et sæpè viscosa, subtùs lepidoto crustaceoque-tomentosa et viridi-rufescenti-alba : petiolus 1-2 l. longus, canaliculatus. Capitulum terminale, solitarium, sessile, inter folia superiora ferè absconditum, multiflorum. Inv. cylindricum, imbricatum; foliolis linearibus, obtusissimis, obscurè 3- nerviis, pubescentibus, longè ciliatis. Recept. nudum. Corol. pallidè cœrulea vel purpurea. Pappus rufescens, 2- serialis, æqualis; paleis infernè angusto-complanatis, barbulatis, supernè capillaceis. Akenium cylindricum, circiter 10 - costatum, glabrum, rufum. — Obs. 1º Il est bien clair que cette plante ne peut être rapportée à aucune des espèces brésiliennes du même groupe, décrites par M. Lessing dans ses beaux mémoires sur les Vernoniées. (*Linnœa* IV, 240; VI, 624); en effet le *V. buxoides* a, selon cet auteur, les feuilles sessiles, obovées et venées; l'*ericoides* en présente de linéaires également sessiles; enfin l'*argyrophylla* a les siennes aussi presque toutes sessiles, obovées et munies de nervures, avec les folioles de l'involucre acuminées. 2o On doit les plus grands éloges à l'excellent esprit qui a dirigé M. Lessing dans ses travaux sur les Composées; cependant il me semble que, si l'on consulte les analogies dans la formation des genres, on pourra sans inconvénient en former un du groupe auquel appartient le *V. pseudo-myrtus*. Je suis persuadé aussi que M. Lessing aurait fait tous ses efforts pour conserver le genre *Lychnophora* de M. Martius, s'il avait rencontré vivantes les espèces si extraordinaires qui le composent.

C.

Saccharum sapé N.

Radices repentes, intertextæ. Culm. circ. 3 - ped., erectus, apice præcipuè gracilis, infernè vestitus, intervallo 1/2 - 1 - pedali saltem post anthesim infra paniculam nudus, glaber, subamethistinus. Fol. lanceolata vel sublanceolato-linearia, apice convoluto acutissima, sup. paginâ glabra, inferiore quandoque pilosa, marginibus subtusque interdùm aspera, glaucescentia, basi utroque margine valdè barbata, circiter 6 - 9 l. lata, circiter 3 - 16 poll. longa, gradatim minora, superiora abortiva, nervo medio albicante : vaginæ striatæ, subamethistinæ, inferiores plùs minùs villosæ, superiores glabræ : ligula membranacea, obtusissima. Pan. circ. 4 - 10 poll. longa, à basi usquè ad apicem valdè coarctata : axis angulosa, pilosa, ad basim ramorum villosa : rami erecti, simplices aut ramosi, subangulosi, pilosi, ad basim ramulorum pediculorumque hinc villosissimi : pedicelli erecti, sæpiùs brevissimi, apice valdè dilatati, subturbinati, 1 - flori, post spicularem occasum concavi : pili tenues, longissimi, albi. Spic. articulatæ, lineares, angustæ, pilis 3 - plò longioribus cinctæ. Gluma 2 - valvis : valvulæ membranaceæ, tenues, pellucidæ, lineares, acutæ, muticæ; ext. obscurè 5 - nervia, infra medium pilis longis villosissima, apice ciliolulata; int. sublongior, dorso usquè ad medium villosa. GLUMELLA 1-valvis; valvulâ membranaceâ, tenuissimâ, glumâ 2-3-plò breviore, formâ variâ, sublanceolatâ, apice irregulariter argutè dentatâ aut 2-fidâ divisuris irregulariter argutè dentatis, glabrâ. GLUMELLULA 3-valvis (interdùm 4-valvis?) genitalia undiquè versùm cingens. STAMEN unicum. STYLUS 1. STIGMA 1, stylo longius, completum, violaceum, altè 2-fidum; divisuris subulatis.— OBS. 1° Il me paraît difficile qu'une plante aussi commune n'ait pas été signalée; cependant ne la trouvant point dans les herbiers, et ne connaissant aucune description qui lui convienne, je me vois forcé de l'indiquer comme nouvelle. Elle appartient à cette division des *Saccharum* que M. Kunth, dans son admirable ouvrage sur les Graminées (158), désigne sous le nom de *Sp. anomalœ*. Son port est celui du *S. contractum* K; mais elle en diffère par des caractères importans.— 2° Le *capunpéba* de Marcgraff est bien certainement, comme le pensent MM. Martius et Nees (*Agr.* 221), l'*Anatherium bicorne*, et il n'est pas impossible que dans quelques parties du Brésil, on appelle cette plante *sapé*; mais l'espèce généralement appelée de ce nom est celle que je décris ici. Marcgraff lui-même a distingué le *capunpéba* du *sapé*, et le peu qu'il dit de ce dernier convient très bien à la plante que j'ai fait connaître plus haut.

D.

CAREX BRASILIENSIS N.

C. glaberrima; culmo acutè triquetro, aspero; foliis planis, marginibus supràque medio asperis, glaucis; spicâ masculâ terminali; femineis 6-8, cylindricis, approximatis, sessilibus, infimâ breviter pedunculatâ, interdùm remotiusculâ; squamis ellipticis, obtusissimis, longiusculè aristatis, apice breviter rostratis, rostro subintegro.

PLANTA cespitosa, glaberrima. CULMUS 3-4-pedalis, acutè triqueter, angulis asper. FOLIA 2-3 ped. longa, subangusta, marginibus supràque nervo medio aspera, glauca: vaginæ inferiores purpureæ, hinc reticulatìm laceratæ. Spicæ 7-9, circiter 2 poll. longæ, cylindricæ, crassæ, obtusæ; suprema mascula, erecta; cæteræ femineæ, erectiusculæ; infima breviter pedunculata; superiores sessiles; inferiores basi stipatæ folio angusto vel angustissimo; omnes, infimâ quandoquè exceptâ, approximatæ. Squamæ ellipticæ, obtusissimæ, sæpè apice cordatæ seu inæquilateræ, aristatæ; aristâ longiusculâ, marginibus asperâ. Stig. 3. Caps. vix 3-quetra, oblongo-elliptica, obtusa, breviter rostrata, rostro subintegro.

Outre ce *Carex*, j'en ai trouvé un ou deux autres durant le cours de mes voyages.—Le Carex riparia Curt. croît dans la République Argentine, et contribue à prouver que les plantes aquatiques établissent, comme je le dirai ailleurs, des rapports entre la Flore de l'Amérique méridionale et celle de l'Europe.

E.

Je ne trouve point dans mon herbier la Cyperacée à feuilles disposées sur trois rangs; mais je vais en décrire deux autres qui me paraissent fort remarquables et qui doivent contribuer beaucoup à donner une teinte grisâtre aux plateaux humides de la Serra da Lapa.

Scleria tristis N.

S. culmo triquetro, glabro, levissimo; foliis acutissimis, rigidissimis, asperis; pedunculis ciliatis; capitulis masculis ovatis.

Culmus adjectâ paniculâ circiter 3-pedalis, subgracilis, 3-queter, levissimus, glaber, foliosus, à medio vel inferiùs usquè ad apicem florifer. Folia radicalia cespitosa, circiter 1 1/2 poll. longa, 3-4 l. lata, linearia, acutissima, marginibus aspera, subpungentia, rigidissima, durissima, basi latiore obscurè ferruginea; caulina radicalibus conformia, gradatìm minora: vaginæ ferrugineæ, hinc truncatæ, internodiis multò breviores. Panicula (si mavis racemus compositus) continua, terminalis, elongata, angusta, ob intervalla vaginarum multoties interrupta, foliosa : folia floralia caulinis conformia, minùs ac minùs distantia, gradatìm minora, suprema subabortiva : vaginæ floriferæ sterilibus conformes, gradatìm breviores, inferiores distantes, superiores approximatæ : rami (si mavis pedunculi) à basi paniculæ ferè usquè ad quintam partem superiorem masculi, è vaginis exserentes, valdè inæquales, circiter 5 in quâlibet vaginâ, extra eamdem 1/2 - 2 poll. longi, simplices aut divisi, erectiusculi seu penduli, complanati, apice dilatati, striati, ciliati ; supremi feminei breviores, subinclusi, simplices. Capit. mascula circiter 6 - 7 l. longa, ovata, obtusa, ferruginea, è fasciculis pluribus spicularum basi 1 - bracteato-involucratis compositæ : bracteæ amplectentes, concavæ, suborbiculares, obtusissimæ, aristatæ, striatæ, ciliolatæ ; exteriores duæ majores, magisque orbiculatæ, coriaceæ : spiculæ elongatæ, angulosæ, multifloræ : squamæ membranaceæ, lineares, obtusæ seu acutæ, muticæ, sæpiùs apice laceræ, subpuberulæ, angulatìm canaliculatæ, stamen unicum amplectentes ; 1 - 2 inferiores vacuæ, quandòquè subaristatæ. Stamen glabrum : filam. breve : anth. longa, angusta, aristata. Cap. fem. oblonga, subangusta, ferruginea, è fasciculis spicularum composita : spiculæ elongatæ, è squamis pluribus compositæ : squamæ ellipticæ, longiusculæ ; una centralis fertilis, mutica ; exteriores vacuæ, aristatæ, invicem involventes. Stylus gradatìm incrassatus, villosus, basi glaber, 2 - fidus ; divisuris 2 - partitis. Ovarium glabrum.— Obs. Dans mes notes écrites sur les lieux, je ne trouve rien qui soit relatif à la couleur des feuilles ; mais je ne puis croire que la teinte grise qui se fait remarquer dans mes échantillons soit due uniquement à la dessiccation.

Scleria albo-nigra. N.

S. culmo infernè nudo, complanato, densè tomentoso ; foliis linearibus, angustis, canaliculatis, albo-virescentitomentosis, basi densissimè lanatis; pedunculis albo-villosis; capitulis globosis glabriusculisque vaginis nigris.

Culmus racemo adjecto circiter 2-pedalis, erectus, compressus, hinc convexus, indè planiùsculus, densè tomentosus, albo-virescens, usquè ad racemum nudus. Folia radicalia basi densissimè lanatâ in fasciculis congesta arctâ approximatione bulbum crassum lanatum mentientibus, 6-18 poll. longa, 1 l. lata, linearia, suprà canaliculata, subtùs convexa, striata, rigida, tomentosa, albo-virescentia. Racemus (aut forsan meliùs panicula simplex) continuus, terminalis, culmo 3-4-plò brevior, ob distantes vaginas pluries interruptus: fol. floralia pauca, radicalibus breviora, cæterùm conformia, superiora subabortiva; vaginæ glabriusculæ, nigræ, inferiores distantes, superiores approximatæ: pedunculi axillares et terminales, simplices, rarò subdivisi; axillares masculi è vaginis exserentes, in quâlibet vaginâ circiter 5-7, valdè inæquales, extra eamdem 1/2-2 poll. longi, nutantes, densè albo-villosi; terminales feminei 2, breves, congesti. Capitula masc. crassitudine circiter ribium nigrarum, globosa aut subglobosa, nigra, apice alba, è spicularum fasciculis compositarum bracteatarum: bracteæ 2 exteriores pluresque semiexteriores invicem fasciculosque primarios amplectentes, nigræ, orbiculares, concavæ, tenuiter striatæ, ciliatæ, cæterùm glabriusculæ, aristatæ aristâ tenui longiusculâ acutissimâ; secundariæ seu spicularum secundarios fasciculos immediatè amplectentes ellipticæ, villosiusculæ, cæterùm primariis conformes: spiculæ lineares, angulosæ: squamæ plures, lineares, acutæ, canaliculatæ, apice barbatæ; exteriores vacuæ; una centralis fertilis. Stam. unicum. Cap. fem. masculis multò majora, capitato-turbinata, bracteata, nigrescentia: spiculæ congestæ, oblongæ: squamæ plures, oblongæ, nigro-ferrugineæ, plùs minùs villosæ, aristatæ aristis longis tenuibus; exteriores vacuæ; una centralis fertilis. Stylus basi glaber, cæterùm pubescens, 3-fidus. Nux circiter 1 1/2 l. longa, oblongo-elliptica, utrinquè obtusa, 3-sulcata, apice profundè umbilicata, olivacea, nitida, imâ basi stipata squamulis 3 (genuinus CALYX) brevissimis, orbicularibus, basi coalitis.

F.

MICROLICIA? JUNIPERINA. N.

CAULES suffruticosi, ex eâdem radice multi, cespitosi, circiter 5-6 poll. longi, filiformes, primùm simplices, secundariâ gemmatione dichotomi et tunc capsula vetula ex flore primo in dichotomiâ, apice tantummodò foliosi, infernè denudati, vix manifestè subtomentosi. FOL. sessilia, circiter 4 l. longa, lineari-subulata, longiusculè mucronata, angustissima, caniculata, crassiuscula, glabra aut vix manifestè subtomentosa, ex viridi rubentia. FLORES terminales, subsessiles. CAL. turbinatus, 5-gonus, glaber, plùs minùs ruber, nullo modo setosus, 5-fidus; divisuris tubo longioribus, oblongis, latiusculis, longè mucronatis, deciduis. PET. 5, circiter 6 l. longa, obtusa, subabruptè acuminata acumine longiusculè mucronato, glabra, purpurea. STAM. 10, glabra, majora 5 : fil. pupurea : anth. ellipticæ, brevissimè rostratæ, rostro albo obliquè truncato dehiscentes, majores purpureo-fuscæ, minores luteæ : connectivum infra anth. productum, semicirculare, basi liberâ latius obtusum et plùs minùs manifestè emarginatum, in st. majoribus purpureum apice luteum, in minoribus omninò luteum. STYLUS filiformis, curvatus, glaber. STIG. vix manifestum. OVAR. liberum, oblongum, 3-gonum, 3-loc., polysp. OVULA creberrima, ascendentia, plac. prominentibus affixa. CAPS. calycis tubo vestita, oblonga, apice 3-loba lobis subemarginatis, glabra, 3-loc., 3-valvis; valvulis medio septiferis. SEM. minutissimum, angulosum, externè convexum, leve, rufo-bruneum. HILUM ad latus interius, irregulariter oblongum, versùs seminis extremitatem tuberculo minimo nigro notatum (an hilum genuinum?). — OBS. J'hésite beaucoup pour savoir à quel genre je dois rapporter cette espèce. M. de Candolle qui a classé, d'après le port, les Melastomées de mon herbier, dirigé par ce tact admirable qui lui fait si bien grouper les plantes; M. de Candolle, dis-je, a placé celle-ci parmi ses *Chœtostoma*, dont elle offre l'aspect; mais le principal caractère du genre lui manque, puisqu'elle n'a pas de soies au-dessous du limbe du calice. A la vérité, l'illustre Genevois a aussi rangé parmi les *Ch.* de mon herbier beaucoup d'autres espèces sans soies, et entre autres mon *Rhexia scoparia*, qui n'a pas davantage ce caractère, et qui, dans le *Prodromus*, se trouve parmi les *Microlicia*. Faut-il, ce qui ne s'est jamais fait, n'avoir égard qu'au port pour distinguer les genres *Chœtostoma* et *Microlicia*? Faut-il, sans tenir compte du port, ne considérer que le caractère des soies, et réduire le *Chœtos.* aux espèces qui présentent ce caractère? Ne faut-il pas plutôt enfin réunir le *Chœtos.* aux *Microlicia*? Cependant, dira-t-on, votre pl. n'a pas de graines en limaçon comme doivent en avoir les *Microlicia*. Cela est vrai; mais M. de Candolle a rangé, parmi les *Microl.* de mon herbier, des plantes qui se ressemblent, et dont les unes ont des semences en limaçon, et d'autres des graines droites. Et, puisque le caractère des graines ne coïncide pas toujours avec le port et avec les autres caractères génériques, ne faut-il pas conclure qu'il n'a pas l'importance que l'on pourrait lui attribuer? Quoi qu'il en soit, ma pl. paraît avoir des rapports avec les *M. isophylla*, *ericoïdes* et *arenariæfolia* du *Prodromus*; mais les phrases qui ont été faites pour ces espèces ne sauraient s'appliquer à la mienne.

G.

VIRGULARIA ALPESTRIS. Mart. *Nov. Gen. III*, 10, *t.* ccv.

M. Martius attribue des pétales lilas aux fleurs de sa plante, tandis que ceux des individus que j'ai observés étaient roses. Je trouve aussi, dans la belle figure publiée par ce savant, des feuilles plus petites et des corolles deux fois plus grandes que dans mes échantillons. D'ailleurs il ne me semble pas raisonnablement possible de révoquer en doute l'identité de la plante caractéristique des plateaux humides et élevés de la Serra da Lapa avec l'espèce de M. Martius.

H.

Marcetia cespitosa.

M. nana, suffruticosa, glaberrima, viscosa; foliis breviter petiolatis, ovatis, punctatis, subtùs 3-nerviis; floribus terminalibus, sæpiùs solitariis; calyce campanulato.

Suffrutex glaberrimus, viscosus. Caules ex eâdem radice benemulti, cespitosi, erecti, digitales sæpiùsve semidigitales aut minores, simplices aut rariùs ramosi, 4-goni; lateribus 2 cum foliis alternis subcanaliculatis. Fol. numerosa, approximata, breviter petiolata, circiter 2-3 l. longa, 1 1/2 lata, integerrima, ovata, basi obtusissima et obscurè cordata, apice obtusiuscula, subtùs 3-nervia, crassiuscula, margine interdùm subrevoluta, superiore paginâ præcipuè punctis impressa; suprema subangustiora. Fl. terminales, solitarii, rarò bini, subsessiles et usquè ad petala inter suprema fol. absconditi. Cal. campan., subangulosus, 4-fidus, subpunctatus; divisuris lineari-subulatis. Pet. 4, ovata, obtusa, patentia, caduca, pallidè purpureo-violacea. St. 8, ferè æqualia: fil. purpurea, summo apice abruptè angustata: anth. breviusculæ, oblongo-lineares, apice muticæ, utrinquè obtusæ, poro terminali unico dehiscentes; connectivo infra antheram vix manifesto, subbiauriculato, summo filamento latiore. Stylus filiformi-subulatus, curvatus, figuram S referens. Ovar. quartâ parte superiore liberum, obtusissimum, 4-lobum, 4-loc., polysp. Ovula haud multùm numerosa, ascendentia, majuscula, placentis prominentibus oblongis in quovis loculo affixa.—Obs. Cette pl. appartient évidemment au genre *Marcetia*, qui fait partie du beau travail de M. de Candolle sur les Mélastomées (*Prod. III*, 99). A la vérité, le calice de mon espèce n'est ni oblong, ni cylindrique; mais le *M. acerosa* que M. de Candolle lui-même fait entrer dans le genre *Marcetia* a le cal. globuleux. Il faudra donc modifier, dans la description du genre, ce qui regarde le calice. Il faudra modifier aussi les caractères de l'ovaire, car ma pl. est loin d'avoir le sien libre, et en général on trouve, dans les Mélastomées, tous les degrés intermédiaires entre la liberté et l'adhérence complètes. L'égalité des étamines n'est pas non plus constante dans les *Marcetia*, car le *M. sertularia* de M. de Candolle a les siennes certainement fort inégales.

I.

Betencourtia rhyncosioïdes, N.

Caulis suffruticosus, circiter 1-2-pedalis, tenuis, debilis, decumbens, subsimplex aut ramosus, plus minùs flexuosus, apice subvolubilis, infernè teres denudatus et glabratus, supernè angulosus et pubescens. Fol. longè petiolata, 3-foliolata, stipulata : foliola petiolulata, circiter 9-18 l. longa, 2-4 l. lata, oblongo-linearia, à basi ad apicem gradatim attenuata, subcoriacea, suprà glabra, subtùs puberula : petioluli brevissimi, æquales, crassiusculi, puberuli : petiolus 9-10 l. longus, rectissimus, filiformis, puberulus, apice supra foliola 3-4-cuspidatus : stipulæ parvæ, lanceolatæ, acutæ, puberulæ. Umbellæ axillares, pedunculatæ, simplices aut subsimplices, 3-pluriflora, bracteatæ: pedunculus petiolo subæqualis, pubescens bracteæque concavæ, parvæ, subulatæ : pedicelli breves, pubescentes, summo apice bracteas 2 subulatas pubescentes calyci adpressas gerentes : flos quandoquè unus infra umbellam. Calyx campanulatus, profundè 5-fidus, subvillosus; laciniis lanceolato-subulatis inæqualibus. Corolla papilionacea, glabra, colore *Lathyri tuberosi*: vexillum integrum, alis paulò longius : alæ obtusissimæ, carinâ vix longiores : carina obtusa. Stam. altè 1-adelpha, glabra; androphoro hinc fisso; filamentis parte liberâ tenuibus, 5 paulò longioribus; antheris parvis, ellipticis, æqualibus. Nect. conicum, costatum, basin ovarii cingens. Stylus glaber, arcuatus. Stig. terminale, parvum. Ov. sessile, lineare, villosum, 1-loc., polyspermum. Legumen circiter 12-18 l. longum, lineare, rectum, haud torulosum. — Obs. Les caractères de la fleur et du fruit n'ont dans cette plante rien de très prononcé. Elle a beaucoup de rapports avec les *Glycine* et surtout les *Rhyncosia*. Cependant, comme je ne pourrais la faire entrer dans ces genres sans modifier beaucoup leur diagnose, je me vois forcé d'en faire un genre particulier, que je distingue de la manière suivante : BETENCOURTIA. Calyx campanulatus, ultra medium 5-fidus, infra basim bibracteatus; laciniis subinæqualibus. Cor. papilionacea : alæ carinaque obtusa, subinæqualia. St. 1-adelpha; androphoro hinc fisso. Nect. conicum, costatum, basin ovarii cingens. Stylus arcuatus, glaber, Stig. terminale, parvum. Ov. sessile, lineare, polyspermum. Leg. lineare, rectum, haud torulosum. — Nomen a José de Sá Betencourt qui in opusculo *Memoria sobre a plantação dos algodões* de Gossypiis brasiliensibus dissertavit.

J.

Evolvulus rufus N.

Caulis suffruticosus, simplex, circiter crassitudine pennæ columbæ, 9-12-pollicaris, infernè denudatus tuberculisque è basi foliorum elevatus, supernè sericeus. Fol. numerosa, approximata, superiora imbricata; circiter 5-9 l. longa, 1 1/2-2 1/2 l. lata, oblonga, ad apice ad basim paululùm attenuata, obtusa, summo apice subconvoluto mucronata, integerrima, 1-nervia, suprà villosa seu plus minùs glabrata, subtùs rufo simulque sæpè griseo subargenteove-sericea, nitida. Fl. axillares, solitarii, sessiles, inter folia ferè absconditi, 6 l. circiter longi. Calyx 5-partitus, sericeus, rufus; laciniis linearibus, angustis, acutis. Cor. infundibuliformis, plicata, calyce ferè duplò longior, tubo glabra, angulis villosa, violaceo-cærulea. Stamina oblonga. Ov. ovato-3-gonum, obtusum, glabrum, 2-loc., 4-sp. : ad medium dissepimentum in utroque loculo rudimentum dissepimenti alterius. Ovula in quovis loculo 2, ascendentia.

K.

Gesneria rupicola. V. β *pulcherima* N.

Cette variété fort remarquable se distingue par plusieurs caractères de celle que M. Martius a si fidèlement représentée (*Nov. Gen.* 11, 30, t. CCXIII). Sa tige est haute d'environ 15 pouces; ses pédoncules sont plus longs et beaucoup plus nombreux que ceux de la variété déja figurée; enfin, à environ 2 pouces au-dessous de l'ombelle terminale, se trouvent deux petites feuilles dont chacune, à son aisselle, présente un court pédoncule chargé d'une touffe de fleurs semblable à celle du sommet de la tige.

L.

Parmi les fougères qui croissent sur la Serra da Piedade, je signalerai les suivantes :

Polypodium trichomanes Sw. *Syn.* 33.—Willd. *Sp.* V, 184.

P. stipite brevissimo, angustè alato, hispido; fronde sublineari, profundissimè pinnatifidâ; laciniis alternis, sublinearibus, obtusis, integerrimis, margine revolutis, subtùs pilosis; costâ mediâ utrinquè hirsutâ; soris solitariis pluribusve 2-serialibus, contiguis. — Planta digitalis. Caudicis squamæ densè imbricatæ, lineari-subulatæ, acuminatæ, reticulatæ, iridis colorem referentes. Pili (in meis spec.) fusci. — Ad truncos muscosos. — Obs. On a attribué à cette plante des groupes de capsules solitaires. Cela est vrai pour les petits échantillons; dans les plus grands il en existe davantage.

LINDSÆA BOTRYCHIOÏDES N.

L. stipite rachique tetragonis, levibus; fronde lineari, pinnatâ, glabrâ; pinnis alternis, remotiusculis, petiolatis, inæquilateris, orbiculato-lunatis, superioribus cuneatis, sterilibus crenatis, fertilibus denticulatis. — Planta circiter 12-15-pollicaris. Stipes imâ basi subpuberulus, atrofuscus, nitidus. Pedicelli 1/2-2 l. longi. Pinnulæ intermediæ circiter 6-7 l. latæ. — In sylvis humidis non solùm montis dicti *Serra da Piedade*, sed etiam jugorum vulgò *Serra da Caraça*. — OBS. Ses pinnules ont de la ressemblance avec les supérieures du *L. flabellulata* Dryand.

LINDSÆA GENKOFOLIA N.

L. stipite 4-gono, hinc canaliculato; fronde bi-triplicatove, apice simpliciter pinnatâ; pinnis superioribus pinnatis, inferioribus distantibus, sæpius bi-tripartitis vel bi-tripinnatis; pinnulis cuneatis, flabellato-deltoïdeis, lateribus rectilineis, apice sæpius inæquali obtusissimis incisoque-lobatis et crenatis. — Planta 9-18-pollicaris, glabra. Stipes basi vix squamosus, atrofuscus, nitidus. Pinnulæ 4 l. longæ, gradatim minores. Sori suborbiculares linearibus intermixti, et indè affinitas cum *Davalliâ*. — In sylvis humidis et umbrosis montis *Serra da Piedade*. — OBS. Cette plante n'est point sans quelques rapports avec le *L. microphylla* Sw., et surtout avec le *tenera* Dryand., qui cependant a les pinnules beaucoup moins deltoïdes.

CASSEBEERIA PINNATA Kaulf. *Enum.* 217, t. I. — Spreng. *Syst.* V, 118.

C. stipite gracili, canaliculato, glabro, basi setaceo; fronde ternatâ pinnatâve, coriaceâ, glabrâ; pinnis subalternis, per paria distantibus, subpetiolatis, linearibus, acutiusculis, margine revolutis, grossè crenatis, aveniis. — Planta 4-12-pollicaris. In frondibus pinnatis pinnarum paria 2-4. Pinnæ 2-3 poll. longæ, 1-3 l. latæ, basi sæpè obliquè cordatæ et sæpè hinc decurrentes, infimæ interdùm bipartitæ. Crenulæ quandoque emarginatæ. Earumdem sinus subelevati, nigro-picti. —

Non tantummodò in monte *Serra da Piedade* nascitur, sed etiam in arenosis montosis prope pagum Itambé, æquè prov. *Minas Geraes*. — Obs. 1° Ma description prouve que des frondes pinnées et des crénelures échancrées ne sont point dans cette espèce des caractères constans. — 2° Sous les involucres que j'ai soulevées, je n'ai vu qu'un groupe de capsules, et le savant M. Kaulfuss dit aussi qu'il n'en a guère observé qu'un, lorsque les dents des pinules étaient entières. Un port très tranché distinguerait donc à peu près seul les *Cassebeeria* des *Adianthum*, et par conséquent je ne sais s'il ne faudrait pas, à l'exemple de la plupart des auteurs, réunir ces deux genres.

Asplenium pedicularifolium N.

A. stipite setoso-piloso, sæpiùs brevissimo; fronde 2-pinnatâ, sæpissimè acuminatâ; pinnis horizontalibus, alternis pinnulisque parvis, petiolatis, cuneatis, obtusissimis, inciso-dentatis, substriatis, subcoriaceis, infimis rachi approximatis suborbiculatis; rachi pilosâ; soris subsolitariis, subellipticis. — Planta 2-6-pollicaris, per siccationem nigrescens. Pinnulæ ad summum 1 1/2 l. longæ, glabræ vel subtùs pilosiusculæ. Sori in quâlibet pinnulâ sæpiùs solitarii, intra marginem unum venam comitantes nec alterum attingentes. Indusia fornicata, crassiuscula, interiùs rariùsve exteriùs dehiscentia, hiantia. — Sub rupibus in montibus *Serra da Piedade* et *Serra dos Pilões* nec non in monte vulgò *Serra Negra* ad fines prov. *R. de Janeiro* et *M. Geraes*. — Obs. Les *indusium* de cette plante et ses groupes de capsules diffèrent singulièrement de ceux des *Asplenium* simplement pennés. Sous beaucoup de rapports elle se rapproche des espèces qu'on a appelées *Darea* ou *Cenopteris*; mais comme on n'est pas encore bien d'accord sur ce dernier genre, et que même il a été rejeté par les auteurs les plus habiles, tels que MM. Brown et Kunth, je n'ai pas cru devoir y faire entrer ma plante. Je ne trouve pas non plus à celle-ci de caractères assez tranchés pour pouvoir songer à en faire un genre distinct.

PAESIA VISCOSA N.

P. stipite tereti, hirtello-glanduloso; fronde triplicato-pinnatâ; pinnis primariis patulis, distantibus, arcuatis; secundariis oblongis, obtusissimis, lobato-incisis, crenulatis, subpubescentibus; superioribus confluentibus, subflabellato-cuneatis; rachibus glanduloso-hirsutis, primariis flexuosis. — Planta 12-18-pollicaris, apice præcipuè viscosa, facie quarumdam *Pteridium*. Pili complanati. Sori primo aspectú *Adianthorum* consimiles. — Nascitur sub rupibus in monte *Serra da Piedade*. — Obs. Je caractérise de la manière suivante le nouveau genre que constitue la plante dont je viens de faire la description : PAESIA. Sori formâ varii (subrotundi-lineares), submarginales, in indusio ante dehiscentiam undiquè inclusi. Indusium planum, membranaceum, tenuissimum, duplex; superius è margine frondis ortum, alterum interius cum ipsomet continuum frondis paginæ applicitum omninò obtegens, interiùs dehiscens, post dehiscentiam reclinatum, et tunc sorus in medio ferè indusii marginibus haud laceri. — Nomen a celeberrimo duce Fernando Dias Paes Leme qui octogenta annos natus ad imperium lusitanicum provinciam *Minas Geraes* nimis diù ignotam animo juvenili (an. circiter 1660) adjunxit, gemmeam floridamque tellurem, botanophilis amœnissimam. — Obs. La plante à laquelle je donne le nom de *Paesia* a certainement des rapports avec le genre *Diksonia*; mais il est impossible de la faire entrer dans ce genre, si nous conservons celui-ci tel que l'ont conçu Lheritier, son fondateur, et les botanistes les plus célèbres, Swartz, Labillardière, Robert Brown, Kunth, etc.

M.

SPERMACOCE POLYGONIFOLIA N.

Caulis 2-2 1/2-pedalis, basi lignosus, erectus, ramosus, 4-gonus, alatus plùs minùsve angustè alatus, infernè glaber et supernè glabriusculus alisve aut omninò hirtello-pubescens. Folia petiolata, 1-5 poll. longa, ut maximè 9-12 l. lata, lanceolata, longa, angusta, basi acuta, apice acutissima, majora præcipuè facie sæpè folii quorumdam *Polygonorum*, subtùs nervis præsertim hirtello-pubescentia, suprà puberula, marginibus interdùm scabriuscula ; suprema valdè angusta, sæpè lineari-lanceolata : nervi laterales circiter 8, arcuati, subtùs præcipuè manifesti : petiolus brevis, subtùs hirsutus. Stipularum vagina apice hirsuta, inferiùs glabra vel glabriuscula : setæ numero variæ, vaginâ longiores aut breviores, valdè inæquales, complanatæ, glabræ vel ciliatæ aut pubescentes. Verticilli plures, capitati, densi, ob dentes calycinos subspinulosi; superior sæpè foliis 4 suffultus. Calyx infernè glaber aut glabriusculus, apice 4-dentatus; dentibus longis, subulatis, glabris vel ciliatis, æqualibus vel inæqualibus, tubo sublongioribus. Cor. alba, fauce nuda. Antheræ exsertæ. Nect. exstans. Stylus 2-fidus; divisuris intùs stigmaticis. Ovula peritropia. Fructus haud visus. — Obs. 1° J'ai consulté plusieurs grands herbiers, et n'y ai point vu d'échantillons qui fussent identiques avec les miens. J'ai aussi examiné avec soin les descriptions de *Borreria* et de *Spermacoce* publiées par MM. de Candolle, Chamisso et Schlechtendal, et n'en ai point trouvé qui coïncidassent avec ma plante. Je ne voudrais pourtant pas répondre qu'elle n'eût pas été décrite ; car il est peu de genres où les espèces aient autant de rapports entre elles que dans le *Spermacoce*, et il en est peu où en même temps les caractères spécifiques soient aussi variables. La difficulté de déterminer les espèces du genre *Sperm.* est d'autant plus grande, que malheureusement les botanistes s'entendent peu sur la valeur des expressions qu'ils emploient; ainsi j'avais attribué au *Sp. ferruginea* (*Pl. usuel.*) des feuilles lancéolées, en me conformant rigoureusement à la définition de ce mot telle qu'elle a été donnée par M. de C. dans son admirable *Théorie élémentaire*, et à ce mot le savant Genevois a substitué celui d'*oblongues*; comment puis-je savoir actuellement quel sens je dois attacher dans les phrases du genre *Borreria*, aux mots *oblong* et *lancéolé?* Quoi qu'il en soit, la figure publiée par Aublet pour son *Sp. longifolia* conviendrait assez bien à ma plante, si les feuilles n'y étaient point représentées comme acuminées et non comme très aiguës. D'ailleurs l'échantillon du *longifolia* conservé au Mus. de Paris n'a pas les tiges ailées; les cils de ses stipules sont capillaires, plus nombreux et plus longs que ceux de ma plante; les feuilles plus écartées et moins étroites; enfin M. de C. dit positivement que les verticelles du *Sp. longifolia* sont pauciflores et que ses calices ont des dents courtes.—2° M. de C. demande (*Prod.* IV, p. 548) si le *Spermacoce gentianoïdes* des *Plantes usuelles* (n° XII) ne serait pas son *Borreria pratensis;* cela est fort possible; mais, dans ce cas, le nom de *gentianoïdes* devrait, ce me semble, être adopté non-seulement comme plus ancien, mais encore parce que je ne connais rien au Brésil qu'on puisse, sans confondre les idées, appeler une prairie.—3° Le même savant a cru devoir séparer (l. c. 547) les plantes que j'ai indiquées comme de simples variétés du *Sp. Poaya* (*Plantes usuelles*, XII) et réunir, quoique avec doute, la variété pubescente à son *Borreria nervosa.* Il est très vrai que la phrase du *B. nervosa* convient assez bien à ma plante; mais si cette dernière est identique avec le *nervosa*, celui-ci doit, d'après les règles si sages de la *Théorie*, disparaître entièrement, comme postérieur au *Sp. Poaya.* En effet, les deux variétés du *Poaya* que j'ai dans cet instant sous les yeux, se ressemblent tellement, qu'aucun botaniste tant soit peu instruit n'aurait le courage de les séparer, quelque jaloux qu'il fût de *créer* des espèces.

N.

Echinolæna scabra Var. *ciliata* N. — *Panicum Echinolæna* (*ciliatum*) Mart. Nees, *Agrost.* 128.

Cette plante est, en général, l'une des plus communes des *campos naturels* de la partie orientale de la province des Mines. Mêlée avec le *Panicum campestre*, également velu, elle communique aux campagnes voisines de la ville de Pinda-monhongaba, dans la province de S. Paul, cet aspect grisâtre qui leur est particulier. Les deux variétés indiquées par MM. Martius et Nees sous les noms de *glabra* et *villosa* se trouvent aussi à Minas Geraes, et la variété glabre naît confondue avec la variété ciliée près de Pindamonhongaba. — Obs. Il m'est bien difficile de croire que le genre *Echinolæna* ne doive pas être réuni aux *Panicum;* mais dans l'échantillon rapporté par MM. Humboldt et Bonpland et conservé au Mus. de Paris, la valve extérieure de la glume, herbacée et deux fois plus longue que le reste de l'épillet, rend beaucoup moins sensibles les rapports de la plante avec les Panics.

O.

Panicum campestre Mart. et Nees, *Agrost.* 197.

Caules ex eâdem radice plures, circiter 12-15 poll. longi, ascendentes, graciles, ferè ubiquè et præsertim sub paniculâ vestiti, intervallis nudis hirsuti, vestitis glabri aut villosi, in nodis hirsuto-villosissimi. Folia circ. 6-7 poll. longa, 1 1/2-2 l. lata, plana, linearia, acutissima, hirsuta : vaginæ striatæ, hirsutæ : ligula vix manifesta, valdè barbata. Pili longi, è tuberculo orti. Paniculæ terminales et axillares, circ. 6-10-pollicares, patentes, capillari-diffusæ, laxæ, subdepauperatæ : axis angulosa, striata, infernè plùs minùs pilosa et ad ramorum basim hirsuta, supernè glabra : rami angulosi, angulis scabriusculi; inferiores plures aut bini, pilosi; superiores solitarii, glabri : ramuli pedicellique plùs minùs flexuosi. Spic. solitariæ, ovatæ, acuminatæ, purpuro-violaceæ. Glumæ valvulæ inæquales; inf. ovata, acuminata, concava, 7-9-nervia pilosa; sup. inferiore triente dimidiòve longior, cæterùm conformis, subpilosa. Floris sterilis glumella 2-valvis : valvula exterior glumæ valvulæ interiori consimilis, sed glabra et basi minùs manifestè nervata: int. ovata, obtusa, pellucida. Floris fert. glumella 2-valvis, coriacea, glaberima, nitida : valvula inf. amplectens, ovato-elliptica, subventricosa, obtusiuscula : sup. ovata, concava, basi mediove obtusè 2-auriculata : glumellula valvulis 2 cuneiformibus: st. 3, anth. bruneis: ov. ovatum, glabrum: styli 2 distincti: stig. 2, plumosa, stylos longitudine æquantia : caryopsis alba ? — Obs. Si, ce que je ne puis croire, la plante dont il s'agit ici était autre que le *P. campestre* de MM. Martius et Nees indiquée seulement par une phrase, ma description, étant complète, pourrait contribuer à faire distinguer les deux espèces. Pour expliquer les différences qui se trouvent entre cette description et la phrase des deux savans Allemands, je dois dire que je donne ici aux mots *villosus* et *hirsutus* le sens que M. de Candole leur assigne dans sa *Théorie*.

P.

Affonsea juglandifolia.

Arbuscula 6-pedalis. Rami glabrati : novelli hirto-tomentosi, obscurè ferruginei. Fol. petiolata, paripinnata : foliola petiolulata, 4-juga, ampla, circiter 6-9 poll. longa, 3-5 l. lata, ovata ovatove-oblonga, utrinquè obtusa, apice cuspidata, integerrima, subtùs pilis rufis villosa, supra præter nervum medium sæpius villosum glabra, coriacea ; nervo medio patentibusque lateralibus supra impressis, subtùs prominentibus : petiolus imâ basi teres, intervallo 1-2-pollicari alatus : rachis alata ; alis supra glabratis, subtùs villosis : inter opposita foliola glandula majuscula, cylindrica, apice concava : petioluli brevissimi, teretes, hirto-tomentosi, ferruginei, Stip. caducæ. Racemi terminales extraaxillaresque, longiusculè pedunculati : pedunculi angulosi, hirto-tomentosi, obscurè ferruginei. Fl. breviter pedicellati, confertissimi : pedicellus crassiusculus, hirto-tomentosus : bractea ad basim pedicelli subulata, carinata. Calyx circiter 10 l. longus, globosus, inflatus, plicatus, lato-5-dentatus, hirtello-tomentosus, ferrugineus. Cor. hypogina, infundibuliformis, calycem superans, 5 - dentata, externè hirtello-tomentosa, ferruginea, dentibus erectis. Stam. numerosissima, infernè coalita, corollâ longiora, glabra, imâ basi tomentosa : filamenta capillacea, crispula, alba : anth. parvulæ, 2 loc., virides. Ovaria 5, oblonga, subtrigona, vix arcuata, villosissima, polysperma. Styli totidem, longissimi, capillacei, apice vix pubescentes. Stig. totidem, capitata. Fruct. haud visus.

Obs. Il m'a semblé que cette plante, malgré ses rapports avec les Inga, était assez remarquable pour mériter d'être signalée comme un genre distinct, que je caractérise en peu de mots de la manière suivante : AFFONSEA. Calyx globosus, inflatus, 5-dentatus. Cor. hypogina, infundib., 5-dentata, calycem superans. St. numerosissima, infernè coalita. Ovaria 5, polysperma. Styli 5, longissimi. Stig. 5, capitata. — In honorem dixi illustrissimi ducis Martim Affonso de Souza, qui maximo incolarum beneficio *Saccharum officinale* in Brasiliam introduxit. Monumentum splendidius grati consecrent Brasilienses !

Q.

Mutisia speciosa Hook *Bot. Mag.* t. 2705. Les. *Linnæa* VI, 268.

Aux deux variétés de cette plante indiquées par M. Lessing, on peut, je crois, ajouter la suivante : *Var.* γ *albo-rufescens*; foliis subtùs albo-rufescente-tomentosis ; corollis ext. minoribus.

Outre le *M speciosa*, j'en ai encore trouvé deux autres dans le cours de mes voyages.

Mutisia coccinea N.

M. caule nudo, foliis pinnatisectis, apice cirrhosis ; foliolis subsessilibus, oblongo-lanceolatis, subtùs densè albo-tomentosis ; capitulis terminalibus ; involucris cylindricis, squarrosis ; radii corollarum labio exteriore patulo , pulchrè coccineo , subtùs incano-tomentoso.

Caulis debilis, ramosus, angulosus, flaccidè incano-tomentosus. Fol. 5-8 p. longa , pinnatisecta, in cirrhum ramosum desinentia : segmenta folioliformia , alterna , circiter 12 l. longa , vix in formam petioli attenuata ita ut sessilia dici possunt , 1-2 p. longa , 6-8 l. lata , oblongo-lanceolata , mucronulata , basi obtusa, inæqualiter obscurè dentata , suprà flaccidè laxèque subtomentosa, subtùs densè incano-tomentosa ; inferiora stipulæformia, caulem amplectentia , cæteris minora, inæquilatera ; nervus medius rachim mentiens, angulosus, incano-tomentosus. Rami capitulis terminati foliis instructi caulinis similibus , paulò infra apicem cirrhum aphyllum interdùm gerentes. Invol. circiter 1 1/2 p. longum, cylindricum , diam. 8 l. ; foliola inferiora subovata, acuminata, incano-tomentoso apice squarroso-reflexa , parte reflexâ paginâ superiore purpurea, abeuntia in superiora erecta , oblonga , acuta - obtusa. Cor. ext. pulchrè coccineæ ; labio exteriore patente , subtùs incano-tomentoso : disci colore Pruni armeniaci. Anth. nigrescentes. —Species *M. speciosá* pulchrior.—Lecta in sylvis cæduis (*capoeiras*) , haud longè ab urbe *Hytu*, prov. S. Pauli.

M. campanulata. Sel. Less. *Linnæa* V, 269.

M. caule alato ; foliis pinnatisectis , apice cirrhosis ; foliolis oblongo-lanceolatis, brevissimè petiolatis, subtùs laxissimè tomentosis; capitulis terminalibus ; involucris campanulatis, squarrosis ; radii corollarum labio ext. patulo , coccineo-aurantiaco , subtùs rufescente-tomentoso.

Caulis debilis , ramosus, angulatus, alatus, arachnoideo-tomentosus ; alis repando-undulatis. Fol. 5-6 p. longa, pinnatisecta , in cirrhum ramosum desinentia : segmenta alterna, folioliformia , vix in formam petioli atternuta, 1-2 p. longa, 6-8 l. lata, oblongo-lanceolata aut quandoquè lanceolato - oblonga, mucronata, basi sæpiùs obtusa , suprà tomento flaccido vix conspersa, subtùs manifestè pallidiora et laxissimè tomentosa ; inferiora stipulæformia : nervus medius rachim mentiens, haud flexuosus, flaccidè tomentosus. RAMI capitulis terminati infernè foliis instructi cæteris similibus. INV. circiter 1 1/2 p. longum, diam. 12-15 l., campanulatum, ex foliolis subovatis, longè acuminatis, apice incano-tomentosis, squarroso-reflexis abeuntibus in oblonga, obtusa, erecta, apice rufo-tomentosa, atro-purpurea. COR. EXT. coccineo-aurantiacæ, 2-labiatæ ; labio ext. patulo nec revoluto, lanceolato-lineari, subtùs rufescente-tomentoso, apice brevissimè 3 - dentato ; int. 2 - partito, circiter 2 l. longo, divisuris setaceis. COR. INT. obscurè luteæ. ANTH. nigræ. PAPPUS rufescens. — In sylvis partis prov. *Minas Geraes* australis borealisque prov. S. Pauli haud frequens (regione sylvarum.).— OBS. M. Lessing dit que, dans les éch. envoyés du Brésil par M. Sellow, la lèvre intérieure des corolles de la circonf. est avortée ; mais, comme je n'ai point retrouvé cet avortement dans les fl. que j'ai étudiées, il ne peut être qu'individuel, et ne saurait contribuer à distinguer le *M. campanulata* du *speciosa*.

OBS. SUR LES 3 ESPÈCES PRÉCÉDENTES. La variété indiquée plus haut sous le nom d'*albo - rufescens* tendrait à nuancer le *M. speciosa* avec le *coccinea*, comme les échantillons du premier à tige un peu ailée et à feuilles garnies en-dessous d'un coton lâche rapprochent de la même plante le *campanulata* ; cependant je crois que, malgré ces nuances, les trois plantes présentent encore des différences assez prononcées pour être raisonnablement indiquées comme espèces.

R.

COCCOSYPSELUM NUMMULARIFOLIUM Sel. Cham. Schlect. *Linnæa*, IV, 145.— D C. *Prod.* IV, 397.

La phrase que M. D C. a appliquée à cette plante est tellement parfaite qu'elle rend des détails plus étendus à peu près inutiles. Ma descript. ne servira qu'à la confirmer, et elle ajoutera à peine quelques caractères à ceux déja habilement tracés par MM. Chamisso et Schlechtendahl.

Caulis repens, plùs minùs ramosus, hirsutissimus; pilis albo-violaceis. Fol. petiolata, 1/2 - 1 1/2 p. longa, ovato-rotundata, basi obtusissima, apice obtusa, interdùm sub-cuspidata, utrinquè pilosa, ciliata; pilis luteo-virescentibus: petiolus folio 2 - 4-plò brevior, hirsutissimus. Capitula axillaria, pedunculata, parva, pauciflora: pedunculi graciles, hirsutissimi, longitudine valdè varii: bracteæ flores suffulcientes lineares, acutæ, hirsutæ. Cal. turbinatus; limbo 4-partito, hirsuto; divisuris linearibus, acutis. Cor. infundib., 4 quandoquè 5 - fida, violacea; tubo intùs villoso, ext. superficie hirtello-pubescente; div. sublanceolatis, subremotè hirsutis, sup. paginâ glabris. Stam. glabra: anth. ultra medium è tubo exsertæ. St. brevis, glaber, inclusus; div. subulatis, interiore paginâ stigmaticis. Nect. epigynum, ellipticum, 2-partitum. Ov. compressum, apice hirsutum. Ovula subnumerosa, in quovis loc.; placentæ hemiphericæ affixa è medio dissepimento enatæ eidemque centro tantummodò adhærenti.

S.

Parmi les petites plantes que j'ai recueillies entre les arbrisseaux de la langue de terre du lac de *Saquaréma*, j'indiquerai les suivantes:

Abilgaaradia Baeothryon N.

A. glabra; culmo brevi, aphyllo, basi vaginato; vaginâ superiore ligulatâ; spicâ solitariâ, lanceolatâ.

Planta cespitosa, glabra, facie *Scirpi ovati* aut *baeth*. Radices fibrosæ. Culmi vix 4-pollicares, numerosi, approximati, squamis membranaceis (fol. radicalia) intermixti, infernè vaginati, aphylli, striati, sæpiùs curvati: vaginæ circiter 3, striatæ, obliquè truncatæ; superior in rudimentum folii breve acutum desinens. Spica terminalis, solitaria, circiter 3 l. longa, circiter 10-flora, lanceolata, compressa, rufa. Squamæ paleaceæ, distichæ, carinatæ, ovatæ, apice vix mucronulatæ; 1-2 inferiores vacuæ. Setæ nullæ. Stam. 3. Styl. 3-gonus, pubescens, basi pyramidato-incrassatâ punctoque insertionis latiore articulatus. Ovar. 3-gonum.

Cyperus cespitosus. N.

C. glaberrimus; culmo brevi, nudo, 3-quetro, levi; foliis canaliculatis, acutis, rigidis, marginibus asperis; capitulo terminali; involucro 4-phyllo; floribus 1-andris.

Planta glaberrima, parvula. Radices fibrosæ, nigræ. Culmi circiter 2-3 poll. longi, cespitosi, subascendentes, 3-quetri, leves. Fol. numerosa, circiter 1-1 1/2 pollicaria, linearia, acuta, subpungentia, rigida, canaliculata, nervo medio marginibusque aspera. Capit. terminale, 5-6 l. longum, involucratum : involucrum 4-phyllum; foliolis conformibus foliis radicalibus sed brevioribus, inæqualibus, 2 exterioribus longioribus, uno vel utroque capitulum plus minus superante. Spiculæ multæ, congestæ, lineari-lanceolatæ, acutiusculæ; multifloræ. Glumæ ellipticæ, obtusæ, vix mucronulatæ, fusco-virides, dorso 3-striatæ. Setæ. nullæ. Stam. 1. Stylus 2-fidus, basi nec incrassatus nec articulatus. Ovar. ellipticum.

Xynis brevifolia. Mich. Bor. 23!

X. glaberrima; foliis scapo multò brevioribus, lineari-subulatis; scapo filiformi, compressiusculo; capitulo parvo, globoso; squamis lato-obovatis, obtusissimis, apice lacerulatis.

Planta glaberrima. Radix fibrosa. Fol. 1-2 poll. longa, circiter 1 l. lata, basi vaginante equitantia, linearia, apice subulata, vaginæ marginibus integerrima, rubescentia. Scapi 3-6-pollicares, erecti, filiformes, compressiusculi, siccatione sæpe tortiles, ab uno ex foliis vaginati. Capitulum ribe nigro paulò minus, globosum, pluriflorum. Squamæ lato-obovatæ, obtusissimæ, apice lacerulatæ, ferrugineæ, dorso marginibusque obscuriores, nitidæ. — Obs. Mes échantillons ne different point de ceux de la même espèce, qui ont été donnés à M. de Jussieu père par Michaux lui-même ; si ce n'est que ces derniers ont les hampes beaucoup plus longues et les têtes de fleurs tant soit peu plus grosses et d'une couleur plus foncée.

Eriocaulon rufulum N.

E. acaule, cespitosum ; foliis linearibus, acutis, subtus præcipuè hirtello - pilosis ; pedunculis hirsuto - villosis ; vaginis 3 - fidis, hirtello - pilosis, apice glabriusculis.

Planta acaulis, cespitosa. Fol. circiter pollicaria, linearia, acuta, canaliculata, striata, subtùs præcipuè hirtello-pilosa, pleraque recurva. Scapi cespitosi, circiter 2-pollicares, erecti, filiformes, striati, hirsuto-villosi ; vaginæ foliis breviores aut longiores, hirtello-pilosæ, apice membranaco glabriusculoque 3 - fidæ, hinc profundiùs fissæ. Capit. crassitudine circiter grani piperis, subhemisphæricum, apice subtruncatum, rufulum. Involucrum ex squamis scariosis, ovatis, acutiusculis-obtusissimis, sæpè mucronulatis, villosiusculis, nitidis. Recept. pilis longis mollibus villosum. Bracteæ obovato - spathulatæ, obtusissimæ, mucronulatæ, apice villosæ, ciliatæ, rufescentes. — Fl. fem. pedicellati : Calyx 6-phyllus ; foliolis oblongis, subangustis, obtusis, apice ciliatis, subrufescentibus, subpellucidis ; exterioribus 3, carinatis ; int. planis, paulò brevioribus. Ov. breve, 3 - lobum, glabrum, plis longis basi cinctum. Stylus glaber, apice 3-fidus : appendices è medio circiter stylo enatæ, tenuissimæ, eodem breviores. — Fl. masc. : Calyx ext. femineo minor, 3 - phyllus, rufescens ; foliolis angustis, oblongo-spathulatis, concavis, obtusis, apice subbarbatis : interior 1-phyllus, tubulosus, angustus, ab apice ad basin valdè attenuatus. Anth. albæ. — Obs. Je ne trouve cette espèce ni la suivante dans l'intéressant travail de M. Bongard (*Act. Petr.* 1831 ; vol. I, 601) ; ce qui ne doit point étonner, puisque celles décrites par ce savant ont été à peu près toutes recueillies dans des lieux fort élevés et très éloignés de la mer, et qu'aucune ne paraît venir de cette partie du littoral qui s'étend depuis la baie de Rio de Janeiro jusqu'au Rio Doce.

Eriocaulon nigro-niveum. N.

E. acaule vel caulescens ; foliis linearibus, acutis, mollibus, glabris aut interdùm pilosis, imâ basi lanatis, recurvis, superioribus erectis congestis ; pedunculis subfasciculatis, glabris, per siccationem spiraliter tortis ; capitulis basi umbilicatis ; squamis nigris exterioribusque calycibus niveo-barbatis.

Radices fibrosæ. Caulis circiter pollicaris, erectus, densè foliosus. Fol. circiter pollicaria, linearia, angusta, acuta, plana seu canaliculata, glabra, latiore amplectentique basi supra subtùsque lanato-villosa, superiora sæpè erecta, inferiora patula seu erecta. Ped. circiter 3-6 poll. longi, erecti, plùs minùs fasciculati, filiformes ; per siccationem tortiles, glabri, vaginati : vagina glabra, apice obliquissimè truncato ligulata ; parte ligulatâ (folii rudimentum) foliaceâ, concavâ, acutâ, margine infra apicem membranaceâ et pilosiusculâ. Capit. grano Piperis paulò crassius, basi umbilicatum, globosum. Invol. brevissimum, glabriusculum, nigrum, à floribus inferioribus excedentibus mox absconditum, ex squamis brevibus, lato-ovatis, acutis, nigris. — Fl. fem. pedicellati, in ambitu. Calyx 6-phylus ; foliolis exterioribus obovato-spathulatis, supernè latis, obtusissimis, basi valdè attenuatis, carinatis, nigris, summo apice barbatis, pilis brevissimis crassiusculis niveis caducis ; fol. int. lineari-oblongis, ab apice ad basim attenuatis, tenuissimis, lanatis, albis, angulis capsulæ applicitis. Capsula obtusissima, profundè 3-loba, 3-loc., 3-sp. ; lobo quolibet loculum constituente, dehiscentiâ loculicidâ 2-valvi. Sem. elliptico-globosa, glabra, atro-fusca. — Fl. masc. in disco. Cal. ext. 3-phyllus ; foliolis obovato-spathulatis, obtusis, concavis, nigris, lineâ albâ medio notatis, villosis, apice densè barbatis, pilis calycis feminei exterioris consimilibus; interior 1-phyllus, tubulosus, ab apice ad basim valdè attenuatus, albus. — *Var.* β (*minor*); caule nullo aut subnullo; foliis angustioribus interdùm vaginisque pilosiusculis; pedunculis brevioribus; capitulis minoribus. — *Var.* γ (*major*) caule circiter bipollicari; foliis latioribus, superioribus vaginisque pilosis; pedunculis longioribus, manifestè fasciculatis; capitulis crassioribus. — Obs. Ces 3 variétés se nuancent entre elles. La dernière a été recueillie sur les bords de la mer, à Bahia, par M. Salzmann, qui provisoirement l'avait appelé dans ses herbiers *E. polyphyllum*. L'*E. nigro-niveum* a de grands rapports avec l'*E. pellucidum* Mich.

T.

Hedyotis uniflora DC. *Prod. IV*, 421. — Anotis Salzmanni, *id.* 431. — Oldenlandia uniflora R. et Pav. *Per. I*, 57.

Caulibus herbaceis, prostratis, ramosis; foliis brevissimè petiolatis, ovatis ovatove-orbiculatis, glabris ciliatis aut pilosis; pedunculis capillaceis, solitariis-quinis, unifloris; divisuris calycinis ovato-lanceolatis.

Planta anagallidea, herbacea. Caules cespitosi, prostrati, intertexti, sœpè radicantes, longi aut breves, glabri aut piloso-hirsuti. Folia distantia aut approximata, 2-6 l. longa, breviter petiolata, ovata ovatove-orbiculata, obtusa vel acutiuscula, glabra sæpiùsve subciliata aut ciliata vel simul ciliata et pilosa sub lente sæpissimè aspero-denticulata (forsan ex pilis abortivis). Stipulæ dentatæ, vix manifestæ. Flores axillares, pedunculati: pedunculi simplices, 1-flori, solitarii-quini, circiter 1-6 l. longi, capillares, glabri aut hirsuto-pilosi, foliis modò longiores modò breviores. Calyx 2-fidus, glabriusculus, pilosus aut piloso-hirsutus; tubo campanulato, compresso; divisuris ovato-lanceolatis, tubo longioribus; sinubus obtusis, angustis, ad capsulam latis. Corolla subcampanulata, profundè 4-fida, carnea ; divisuris lineari ovatove-lanceolatis, calycem excedentibus : faux barbata. Stamina summo tubo inserta, glabra : filamenta brevissima : antheræ lineari-ellipticæ. Stylus apice hirtellus, exsertus, 2-fidus ; divisuris, crassiusculis, lineari-lanceolatis, interiore paginâ stigmaticis. Ovar. compressum, 2-loc., polysp. Ovula numerosissima, placentis affixa hemisphæricis dissepimento puncto unico adherentibus. Capsula turbinato-orbicularis, compressa, utrinquè sulco exarata, glabriuscula, apice libera, laciniis calycinis coronata tunc distantibus. Semina 3-quetra, nigra, latere exteriore majora. Integumentum membranaceum. Embryo in perispermo carnoso axilis, umbilico parallelus (ut in Primulaceis seminisque forma). — In humidis provinciæ R. de Janeiro frequentissima præcipuè in paludibus salsariis. Inveni quoque in Minas Novas. — Obs. 1º. La description que M. DC. a faite de son *Anotis Salzmanni* convient parfaitement à certains échantillons ; mais il en est d'autres qu'on chercherait en vain à déterminer à l'aide de la phrase du savant Genevois. En effet, les feuilles sont bien loin d'être toujours presque orbiculaires, fréquemment elles sont tout-à-fait ovales ; leur surface est souvent couverte de poils épars ; les pédoncules sont tantôt plus longs, tantôt plus courts que la feuille ; enfin, dans un échantillon recueilli par M. Salzmann, peut-être dans la même touffe que celui envoyé par ce botaniste à M. DC., j'ai vu un pédoncule solitaire et d'autres réunis au nombre de 5. La plante qui nous occupe se distingue facilement ; mais, comme toutes celles qui sont extrêmement communes et croissent dans des lieux fort différens et à des hauteurs très différentes, elle est singulièrement variable et difficile à caractériser par une phrase applicable à tous les individus. — 2º. M. Richard fils a réuni (*Rub.* 186) les genres *Oldenlandia* et *Hedyotis* [1] ; non-seule-

---

[1] J'ai eu le tort très grave de dire, sans aucun examen, que les

ment, au contraire, M. DC. les a conservés, mais il a formé de nouveaux genres avec des espèces que les auteurs faisaient entrer dans ceux-là. L'examen de l'*Anotis Salzmanni* pourra contribuer à éclaircir la question. Le calice doit, suivant M. D C., être globuleux dans l'*Oldenlandia* et ovoïde dans l'*Anotis* : chez l'*A. Salzmanni*, le calice, d'abord turbiné, se rapproche de la forme globuleuse, à mesure que la maturation avance. Les sinus des dents des *Anotis* doivent être aigus, et ceux de l'*Oldenlandia* fort larges à la maturité du fruit : les sinus de l'*A. Salzmanni* sont obtus, d'abord étroits et ensuite très larges dans le fruit mur. Une corolle hypocratériforme à gorge presque glabre, est attribuée à l'*Anotis* : celle du *Salzmanni*, comme le dit très bien M. D C. dans sa phrase, est campanulée et à gorge décidément barbue. La capsule de l'*A. Salzmanni* a tous les caractères attribués à l'*Oldenlandia*. Dans ce dernier le fruit est décrit comme polysperme et il l'est comme olygosperme dans l'*Anotis* : j'ai trouvé beaucoup d'ovules sur les placentas de l'*A. Salzmanni*. Enfin, il faut qu'il y ait aussi bien peu de différence entre l'*Anotis* et l'*Hedyotis* ; car la plante qui nous a occupés jusqu'ici n'est autre chose que l'*Oldenlandi uniflora* RP., dont M. DC. a fait son *Hedyotis uniflora*, et par conséquent elle se trouve rangée tout à la fois, dans le *Prodromus*, parmi les *Anotis* et les *Hedyotis*[1]. Qu'on ne soit point surpris,

---

genres *Houstonia* et *Oldenlandia* devaient être réunis; mais du moins j'avais relégué cette erreur, si c'en est une, dans une note à peine composée d'une ligne et demie et jointe à une introduction qui n'est pas même spécialement consacrée à la botanique. M. de Candole a exhumé cette note obscure, et lui a donné dans son *Prodromus* une place qu'il réserve ordinairement aux observations les plus intéressantes. C'est attacher une importance beaucoup trop grande à mes plus faibles écrits ; elle était d'autant moins méritée dans cette circonstance, que j'avais simplement répété sur parole ce qui avait été dit bien long-temps avant moi par deux botanistes justement célèbres, MM. Richard père et Charles Kunth (Rich. in *Mich. Bor.*).

[1] Un échantillon rapporté du Chili par Dombey et identique avec

au reste, de ce qu'on peut découvrir un double emploi dans l'ouvrage de M. DC.; qu'on s'étonne plutôt de ce que cet ouvrage n'en renferme pas un plus grand nombre. M. DC. n'aurait pu porter son travail aussi loin qu'il l'a fait, s'il n'avait souvent achevé un long genre pendant le temps que je suis obligé de consacrer à une seule espèce pour la bien connaître. Mon imagination s'effraie devant ce gigantesque ouvrage. C'est, je le dis avec respect, celui d'un homme supérieur; mais, s'il ne renfermait pas quelques inadvertences, ce ne serait point l'ouvrage d'un homme. Il est du devoir de ceux qui, s'occupant de travaux isolés, peuvent y consacrer beaucoup de temps, de rectifier successivement les erreurs des ouvrages capitaux. C'est en partant du *Pinax* de Bauhin et du *Systema* de Linnée comme du fondement le plus solide, et les revisant par parties, que les botanistes ont pu seulement faire avancer la science.

Je décrirai encore ici deux *Hedyotis* que j'ai trouvées au Brésil et qui sont fort voisines de l'*uniflora*.

HEDYOTIS MUSCOSA N.

H. caulibus filiformibus, glabris; foliis brevissimè petiolatis, minimis, ellipticis, obtusis, glabris saepiùsve plùs minùs hispido-ciliatis; pedunculis solitariis, 1-floris; ca-

---

l'*A. Salzmanni* a été étiqueté *Oldenlandia uniflora* par l'Héritier dans l'herbier du Museum, et l'on sait que ce savant avait comparé les échantillons de Dombey avec ceux de Pavon et Ruiz. Il y a plus. M. DC. a décrit son *Hedyotis uniflora* d'après un individu qu'il avait reçu de M. Guillemin et qui avait été récolté au Chili par M. Bertero. M. Guillemin m'a montré des échantillons analogues recueillis dans le même lieu par M. Bertero, et c'est encore l'*A. Salzmanni*. A la vérité M. DC. donne à son *H. uniflora* des pédoncules terminaux, mais les échantillons de Bertero que j'ai vus, ont les leurs axillaires, et si chez d'autres individus les pédoncules semblent terminaux, c'est que par la dessication ils se trouvent confondus dans la gemme terminale. R. et Pavon ne parlent point de la position des pédoncules dans leur *O. uniflora* identique avec l'*H. uniflora* de M. DC.; mais ils appliquent à leur plante une phrase où il est dit que les pédoncules sont latéraux.

lycinis divisuris subellipticis, obtusis, sæpiùs hispido-ciliatis.

Planta anagallidea, muscosa. Caules cespitosi, circiter 1-3 poll. longi, herbacei vel suffruticulosi, erectiusculi aut prostrati, valdè ramosi, intertexti, filiformes, glabri. Fol. 1/2-1 1/2 l. longa, elliptica, raro ovato-elliptica, obtusa, glabra sæpiùsve plùs minùs hispido-ciliata aut apice barbata. Pedunculi axillares, solitarii, uniflori, fructiferi præcipuè crassitudine caulis. Calycinus tubus turbinatus, in fructu globosus, glaber aut hispidus : divisuræ subellipticæ, obtusæ, sæpiùs ciliatæ, in flore approximatæ, in fructu distantes. Corolla campanulata, carnea : faux barbata. Stam. brevia, exserta, glabra. Plac. hemisphæricæ dissepimento puncto unico affixæ. Caps. minima, globosa, compressa, utrinquè sulco exarata, apice loculicidò dehiscens. Semina circiter 12-15 in quolibet loculo, minima, triquera, nigra. — Inveni in arenosis, ad fauces fluminis *Tramandahy*, provinciâ *Rio Grande do Sul*, et in cespitosis humidis ad ripas fluminis *Rio de la Plata*, propè urbem *Colonia del Sacramento*. — Obs. Les chantillons de la *Colonie du S. Sacrement*, dont les tiges paraissent tout-à-fait herbacées, et dont les feuilles atteignent jusqu'à deux lignes, tendent à lier cette plante avec les échantillons les plus petits de l'*Hedyotis uniflora*.

Hedyotis thesiifolia N.

H. caulibus herbaceis, prostratis, glabris ; foliis subsessilibus, linearibus, acutis, glabris; pedunculis solitariis, simplicibus seu 2-3-floris; divisuris calycinis latiusculis, ovatis vel dentiformibus, tubo plùs minùs longioribus.

Pl. anagallidea. Caules herbacei, digitales-palmares, prostrati, subradicantes, ramosi, glaberrimi. Fol. 2-l. longa, linearia, acuta, interdùm lanceolato-linearia, glabra, per validam lentem serrulata. Stipulæ vix manifestæ, ciliatæ. Pedunculi axillares vel subterminales, floriferi foliis vix longiores, nunc simplices et ebracteati, nunc divisi, 2-3-

flori et infra pedicellos 2-bracteati. CALYCINÆ DIVISURÆ latiusculæ, ovatæ vel dentiformes, apice quandoquè piliferæ, per lentem serrulatæ, tubo turbinato glabro plùs minùs longiores, sinubus obtusiusculis. COR. campanulata, carnea, glabra : faux valdè barbata. CAPS. subglobosa, subcompressa, vix magnitudine grani piperis, calycinis dentibus subdistantibus coronata quorum sinus obtusi, polysperma, apice loculicidò dehiscens : plac. ut in *H. unifloráa.* SEM. 3-quetra, nigra. — Nascitur in paludibus prope urbem *Mugi das Cruzes*, prov. S. Pauli.

A. PIHAN DE LA FOREST,

IMPRIMEUR DE LA COUR DE CASSATION,

rue des Noyers, n° 37.

TABLE DES CHAPITRES
DU TOME PREMIER.

		Pages.
CHAPITRE Ier.	Histoire du District des Diamans. — Son administration....................................	1
CHAP. II.	Encore les diamans. — Divers serviços. — Tijuco. — Observations sur l'acclimatation des arbres fruitiers..	28
CHAP. III.	Excursions dans les environs de Tijuco. — Nouveaux détails sur les diamans. — Accident arrivé à l'auteur......................................	60
CHAP. IV.	Voyage de Tijuco au Morro de Gaspar Soares par la Serra da Lapa.............................	80
CHAP. V.	Route de Morro de Gaspar Soares à Itajurú de S. Miguel par le village de Cocaes. — Séjour à Itajurú..	109
CHAP. V bis.	Départ d'Itajurú. — La ville de Caeté. — La Serra da Piedade et la sœur Germaine...............	121
CHAP. VI.	La ville de Sabará. — Route de Sabará à Villa Rica...	154
CHAP. VII.	Séjour dans les environs de Villa Rica. — De l'éducation du bétail. — Diverses mesures administratives.....................................	178
CHAP. VIII.	Congonhas do Campo. — L'église de N. S. Bom Jesus de Matosinhos. — Les forges de Prata. — Fuite de Firmiano...........................	193

TABLE DES CHAPITRES.

Pages.

CHAP. IX.   Route de Congonhas do Campo à S. João d'El Rei.. 218
CHAP. X.   S. João d'El Rei.. 233
CHAP. XI.   Voyage de S. João d'El Rei à Rio de Janeiro.... 262
CHAP. XII. L'auteur quitte Rio de Janeiro pour visiter la côte qui s'étend au nord de cette ville. — Description du pays situé entre la capitale du Brésil et l'endroit appelé Cabessú.............................. 295
CHAP. XIII. Désagrémens causés par un muletier. L'auteur retourne à Rio de Janeiro. — Description du pays situé entre Cabessú et le lac de Saquaréma...... 317
CHAP. XIV. Les lacs de Saquaréma et d'Araruáma. — Comparaison des indigènes du Brésil avec les Chinois.... 333
Notes sur les plantes caractéristiques indiquées dans le volume.... 365

FIN DE LA TABLE DU TOME PREMIER.

ERRATA.

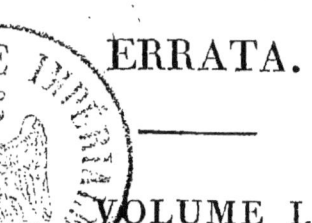

VOLUME I.

Pages	lignes	au lieu de	lisez
273	11	germe,	genre.
313	23	Vespuce prit le nom d'Americo comme Scipion, etc.,	Vespuce prit le nom d'Americo de la ville de Maricá comme Scipion, etc.
385	31	CASYX,	CALYX.
389	24	ABILGAARDIA,	ABILDGAARDIA,
393	18	quniis,	quinis.
395	21	*Oldenlandio,*	*Oldenlandia.*

VOLUME II.

127	15	actuellement,	annuellement.
170	26	S. Vincente,	S. Vicente.
240	31	manibus,	mœnibus.
249	18	Laquinterie,	La Quentinie
286	30	les services que la compagnie de Jésus rendirent,	les services que les pères de la compagnie de Jésus rendirent.
421	4	Spemacocées,	Spermacocées.
422	22	strigo-pubescente,	strigoso-pubescente.
453	14	breviore,	longiore.
Ib.	27	breviores,	longiores.

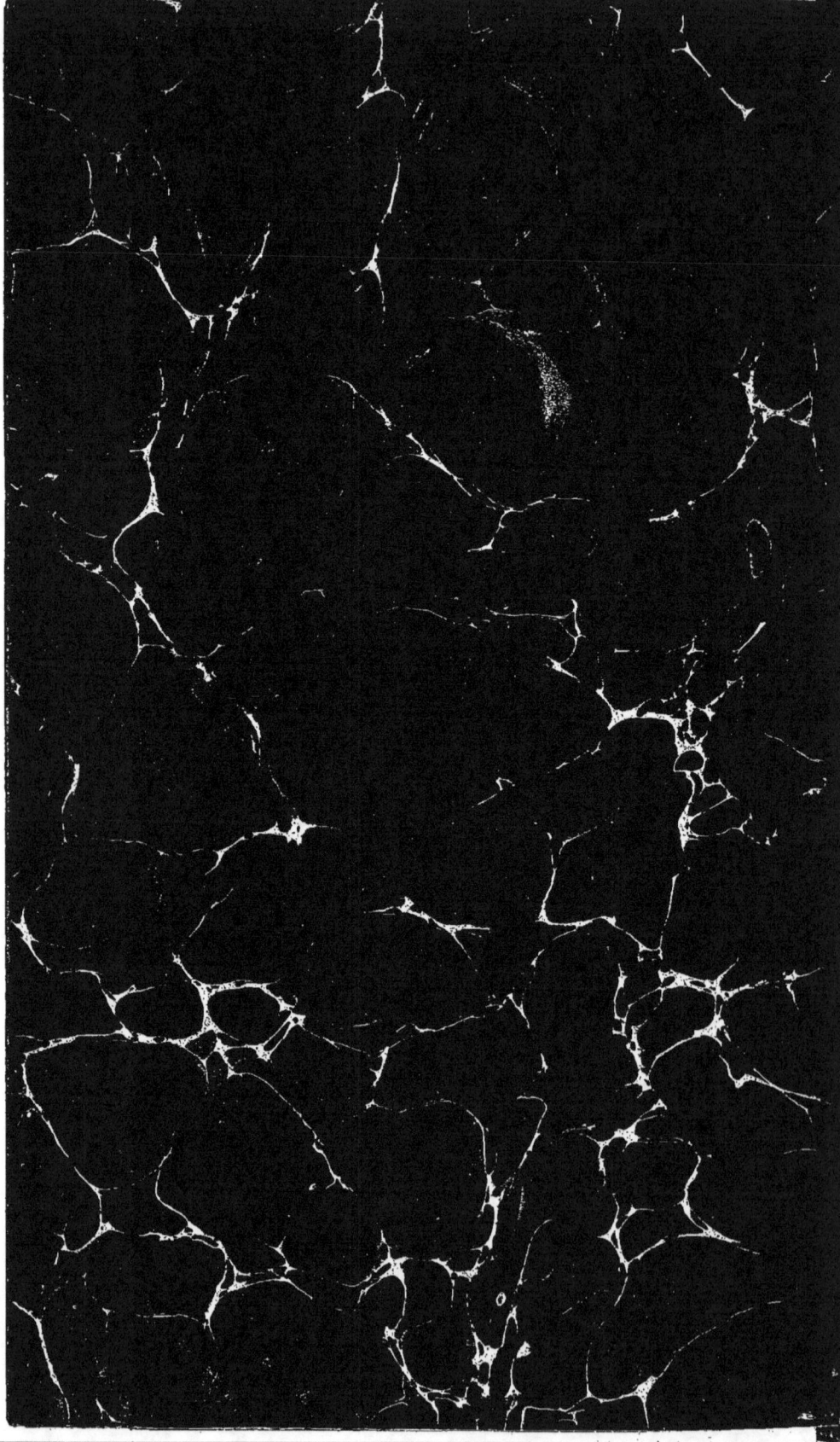

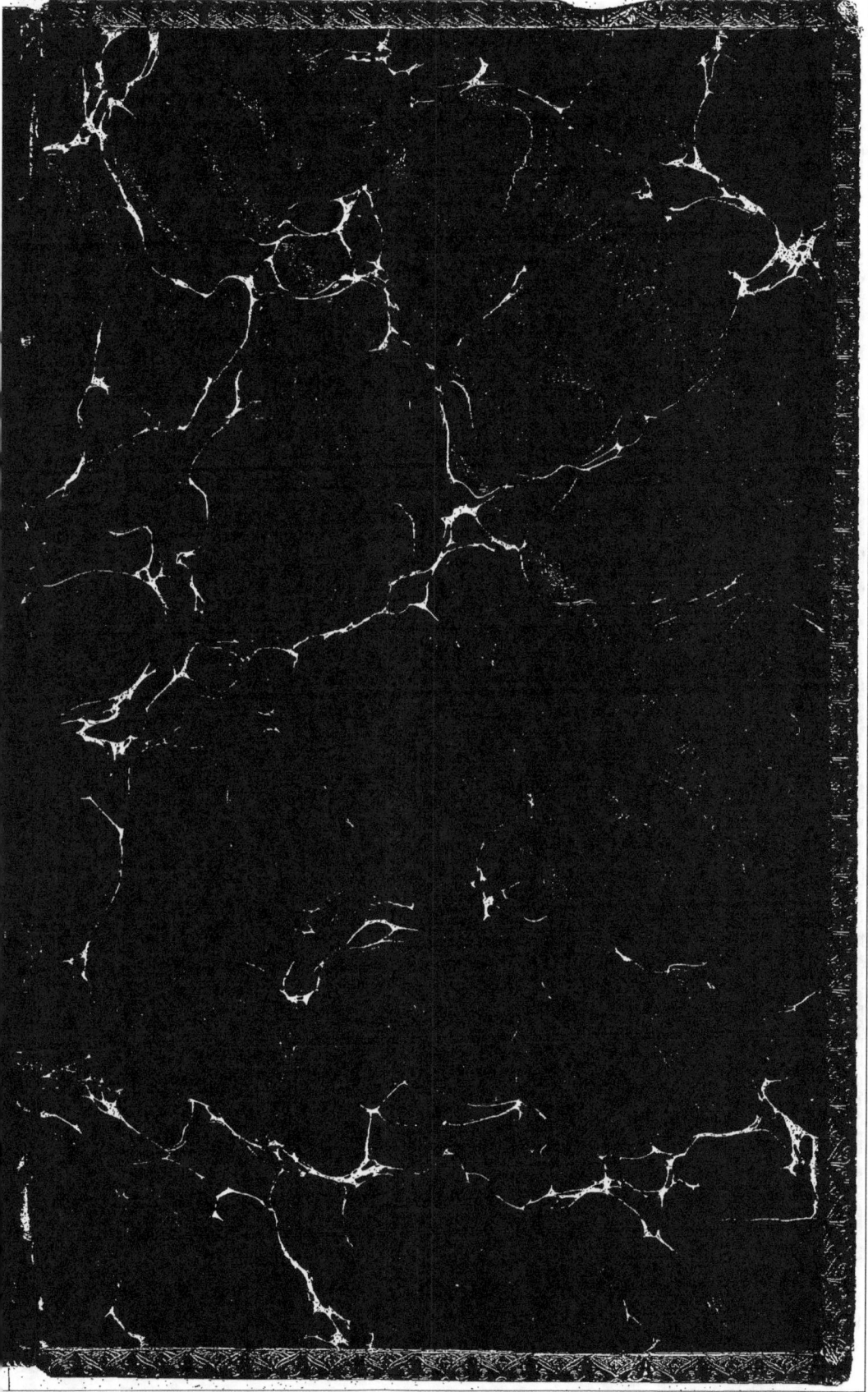

www.ingramcontent.com/pod-product-compliance
Lightning Source LLC
Chambersburg PA
CBHW072217240426
43670CB00038B/1615